新世纪现代交通类专业系列教材

# 现代道路勘测设计
## （第4版修订本）

主　编　尤晓暐
副主编　王守胜　王　东
主　审　王梓夫

清华大学出版社
北京交通大学出版社
·北京·

## 内 容 简 介

本书主要介绍道路勘测设计的基本概念、基本原理和勘测设计方法。全书共分 14 章，主要内容包括总论，汽车行驶理论，道路平面、纵断面、横断面设计，道路选线与定线，道路立体交叉设计，城市道路公用设施设计，城市道路雨水排水系统设计，小桥涵勘测，公路野外勘测与设计技术，公路设计 CAD 系统及数字地面模型等。本书以最新的标准、规范为依据，紧密结合生产实践，系统性强，内容丰富，叙述翔实，图文并茂。在编写过程中，注意吸取国内外道路勘测设计的新技术、新经验与新方法。

本书可作为高等院校土木工程专业、道路桥梁与渡河工程专业的教学用书，也可供从事土木工程设计、施工、养护、管理的工程技术人员学习参考，并可作为成人教育、继续教育、远程教育的教材。

本书封面贴有清华大学出版社防伪标签，无标签者不得销售。
版权所有，侵权必究。侵权举报电话：010-62782989　13501256678　13801310933

**图书在版编目（CIP）数据**

现代道路勘测设计/尤晓暐主编．— 4 版．—北京：北京交通大学出版社：清华大学出版社，2016.11（2023.1 重印）
ISBN 978-7-5121-3021-0

Ⅰ.①现… Ⅱ.①尤… Ⅲ.①道路测量　②道路工程-设计　Ⅳ.①U412

中国版本图书馆 CIP 数据核字（2016）第 215219 号

**现代道路勘测设计**
XIANDAI DAOLU KANCE SHEJI

责任编辑：韩　乐
出版发行：清 华 大 学 出 版 社　　邮编：100084　　电话：010-62776969
　　　　　北京交通大学出版社　　邮编：100044　　电话：010-51686414
印　刷　者：北京时代华都印刷有限公司
经　　　销：全国新华书店
开　　　本：185 mm×260 mm　　印张：26.5　　字数：662 千字
版 印 次：2020 年 2 月第 4 版第 1 次印修订　　2023 年 1 月第 4 次印刷
定　　　价：68.00 元

本书如有质量问题，请向北京交通大学出版社质监组反映。对您的意见和批评，我们表示欢迎和感谢。
投诉电话：010-51686043，51686008；传真：010-62225406；E-mail：press@bjtu.edu.cn。

# 前　言

　　21世纪的中华大地见证了中国公路交通发展的日新月异，国道主干线的建设气吞山河，东中西部农村公路建设奏响了豪迈的乐章。根据《国家公路网规划（2013—2030年）》，国家高速公路网将由7条首都放射线、11条北南纵线、18条东西横线，以及地区环线、并行线、联络线等组成。预计2030年国家高速公路网总规模将达到11.8万公里，另外还规划了1.8万公里的远期展望线。国家高速公路网的建成，将成为推动中华民族伟大复兴的助推器和发动机。

　　随着国家高速公路网的形成以及城市道路建设的迅猛发展，我国道路勘测设计水平和手段不断提高，设计思想和理念日益更新，相关标准、规范也在不断修订和重编。本书编写中始终坚持"安全、环保、舒适、和谐"和"以人为本"的指导思想和设计理念，对公路与城市道路工程勘测设计的原理和方法进行有机融合，对取材内容和范围进行了适当拓宽，对于高等级公路测设方面的内容予以加强和扩充，力求使本教材能反映当前道路勘测设计的新理论、新技术、新方法和新水平。

　　本书由尤晓暐担任主编，王守胜、王东担任副主编。其中第1~5章、第13~14章由尤晓暐编写；第6~7章、第11章由王守胜编写；第8~9章、第12章由王东编写；第10章由董庆编写。参加编写的人员还有关克章、梁小光、王丽娟、李建普、赵秀苓、张勇、张焕春、刘杰、鲍士迪、曹春霞、李军、周文举、王伟娟等。全书由王梓夫主审。

　　本书在编写过程中，得到了部分兄弟院校、工程界同行的热情帮助，在此表示衷心的感谢！

　　本书编写过程中还参考了相关标准、规范、手册、教材和论著的内容，在此谨向有关编著者表示衷心的感谢！

　　尽管在编写中我们尽了最大努力，但是由于我国地域差异很大，道路勘测设计技术与手段发展迅速，加之编者水平有限，书中错误和不足之处在所难免，敬请读者批评指正。

编　者<br>
2020年2月

# 目 录

## 第1章 总论 ············································································· 1
### 1.1 道路运输概论 ······························································· 1
#### 1.1.1 交通运输体系 ······················································ 1
#### 1.1.2 道路运输特点 ······················································ 1
### 1.2 我国道路现状及发展规划 ················································ 2
#### 1.2.1 道路发展简史 ······················································ 2
#### 1.2.2 我国公路发展现状 ················································ 3
#### 1.2.3 我国公路发展规划 ················································ 6
#### 1.2.4 我国城市道路发展现状 ········································· 9
### 1.3 道路基本组成 ······························································· 10
#### 1.3.1 公路基本组成 ······················································ 10
#### 1.3.2 城市道路组成 ······················································ 14
### 1.4 道路分级与技术标准 ······················································ 14
#### 1.4.1 道路分类 ····························································· 14
#### 1.4.2 公路分级和技术标准 ············································· 15
#### 1.4.3 城市道路分类与技术分级 ······································ 18
### 1.5 公路建设程序 ······························································· 19
#### 1.5.1 公路工程可行性研究 ············································· 19
#### 1.5.2 计划任务书 ························································· 20
#### 1.5.3 公路勘测设计类型划分 ········································· 21
#### 1.5.4 设计文件编制 ······················································ 21
#### 1.5.5 城市道路的红线规划 ············································· 21
### 1.6 道路设计基本依据 ························································· 24
#### 1.6.1 设计车辆 ····························································· 24
#### 1.6.2 设计速度 ····························································· 25
#### 1.6.3 设计交通量 ························································· 26
#### 1.6.4 通行能力和服务水平 ············································· 29
### 1.7 公路安全性评价 ···························································· 30
#### 1.7.1 公路安全性评价目的及作用 ··································· 30
#### 1.7.2 安全性评价要点 ··················································· 31

## 第2章 汽车行驶理论 ······························································· 33
### 2.1 概述 ············································································ 33
#### 2.1.1 研究汽车行驶理论的意义 ······································ 33
#### 2.1.2 汽车一般构造 ······················································ 33
#### 2.1.3 汽车行驶性能 ······················································ 34

I

## 2.2 汽车牵引力及行驶阻力 … 35
### 2.2.1 汽车牵引力 … 35
### 2.2.2 汽车行驶阻力 … 36
### 2.2.3 汽车运动方程式与行驶条件 … 38
## 2.3 汽车动力特性及加、减速行程 … 39
### 2.3.1 汽车动力因数 … 39
### 2.3.2 汽车行驶状态 … 41
### 2.3.3 汽车爬坡能力 … 42
## 2.4 汽车行驶稳定性 … 42
### 2.4.1 汽车行驶纵向稳定性 … 43
### 2.4.2 汽车行驶横向稳定性 … 44
## 2.5 汽车制动性能 … 46
### 2.5.1 制动平衡方程式 … 46
### 2.5.2 制动距离 … 47
## 2.6 汽车行车经济性 … 47

# 第3章 平面设计 … 48
## 3.1 道路平面线形概述 … 48
### 3.1.1 路线 … 48
### 3.1.2 平面线形要素 … 48
## 3.2 直线 … 49
### 3.2.1 直线特点 … 49
### 3.2.2 直线运用 … 49
### 3.2.3 直线最小长度 … 51
### 3.2.4 直线数学表达式 … 52
## 3.3 圆曲线 … 52
### 3.3.1 圆曲线几何要素 … 52
### 3.3.2 圆曲线线形特征 … 53
### 3.3.3 圆曲线半径 … 53
### 3.3.4 圆曲线半径确定 … 57
### 3.3.5 圆曲线主点桩号推算 … 57
## 3.4 缓和曲线 … 58
### 3.4.1 缓和曲线线形特征 … 58
### 3.4.2 缓和曲线作用与性质 … 58
### 3.4.3 缓和曲线要素 … 60
### 3.4.4 缓和曲线长度及参数 … 63
### 3.4.5 缓和曲线省略 … 65
### 3.4.6 缓和曲线计算示例 … 66
## 3.5 平面线形设计 … 68
### 3.5.1 平面线形设计一般原则 … 68

|     3.5.2 平面线形要素组合类型 | 69 |

### 3.6 行车视距 — 72
- 3.6.1 视距意义及其种类 — 72
- 3.6.2 视距标准及运用 — 72

### 3.7 道路平面设计成果 — 77
- 3.7.1 直线、曲线及转角一览表 — 77
- 3.7.2 逐桩坐标表 — 79
- 3.7.3 路线平面设计图 — 89

## 第4章 纵断面设计 — 94

### 4.1 道路纵断面设计概述 — 94

### 4.2 纵坡及坡长设计 — 96
- 4.2.1 纵坡设计一般要求 — 96
- 4.2.2 最大纵坡 — 97
- 4.2.3 高原纵坡折减 — 98
- 4.2.4 最小纵坡 — 98
- 4.2.5 平均纵坡 — 99
- 4.2.6 合成坡度 — 99
- 4.2.7 坡长限制 — 100
- 4.2.8 缓和坡段 — 102

### 4.3 竖曲线 — 103
- 4.3.1 竖曲线要素计算公式 — 103
- 4.3.2 竖曲线设计标准 — 105
- 4.3.3 竖曲线设计 — 111

### 4.4 爬坡车道 — 113
- 4.4.1 设置爬坡车道的条件 — 113
- 4.4.2 爬坡车道的设计 — 114

### 4.5 道路平、纵线形组合设计视觉分析 — 116
- 4.5.1 视觉分析 — 116
- 4.5.2 道路平、纵线形组合设计 — 117

### 4.6 纵断面设计方法及纵断面图 — 121
- 4.6.1 纵断面设计要点 — 121
- 4.6.2 纵断面设计方法与步骤及注意问题 — 122
- 4.6.3 纵断面图的绘制 — 124

### 4.7 城市道路纵断面设计 — 125

### 4.8 锯齿形街沟的设置与设计 — 127
- 4.8.1 设置锯齿形街沟的目的 — 127
- 4.8.2 设置锯齿形街沟的条件 — 127
- 4.8.3 锯齿形街沟的设计 — 127

## 第5章 横断面设计 — 129

- 5.1 道路用地与道路建筑限界 …………………………………………………………… 129
  - 5.1.1 道路用地 ……………………………………………………………………… 129
  - 5.1.2 道路建筑限界 ………………………………………………………………… 130
- 5.2 道路路幅组成 …………………………………………………………………………… 133
  - 5.2.1 公路路幅组成 ………………………………………………………………… 133
  - 5.2.2 城市道路路幅组成 …………………………………………………………… 135
- 5.3 行车道宽度 ……………………………………………………………………………… 139
  - 5.3.1 一般双车道公路行车道宽度 ………………………………………………… 139
  - 5.3.2 有中央分隔带公路行车道宽度 ……………………………………………… 140
  - 5.3.3 城市道路行车道宽度 ………………………………………………………… 143
  - 5.3.4 非机动车道路面宽度 ………………………………………………………… 145
- 5.4 路肩、中间带、路侧带与路缘石 …………………………………………………… 145
  - 5.4.1 路肩作用及其宽度 …………………………………………………………… 145
  - 5.4.2 中间带作用及其宽度 ………………………………………………………… 146
  - 5.4.3 城市道路路侧带组成及其宽度 ……………………………………………… 148
  - 5.4.4 路缘石 ………………………………………………………………………… 149
- 5.5 路拱、边沟和边坡 …………………………………………………………………… 150
  - 5.5.1 路拱 …………………………………………………………………………… 150
  - 5.5.2 边沟 …………………………………………………………………………… 151
  - 5.5.3 边坡 …………………………………………………………………………… 152
- 5.6 超高及加宽 ……………………………………………………………………………… 155
  - 5.6.1 超高 …………………………………………………………………………… 155
  - 5.6.2 加宽 …………………………………………………………………………… 165
- 5.7 道路横断面设计 ………………………………………………………………………… 169
  - 5.7.1 横断面设计基本要求 ………………………………………………………… 169
  - 5.7.2 公路横断面设计 ……………………………………………………………… 170
  - 5.7.3 城市道路横断面设计 ………………………………………………………… 174
- 5.8 路基土石方数量计算及调配 ………………………………………………………… 175
  - 5.8.1 横断面面积计算 ……………………………………………………………… 175
  - 5.8.2 土石方数量计算 ……………………………………………………………… 176
  - 5.8.3 路基土石方调配 ……………………………………………………………… 177

# 第6章 道路选线 …………………………………………………………………………… 182
- 6.1 道路网的网形、密度及道路红线 …………………………………………………… 182
  - 6.1.1 道路网规划原则 ……………………………………………………………… 182
  - 6.1.2 道路网的网形与密度 ………………………………………………………… 183
  - 6.1.3 城市道路红线 ………………………………………………………………… 185
- 6.2 道路的总体布局与方案比较 ………………………………………………………… 185
  - 6.2.1 视察 …………………………………………………………………………… 186
  - 6.2.2 初测与初步设计 ……………………………………………………………… 186

|  |  |  |
|---|---|---|
| 6.2.3 | 定测与施工图 | 187 |
| 6.2.4 | 路线方案选择与比较 | 189 |

## 6.3 道路选线要求与步骤 ··· 191
## 6.4 自然条件对道路路线影响 ··· 192
## 6.5 平原区选线 ··· 194
 6.5.1 平原区路线特点 ··· 194
 6.5.2 平原区路线布设要点 ··· 194
## 6.6 山岭区选线 ··· 196
 6.6.1 沿河（溪）线 ··· 196
 6.6.2 越岭线 ··· 203
 6.6.3 山脊线 ··· 209
## 6.7 丘陵区选线 ··· 212
 6.7.1 路线布设方式 ··· 212
 6.7.2 选线步骤和示例 ··· 215
 6.7.3 平纵线形及其配合 ··· 216

# 第7章 道路定线 ··· 217
## 7.1 纸上定线 ··· 217
 7.1.1 纸上定线步骤 ··· 217
 7.1.2 平原微丘区纸上定线 ··· 218
 7.1.3 山岭区纸上定线 ··· 218
## 7.2 纸上定线操作方法 ··· 221
 7.2.1 直线形定线方法 ··· 221
 7.2.2 曲线形定线法 ··· 221
 7.2.3 线元定线法 ··· 225
## 7.3 实地放线 ··· 227
 7.3.1 穿线交点法 ··· 227
 7.3.2 拨角法 ··· 229
 7.3.3 直接定交点法 ··· 230
 7.3.4 坐标放线法 ··· 231
## 7.4 直接定线 ··· 232
 7.4.1 分段安排路线 ··· 232
 7.4.2 放坡及定导向线 ··· 232
 7.4.3 修正导向线 ··· 233
 7.4.4 穿线交点 ··· 233
 7.4.5 曲线插设 ··· 233
 7.4.6 纵断面设计 ··· 237
 7.4.7 直接定线与纸上定线的比较 ··· 237

# 第8章 道路平面交叉口设计 ··· 239
## 8.1 概述 ··· 239

- 8.1.1 平面交叉口定义 ······ 239
- 8.1.2 交叉口设计基本要求和内容 ······ 239
- 8.1.3 交叉口交通分析及分类 ······ 239
- 8.1.4 交叉口形式和选择 ······ 241
- 8.2 交叉口交通组织设计 ······ 244
  - 8.2.1 车辆交通组织 ······ 244
  - 8.2.2 行人及非机动车交通组织 ······ 248
- 8.3 交叉口车道数和通行能力 ······ 249
  - 8.3.1 交叉口车道数 ······ 249
  - 8.3.2 交叉口通行能力 ······ 250
- 8.4 交叉口视距与缘石半径 ······ 252
  - 8.4.1 交叉口设计速度 ······ 252
  - 8.4.2 交叉口视距 ······ 253
  - 8.4.3 交叉口转角的缘石半径 ······ 255
- 8.5 交叉口拓宽设计 ······ 256
  - 8.5.1 右转专用车道设置 ······ 257
  - 8.5.2 左转专用车道设置 ······ 259
- 8.6 环形交叉口设计 ······ 260
  - 8.6.1 环形交叉口特点 ······ 260
  - 8.6.2 环形交叉口适用条件 ······ 261
  - 8.6.3 环形交叉口设计内容 ······ 261
- 8.7 交叉口立面设计 ······ 266
  - 8.7.1 交叉口立面设计目的与原则 ······ 266
  - 8.7.2 交叉口立面设计基本类型 ······ 266
  - 8.7.3 交叉口立面设计方法与步骤 ······ 268

## 第9章 道路立体交叉设计 ······ 276

- 9.1 概述 ······ 276
  - 9.1.1 立体交叉组成 ······ 276
  - 9.1.2 立体交叉设置条件 ······ 277
  - 9.1.3 公路立交与城市道路立交主要区别 ······ 278
- 9.2 立体交叉类型与适用条件 ······ 279
  - 9.2.1 按结构物形式分类 ······ 279
  - 9.2.2 按交通功能分类 ······ 279
- 9.3 立体交叉布置规划与形式选择 ······ 282
  - 9.3.1 立体交叉布置规划 ······ 282
  - 9.3.2 立体交叉形式选择 ······ 283
  - 9.3.3 立体交叉设计资料 ······ 289
  - 9.3.4 立体交叉设计步骤 ······ 289
- 9.4 匝道设计 ······ 290

### 9.4.1 匝道分类 ·········································································· 290
### 9.4.2 匝道特性 ·········································································· 292
### 9.4.3 匝道设计依据 ······································································ 293
### 9.4.4 匝道线形设计标准 ································································· 297
### 9.4.5 匝道线形设计 ···································································· 302
## 9.5 端部设计 ············································································ 304
### 9.5.1 出口与入口设计 ··································································· 304
### 9.5.2 变速车道设计 ···································································· 306
### 9.5.3 辅助车道 ········································································· 309
## 9.6 立体交叉其他设计 ··································································· 311
### 9.6.1 收费站和收费广场 ································································· 311
### 9.6.2 景观设计要点 ···································································· 314
### 9.6.3 立体交叉辅助设施设计要点 ························································ 315
## 9.7 道路与铁路、乡村道路及管线交叉 ···················································· 317
### 9.7.1 道路与铁路交叉 ··································································· 317
### 9.7.2 道路与乡村道路交叉 ······························································ 319
### 9.7.3 道路与管线交叉 ··································································· 320

# 第10章 城市道路公用设施设计 ···························································· 321
## 10.1 公共交通站点布设 ·································································· 321
### 10.1.1 停靠站间距 ····································································· 321
### 10.1.2 停靠站台布置方式 ································································ 321
## 10.2 停车场设计 ········································································ 322
### 10.2.1 汽车停车场设计 ································································· 322
### 10.2.2 自行车停车场设计 ································································ 325
## 10.3 道路照明设计 ······································································ 326
### 10.3.1 照明标准 ········································································ 326
### 10.3.2 照明系统布置 ··································································· 326
## 10.4 道路绿化 ·········································································· 328
### 10.4.1 道路绿化作用 ··································································· 328
### 10.4.2 道路绿化布置 ··································································· 328
## 10.5 人行天桥和人行地道布设 ··························································· 329
### 10.5.1 人行天桥和人行地道布设地点 ····················································· 330
### 10.5.2 人行天桥和人行地道设计 ························································· 330

# 第11章 城市道路雨水排水系统设计 ························································ 331
## 11.1 概述 ·············································································· 331
### 11.1.1 城市排水系统制度 ································································ 331
### 11.1.2 城市道路雨水排水系统类型 ······················································ 332
## 11.2 雨水排水系统及其构造物布设 ······················································· 333
### 11.2.1 雨水管道布置 ··································································· 333

11.2.2　雨水口和检查井位置 ……………………………………………………… 334
　11.3　雨水管渠设计流量计算 …………………………………………………………… 337
　11.4　雨水管渠水力计算 ………………………………………………………………… 341
　11.5　雨水管道设计 ……………………………………………………………………… 342
　　　11.5.1　雨水管道布置基本原则 …………………………………………………… 342
　　　11.5.2　雨水管道设计步骤 ………………………………………………………… 343
　　　11.5.3　雨水管道设计与计算示例 ………………………………………………… 344

## 第12章　小桥涵勘测

　12.1　概述 ………………………………………………………………………………… 347
　　　12.1.1　小桥涵作用及划分 ………………………………………………………… 347
　　　12.1.2　小桥涵设计原则 …………………………………………………………… 348
　　　12.1.3　小桥涵设计要求 …………………………………………………………… 348
　　　12.1.4　小桥涵测设任务、内容及步骤 …………………………………………… 350
　12.2　小桥涵类型及选择 ………………………………………………………………… 351
　　　12.2.1　小桥涵分类 ………………………………………………………………… 351
　　　12.2.2　小桥涵类型选择 …………………………………………………………… 354
　12.3　小桥涵勘测 ………………………………………………………………………… 357
　　　12.3.1　勘测主要内容及准备工作 ………………………………………………… 357
　　　12.3.2　小桥涵位置选择 …………………………………………………………… 358
　　　12.3.3　小桥涵测量 ………………………………………………………………… 365
　　　12.3.4　小桥涵水文勘测 …………………………………………………………… 368
　　　12.3.5　小桥涵工程地质调查 ……………………………………………………… 369
　　　12.3.6　小桥涵综合调查 …………………………………………………………… 370

## 第13章　公路野外勘测与设计技术

　13.1　公路野外勘测设计技术 …………………………………………………………… 372
　　　13.1.1　概述 ………………………………………………………………………… 372
　　　13.1.2　目的和任务 ………………………………………………………………… 372
　　　13.1.3　野外测量记录和标志 ……………………………………………………… 373
　　　13.1.4　初测野外勘测 ……………………………………………………………… 373
　　　13.1.5　定测野外勘测 ……………………………………………………………… 386
　13.2　航测技术与GPS …………………………………………………………………… 397
　　　13.2.1　概述 ………………………………………………………………………… 397
　　　13.2.2　遥感技术 …………………………………………………………………… 398
　　　13.2.3　数字摄影测量 ……………………………………………………………… 399
　　　13.2.4　GPS全球定位系统 ………………………………………………………… 400

## 第14章　公路设计CAD系统及数字地面模型

　14.1　概述 ………………………………………………………………………………… 402
　14.2　公路路线计算机辅助设计CAD系统 …………………………………………… 402
　　　14.2.1　CAD系统组成 ……………………………………………………………… 402

14.2.2　CAD 技术在工程上应用 ………………………………………………… 403
　　14.2.3　公路路线 CAD 功能和特点 ……………………………………………… 403
　　14.2.4　公路路线 CAD 组成系统 ………………………………………………… 403
　　14.2.5　路线优化设计 ……………………………………………………………… 404
　　14.2.6　计算机辅助设计、绘图和制表 …………………………………………… 406
14.3　数字地面模型 …………………………………………………………………………… 406
　　14.3.1　数字地形模型及在公路设计中应用 ……………………………………… 406
　　14.3.2　地形模型种类 ……………………………………………………………… 407
　　14.3.3　数字地形模型数据点获取 ………………………………………………… 407
14.4　公路透视图 ……………………………………………………………………………… 408
**参考文献** …………………………………………………………………………………………… 409

# 第1章 总 论

## 1.1 道路运输概论

### 1.1.1 交通运输体系

现代交通运输是国民经济的大动脉，是联系工业和农业、城市和乡村、生产和消费的纽带，是国民经济的先行官。交通运输的发展，有利于促进整个社会的经济发展和人民物质文化生活水平的提高，有利于加强国防建设。交通运输是一个国家得以繁荣昌盛的重要的物质基础。因此，要实现国民经济的高度发展与现代化，就要求首先必须实现交通运输的现代化。

按照运输线路和运载工具的不同，一个完整的综合交通运输体系可分为铁路运输、道路运输、水路运输、航空运输及管道运输等。铁路运输运量大，运程远，在交通运输中起着主要作用；水路运输成本低，但运速较慢并受到航道的限制；道路运输机动灵活，分布广，对于客货运输，特别是短途运输有着显著的效益；航空运输速度高，运输快，对于运送旅客、紧急物资及邮件起着重要作用；管道运输由于受管线的限制，仅适用于液态、气态和散装粉状（如石油、煤气、水泥等）的运输。上述不同的运输方式各有所长，各自适应一定的条件和运输需要，合理分工，协调配合，取长补短，组成综合交通运输体系，为社会生产和消费服务。

我国的综合交通运输发展以铁路为骨干，道路为基础，充分利用内河、沿海和远洋运输资源，积极发展航空事业，形成具有不同功能、远近结合、四通八达、全国统一的综合交通运输网络体系。

### 1.1.2 道路运输特点

道路运输在交通运输体系中占有极重要的位置，它可以进行"门对门"的直达运输，也可以与其他运输方式相配合起到客货集散、运输衔接等作用。

1. 适应性强

道路网分布面宽，密度大，其分布区域比铁路、水运要大十几倍，因而它能深入工矿和山村，中转环节少，货运损失也较少。

2. 速度快捷

在中、短途运输中，特别是在高等级道路上运行，比铁路运输更快。随着人民生活水平的提高，旅游事业的发展，客货运输中的中、短途运输增加很快，它可以减少货物积压，加快资金周转，改善经营管理，提高经济效益，特别对高档货物及鲜货等的紧急运输有重要意义。

3. 机动性好

汽车运输可以随时调动、装卸、起运；可以运送少量客货，也可以运送大量客货；可以单独运行,也可以组队运输,这对国防和山区建设有重要意义,特别是在农村经济发展中占有优先的地位。

**4. 投资较少,社会效益高**

道路建设原始投资较少、见效快,车辆购置费也较低,资金周转快,道路的建设给沿线广大地区带来显著的社会和经济效益。

**5. 运输费用偏高**

与铁路和水路运输相比,道路运输的费用偏高,特别是在低等级道路上长途运输,车速低,运输成本就更高。此外,汽车行驶中发动机的废气含有害成分,特别是在汽车密度大的地区会造成环境污染。

## 1.2 我国道路现状及发展规划

### 1.2.1 道路发展简史

衣、食、住、行是人类社会生活的基本内容,这些都离不开道路。可以说,道路的历史,就是人类社会的发展史。

人类祖先猿人、旧石器时期的"古人"在生存活动中,徘徊于自然界的山河之间,其惯行的足迹,不知不觉地形成了"路"。

据传,公元前3000—前2000年,印度文化遗迹摩亨佐·达罗城的城市中央就有9 m宽的南北大道,东西修建成街道。市区街道均为5 m、4 m、3 m宽的铺砖路面,并设有较完善的排水设施。

据确切的记载,道路的出现是公元前2000—300年这一时期。最早的是在欧洲中部和东部的四条经商道路,即统称的"琥珀道路"。

公元前300年,在罗马修建了第一条军用道路,称为"罗马道路"。当时已把道路分为国道、地方道路和专用道路。到公元200年,"罗马道路"总里程已达12万km,并以罗马为中心,有26条呈放射状的路线。"罗马道路"路基宽11.2 m,道路中央供军队行军用,两侧略低,供一般人、马通行。

我国是一个历史悠久的文明古国,道路业发展很早。相传公元前2000年前就有轩辕氏造舟车。到周朝又有"周道如砥,其直如矢"的记载,并有战车、田车、乘车,还有专管道路的"司空官"。公元前3世纪,秦朝为了统治全国,修建了驰道。据《史记》记载:"秦为驰道于天下,东穷燕齐,南极吴楚,江湖之上,濒海之观毕至。道广50步,三丈而树。"可见其规模之宏大。

公元前50年左右,我国丝绸向西方输出,其行经路线形成了举世闻名的"丝绸之路",这条商路长达数万公里,东起我国的西安,经陕西、甘肃、新疆,越过帕米尔,再经中亚、西亚,西到地中海岸的威尼斯。

公元1886年,第一辆汽车在德国问世,开始了汽车运输的新纪元。到1905年,全世界拥有汽车400多万辆。当时由于汽车少、车速低，多数公路均由马车道稍加改善，再铺上一层砂石而形成。

从1905年到1945年第二次世界大战结束，汽车的性能和数量都有很大提高，汽车总数已达6 000万辆，平均时速达40 km。这个时期，干线公路线形及路幅有很大提高，高级路面在一些国家开始大量铺筑，同时由于交通事故的增多，"交通工程学"作为一门新兴学科开始产生。

从1945年到20世纪70年代初，是汽车运输发展较快的一个时期。到1971年，全世界拥有汽车2.5亿辆，并向大型化、高速化发展，一般时速已达60~80 km。公路网布局合理，密度提高，并广泛进行以改善路面为中心的技术改造。这时，全世界公路总里程已达1 872万km，高级路面铺筑率达23.3%。这一时期，高速公路大量修建，已有40多个国家拥有高速公路8万多公里。

20世纪70年代以来，公路运输进入飞速发展的新时期，许多国家打破了一个世纪以来以铁路为中心的局面，公路运输在交通运输中开始起主导作用。目前，全世界拥有汽车10亿辆，公路总里程达2 200万km，高速公路里程23万km，已初步建立了国际和洲际的干线公路联系。公路运输已渗透到社会生活的各个方面，影响着生产、流通、分配、消费各个环节，在人类社会中产生着巨大的影响，并以新的效力造福人类。

我国的汽车运输业起步比较早，1902年在上海投入了第一辆汽车运输。1913年建成了我国第一条公路即长沙—湘潭公路，1918年又建立了第一个专业汽车运输公司，即张库运输公司，经营从张家口到乌兰巴托的运输业务。但由于封建主义的束缚，在近代，我国的道路发展十分缓慢，到1949年全国仅有汽车5万辆，通车里程仅有8万km。

## 1.2.2 我国公路发展现状

我国是历史悠久的文明古国，道路运输的发展先于世界各国。道路的名称源于周朝。道路原为导路，"路者露也，赖之以行车马者也"。秦朝以后称"驰道"或"驿道"，元朝称"大道"。清朝由京都至各省会的道路为"官路"，各省会间的"道路"为"大路"，市区街道为"马路"。20世纪初叶，汽车出现后道路则称为"公路"或"汽车路"。

我国道路的发展远自上古时代。黄帝拓土开疆，统一中华，发明舟车，开始了我国道路交通的新纪元。周朝的道路更加发达，"周道如砥，其直如矢"，表明道路的平直状况。据《周礼》载，"匠人营国，方九里，旁三门，国中九经九纬，经涂九轨，环涂七轨，野涂五轨"，说明了当时城市道路网的规划布局（每轨约为2.1 m）状况。当时还把道路分等即径（牛马小路），畛（可走车的路），涂（一轨）、道（二轨）和路（三轨）。

周朝在道路交通管理和养护上也颇有成就。如《周礼》规定，"雨毕而除道，水涸而成梁"，意即雨后整修道路，枯水季节修理桥梁。在交通法规上规定，"国子必学之道"，要求"少避长，轻避重，上避下"，指行人要礼貌相让，轻车避重车，上坡让下坡车辆，以策安全。

战国时期著名的金牛道，是陕西入川栈道，傍凿山岩，绝壁悬空而立，绝板梁为阁，工程艰巨无比。

秦王统一中国后十分重视交通，将"车同轨"与"书同文"列为一统天下之大政。当时以咸阳为中心，向各方辐射的道路网已形成。据载当时"道广五十步，三丈而树，厚筑其外，隐于金锥，树以青松"，反映了当时路宽绿化，边坡铜桩加固，雄伟而壮观的状况。

唐代国家强盛，疆土辽阔，道路发展至有驿道五万里，每三十里设一驿站，驿制规模宏大。宋代时发明记里鼓车，车恒指南，车行一里，木人轧击一槌。

元朝驿制盛行，有驿站 1496 个，还有水站、马站、轿站、牛站及狗站等。

清代运输工具更加完备，车辆分客运车、货运车和客货运车，主要以马、驴和骆驼运输。清末出现人力车。

1876 年欧洲出现世界首辆汽车。1902 年在上海出现了我国的第一辆汽车。1913 年中国以新式筑路法修筑了第一条汽车公路，自湖南长沙至湘潭，全长 50 km，揭开了我国现代交通运输的新篇章。抗战时期完成的滇缅公路，沥青路面 100 km，是中国最早修建的沥青路面。1949 年全国解放时统计，通车里程为 8 万 km，机动车 7 万余辆。

新中国公路发展大致经历了四个阶段。

（1）从新中国成立初期至改革开放前的 1978 年。

20 世纪五六十年代，根据当时形势需要和条件，公路建设基本上是在原大车道、便道上修补改造进行，为适应经济发展和开发边疆的需要，我国开始大规模建设通往边疆和山区的公路，相继修建了川藏公路、青藏公路，并在东南沿海、东北和西南地区修建国防公路，公路里程迅速增长，1965 年达到 50 多万 km。之后，依靠国家的国、边防公路建设投资和"民工建勤"等方式，全国公路通车里程增长较快，至 1978 年达到 89 万 km，其中干线公路 23.7 万 km、县乡公路 58.6 万 km、专用公路 6.6 万 km，但公路等级普遍很低。

（2）从 1978 年至 1985 年。

改革开放后，国民经济持续高速发展，公路运输需求强劲增长，公路建设的重要性逐步为全社会所认识。国家计委、国家经委、交通部联合颁布了国道网规划，确定首都放射线 12 条、北南纵线 28 条、东西横线 30 条共 70 条国道，并采取措施加快发展公路建设事业。此阶段末期，国家开始利用国际金融组织贷款修建高速公路。公路通车总里程增长到 94.24 万 km。

我国的国道规划是以北京为中心，连接各省市重要大中城市、港站枢纽和工农业基地。国道网由放射线、南北线和东西线组成。首都放射线 12 条，全长 2.32 万 km，编号为 101～111。南北线共 28 条，全长 3.8 万 km，编号为 201～228。东西线共 30 条，全长 4.88 万 km，编号为 301～330。

（3）第三阶段为"七五"、"八五"初期。

我国公路交通事业进入一个持续、快速、健康发展时期。建成了沈阳至大连、上海至嘉定等共约 600 km 高速公路，实现了我国大陆高速公路零的突破。"七五"期末，公路通车总里程为 102.8 万 km。"八五"初期，根据国民经济发展对交通运输的总体要求，在国道网规划基础上研究形成了"五纵七横" 12 条国道主干线规划，逐步建成以二级以上汽车专用公路为主组成的国道主干线网。到 1997 年底，全国公路通车总里程已达 122.6 万 km，其中高速公路 4771km。短短 10 年间，我国的高速公路就走过了发达国家高速公路一般需要 40 年完成的发展历程。高速公路及其他高等级公路的建设，改善了我国公路的技术等级结构，改变了我国公路事业的落后面貌，同时也大大缩短了我国同发达国家之间的差距。

（4）1998 年至今。

公路基础设施实现了跨越式发展。到 2008 年底，全国公路总里程达 368 万 km，公路通车总里程和公路密度比 1978 年增长 3 倍多，高速公路从无到有，达 6.03 万 km；建成公路桥梁总量是 1978 年的近 5 倍，一批施工难度大、科技含量高的世界级公路桥梁和长大隧道建成通车；农村公路总里程达 321 万 km，是改革开放前的 5 倍多；港口生产性泊位和万吨级泊位分别比 1978 年增长了 44 倍和 11 倍；港口货物吞吐量和集装箱吞吐量连续五年居世界第一，拥有 16 个亿吨大港；内河通航里程达 12.3 万 km，50% 为等级航道；民用汽车拥有量是 1978 年的 37 倍，民用运输轮驳船净载重吨增长 7 倍；公路客运量、旅客周转量、货运量和货物周转量分别比 1978 年增长 13 倍、23 倍、10 倍和 36 倍；水路完成货运量、货物周转量分别比 1978 年增长 5 倍和 16 倍。

截至 2015 年底，全国公路通车总里程达 457 万 km，高速公路里程突破 12 万 km，"7918" 国高网基本建成，农村公路里程突破 397 万 km，西部地区 81% 的建制村实现通畅，国省干线公路技术等级逐步提升，全国 96% 的县城实现二级及以上等级公路连通，公路养护管理水平持续提升。

早在 20 世纪 70 年代，国外公路运输已进入大发展时期，现在发达国家的公路网体系，包括高速公路网骨架已基本建成。这些国家的公路部门除继续将部分精力放在公路建设上外，已将相当精力放在公路的使用功能与车流安全和行车舒适性，以及改善公路对周围环境、人文景观影响等方面。可以说，发达国家大规模的公路建设时期已经结束或即将结束，已全面进入公路的运营管理阶段，公路网和汽车流已渗透到社会生活各个方面，在社会中产生极大影响。

我国公路交通建设虽然取得了重大成就，但还不能适应国民经济发展的需要，特别与发达国家相比仍显落后。主要表现在以下几个方面。

（1）公路里程少、等级低、质量差。

从通车里程看，我国仅为美国的 1/7。美国人口约占世界人口的 5%，公路里程却占世界公路里程的 28%；而我国人口约占世界人口的 25%，公路里程仅占世界公路里程的 4%。从公路密度看，发达国家每 100 km² 在 60 km 以上，且多数铺以沥青路面、几个典型的发展中国家，公路密度也在 30 km 以上，如印度 53 km，斯里兰卡 43 km，泰国 33 km，而我国仅为 14.6 km。公路不仅里程少，而且质量也很低。在通车的总里程中，有 20% 以上为等外级公路。

（2）公路测设和施工的技术水平还很落后。

近年来，我国在公路测设和施工方面开始使用一些新技术、新工艺、新设备，有很大进步。但是在整个公路测设和施工过程中，劳动强度仍然较大、施工进度较慢、技术装备落后。一些测设新技术如航测与遥感技术、计算机线形优化和自动化绘图、测量信息处理技术、施工机械化程度方面，还落后于发达国家。

（3）交通及运输经营管理技术落后。

目前，在我国，交通自动控制管理和运输经营管理、电子技术的应用虽已出现，但仍较少，多数管理方法仍然落后，使得不少地区运输紧张、阻车严重。事故增多、运输效率低、运输成本高，汽车运输的优越性不能很好地发挥。

由于我国汽车工业落后，运输业不发达，公路状况差，目前交通运输与国民经济发展的需要极不适应。这种状况影响了国民经济的发展，如不迅速改变，将会给国民经济和国防建设、人民生活以及旅游事业带来不利影响。

由此可见，如何更快更好地建设完善的公路网，适应国家建设的迫切需要，是摆在公路建设人员面前的重要任务。

### 1.2.3 我国公路发展规划

为发展我国公路、水路交通，交通部在"七五"期末制订了交通发展长远规划。即：在发展以综合运输体系为主的交通运输业总方针指导下，按照"统筹规划、条块结合、分层负责、联合建网"的方针，从"八五"开始用30年左右的时间建设公路主骨架、水运主通道、港站主枢纽和交通支持系统的"三主一支持"交通长远规划。

"三主一支持"中的公路主骨架即国道主干线系统，它是国道网中由专供汽车行驶的高速公路和汽车专用一、二级公路为主组成的快速通道。国道主干线系统，总里程约3.5万 km，由五纵七横的12条路线组成。连接首都、各省（自治区）省会（首府）、直辖市、中心城市、主要交通枢纽和重要口岸。这个系统形成以后，车辆行驶速度可提高一倍，城市间、省际间、经济区域间400~500 km的公路运输可当日往返，800~1000 km的可当日到达，这标志着现代化公路运输网络的建成。

为了加强沿海、沿边对外开放及各大经济区域间的联系，国家重点支持建设同江—三亚、北京—珠海、连云港—霍尔果斯、上海—成都等两纵两横的主干线和北京—沈阳、北京—上海、重庆—北海等三个重要路段。这个目标建筑里程约1.85万 km，目前已全部建成，对我国交通运输的紧张情况将得到较大缓解，对制约国民经济发展的运输状况有比较大的改善，也为2020年全面实现五纵七横的国道主干线网打下一个良好的基础。

高速公路是20世纪30年代在西方发达国家开始出现的专门为汽车交通服务的基础设施。高速公路在运输能力、速度和安全性方面具有突出优势，对实现国土均衡开发、建立统一的市场经济体系、提高现代物流效率和公众生活质量等具有重要作用。目前全世界已有80多个国家和地区拥有高速公路，通车里程超过了23万 km。高速公路不仅是交通现代化的重要标志，也是国家现代化的重要标志。

从1988年上海至嘉定高速公路建成通车至今20多年间，在"国道主干线系统规划"的指导下，我国高速公路总体上实现了持续、快速和有序的发展，特别是1998年以来，国家实施积极的财政政策，高速公路得到快速发展。截至2014年底，全国公路总里程446.39万 km，高速公路里程11.19万 km，公路密度46.50 km/100 km$^2$，公路养护里程435.38万 km。高速公路的发展，极大地提高了我国公路网的整体技术水平，优化了交通运输结构，对缓解交通运输的"瓶颈"制约发挥了重要作用，有力地促进了我国经济发展和社会进步。

当前，我国已进入全面建设小康社会的新时期，并将逐步实现现代化，经济社会发展对我国高速公路发展提出了新的更高要求，从国家发展战略和全局考虑，为保障我国高速公路快速、持续、健康发展，有必要规划一个国家层面的高速公路网。

从我国发展战略看，规划建设国家高速公路网有利于加快建设全国统一市场，促进商品和各种要素在全国范围自由流动、充分竞争，对缩小地区差别、增加就业、带动相关产业发展都具有十分重要的作用。这是世界各发达国家经济社会发展的经验总结，是我国全面建设小康社会和实现现代化的迫切需要，也是经济全球化背景下提高国家竞争力的重要条件。

从新时期经济社会发展需求看，规划建设国家高速公路网是影响全局的基础性先决条件。21世纪前20年，我国经济总量要翻两番，这样的发展速度势必带动全社会人员、物资流动总量的升级，新型工业化对运输服务效率和质量也提出了更高的要求，特别是汽车化、城镇化和现代物流的快速发展使得制定国家高速公路网规划更显迫切。

从高速公路建设的现实需要看,迫切需要统一全面的总体规划指导布局和投资决策。一方面,我国虽然已有超过3万km的高速公路,但相对于我国广阔的国土、众多的人口和快速增长的交通需求,我国高速公路总量不足,覆盖能力有限,尚未形成网络规模效益。另一方面,由于没有制定全国统一的高速公路网规划,缺乏对各地高速公路建设进行指导和协调的强有力手段,不利于合理利用交通通道资源,不利于搞好跨区域通道的布局和衔接,无法统一命名和编号,特别是标志的混乱和不规范给使用者带来了许多不便。

规划建设我国高速公路网还有利于保证土地资源的合理和集约利用,有利于国家环境保护和能源节约;同时,对于加强国防以及应对重大自然灾害和突发事件都具有重大意义。

总之,随着新时期经济的快速发展,随着生活方式的转变和生活质量的提高,为满足对交通服务越来越高的要求,搞好公共服务,优化跨区域资源的配置和管理。近几年交通运输部和国家发改委组织开展了大量调查、研究和论证工作,并广泛听取了各省、自治区、直辖市,以及国家有关部门和专家的意见建议,进一步修改完善了规划。2004年12月17日,《国家高速公路网规划》已经国务院审议通过,标志着我国高速公路建设发展进入了一个新的历史时期。国家高速公路网布局方案如图1-1所示。

国家高速公路网是我国公路网中最高层次的公路通道,服务于国家政治稳定、经济发展、社会进步和国防现代化,体现国家强国富民、安全稳定、科学发展,建立综合运输体系以及加快公路交通现代化的要求;主要连接大中城市,包括国家和区域性经济中心、交通枢纽、重要对外口岸;承担区域间、省际间以及大中城市间的快速客货运输,提供高效、便捷、安全、舒适、可持续的服务,为应对自然灾害等突发性事件提供快速交通保障。

国家高速公路网规划采用放射线与纵横网格相结合的布局方案,形成由中心城市向外放射以及横连东西、纵贯南北的大通道,由7条首都放射线、9条南北纵向线和18条东西横向线组成,简称为"7918网",总规模约8.5万km,其中:主线6.8万km,地区环线、联络线等其他路线约1.7万km。具体如下。

① 首都放射线(7条):北京—上海、北京—台北、北京—港澳、北京—昆明、北京—拉萨、北京—乌鲁木齐、北京—哈尔滨。

② 南北纵向线(9条):鹤岗—大连、沈阳—海口、长春—深圳、济南—广州、大庆—广州、二连浩特—广州、包头—茂名、兰州—海口、重庆—昆明。

③ 东西横向线(18条):绥芬河—满洲里、珲春—乌兰浩特、丹东—锡林浩特、荣成—乌海、青岛—银川、青岛—兰州、连云港—霍尔果斯、南京—洛阳、上海—西安、上海—成都、上海—重庆、杭州—瑞丽、上海—昆明、福州—银川、泉州—南宁、厦门—成都、汕头—昆明、广州—昆明。

此外,规划方案还有:辽中环线、成渝环线、海南环线、珠三角环线、杭州湾环线共5条地区性环线、2段并行线和30余段联络线。

国家高速公路网建成后将连接全国所有的省会级城市、目前城镇人口超过50万的大城市以及城镇人口超过20万的中等城市,覆盖全国10多亿人口;将连接全国所有重要的交通枢纽城市,包括铁路枢纽50个、航空枢纽67个、公路枢纽140多个和水路枢纽50个,形成综合运输大通道和较为完善的物流系统。从而实现东部地区平均30分钟上高速,中部地区平均1小时上高速,西部地区平均2小时上高速的快速出行。

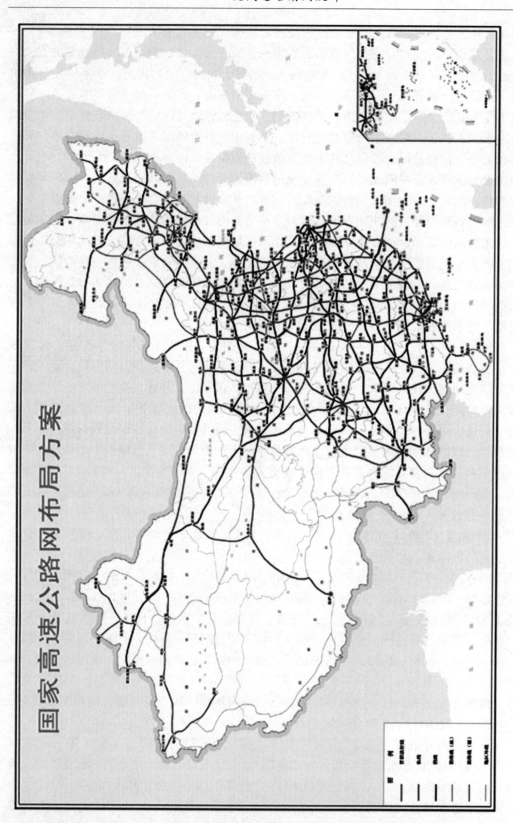

图 1-1 国家高速公路网布局方案

2013年5月，国务院批准了《国家公路网规划（2013年—2030年）》。国家公路网规划方案由普通国道和国家高速公路两个路网层次构成，总规模约40万km。具体如下。

普通国道网按照"主体保留、局部优化，扩大覆盖、完善网络"的思路，保留原国道网的主体，优化路线走向，恢复被高速公路占用的普通国道路段，补充连接地级行政中心和县级节点、重要的交通枢纽、物流节点城市和边境口岸，增加可有效提高路网运行效率和应急保障能力的部分路线，增设沿边沿海路线，维持普通国道网相对独立。调整后的普通国道由12条首都放射线、47条北南纵线、60条东西横线和81条联络线组成，总规模约26.5万km。

国家高速公路网按照"实现有效连接、提升通道能力、强化区际联系、优化路网衔接"的思路，保持原国家高速公路网规划总体框架基本不变，补充连接新增20万以上城镇人口城市、地级行政中心、重要港口和重要国际运输通道，在运输繁忙的通道上布设平行路线，增设区际、省际通道和重要城际通道，适当增加有效提高路网运输效率的联络线。调整后的国家高速公路由7条首都放射线、11条北南纵线、18条东西横线，以及地区环线、并行线、联络线等组成，约11.8万km；另规划远期展望线1.8万km，远期展望线路线主要位于西部地广人稀的地区。

国家级干线公路将形成由"普通国道+国家高速公路"两个层次共同组成的线网格局，普通国道提供普遍的、非收费的交通基本公共服务，国家高速公路提供高效、快捷的运输服务。空间布局将更加合理、结构更加清晰、功能更加明确。

《国家公路网规划》是公路交通基础设施的中长期布局规划，充分体现了新时期国家发展综合交通运输的战略方针，是指导国家公路长远发展的纲领性文件，必将对我国公路交通发展产生深远影响。

## 1.2.4 我国城市道路发展现状

我国古代营建都城，对道路布置极为重视。当时都城有纵向、横向和环形道路以及郊区道路并各有不同的宽度。唐代（618—907年）都城长安，明、清两代（1368—1911年）都城北京的道路系统皆为棋盘式，纵横井井有条，主干道宽广，中间以支路连接便利居民交通。巴基斯坦信德省印度河右岸著名古城遗址摩亨朱达罗城（公元前15世纪前）有排列整齐的街道，主要道路为南北向，宽约10 m，次要道路为东西向。古罗马城（公元前15世纪—前6世纪）贯穿全城的南北大道宽15 m左右，大部分街道为东西向，路面分为三个部分，两侧行人中间行车马，路侧有排水边沟。公元1世纪末的罗马城，城内干道宽25～30 m，有些宽达35 m，人行道与车行道用列柱分隔，路面用平整的大石板铺砌，城市中心设有广场。随着历史的演进，世界各大城市的道路都有不同程度的发展，自发明汽车以后，为保证汽车快速安全行驶，城市道路建设起了新的变化。除了道路布置有了多种形式外，路面也由土路改变为石板、块石、碎石以至沥青和水泥混凝土路面，以承担繁重的车辆交通。并设置了各种控制交通的设施。1949年以来，我国城市道路建设取得了重大成就。全国许多大城市改建、兴建了大量道路，铺筑了多种类型的沥青路面和水泥混凝土路面，新兴的中小工业城镇也新建了大批整洁的干道。如北京市展宽了狭窄的旧街道，修建了二、三环路及通达卫星城镇的放射性道路，并修建了一些互通式立体交叉及机动车、非机动车分行的三幅车行道的道路，既改善了市内交通状况又便利了对外联系，改变了旧北京的交通面貌。又如中国工业城市上海，新中国成立以来也新建改建了大批道路，并建成横跨黄浦江的大桥和黄浦江打浦路隧道，两岸交通得到进一步的改善。

截至2014年底，全国设市城市653个，其中直辖市4个、地级市288个、县级市361个。据对651个城市、1个特殊区域、1个新撤销市统计汇总，城市城区户籍人口3.86亿人，暂住人口0.60亿人，建成区面积4.98万 $km^2$。城市道路长度35.2万 km；道路面积68.3亿 $m^2$，其中人行道面积15.0亿 $m^2$；人均城市道路面积15.34 $m^2$。

## 1.3 道路基本组成

### 1.3.1 公路基本组成

公路是布置在大地表面供各种车辆行驶的一种线形带状构造物。它由线形和结构两部分组成。

1. 线形组成

1）路线

路线是指公路的中线。线形是指公路中线在空间的几何形状和尺寸。公路中线是一条三维空间曲线，由直线和曲线组成。

2）平、纵面线形

在公路线形设计中，是从平面线形、纵面线形和空间线形（又称为平、纵组合线形）三个方面来研究的。图1-2为公路平面、纵断面线形投影的示意图。

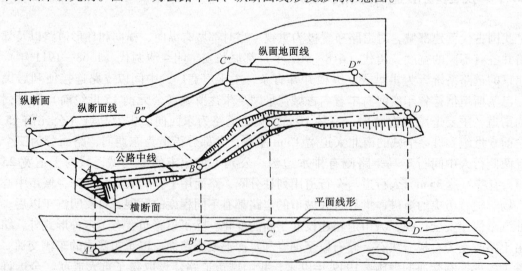

图1-2 公路平面、纵断面线形投影示意图

2. 公路结构组成

公路的结构组成主要包括：路基、路面、桥涵、隧道、路线交叉及沿线设施等。

1）路基

（1）路基定义。

按照路线位置和一定技术要求作为路面基础的带状构造物。一般由土、石按照一定结构尺寸要求构成，承受由路面传递下来的行车荷载。路基使公路连续，构成车辆及行人的通行部分。

（2）路基横断面组成。

用一法向切面通过道路中线剖切路基得到的图形称作路基横断面。路基横断面由行车道、中间带、路肩、边沟、边坡、截水沟、碎落台、护坡道等部分组成，如图1-3所示。

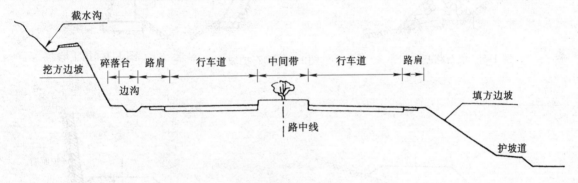

图1-3 路基横断面

（3）路基横断面形式。

路基横断面形式通常有路堤、路堑、半填半挖路基三种基本形式，如图1-4所示。

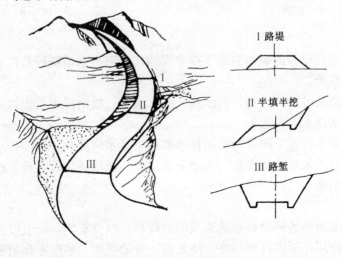

图1-4 路基横断面形式

路堤是指路基顶面高于原地面时，在原地面上填筑构成的路基。路堑则指路基顶面低于原地面时，将原地面下挖而构成的路基。在一个断面内，部分为路堤，部分为路堑的路基，则称半填半挖路基。路基结构必须稳定、坚实并符合规定的尺寸,以承受汽车和自然因素的作用。

(4) 路基防护。

路基防护是指在横坡较陡的山坡上或沿河一侧路基边坡受水流冲刷威胁的路段,为保证路基的稳定,加固路基边坡所修建的构造物。常见的路基防护工程有:填石路基(图 1-5)、砌石护坡(图 1-6)、挡土墙(图 1-7)、护脚(图 1-8)及护面墙(图 1-9)等。

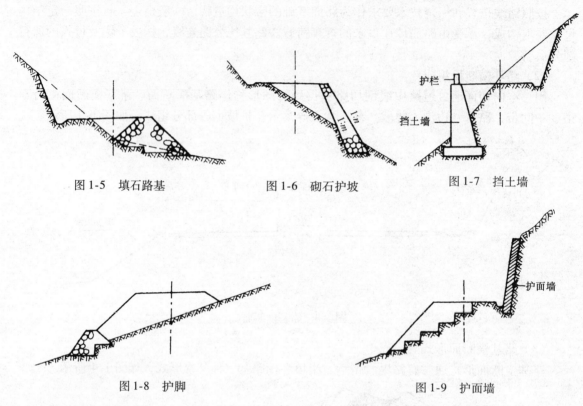

图 1-5 填石路基　　图 1-6 砌石护坡　　图 1-7 挡土墙

图 1-8 护脚　　图 1-9 护面墙

(5) 路基排水。

为保持路基稳定而设置的地面和地下排水设施。公路排水系统按其排水方向可有纵向排水系统和横向排水系统。

纵向排水系统常见的有:边沟、截水沟、排水沟等;横向排水系统常见的有:路拱、桥涵、透水路堤、过水路面、渡槽等。

排水系统按其排水位置不同分为地面排水和地下排水两部分。地面排水是用于排除危害路基的雨水、积水及外来水等地面水。在地下水位较高地段还应设置地下排水系统,盲沟是常见的地下排水结构物。

2) 路面

路面是在路基表面用各种材料分层铺筑的结构物,以供车辆在其上以一定速度安全、舒适地行驶。其主要作用是加固行车部分,使之有一定的强度、平整度和粗糙度。路面按其使用性能、材料组成和结构强度可有高级、次高级、中级、低级之分。按其力学性能可分为柔性路面和刚性路面两大类。常用的路面材料有沥青、水泥、碎(砾)石、砂、黏土等。路面结构层如图 1-10 所示。

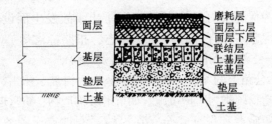

图 1-10 路面结构层

3）桥涵

公路在跨越河流、沟谷和其他障碍物时所使用的构筑物称为桥涵。当桥涵的单孔跨径 $L_0 \geqslant 5\text{ m}$、多孔跨径总长 $L \geqslant 8\text{ m}$ 时称为桥梁；反之则称为涵洞，如图 1-11 所示。

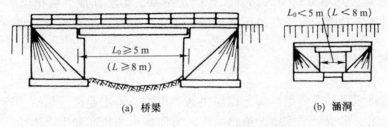

(a) 桥梁　　　　　　　　　　(b) 涵洞

图 1-11 桥梁和涵洞

4）隧道

公路穿越山岭、置于地层内的结构物称为隧道。隧道能避免翻山越岭，缩短里程，保障行车的快捷，是山区公路中采用的特殊构造物之一，如图 1-12 所示。

明挖岩（土）体后修筑棚式或拱式洞身再覆土建成的隧道称为明洞，如图 1-13 所示。明洞常用于地质不良或土层较薄的地段。

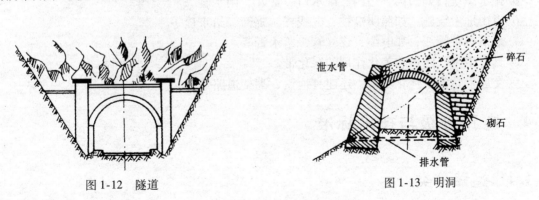

图 1-12 隧道　　　　　　　　图 1-13 明洞

5）沿线设施

为保证行车安全、舒适和增加路容美观，公路除设置必要的基本结构物和特殊结构物外，还需设置各种沿线设施。沿线设施是公路沿线交通安全、管理、服务、环保等设施的总称。

① 交通安全设施。为保证行车与行人安全和充分发挥公路的作用而设置的设施。这些设施主要包括：人行地下通道、人行天桥、标志、标线、交通信号灯、护栏、防护网、反光标志、照明等。

② 交通管理设施。为保障良好的交通秩序，防止事故发生而设置的各种设施。包括公路标志（又可分为指示标志、警告标志、禁令标志、指路标志等）、路面标线、路面标志、紧急电话、公路情报板、公路监视设施、交通控制设施等。

③ 防护设施。为防治公路上的塌方、泥石流、坠石、滑坡、积雪、雪崩、积砂、水毁等病害而设置的各种设施和构造物统称为防护设施。如抗滑坡构造物、防雪走廊、防沙棚、挑坝等。

④ 停车设施。为方便旅客和保证安全，在沿线适当地点设置的停车场、汽车站、回车道等设施。

⑤ 渡口码头。三、四级公路跨越较大河流、湖泊、水库，当交通量不大而暂时不能建桥所设置的船渡设施。渡口通常包括引道、码头、渡船及附属设施等。

⑥ 路用房屋及其他沿线设施。包括养护房屋、营运房屋、收费站、加油站等。

⑦ 绿化。它是公路不可缺少的部分，有稳定路基、荫蔽路面、美化路容、增加行车安全和发展用材林木之功能。有一些地区还能减轻积砂、积雪、洪水等对公路的危害。

## 1.3.2 城市道路组成

城市道路应将城市各主要组成部分如居民区、市中心、工业区、车站、码头、文化福利设施之间联系起来，形成一个完整的道路系统，方便城市的生产和生活活动，从而充分发挥城市的经济、社会和环境效益。通常其组成如下。

① 供汽车行驶的机动车道，供有轨电车行驶的有轨电车道，供自行车、三轮车等行驶的非机动车道。

② 专供行人步行交通用的人行道（地下人行道、人行天桥）。

③ 交叉口、交通广场、停车场、公共汽车停靠站台。

④ 交通安全设施，如交通信号灯、交通标志、交通岛、护栏等。

⑤ 排水系统，如街沟、边沟、雨水口、窨井、雨水管等。

⑥ 沿街地上设施，如照明灯柱、电线杆、邮筒、给水栓等。

⑦ 地下各种管线，如电缆、煤气管、给水管等。

⑧ 具有卫生、防护和美化作用的绿化带。

⑨ 交通发达的现代化城市，还建有地铁、高架道路等。

## 1.4 道路分级与技术标准

### 1.4.1 道路分类

道路是供各种车辆（无轨）和行人等通行的工程设施。由于目前我国各种道路管理机构的不同，道路分类处于多样化的状态。按其使用特点分为公路、城市道路、厂矿道路、林区道路及乡村道路等，其中部分道路颁发了相应的技术标准。

1. 公路

公路是指连接城市、乡村和工矿基地等，主要供汽车行驶，具备一定技术和设施的道路。公路按其重要性和使用性质又可划分为：国家干线公路（简称国道）、省干线公路（简称省道）、县公路（简称县道）及专用公路等。

国道是指在国家干线网中，具有全国性的政治、经济、国防意义，并经确定为国家干线的公路。

省道是指在省公路网中，具有全省性的政治、经济、国防意义，并经确定为省级干线的公路。

县道是指具有全县性的政治、经济意义，并经确定为县级的公路。

专用公路是由工矿、农林等部门投资修建，主要供部门使用的公路。

在城市、厂矿、林区、港口等内部的道路，都不属于公路范畴，但穿过小城镇的路段仍属公路。

2. 城市道路

城市范围内，供车辆及行人通行的，具备一定技术条件和设施的道路称为城市道路。

城市道路的功能除了把城市各部分联系起来为城市各种交通服务外，还起着形成城市结构布局的骨架，提供通风、采光、保持城市生活环境空间及为防火、绿化提供场地的作用。

3. 厂矿道路

厂矿道路指主要为工厂、矿山运输车辆通行的道路。通常分为厂内道路和厂外道路及露天矿山道路。厂外道路为厂矿企业与国家公路、城市道路、车站、港口相衔接的道路或厂矿企业分散的车间、居住区之间连接的道路。

4. 林区道路

林区道路指修建在林区，主要供各种林业运输工具通行的道路。由于林区地形及运输木材的特征，其技术要求应按专门制定的林区道路工程技术标准执行。

5. 乡村道路

乡村道路是指修建在乡村、农场，主要供行人及各种农业运输工具通行的道路。由于乡村道路主要为农业生产服务，一般不列入国家公路等级标准。

各类道路由于其位置、交通性质及功能均不相同，在设计时其依据、标准及具体要求也不相同，要特别注意。

## 1.4.2 公路分级和技术标准

1. 公路等级划分

《公路工程技术标准》（JTG B01—2014）根据公路使用任务、功能和适应的交通量分为以下5个技术等级。

① 高速公路为专供汽车分方向、分车道行驶并应全部控制出入的多车道公路。通常四

车道高速公路应能适应将各种汽车折合成小客车的年平均日交通量 25 000~55 000 辆；六车道高速公路应能适应将各种汽车折合成小客车的年平均日交通量 45 000~80 000 辆；八车道高速公路应能适应将各种汽车折合成小客车的年平均日交通量 60 000~100 000 辆。

② 一级公路为供汽车分方向、分车道行驶，并可根据需要控制出入的多车道公路。通常四车道一级公路应能适应将各种汽车折合成小客车的年平均日交通量 15 000~30 000 辆；六车道一级公路应能适应将各种汽车折合成小客车的年平均日交通量 25 000~55 000 辆。

③ 二级公路为供汽车行驶的双车道公路。双车道二级公路应能适应将各种汽车折合成小客车的年平均日交通量 5 000~15 000 辆。

④ 三级公路为主要供汽车、非汽车交通混合行驶的双车道公路。双车道三级公路应能适应将各种车辆折合成小客车的年平均日交通量 2 000~6 000 辆。

⑤ 四级公路为主要供汽车、非汽车交通混合行驶的双车道或单车道公路。双车道四级公路应能适应将各种车辆折合成小客车的年平均日交通量 2 000 辆以下。单车道四级公路应能适应将各种车辆折合成小客车的年平均日交通量 400 辆以下。

2. 公路设计交通量预测

① 高速公路和一级公路的设计交通量应按 20 年预测；二、三级公路的设计交通量应按 15 年预测；四级公路可根据实际情况确定。

② 设计交通量预测的起算年应为该项目可行性研究报告中的计划通车年。

③ 设计交通量的预测应充分考虑走廊带范围内远期社会、经济的发展和综合交通运输体系的影响。

3. 公路等级选用基本原则

公路等级的选用应根据路网规划、公路功能、交通量，并充分考虑项目所在地区的综合运输体系、远期发展等，经论证后确定。

① 一条公路可分段选用不同的公路等级或同一公路等级不同的设计速度和路基宽度，但不同公路等级、设计速度、路基宽度间的衔接应协调，过渡应顺适。

② 若拟建公路为主要干线公路，应选用高速公路；若拟建公路为次要干线公路，应选用二级及二级以上公路；主要集散公路宜选用一、二级公路；次要集散公路宜选用二、三级公路。

③ 支线公路宜选用三、四级公路。

4. 确定公路用地范围的原则

公路建设应切实贯彻保护耕地、节约用地的原则，在确定公路用地范围时应符合以下规定。

① 公路用地范围为公路路堤两侧排水沟外边缘（无排水沟时为路堤或护坡道坡脚）以外，或路堑坡顶截水沟外边缘（无截水沟为坡顶）以外不小于 1 m 范围内的土地；在有条件的地段，高速公路、一级公路不小于 3 m，二级公路不小于 2 m 范围内的土地为公路用地范围。

② 在风沙、雪害、滑坡、泥石流等不良地质地带设置防护、整治设施时，以及在膨胀土、盐渍土等特殊土地带采取处治措施时，应根据实际需要确定用地范围。

③ 桥梁、隧道、互通式立体交叉、分离式立体交叉、平面交叉、安全设施、服务设施、管理设施、绿化以及其他线外工程等用地，应根据实际需要确定用地范围。

5. 公路建设规定

公路建设必须执行国家环境保护和资源节约的法律法规，并应符合以下规定。
① 公路环境保护应贯彻"保护优先、以防为主、以治为辅、综合治理"的原则。
② 公路建设应根据自然条件进行绿化、美化路容、保护环境。
③ 高速公路，一、二级公路和有特殊要求的公路建设项目应作环境影响评价和水土保持方案评价。
④ 生态环境脆弱的地区，或因公路建设项目可能造成环境近期难以恢复的地带，应作环境保护设计。
⑤ 公路改扩建项目应充分利用公路废旧材料，节约工程建设资源。

公路分期修建必须遵照统筹规划、总体设计、分期实施的原则，前期工程应在后期仍能充分利用。高速公路整体式断面路段不得横向分幅分期修建。高速公路分离式断面路段可采用分幅分期修建，先期建成的一幅按双向交通通车时，应按二级公路通车条件进行管理。

6. 公路改扩建规定

公路改扩建时，应对改扩建方案和新建方案进行论证比选，并应符合下列规定：
① 公路改扩建时机应根据实际服务水平论证确定，高速公路、一级公路服务水平宜在降低到三级服务水平下限之前，二、三级公路服务水平宜在降低到四级服务水平下限之前，四级公路可根据具体情况确定。
② 利用现有公路局部路段因地形地物限制，提高设计速度将诱发工程地质病害、大幅增加工程造价或对保护环境、文物有较大影响时，该局部路段的设计可维持原设计速度，但其长度高速公路不宜大于 15 km，一、二级公路不宜大于 10 km。
③ 高速公路改扩建应在进行交通组织设计、交通安全评价等基础上作出具体实施方案设计。在工程实践中，应减少对既有公路的干扰，并应有保证通行安全措施。维持通车路段的服务水平可降低一级，设计速度不宜低于 60 km/h。
④ 一、二、三级公路改扩建时，应作保通方案设计。
⑤ 沙漠、戈壁、草原等小交通量地区的高速公路分离式断面路段利用现有二级公路改建为一幅时，其设计洪水频率可维持原标准不变，设计速度不宜大于 80 km/h。

7. 公路工程技术标准

1）技术标准内容

公路的技术标准是指对公路路线和构造物的设计和施工在技术性能、几何形状和尺寸、结构组成上的具体尺寸和要求，把这些要求用指标和条文的形式确定下来即形成公路工程的技术标准。

技术标准是根据汽车的行驶性能、数量、荷载等方面的要求，在总结公路设计、施工、养护和汽车运输经验的基础上，经过调查研究、理论分析制定出来的。它反映了我国公路建设的技术政策和技术要求，是公路设计和施工的基本依据和必须遵守的准则。

我国现行《公路工程技术标准》（JTG B01—2014）（以下简称《标准》）分总则、术语、基本规定、路线、路基路面、桥涵、汽车及人群荷载、隧道、路线交叉、交通工程及沿线设施等10章。各级公路主要技术指标详见《标准》。

2）技术标准应用

在公路设计中，掌握和运用技术标准要注意以下几点。

① 运用《标准》要合理。采用《标准》要避免走极端，既不要轻易采用极限指标，影响公路的服务性能，也不应不顾工程数量，片面追求高指标，使投资过大，占地增加。

② 确定指标要慎重。在确定指标时，要深入实际进行踏勘调查，征询各方面意见，掌握第一手资料，然后根据任务书的要求，结合目前和远景的使用要求，通过比较，慎重确定。如指标定得不当，会直接影响公路的使用效果、工程造价及工期。

③ 在不过分增加工程量的条件下尽量采用较高的指标，从而创造较好的营运条件，缩短里程，减少运输成本。

## 1.4.3 城市道路分类与技术分级

1. 城市道路分类

按照道路在道路网中的地位、交通功能及对沿线建筑物的服务功能等，城市道路分为四类。

1）快速路

快速路应为城市中大量、长距离、快速的交通服务。快速路对向车行道之间应设中间带，其进出口应采用全控制或部分控制。

快速路两侧不应设置吸引大量车流、人流的公共建筑物的进出口。两侧一般建筑物的进出口应加以控制。

2）主干路

主干路应为连接城市各主要分区的干路，以交通功能为主。自行车交通量大时，宜采用机动车与非机动车分隔形式，如三幅路或四幅路。

主干路两侧不应设置吸引大量车流、人流的公共建筑物的进出口。

3）次干路

次干路应与主干路结合组成道路网，起集散交通的作用，兼有服务功能。

4）支路

支路应为次干路与街坊路与小区的连接线，解决局部地区交通，以服务功能为主。

2. 城镇道路技术分级

我国《城镇道路工程技术标准》规定各类城镇道路的技术指标见表1-1。

表 1-1  各类城镇道路技术指标

| 类别 \ 项目 | 道路级别 | 设计速度/(km/h) | 双向机动车车道数/条 | 机动车道宽度/m | 分隔带设置 | 横断面采用的形式 |
|---|---|---|---|---|---|---|
| 快速路 | Ⅰ | 100 | ≥4 | 3.75 | 必须设 | 三、四幅路 |
|  | Ⅱ | 80、60 | ≥4 | 3.75 | 必须设 | 三、四幅路 |
|  | Ⅲ | 60 | ≥4 | 3.75 | 必须设 | 三、四幅路 |
| 主干路 | Ⅰ | 60 | ≥4 | 3.75 | 应设 | 单、双、三、四 |
|  | Ⅱ | 60、50 | 3~4 | 3.75 | 应设 | 单、双、三 |
|  | Ⅲ | 40 | 2~4 | 3.5~3.75 | 可设 | 单、双、三 |
| 次干路 | Ⅰ | 50 | 2~4 | 3.75 | 可设 | 单、双、三 |
|  | Ⅱ | 40、30 | 2~4 | 3.5~3.75 | 不设 | 单 |
|  | Ⅲ | 30 | 2 | 3.5 | 不设 | 单 |
| 支路 | Ⅰ | 40 | 2 | 3.5 | 不设 | 单 |
|  | Ⅱ | 30、20 | 2 | 3.25~3.5 | 不设 | 单 |
|  | Ⅲ | 20 | 2 | 3.0~3.5 | 不设 | 单 |

注：① 各类道路依城市规模、交通量、地形分为Ⅰ、Ⅱ、Ⅲ级，大城市采用Ⅰ级，中等城市采用Ⅱ级，小城市采用Ⅲ级；

② 设计年限规定：快速路、主干路为 20 年，次干路为 15 年，支路为 10~15 年；

③ 大城市：指人口在 50 万人以上的城市；中等城市：指人口在 20 万~50 万人的城市；小城市：指人口不足 20 万人的城市。

## 1.5 公路建设程序

根据我国《公路工程基本建设管理办法》的规定，公路基本建设程序如下。

① 根据长远规划或项目建议书，进行可行性研究。
② 根据可行性研究，编制计划任务书（也称设计计划任务书）。
③ 根据批准的计划任务书，进行现场勘测，编制初步设计文件和概算。
④ 根据批准的初步设计文件，编制施工图和施工图预算。
⑤ 列入年度基本建设计划。
⑥ 工程招投标。
⑦ 进行施工前的各项准备工作。
⑧ 编制实施性施工组织设计及开工报告，报上级主管部门审批。
⑨ 严格执行有关施工的规程和规定，坚持正常施工秩序，做好施工记录，建立技术档案。
⑩ 编制竣工图表和工程决算，办理竣工验收。

### 1.5.1 公路工程可行性研究

可行性研究是基本建设前期工作的一项重要内容，是建设程序的组成部分，是建设项目决策和编制计划任务书的科学依据，可定义为"论证工程（或产品）项目技术上的可能性和经济上的合理性，并论证何时修建及分期修建，提供决策依据，保证工程的经济效果"。

公路建设必须严格遵守国家规定的基本建设程序。所有大中型项目应根据批准的项目建议书（或委托书），进行可行性研究，可行性研究工作完成后应进行评估。

公路可行性研究一般包括下列内容。

① 总论。论述建设项目的任务依据、历史背景和研究范围，提出可行性研究的主要结论。

② 现状及问题。调查及论述建设地区综合运输网的交通现状和建设项目在交通运输网中的地位与作用。论述原有公路的工程技术状况及不适应的程度。

③ 发展预测。进行全面的交通调查和经济调查，论述建设项目所在地区的经济特征，研究建设项目与经济发展的内在联系，预测交通运输量的发展情况。

④ 公路建设标准和规模。论述项目建设规模和采用的等级及其主要技术指标。

⑤ 建设条件和方案选择。调查建设项目所处地理位置的地形、地质、地震、气候、水文等自然特征，建筑材料来源及运输条件；进行路线方案的比选，提出推荐方案的走向和主要控制点；评价建设项目对环境的影响，并编制环境影响报告书。

⑥ 投资估算与资金筹措。包括主要工程数量、公路建设用地和拆迁、单价拟定、投资估算及资金筹措等。

⑦ 工程建设实施计划。包括勘测设计和工程施工的计划与要求、工程管理和技术人员的培训等。

⑧ 经济评估。包括运输成本等经济参数的确定，建设项目的直接经济效益和费用的估算，进行经济评价敏感性分析，建设项目的间接经济效益分析。收费公路还需做财务分析。

经过综合分析，提出投资少、效益好的建设方案。

可行性研究工作是交通建设综合管理的手段，必须从运输生产的目的出发。研究技术可行性必须与经济效益相结合，研究经济效益必须考虑采用新技术的可能，重视运输领域的综合效益。

可行性研究应附有必要的图表，其中包括路线方案（及比较方案）图、历年工农业总产值与客货运量统计表、公路客货运量、交通量预测表、效益计算表等。

在可行性研究时，应进行环境影响分析，即以工程性质、路线位置、资源利用、环境影响等为依据，对工程进行宏观分析，确定项目是否成立。在计划任务书下达，进行初步设计的同时，应编制环境影响评价书，即根据预测工程对环境的影响，提出对环境污染和破坏的防治措施。

## 1.5.2　计划任务书

公路勘测设计工作是根据批准的计划任务书进行的。计划任务书应包括下列内容：

① 建设的依据和意义。

② 路线的建设规模和修建性质。

③ 路线的基本走向和主要控制点。

④ 工程技术等级和主要技术标准。

⑤ 勘测设计的阶段划分及各阶段完成的时间。

⑥ 建设期限，投资估算，需要钢材、木材、水泥的数量。

⑦ 施工力量的原则安排。

计划任务书经上级批准后，如对建设规模、期限、技术等级标准及路线走向等重大问题有变更时，应报原批准机关审批同意。

## 1.5.3 公路勘测设计类型划分

公路勘测设计根据路线的性质和要求，可分为一阶段测设、两阶段测设和三阶段测设三种类型。

1. 一阶段测设

一阶段测设适用于技术简单、方案明确的小型公路工程项目。即进行一次详细的定测，据以编制施工设计和工程预算。

2. 两阶段测设

两阶段测设为公路测设的主要程序，即通常一般公路所采用的测设程序。其步骤为：先进行初测、编制初步设计和工程概算；经上级批准初步设计后，再进行定测、编制施工图和工程预算。

也可直接进行定测、编制初步设计；然后根据批准的初步设计，通过补充测量编制施工图。

3. 三阶段测设

对于技术上复杂而又缺乏经验的建设项目或建设项目中的个别路段、特殊大桥、互通式立体交叉、隧道等，必要时应采用三阶段设计。即初步设计、技术设计和施工图设计三个阶段。

技术设计阶段主要是对重大、复杂的技术问题，落实技术方案、计算工程数量，提出修正的施工方案，修正设计概算。其深度和要求介于初步设计和施工图设计之间。

不论采用哪种类型设计，在勘测前都要进行实地调查（或称视察），它是勘测前不可缺少的一个步骤，也可与可行性研究结合在一起，但不作为一个测设阶段。

## 1.5.4 设计文件编制

设计文件是公路勘测设计的最后成果，经审查批准后是公路施工的依据。其组成、内容和要求随设计阶段不同而异。

根据《公路工程基本建设项目设计文件编制办法》（交公路发〔2007〕358号）规定，设计文件由总体设计（用于高速公路、一级公路）、路线、路基路面、桥梁涵洞、隧道、路线交叉、交通工程及沿线设施、环境保护与景观设计、其他工程、筑路材料、施工方案（施工组织设计）、设计概算（施工图预算）共12篇及附件（基础资料）组成。其表达形式有：文字说明、设计图和设计表格三种。

## 1.5.5 城市道路的红线规划

城市道路红线是指城市道路用地的分界控制线，通常由城市规划部门确定。红线宽度为道路用地的规划范围，包括车行道、人行道、绿化带等在内的规划道路的总宽度，或称规划路幅。

城市道路的红线规划，是依据城市总体规划确定道路网的形式、道路的功能、走向和位置，是一次修建还是分期逐步修建，依新建道路还是旧路改造等因素而定。

城市道路网的主要形式有：方格网（棋盘）式、环形放射式、自由式和混合式。

1. 方格网式

方格网式呈方格棋盘形状，是常见的一种形式，干道间距约为800～1 000 m，干道之间再布置次要道路，将用地分为大小合适的街坊。多适用于地势平坦的中小城市或大城市的局部地区。例如，我国西安、洛阳、太原、郑州、石家庄、开封、福州、苏州等均属于方格网式。图1-14为西安市道路网。

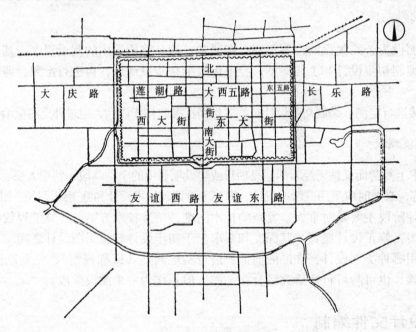

图1-14 西安市道路网

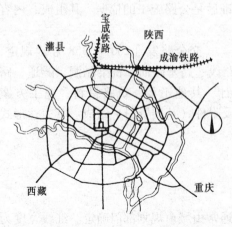

图1-15 成都市道路网

为便利方格网对角线方向交通，形成方格对角线式，如我国长春、沈阳等城市，但所形成的三角形街坊及畸形复杂的交叉口，对建筑布置和交通组织不便。

2. 环形放射式

环形放射式由市中心向外辐射路线，四周以环路沟通。多为旧城中心区向外发展而成，有利于市中心与各区之间的交通联系，多适用于大城市和特大城市。例如，我国成都市即由八条放射路和两条环路所组成（图1-15）。

3. 自由式

自由式结合地形为主，路线弯曲无一定几何图形。我国许多山丘城市地形起伏大，道路选线时为减少纵坡，常沿山麓或河岸布线，形成自由式道路网，如我国青岛、重庆、南宁、九江、芜湖和攀枝花等城市。其优点为能充分结合自然地形，节省道路工程造价，缺点为非直线系数大，不规则街坊多，建筑用地较分散。图 1-16 为青岛市道路网。图 1-17 为重庆市干道系统图，重庆为山区城市，地形特陡处的干道之间采用隧道连接。

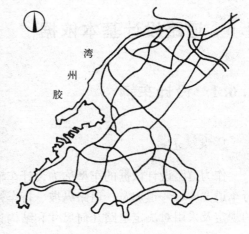

图 1-16　青岛市道路网

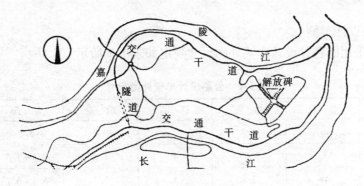

图 1-17　重庆市区干道系统图

4. 混合式

混合式为上述三种形式的组合。我国大多数城市多采用混合式，如上海、北京、南京、合肥等多数城市保留原旧城的方格网，为减少市中心交通压力都设置环路和放射路。图 1-18 为上海市干道系统图。图 1-19 为北京市区道路网。

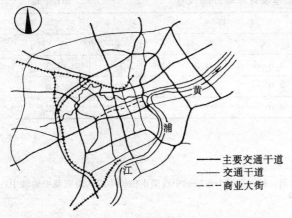 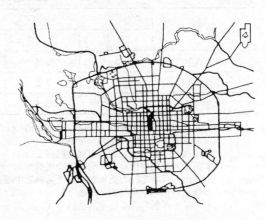

图 1-18　上海市干道系统图　　　　　　图 1-19　北京市区道路网

## 1.6 道路设计基本依据

### 1.6.1 设计车辆

1. 定义

作为道路设计依据的车型称为设计车辆。车辆的几何尺寸、质量、性能等，直接关系到行车道宽度、弯道加宽、道路纵坡、行车视距、道路净空、路面及桥涵荷载，因此设计车型的规定及采用对决定道路几何尺寸和结构具有极其重要的意义。

2. 设计车辆规定

1）我国公路设计车辆

公路设计所采用的各种设计车辆外廓尺寸规定如表1-2所示。

表1-2 公路设计车辆外廓尺寸　　　　　　　　　　　　单位：m

| 车辆类型 | 总　长 | 总　宽 | 总　高 | 前　悬 | 轴　距 | 后　悬 |
| --- | --- | --- | --- | --- | --- | --- |
| 小客车 | 6 | 1.8 | 2 | 0.8 | 3.8 | 1.4 |
| 大型客车 | 13.7 | 2.55 | 4 | 2.6 | 6.5+1.5 | 3.1 |
| 铰接客车 | 18 | 2.5 | 4 | 1.7 | 5.8+6.7 | 3.8 |
| 载重汽车 | 12 | 2.5 | 4 | 1.5 | 6.5 | 4 |
| 铰接列车 | 18.1 | 2.55 | 4 | 1.5 | 3.3+11 | 2.3 |

注：铰接列车的轴距（3.3+11）m；3.3 m为第一轴至铰接点的距离，11 m为铰接点至最后轴的距离。

2）我国城市道路设计车辆

我国城市道路机动车设计车辆外廓尺寸如表1-3所示。

表1-3 城市道路机动车设计车辆外廓尺寸　　　　　　　　　单位：m

| 车辆类型 | 项　目 | | | | | |
| --- | --- | --- | --- | --- | --- | --- |
|  | 总　长 | 总　宽 | 总　高 | 前　悬 | 轴　距 | 后　悬 |
| 小型汽车 | 5 | 1.8 | 1.6 | 1.0 | 2.7 | 1.3 |
| 普通汽车 | 12 | 2.5 | 4.0 | 1.5 | 6.5 | 4.0 |
| 铰接车 | 18 | 2.5 | 4.0 | 1.7 | 5.8、6.7 | 3.8 |

注：① 总长为车辆前保险杠至后保险杠的距离/m；
②　总宽为车厢宽度（不包括后视镜）/m；
③　总高为车厢顶或装载顶至地面的高度/m；
④　前悬为车辆前保险杠至前轴轴中线的距离/m；
⑤　轴距：双轴车时为前轴轴中线至后轴轴中线的距离；铰接车时为前轴轴中线至中轴轴中线的距离及中轴轴中线至后轴轴中线的距离/m；
⑥　后悬为车辆后保险杠至后轴轴中线的距离/m。

我国非机动车设计车辆外廓参考尺寸如表1-4所示。

表1-4　非机动车设计车辆外廓参考尺寸　　　　　　　　　　单位：m

| 车辆类型 | 项目 | | | 车辆类型 | 项目 | | |
| --- | --- | --- | --- | --- | --- | --- | --- |
| | 总长 | 总宽 | 总高 | | 总长 | 总宽 | 总高 |
| 自行车 | 1.93 | 0.60 | 2.25 | 板车 | 3.70 | 1.50 | 2.50 |
| 三轮车 | 3.40 | 1.25 | 2.50 | 兽力车 | 4.20 | 1.70 | 2.50 |

注：①总长。自行车为前轮前缘至后轮后缘的距离；三轮车为前轮前缘至车厢后缘的距离；板车、兽力车均为车把前端至车厢后缘的距离/m；
②总宽。自行车为车把宽度，其余车种均为车厢宽度/m；
③总高。自行车为骑车人骑在车上时，头顶至地面的高度，其余车种均为载物顶部至地面的高度/m。

## 1.6.2　设计速度

1. 定义

设计速度又称计算行车速度，是指道路几何设计所采用的车速。即具有控制性的路段上（如急弯、陡坡等），具有中等驾驶水平的驾驶人，在天气良好、低交通密度时，安全行驶所能维持的最大速度。设计车速是道路几何设计（如确定平曲线半径、超高、纵坡坡度、坡长、视距等）的基本依据。作为技术指标，直接决定了道路的线形几何要素，同时又与道路的重要性、经济性有关，是用来体现道路等级的一项重要指标。

2. 设计速度规定

影响设计速度的因素很多，主要有：地形、地区、设计交通量、汽车的技术性能、驾驶人的适应性、行车的安全性和经济性等。

在规定设计速度时，主要考虑汽车的以下几种车速。

1）汽车行驶最高车速

汽车的最高车速是受汽车的动力性能和机械性能及汽车构造的限制所能达到的最高车速。设计车速的规定必须与汽车所能行驶的最高车速相适应，并考虑道路上行驶的多数汽车的要求。

2）汽车经济车速

经济车速是指新出厂的汽车，在一般道路上行驶时，所测定的最经济（耗油少、轮耗小）的车速。一般解放牌 CA-10B 型载货汽车的经济车速为 35~45 km/h。

3）平均技术速度

平均技术速度是指汽车在道路上行驶的平均速度。在一条道路上，各路段的技术条件不同，如在平曲线最小半径或在最大纵坡路段上或在视距不良地段等，由于道路条件限制，汽车都有不同的行车速度，通常称为技术速度。各路段技术速度的平均值，即表示该路段上实际行车的车速。根据观测，平均技术速度由于一系列行车条件的限制，一般很难达到设计车速。设计车速较高时，平均技术速度约为设计车速的 60%~70%，设计车速较低时约为设计车速的 80%~90%。

各级公路设计速度规定如表1-5所列。

表 1-5　各级公路设计速度

| 公路等级 | 高速公路 | | | 一级公路 | | | 二级公路 | | 三级公路 | | 四级公路 |
|---|---|---|---|---|---|---|---|---|---|---|---|
| 设计速度/（km/h） | 120 | 100 | 80 | 100 | 80 | 60 | 80 | 60 | 40 | 30 | 30 | 20 |

① 高速公路设计速度不宜低于 100 km/h，受地形、地质等条件限制时，可以选用 80 km/h。

② 作为干线的一级公路，设计速度宜采用 100 km/h；受地形、地质等条件限制，可采用 80 km/h。作为集散的一级公路，设计速度宜采用 80 km/h；受地形、地质等条件限制，可采用 60 km/h。

③ 高速公路和作为干线的一级公路的特殊困难的局部路段，且因新建工程可能诱发工程地质病害时，经论证，该局部路段的设计速度可采用 60 km/h，但长度不宜大于 15 km，或仅限于相邻两互通式立体交叉之间，与其相邻路段的设计速度不应大于 80 km/h。

④ 二级公路作为干线公路时，设计速度宜采用 80 km/h；受地形、地质等条件限制，可采用 60 km/h。二级公路作为集散公路时，设计速度宜采用 60 km/h；受地形、地质等自然条件复杂的山区，经论证该路段的设计速度可采用 40 km/h。

⑤ 三级公路设计速度宜采用 40 km/h；受地形、地质等条件限制，可采用 30 km/h。

⑥ 四级公路设计速度宜采用 30 km/h；受地形、地质等条件限制，可采用 20 km/h。

⑦ 高速公路设计路段不宜小于 15 km；一、二级公路设计路段不宜小于 10 km。不同设计速度的设计路段间必须设置过渡段。设计车速变更点的位置，应选择在驾驶人员能够明显判断路况发生变化而需要改变行车速度的地点，如村镇、车站、交叉道口或地形明显变化等处，并应设置相应的标志。

我国城市道路设计速度参见表 1-1。

当旧路改建有特殊困难，如商业街、文化街等，经技术经济比较认为合理时，可适当降低设计速度，但应考虑夜间行车安全。

## 1.6.3　设计交通量

1. 定义

1）交通量

交通量指单位时间内通过公路某一断面的车辆数，又称为交通流量。交通量可以年、日或小时计。车辆数量是按各种交通车辆不同折算系数换算成载货汽车的总和。其单位为辆/日或辆/小时。

2）年平均日交通量 $N$（双向）

年平均日交通量指一年 365 天内观测交通量总和的平均值，即有：

$$N = \frac{\text{一年内交通量总和}}{365} \quad (\text{辆/日}) \tag{1-1}$$

年平均日交通量是一条公路普遍采用的设计依据，它是决定路线等级及拟定道路修建时期的主要依据（但不能直接作为路线几何设计之用）。

3）最大日交通量 $N_1$（双向）

最大日交通量指一年中 365 个交通量中的最大值。用以研究道路交通不均匀情况。

4) 高峰小时交通量

高峰小时交通量指一年中（或一日内）的最大小时交通量。用以研究道路交通不均匀情况。

5) 日平均小时交通量

日平均小时交通量指一日内，从早晨5时到晚上9时，16小时通过车辆数按小时的平均值。

6) 设计交通量

设计交通量为预期到设计年限末，用以作为道路设计依据而确定的交通量。有设计年平均日交通量和设计小时交通量。

2. 设计交通量规定

1) 公路的设计交通量

（1）设计小时交通量。

设计小时交通量是根据交通量预测所选定的作为高速、一级公路设计依据的小时交通量。

小时交通量（辆/小时）是以小时为计算时段的交通量，是确定车道数和车道宽度或评价服务水平时的依据。大量的道路交通量变化图式表明，在一天及全年期间，每小时交通量的变化是相当大的。如果用一年中最大的高峰小时交通量作为设计依据，那肯定是浪费，但如果采用日平均小时交通量则不能满足实际需要，造成交通拥挤，甚至阻塞。为了设计交通量的取值既保证交通安全畅通，又使工程造价经济、合理，借助一年中每小时交通量的变化曲线来指导确定最合乎设计使用的小时交通量，方法如下。

将一年中所有每小时交通量按其与年平均日交通量的百分数的大小顺序排列起来并画成如图1-20所示曲线。从图1-20可以看出在30~50位小时交通量范围附近，曲线急剧变化，大于50曲线明显变缓，小于30曲线坡度则急剧加大。根据上述曲线规律，设计小时交通量的合理取值，显然应选在第30~50位小时的范围以内。如以第30位小时交通量作为设计依据，意味着在一年中有29个小时超过设计值，将发生拥挤，占全年小时数的0.33%，也就是说，能顺利通过的保证率达99.67%。目前世界许多国家，包括我国均采用第30位小时交通量作为设计依据。也可根据公路功能采用当地的年第20~40位小时之间最为经济合理时位的小时交通量。

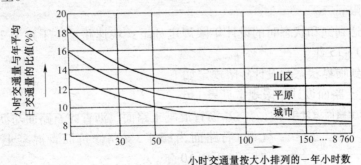

图1-20 年平均日交通量与小时交通量关系曲线

据调查资料分析，第30位小时交通量与年平均日交通量的比值 $k$（称为设计小时交通量系数）比较稳定，一般约为15%。

(2) 设计年平均日交通量。

二、三、四级公路通常以设计年平均日交通量作为设计依据。即以现有交通量为准,考虑将来经济的发展和道路改造引起交通量变化的需要,推算到设计年限的交通量。

《标准》规定,远景设计年限:高速公路、一级公路为20年;二级公路为15年;三级公路为10年;四级公路一般为10年,也可根据实际情况适当缩短。远景设计年限从公路建成通车年起算。

远景设计年限交通量 $N_d$ 是由现行的年平均日交通量 $N_0$,按设计年限以一定增长率 $r$ 按下式计算确定。

$$N_d = N_0 \cdot (1 + r)^{T-1} \tag{1-2}$$

式中:$N_d$——设计年限末的年平均日交通量/(辆/日);
$N_0$——年平均日交通量/(辆/日);
$r$——增长率/%;
$T$——设计年限/年。

2) 城市道路的设计交通量

(1) 设计小时交通量。

确定城市道路车道数的设计小时交通量按下式计算:

$$N_h = N_{da} k \delta \tag{1-3}$$

式中:$N_h$——设计小时交通量/(辆/小时);
$N_{da}$——设计年限的年平均日交通量/(辆/日);
$k$——设计高峰小时交通量与年平均日交通量的比值,当不能取得年平均日交通量时,可用有代表性的平均日交通量代替;
$\delta$——主要方向交通量与断面交通量的比值。

年平均日交通量或平均日交通量与 $k$、$\delta$ 值均应由各城市观测取得。未进行观测的城市可参照性质相近的邻近城市的数值选用。新辟道路可参照性质相近的同类型道路数值选用。不能取得时,$k$ 值可采用11%,$\delta$ 值可采用0.6。

确定设计年限的年平均日交通量时,应综合考虑现有交通量、正常增长交通量、吸引交通量和发展交通量等。

(2) 设计年限。

道路交通量达到饱和状态时的设计年限规定如下:快速路、主干路为20年;次干路为15年;支路为10~15年。

路面结构达到临界状态的设计年限规定如下。

① 水泥混凝土路面设计年限规定见表1-6。

表1-6 水泥混凝土路面设计年限

| 交通等级 | 设计年限 |
| --- | --- |
| 特重 | 40 |
| 重 | 30 |
| 中等 | 30 |
| 轻 | 20 |

② 沥青混凝土路面、沥青碎石路面与沥青贯入式碎(砾)石路面为15年,支路修筑沥青混凝土等高级路面时,可采用10年。

③ 沥青表面处治路面为8年。

④ 粒料路面为5年。

3）车辆折算系数

公路上行驶的汽车有各种不同车型，特别是在我国的二、三、四级公路上，还有着相当大比例的非机动车。为了设计方便，我国《标准》将公路上行驶的各种车辆折合成小客车。

各种车辆的折算系数与车辆的行驶速度和该车种行车时占用公路净空有关。《标准》规定交通量换算采用小客车为标准车型。确定公路等级的各汽车代表车型和车辆折算系数规定如表 1-7 所示。

**表 1-7　各汽车代表车型及车辆折算系数**

| 代 表 类 型 | 车辆折算系数 | 说　　明 |
| --- | --- | --- |
| 小客车 | 1.0 | ≤19 座的客车和载质量≤2t 的货车 |
| 中型车 | 1.5 | 座位 >19 座的客车和 2t < 载质量≤7t 的货车 |
| 大型车 | 2.0 | 7t < 载质量≤20t 的货车 |
| 汽车列车 | 4.0 | 载质量 >20t 的货车 |

（1）畜力车、人力车、自行车等非机动车，在设计交通量换算中按路侧干扰因素计。
（2）公路上行驶的拖拉机每辆折算为 4 辆小客车。
（3）公路通行能力分析所要求的车辆折算系数应针对路段、交叉口等形式，按不同的地形条件和交通需求，采用相应的折算系数。
（4）城市道路上各种车辆的折算系数可按《城规》规定采用。

## 1.6.4　通行能力和服务水平

道路通行能力是在一定的道路和交通条件下，道路上某一路段适应车流的能力，以单位时间内通过的最大车辆数表示，单位时间通常以小时计，即辆/小时。车辆数对于多车道道路用一条车道的通过数表示，双车道公路用往返车道合计数表示，它是正常条件下道路交通的极限值。

1. 基本通行能力

基本通行能力是指在理想条件下，单位时间内一个车道或一条车道某一路段可以通过的小客车最大数，是计算各种通行能力的基础。所谓理想条件包括道路本身和交通两个方面，即道路本身应在车道宽、侧向净宽有足够的宽度及平纵线形、视距良好；交通上只有小客车行驶，没有其他车型混入且不限制车速。现有道路即使是高速公路，基本上没有合乎理想条件的，可能通过的车辆数一般都低于基本通行能力。

基本通行能力的计算可采用"车头时距"或"车头间距"推求。车头时距是指连续两车通过车道或道路上同一地点的时间间隔，车头间距是指交通流中连续两车之间的距离。

① 按车头时距时，一条车道的通行能力 $C$（单位为 pcu/h）按下式计算：

$$C = 3600/t \tag{1-4}$$

式中：$t$——连续车流平均车头间隔时间（s），可通过观测求得。

② 按车头间距时，一条车道的通行能力 $C$（单位为 pcu/h）按下式计算：

$$C = 1000V/l \tag{1-5}$$

式中：$V$——车速/(km/h)；
　　　$l$——连续车流平均车头间隔距离/m，可通过观测求得。

2. 可能通行能力

可能通行能力是由于通常现实的道路和交通条件与理想条件有较大差距，考虑了影响通行能力的诸多因素如车道宽、侧向净宽和大型车混入后，对基本通行能力进行修正后的通行能力。

3. 设计通行能力

1）服务水平及服务交通量

在道路上交通量少，行车自由度就大；反之，就会受到限制，这是一个简单的事实。我国按照车流运行状态，把从小交通量自由流至交通量达到可能状态的受限制车流这一运行条件范围分为四级服务水平。与每一级服务水平相应的交通量称为服务交通量。

2）设计通行能力

公路交通的运行状态保持在某一设计的服务水平时，单位时间内公路上某一路段可以通过的最大车辆数为设计通行能力。它是实际道路可能接受的通过能力，考虑了人为主观对道路的要求，按照道路运行质量要求及经济、安全和出入口交通条件等因素而确定作为设计的依据。

各种通行能力的计算方法参见有关交通工程书籍，此处不再赘述。

4. 公路服务水平

采用 $v/c$ 值来衡量拥挤程度，作为评价服务水平的主要指标，同时采用小客车实际行驶速度与自由流速度之差作为次要评价指标，公路服务水平分为六级。各级公路设计采用的服务水平不低于表1-8的规定。

表1-8　各级公路设计采用的服务水平

| 公路等级 | 高速公路 | 一级公路 | 二级公路 | 三级公路 | 四级公路 |
|---|---|---|---|---|---|
| 服务水平 | 三级 | 三级 | 四级 | 四级 | — |

一级公路作为集散公路时，可采用四级服务水平设计。长隧道及特长隧道路段、非机动车及行人密集路段、互通式立体交叉的分合流区段及交织区段，设计服务水平设计可降低一级。

服务水平划分为四个等级，是为了清楚地说明公路交通负荷情况，以交通流状态为划分条件，定性地描述交通流从自由流、稳定流到饱和流和强制流的变化阶段。因此，采用四级服务水平体系，可以方便地评价公路运输的运行质量。

# 1.7　公路安全性评价

## 1.7.1　公路安全性评价目的及作用

公路安全性评价是针对公路行车安全进行的一个系统评价程序，它将公路行车安全和降低交通事故的概念引入公路工程可行性研究及设计工作中。公路安全性评价是公路建设、管理的基本程序。2015年，我国发布了行业标准《公路项目安全性评价规范》（JTG B05—2015）。标准规定高速公路、一级公路设计完成后，必须进行安全性评价。

公路安全性评价的目的是：从公路使用者行车安全的角度，对公路可行性研究、设计阶段的成果及运营公路进行安全性评价，以达到减少交通事故、降低交通事故危害程度的目的。

公路安全性评价的作用主要有：
（1）将由于公路及其周围环境影响而产生的事故降低到最低限度。
（2）将已建成公路的后续安全整治费用降低到最低限度。
（3）减少项目在设计、建设和养护的整个使用寿命期内的总费用。
（4）增加设计者、管理者和其他所有输电网规划、设计、建设和养护工作中的安全意识。

公路安全性评价通过两种途径实现上述目标：在规划和设计阶段发现并消除可能产生事故的因素；对现有公路通过采用安全措施（如防滑路面、防撞护栏）消除或减少交通事故。

## 1.7.2 安全性评价要点

安全性评价工作应贯穿于公路的整个寿命周期，通常分为可行性研究、设计和运营三个阶段，以下介绍前两个阶段安全性评价要点。

1）可行性研究阶段安全性评价要点

可行性研究阶段重点对公路技术标准、技术方案和环境影响等进行评价。

（1）技术标准评价。

根据拟建或改建项目的交通量、交通组成、公路功能及在路网中的地位、沿线地形等，从行车安全方面评价公路等级、设计速度、中期横断面宽度等技术指标选用的合理性及可行性。

（2）技术方案评价。

根据交通量及其组成、技术标准、气候条件等，从安全方面对技术指标、路线起讫点、平面交叉、互通式立交、跨线桥与通道方案、改建项目施工期间的分流方案或不中断交通施工时的交通组织方案等进行评价。

（3）环境影响评价。

根据降雨、冰冻、积雪等不利自然气候条件和不良地质情况，对工程方案采取的安全措施进行评价。根据动物活动区及迁徙路线，对设置隔离栅或动物通道的必要性进行评价。

2）设计阶段安全评价要点

设计阶段重点对公路总体评价以及对路线、路基路面、桥梁、路线交叉、交通工程及沿线设施等专项设计进行评价。

（1）总体评价。

根据技术标准、规范及其有关技术规定，对设计成果采用的技术指标进行设计符合性检查。根据预测的运行速度，对相邻路段的运行速度协调性进行评价。根据设计速度与运行速度的差值，对同一路段设计速度与运行速度协调性进行评价。

（2）路线评价。

根据同一路段设计速度与运行速度协调性评价结果，提出路段平面、纵断面、横断面等技术指标的调整建议。根据运行速度对停车视距进行检查，并对爬坡车道、避险车道设置的必要性及其设置方案进行评价。

(3) 路基路面评价。

根据运行地路侧安全净空区进行检查，提出调整建议。根据同一路段设计速度与运行速度协调性及行车安全要求，提出路基路面等设计方案调整建议。

(4) 桥梁评价。

根据设计速度协调性，提出桥梁接线路段平、纵、横调整建议。根据项目特点和行车安全要求，提出桥梁护栏、桥面铺张、排水设施及桥头衔接等调整建设。

(5) 隧道评价。

根据设计速度与运行速度协调性，提出隧道接线路段平、纵、横调整建议。根据项目特点和行车安全要求，提出隧道与路基衔接、路面、排水及运营管理等调整建议。

(6) 路线交叉评价。

根据设计速度与运行速度协调性，提出平面交叉或立体交叉位置、形式等调整建议。根据运行速度对变速车道、视距三角区以及匝道平、纵、横等进行检查，并提出调整建议。

(7) 交通工程及沿线设施评价。

根据设计速度与运行速度协调性，对标志位置、版面和字体尺寸、收费站位置等提出调整建议。根据安全要求，对标志基础、护栏位置与形式、标线与诱导标志的有效性进行检查，提出调整建议。

# 第 2 章 汽车行驶理论

## 2.1 概述

公路设计是以满足汽车行驶的要求为前提的,因此,在公路线形设计时,就必须弄清汽车行驶对公路的要求是什么,而要弄清这一问题,又需要了解汽车在公路上是怎样行驶的,这就是汽车行驶理论所需要研究的问题。

### 2.1.1 研究汽车行驶理论的意义

道路是一种线形的交通运输工程结构物,主要供汽车行驶,因此,必须了解汽车的性能及其行驶对道路的要求。

汽车行驶理论是一门在分析汽车行驶基本规律的基础上,研究汽车行驶原理、使用性能和行驶性能的学科。通过上述研究,进一步分析影响汽车使用和行驶性能的各种因素,就可最大限度地从汽车构造、道路设计及其他行车条件等方面发挥汽车的使用效益。

道路是为汽车行驶服务的,要满足汽车在道路上行驶安全、迅速、经济、舒适、低公害的要求,就必须从驾驶者、汽车、道路和交通管理等方面来保证。在上述因素中,道路的线形设计与汽车行驶的各主要性能关系最密切。道路线形设计的保证措施主要包括下列几项。

① 为保证汽车在路上行驶的稳定性,即保证安全行车,不翻车、不倒溜或不侧滑,就需要研究汽车行驶的力系平衡、稳定性,合理设置纵横坡度、弯道及保证车轮与路面的附着力等。

② 尽可能提高车速。评价运输效率的指标是汽车运输生产率(t·km/h)和运输成本[元/(t·km)],车速是影响的主要因素,因此,为提高车速,就需要充分发挥汽车行驶的动力性能。

③ 为保证道路行车畅通,必须使行车不受或少受阻碍,要有足够的视距和路面宽度,合理的设置平竖曲线,以及减少道路交叉等。

④ 尽量满足行车舒适。线形设计时需要考虑平纵线形的合宜组合,采用符合视觉舒顺要求的曲线半径,注意线形与景观的协调、沿线的植树绿化等。

因此,汽车行驶理论是道路线形设计的基础,是制定道路线形几何标准(如平曲线半径、纵坡坡度等)的理论依据。掌握应用汽车行驶理论对于指导道路线形设计、研究和制定道路技术标准有着重要意义。

### 2.1.2 汽车一般构造

汽车由发动机、底盘、车身和电气设备等 4 部分组成,如图 2-1 所示。

发动机是汽车的动力装置,底盘是汽车的主体(包括传动系、行驶系、转向系和制动系 4 部分)。

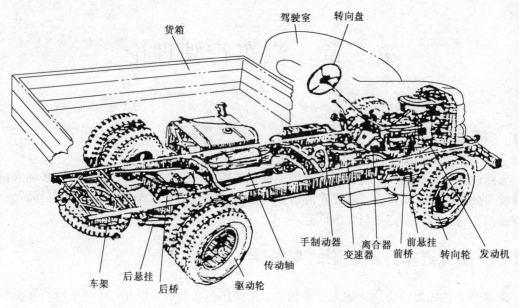

图 2-1 汽车总体构造

汽车动力的传递是由传动系来完成的。传动系将发动机曲轴上产生的扭矩传递给驱动轮,再通过车辆与地面的作用产生牵引力,以推动汽车行驶。

## 2.1.3 汽车行驶性能

汽车行驶性能随汽车类型而不同,一般归纳起来可包括动力性能、运动性能及环境性能等,与公路设计关系密切的主要有以下几项。

1) 动力性能

指汽车所具有的牵引力所决定的汽车加速、爬坡和最大速度的性能。汽车的动力性能越好,就会有越高的车速、越好的爬坡能力和加速能力。

2) 通过性(又称越野性)

指汽车在各种道路和无路地带行驶的能力。汽车通过性能越好,汽车使用的范围就越广。

3) 制动性

指汽车强制停车和降低车速的能力。汽车制动性能的好坏,直接关系到行车安全,制动性能好,汽车才能以较高的车速行驶。

4) 行驶稳定性

指汽车遵循驾驶者指定方向行驶的能力。汽车行驶稳定性直接关系到行车的安全。

5) 行驶平顺性

指汽车在不平道路上行驶时,汽车免受冲击和振动的能力。汽车行驶平顺性,对汽车平均技术车速、乘车舒适性、运货完整性等有很大影响。

6) 操纵稳定性

指汽车是否按驾驶人的意图控制汽车的性能。它包括汽车的转向特性、高速稳定性和操纵轻便性。

## 2.2 汽车牵引力及行驶阻力

为研究汽车在道路上的运动状况，首先分析汽车的驱动原理，掌握沿汽车行驶方向作用于汽车的各种外力，即牵引力与行驶阻力。

### 2.2.1 汽车牵引力

汽车在道路上行驶时，必须有足够的驱动力来克服各种行驶阻力。汽车行驶的驱动力来自它的内燃发动机。燃料和空气在发动机内燃烧，通过活塞、曲轴将热能转化为机械能，产生有效功率 $N$，驱使曲轴以 $n$(r/min) 的转速旋转，产生扭矩 $M$，再经过离合器、变速器、传动轴、主传动器、差速器和半轴等一系列的变速和传动，将曲轴的扭矩传给驱动轮，产生扭矩 $M_k$ 驱动汽车行驶。

**1. 发动机曲轴扭矩 $M$**

如将发动机的功率 $N$、扭矩 $M$ 及燃料消耗率 $g_e$ 与发动机曲轴的转速 $n$ 之间的函数关系以曲线表示，当发动机节流阀全开时，该曲线称为发动机外特性曲线。而对汽车驱动性能进行分析时，只需研究外特性中功率 $N$ 和扭转 $M$ 与转数 $n$ 之间的关系曲线。图 2-2 为某汽油发动机外特性曲线。

对于不同类型的发动机，其输出的功率不同，故产生的扭矩也不同。它们之间的关系如下：

$$N = M\omega(\text{W}) = M\omega/1\,000 \quad (\text{kW}) \quad (2\text{-}1)$$
$$\omega = 2\pi n/60 \quad (\text{rad/s})$$

代入式 (2-1) 得

$$N = \frac{Mn}{9\,549}$$
$$M = 9\,549\frac{N}{n} \quad (2\text{-}2)$$

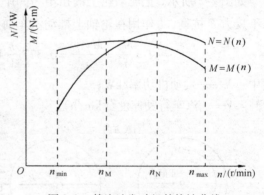

图 2-2 某汽油发动机外特性曲线

式中：$M$——发动机曲轴的扭矩/(N·m)；
$N$——发动机的有效功率/kW；
$n$——发动机曲轴的转速/(r/min)。

**2. 驱动轮扭矩 $M_k$**

发动机曲轴上的扭矩 $M$，经过一系列的变速、传动后传递给驱动轮，使驱动轮产生扭矩 $M_k$，在 $M_k$ 的作用下车轮滚动前进。汽车车轮根据受力情况不同分为驱动轮与从动轮，从动轮上无扭矩的作用，是驱动轮上的力经车架传至从动轮的轮轴上而产生运动。普通汽车均系前轮从动，后轮驱动，只有某些特殊用途的汽车如牵引车、越野车的前后轮均为驱动轮。

发动机曲轴上的扭矩 $M$ 经过离合器、变速箱（速比 $i_k$）和主传动器（速比 $i_0$）两次变速，设这两次变速的总变速比为 $\gamma = i_0 \cdot i_k$，传动系统的机械效率为 $\eta_T$，则传到驱动轮上的扭矩 $M_k$ 为：

$$M_k = M\gamma\eta_T \tag{2-3}$$

式中：$M_k$——汽车驱动轮扭矩$/(\mathrm{N} \cdot \mathrm{m})$；

$M$——发动机曲轴扭矩$/(\mathrm{N} \cdot \mathrm{m})$；

$\gamma$——总变速比，$\gamma = i_0 \cdot i_k$；

$\eta_T$——传动系统的机械效率，一般载重汽车为 0.80～0.85，小客车为 0.85～0.95。

此时，驱动轮上的转速 $n_k$ 为：

$$n_k = \frac{n}{i_0 i_k} = \frac{n}{\gamma}$$

相应的车速 $V$ 为：

$$V = 2\pi r \frac{n \times 60}{\gamma \times 1\,000} = 0.377 \frac{nr}{\gamma} \tag{2-4}$$

式中：$V$——汽车行驶速度$/(\mathrm{km/h})$；

$n$——发动机曲轴转速$/(\mathrm{r/min})$；

$r$——车轮工作半径$/\mathrm{m}$，即变形半径，它与内胎气压、外胎构造、路面的刚性与平整度及荷载等有关，一般为未变形半径 $r_0$ 的 0.93～0.96 倍。

由此可见，通过变速箱和主传动器的二次降速，其主要目的在于增大扭矩。

3. 汽车的牵引力

如图 2-3 所示，把驱动轮上的扭矩 $M_k$ 用一对力偶 $T_a$ 和 $T$ 代替，$T_a$ 作用在轮缘上与路面水平反力 $F$ 抗衡，$T$ 作用在轮轴上推动汽车前进，称为牵引力，与汽车行驶阻力 $R$ 抗衡。

$$T = \frac{M_k}{r} = \frac{M\gamma\eta_T}{r} = 0.377 \frac{n}{V} M\eta_T = 3\,600 \frac{N}{V} \eta_T \quad (\mathrm{N}) \tag{2-5}$$

式中：$N$——发动机功率$/\mathrm{kW}$；

$V$——汽车行驶速度$/(\mathrm{km/h})$。

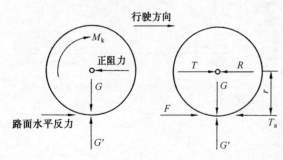

图 2-3 汽车驱动轮受力分析

由式（2-5）可知，如要获得较大的牵引力 $T$，必须要有较大的总变速比 $\gamma$。但 $\gamma$ 增大，则车速 $V$ 就降低，因此，对同一发动机不可能同时获得大的牵引力和高的车速。为此，对汽车设置了几个排挡，每一排挡都具有固定的总变速比 $\gamma$，以及该挡的最大车速和最小车速。当使用低挡时，用较大的 $\gamma$ 值，获得较小的牵引力和较高的车速。从式（2-5）也可看出牵引力 $T$ 与功率 $N$ 之间的关系，即发动机的有效功率越大，汽车的牵引力越大。

## 2.2.2 汽车行驶阻力

汽车行驶时需要不断克服运动中所遇到的各种阻力。这些阻力有来自汽车周围空气介质的阻力，有来自道路的路面不平整和上坡行驶所形成的阻力，也有来自汽车变速行驶时克服惯性的阻力,分别称为空气阻力、道路阻力和惯性阻力。

1. 空气阻力

汽车在行驶中,由于迎面空气的压力、车后的真空吸力及空气与车身表面的摩擦力阻碍汽车前进,总称为空气阻力。当行驶速度在 100 km/h 以上,约一半的功率用来克服空气阻力。

汽车在运动时所产生的空气阻力 $R_W$ 可以用下式计算:

$$R_W = \frac{KAV_a^2}{21.15} \quad (N) \tag{2-6}$$

式中:$K$——空气阻力系数;

$A$——汽车迎风面积/m²,$KA$ 也称为汽车流线型因数;

$V_a$——汽车与空气的相对速度/(m/s),可近似地取汽车的行驶速度。

2. 道路阻力

道路阻力是由弹性轮胎变形和道路的不同路面类型及纵坡度而产生的阻力,主要包括滚动阻力和坡度阻力。

1) 滚动阻力

车轮在路面上滚动所产生的阻力,是由轮胎与路面变形引起的。它与路面类型、轮胎结构及行驶速度等有关。滚动阻力与轮胎承受的力成正比,即

$$R_f = Gf \quad (N)$$

若坡道倾角为 $\alpha$,其值可用下式计算:

$$R_f = Gf\cos\alpha$$

由于坡道倾角 $\alpha$ 一般较小,可认为 $\cos\alpha \approx 1$,则有

$$R_f = Gf \tag{2-7}$$

式中:$R_f$——滚动阻力/N;

$G$——汽车的总重力/N;

$f$——滚动阻力系数,见表 2-1。

表 2-1 各类路面滚动阻力系数

| 路面类型 | 水泥及沥青混凝土路面 | 表面平整的黑色碎石路面 | 碎石路面 | 干燥平整的土路 | 潮湿不平整的土路 |
|---|---|---|---|---|---|
| $f$ 值 | 0.01~0.02 | 0.02~0.025 | 0.03~0.05 | 0.04~0.05 | 0.07~0.15 |

2) 坡度阻力

汽车在坡道上行驶时,汽车总重力在平行于路面方向有分力,上坡时分力与汽车前进方向相反,阻碍汽车行驶;而下坡时分力与前进方向相同,推动汽车行驶。坡度阻力可用下式计算:

$$R_i = G\sin\alpha$$

因坡道倾角一般较小,可认为 $\sin\alpha \approx \tan\alpha = i$,则有

$$R_i = \pm Gi$$

式中:$R_i$——坡度阻力/N;

$G$——车辆总重力/N;

$\alpha$——道路纵坡倾角;

$i$——道路纵坡度,上坡为正,下坡为负。

由此可见,滚动阻力和坡度阻力均与道路状况有关,且都与汽车的总重力成正比,将它们统称为道路阻力,以 $R_R$ 表示,则有

$$R_R = G(f \pm i) \quad (\text{N}) \tag{2-8}$$

3. 惯性阻力

汽车变速行驶时,需要克服其质量变速运动时产生的惯性和惯性力矩称为惯性阻力,用 $R_I$ 表示。汽车的质量分为平移质量和旋转质量(如飞轮、齿轮、传动轴和车轮等)两部分。变速时平移质量产生惯性力,旋转质量产生惯性力矩。

由于惯性力矩计算比较复杂,为方便计算,一般用平移质量惯性力乘以大于 1 的系数 $\delta$,来代替旋转质量惯性力矩的影响,即

$$R_I = \pm \delta \frac{G}{g} a \tag{2-9}$$

式中:$R_I$——惯性阻力/N;

$G$——车辆总重力/N;

$g$——重力加速度/(m/s$^2$);

$\delta$——惯性力系数(或旋转质量换算系数);

$a$——汽车行驶的加速度/(m/s$^2$) 加速为正,减速为负。

因此,汽车的总行驶阻力为 $R = R_W + R_R + R_I$。

## 2.2.3 汽车运动方程式与行驶条件

1. 汽车运动方程式

汽车在道路上行驶时,必须有足够的牵引力来克服各种行驶阻力。当牵引力与各种行驶阻力之代数和相等的时候,称为牵引平衡。其牵引平衡方程式(也称汽车的运动方程式)为:

$$T = R = R_W + R_R + R_I \tag{2-10}$$

式(2-10)中牵引力 $T$ 为节流阀全开的情况。如果节流阀部分开启,要对驱动力 $T$ 进行修正。修正系数用 $U$ 表示,称为负荷率,即

$$T = U \frac{M \gamma \eta_T}{r}$$

一般,负荷率 $U = 80\% \sim 90\%$。将有关公式代入式(2-10),则汽车的运动方程式为:

$$U \frac{M \gamma \eta_T}{r} = \frac{KAV_a^2}{21.15} + G(f \pm i) \pm \delta \frac{G}{g} a \tag{2-11}$$

2. 汽车行驶条件

汽车在道路上行驶,必须有足够的牵引力来克服各种行驶阻力,则要求:

$$T \geq R \tag{2-12}$$

上式是汽车行驶的必要条件(即驱动条件)。

只有足够的牵引力还不能保证汽车正常地行驶。若驱动轮与路面之间的附着力不够大,

车轮将在路面上打滑,不能正常行驶。所以,汽车牵引力的发挥,还要受轮胎与路面之间附着条件的制约。即汽车行驶的充分条件是驱动力小于或等于轮胎与路面之间的附着力,即

$$T \leq \varphi G_k \tag{2-13}$$

式中:$\varphi$——附着系数,主要取决于路面的粗糙程度和潮湿泥泞程度,轮胎的花纹和气压,以及车速和荷载等,计算时可按表2-2选用;

$G_k$——作用在驱动轮的荷载。一般情况下,小汽车为总重的0.5~0.65倍,载重车为总重的0.66~0.76倍。

表2-2 各类路面上附着系数 $\varphi$ 的平均值

| 路面类型 | 路面状况 | | | |
|---|---|---|---|---|
| | 干 燥 | 潮 湿 | 泥 泞 | 冰 滑 |
| 水泥混凝土路面 | 0.7 | 0.5 | — | — |
| 沥青混凝土路面 | 0.6 | 0.4 | — | — |
| 沥青表面处治路面 | 0.4 | 0.2 | — | — |
| 中级及低级路面 | 0.5 | 0.3 | 0.2 | 0.1 |

根据以上汽车行驶条件,在实际工作中对路面提出了一定要求,从宏观上讲要求路面平整而坚实,尽量减小滚动阻力;从微观上讲又要求路面粗糙而不滑,以增大附着力。

## 2.3 汽车动力特性及加、减速行程

汽车的动力特性是指汽车所具有的加速、上坡、最大速度等性能。汽车的动力特性越好,速度就越高,所能克服的行驶阻力也越大。研究汽车的动力特性的目的主要是为道路纵断面设计提供理论依据。

### 2.3.1 汽车动力因数

为便于分析,将式(2-10)作如下变换:

$$T - R_W = R_R + R_I$$

上式等号左端 $T - R_W$ 称为汽车的后备牵引力,它与汽车的构造和行驶速度有关,等号右端为汽车在道路上行驶时的道路阻力 $R_R$ 和惯性阻力 $R_I$ 之和,其值主要与道路状况和汽车的行驶状态有关,将右端行驶阻力表达式代入,得:

$$T - R_W = G(f \pm i) \pm \delta \frac{G}{g} a$$

为便于不同类型汽车的动力性能进行比较,将上式两端分别除以车辆总重力 $G$,得:

$$\frac{T - R_W}{G} = (f \pm i) \pm \frac{\delta}{g} a \tag{2-14}$$

令上式左端为 $D$,即有

$$D = \frac{T - R_W}{G} \tag{2-15}$$

$D$ 称为动力因数,即为单位车重具备的牵引潜力。它表征某型汽车在海平面高程上、满载情况下,每单位车重克服道路阻力和惯性阻力的性能。将有关公式代入式(2-15)得:

$$D = \frac{T}{G} - \frac{R_W}{G} = \frac{UM\gamma\eta_T}{r \cdot G} - \frac{KAV_a^2}{21.15G}$$

从上式可以看出 $D$ 是关于 $V_a$ 的二次函数，为使用方便，将 $D$ 与 $V_a$ 的函数关系用曲线表示，称为动力特性图。利用该图可直接查出各排挡时不同车速对应的动力因数值。图 2-4 为东风 EQ - 140 载重车的动力特性图。

动力因数和动力特性图是按海平面及汽车满载情况下的标准值计算绘制的。若道路的高程既不在海平面上汽车也不是满载，则应对动力因素 $D$ 进行修正。方法是给 $D$ 乘以一个修正系数 $\lambda$，即

$$\lambda D = (f \pm i) \pm \frac{\delta}{g} a \tag{2-16}$$

$\lambda$ 称为动力因数 $D$ 的海拔荷载修正系数，其值为：

$$\lambda = \xi \frac{G}{G'}$$

式中：$\xi$——海拔系数，见图 2-5，或 $\xi = (1 - 2.26 \times 10^{-5} H)^{5.3}$（$H$ 为海拔高度/m）；

$G$——满载时汽车的总重力（N）；

$G'$——实际装载时汽车的总重力（N）。

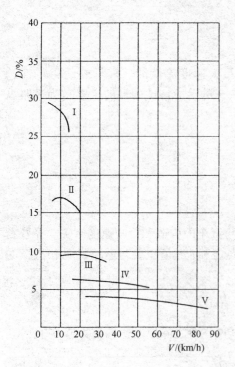

图 2-4 东风 EQ - 140 动力特性图

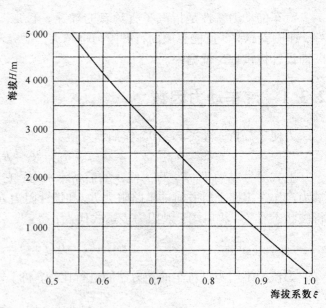

图 2-5 海拔系数图

**例 2-1** 已知某条道路的滚动阻力系数为 0.015，当东风 EQ - 140 型载重车装载后为满载总重的 90% 时，挂Ⅳ挡以 30 km/h 的速度等速行驶，试求 $H = 1\,500$ m 海拔高度上所能克服的最大坡度。

**解** $H = 1\,500$ m 时，$\xi = (1 - 2.26 \times 10^{-5} \times 1\,500)^{5.3} = 0.83$

$$\frac{G}{G'} = \frac{1}{90\%} = 1.11$$

则 $\lambda = 0.83 \times 1.11 = 0.92$

由已知条件查图 2-6 可知 $D = 6\%$。

由题意知：$a = 0$，$f = 0.015$，将已知条件均代入式（2-16）解出：$i = 0.04$，即汽车在以上条件下能克服的最大坡度为 4%。

## 2.3.2 汽车行驶状态

由式（2-16）可得：

$$a = \frac{\lambda g}{\delta}(D - \psi) \tag{2-17}$$

$$\psi = \frac{f \pm i}{\lambda}$$

对不同排挡的 $D \sim V$ 曲线，$D$ 值都有一定使用范围，挡位越低，$D$ 值越大，而车速越低。在某瞬时，当汽车的动力因数为 $D$，道路阻力为 $\psi$，汽车的行驶状态有以下 3 种情况：

当 $\psi < D$ 时　$a = \frac{\lambda g}{\delta}(D - \psi) > 0$　　加速行驶

当 $\psi = D$ 时　$a = 0$　　等速行驶

当 $\psi > D$ 时　$a = \frac{\lambda g}{\delta}(D - \psi) < 0$　　减速行驶

在动力特性图上，与任意的 $D = \psi$ 相应等速行驶的速度称为平衡速度，用 $V$ 表示，如图 2-6 所示。若汽车在道路阻力为 $\psi_1$ 的坡道上行驶时，与 $D_1 = \psi_1$ 对应的平衡速度为 $V_1$。当汽车的行驶速度 $V > V_1$ 时减速行驶，直到 $V = V_1$ 为止；当 $V < V_1$ 时加速行驶，直到 $V = V_1$ 为止。

每一排挡都存在各自的最大动力因数 $D_{max}$，与之对应的速度称作临界速度，用 $V_k$ 表示，如图 2-7 所示。若汽车以某一排挡作等速行驶，当 $D_2 = \psi_2$ 时，汽车可采用 $V_1$ 或 $V_2$ 的任一速度行驶。

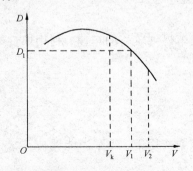
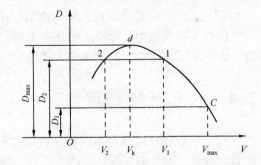

图 2-6　平衡速度与行驶状态分析　　　　图 2-7　某排挡动力特性图

当采用 $V_1 > V_k$ 的速度行驶时，若道路阻力额外增加（如道路局部坡度增大，路面出现坑凹或松软等），汽车可在原来排挡上降低车速，以获得较大 $D$ 值来克服额外阻力，待阻力消失后可立即提高到原 $V_1$ 的速度行驶。这种行驶状态称为稳定行驶。

当汽车采用 $V_2 < V_k$ 的速度行驶时，若道路阻力额外增加，汽车减速行驶而 $D$ 值随之减小，

如果此时不换挡或开大节流阀，汽车将因发动机熄火而停驶。这种行驶状态称不稳定行驶。

因此，临界速度 $V_k$ 是汽车稳定行驶的极限速度。一般情况下汽车都采用大于某一排挡的临界速度 $V_k$ 作为行驶速度，以便克服额外阻力而连续行驶。

如果道路阻力 $\psi_3$ 更大，使得车速降低较快，若车速降至本挡 $V_k$ 时，需要换挡行驶；相反，道路阻力 $\psi_3$ 更小时车速增加较快，当增至本挡最高车速 $V_{max}$ 时需要换高挡行驶。

汽车的最高速度是指节流阀全开、满载（不带挂车），在表面平整坚实水平路段上作稳定行驶时的速度。每一排挡都有各自的最高速度，除个别车型外，一般直接挡的最高速度最大。

汽车的最小稳定速度是指满载（不带挂车）在路面平整坚实的水平路段上，稳定行驶时的最低速度（即临界速度 $V_k$）。汽车的最高速度与最小稳定速度之间的差值越大，表示汽车对道路阻力的适应性越强。其他排挡也同样存在着这两个对应值。

## 2.3.3 汽车爬坡能力

汽车爬坡能力是指汽车能克服坡度的能力。汽车最大爬坡能力是用最大爬坡坡度评定的。最大爬坡度是指汽车在坚硬路面上用最低挡作等速行驶时所能克服的最大坡度。因 $a=0$，则：

$$i = \lambda D - f \tag{2-18}$$

由于最低挡爬坡能力大，坡道倾角 $\alpha$ 也大，此时 $\cos\alpha < 1$，$\sin\alpha \neq \tan\alpha = i$，应该用下式计算：

$$\lambda D_{1,max} = f\cos\alpha + \sin\alpha$$

解此三角函数方程式，得：

$$\alpha_{1,max} = \arcsin\frac{\lambda D_{1,max} - f\sqrt{1 - \lambda_{1,max}^2 + f^2}}{1 + f^2} \tag{2-19}$$

则

$$i_{max} = \tan\alpha_{1,max}$$

式中：$\alpha_{1,max}$——最低挡所能克服的最大坡道倾角；

$f$——滚动阻力系数；

$D_{1,max}$——最低挡的最大动力因数。

但在实际行驶时，驾驶人往往在上坡之前加速，让汽车得到较高的车速，利用惯性力爬坡，这种克服坡度的方法称为动力爬坡。

## 2.4 汽车行驶稳定性

汽车的行驶稳定性是指汽车在行驶过程中，在外部因素作用下，汽车尚能保持正常行驶状态和方向，不致失去控制而产生滑移、倾覆等现象的能力。

影响汽车行驶稳定性的因素主要有汽车本身的结构参数、驾驶人的操作技术及道路与环境等外部因素的作用。

汽车行驶的稳定性从不同方向来看，有纵向稳定性和横向稳定性两种。从丧失稳定的方式来看，有滑动稳定性和倾覆稳定性两种。分析和确保汽车行驶的稳定性对于合理设计汽车结构尺寸、正确设计公路线形、保证行车安全、提高运输生产率、减轻驾驶人的疲劳强度具有十分重要的意义。

## 2.4.1 汽车行驶纵向稳定性

图 2-8 为汽车在直坡道上低等速上坡行驶受力图,惯性阻力为零,因车速低可略去空气阻力和滚动阻力。图中 $G$ 为汽车总重力,$\alpha$ 为坡道倾角,$h_g$ 为重心高度,$Z_1$ 和 $Z_2$ 为作用在前、后轮上的法向反作用力,$X_1$ 和 $X_2$ 为作用在前、后轮上的切向反作用力,$L$ 为汽车轴距,$l_1$ 和 $l_2$ 为汽车重心至前、后轴的距离,$O$ 点为汽车重心,$O_1$ 和 $O_2$ 为前、后轮与路面接触点。

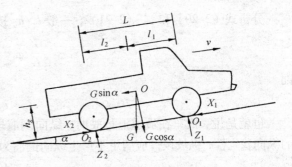

图 2-8 汽车等速上坡受力示意图

**1. 纵向倾覆**

产生纵向倾覆的临界状态是汽车前轮法向反作用力 $Z_1$ 为零,此时,汽车可能绕 $O_2$ 点发生倾覆现象。对 $O_2$ 点取矩,并让 $Z_1=0$,得:

$$Gl_2\cos\alpha_0 - Gh_g\sin\alpha_0 = 0$$
$$i_0 = \tan\alpha_0 = \frac{l_2}{h_g} \tag{2-20}$$

式中:$\alpha_0$——$Z_1$ 为零时极限坡道倾角;
$i_0$——$Z_1$ 为零时道路的纵坡度。

当坡道倾角 $\alpha \geq \alpha_0$(即道路纵坡 $i \geq i_0$)时,汽车可能产生纵向倾覆。

**2. 纵向倒溜**

根据附着条件,驱动轮不产生纵向倒溜的状态是下滑力与附着力平衡,即

$$G\sin\alpha_\varphi = Z_2\varphi$$

其中对点 $O_1$ 取矩,可得:

$$Z_2 L = Gl_1\cos\alpha_\varphi + Gh_g\sin\alpha_\varphi$$
$$Z_2 = \frac{Gl_1\cos\alpha_\varphi + Gh_g\sin\alpha_\varphi}{L}$$

则

$$\tan\alpha_\varphi = \frac{l_1 + h_g\tan\alpha_\varphi}{L}\varphi$$

因 $h_g$、$\tan\alpha_\varphi$ 较小,可略去不计,且 $\frac{l_1}{L} \approx \frac{G_k}{G}$,则:

$$i_\varphi = \tan\alpha_\varphi = \frac{G_k}{G}\varphi \tag{2-21}$$

式中:$\alpha_\varphi$——产生纵向倒溜临界状态时坡道倾角;
$i_\varphi$——产生纵向倒溜临界状态时道路纵坡度。

当坡道倾角 $\alpha \geq \alpha_\varphi$（即道路纵坡 $i \geq i_\varphi$）时，汽车可能产生纵向倒溜。$i_\varphi$ 的大小取决于驱动轮荷载 $G_k$ 与汽车总重力 $G$ 的比值及附着系数 $\varphi$ 值，$\varphi$ 值详见表2-2。

3. 纵向稳定性的保证

分析式 (2-20) 和式 (2-21)，一般 $l_2/h_g$ 接近1，而 $\varphi G_k/G$ 远小于1，所以有：

$$\frac{G_k}{G}\varphi < \frac{l_2}{h_g}$$

即

$$i_\varphi < i_0$$

也就是说，汽车在坡道上行驶时，纵向倒溜现象发生在纵向倾覆之前。为保证汽车行驶的纵向稳定性，纵坡设计应满足不产生纵向倒溜为条件。则汽车行驶时纵向稳定性的条件为：

$$i < i_\varphi = \frac{G_k}{G}\varphi \tag{2-22}$$

当道路纵坡度 $i$ 满足上式条件时，一般汽车满载都能保证纵向行驶的稳定性。但在运输中装载过高时，由于重心高度 $h_g$ 的增大而破坏纵向稳定性条件，所以，应对汽车装载高度有所限制。

## 2.4.2 汽车行驶横向稳定性

1. 汽车在平曲线上行驶时的平衡

汽车在平曲线上行驶时会产生离心力，其方向水平背离圆心。离心力大小为：

$$F = \frac{Gv^2}{gR}$$

式中：$F$——离心力/N；
  $R$——平曲线半径/m；
  $v$——汽车行驶速度/(m/s)。

离心力对汽车在平曲线上行驶的稳定性影响很大，它可能使汽车向外侧滑移或倾覆。为了减少离心力的影响，保证汽车在平曲线上稳定行驶，必须使平曲线上路面做成外侧高、内侧低呈单向横坡的形式，这种设置称为超高，$i_h$ 称超高横坡度，如图2-9所示。

将离心力 $F$ 与汽车总重力 $G$ 分解为平行于路面的横向力 $X$ 和垂直于路面的竖向力 $Y$，即

$$X = F\cos\alpha - G\sin\alpha$$
$$Y = F\sin\alpha + G\cos\alpha$$

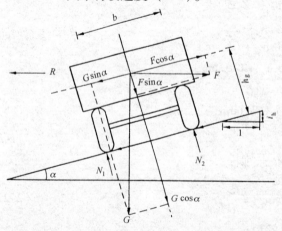

图 2-9 曲线上汽车受力分析

由于路面横向倾角 α 一般很小，则 $\sin\alpha \approx \tan\alpha = i_h$，$\cos\alpha \approx 1$，其中：

$$X = F - Gi_h = \frac{Gv^2}{gR} - Gi_h = G\left(\frac{v^2}{gR} - i_h\right)$$

上式中，竖向力 $Y$ 是稳定因素，横向力 $X$ 是汽车行驶的不稳定因素。由于同样大小的力作用在不同重量汽车上其稳定性程度是不一样的，于是采用横向力系数来衡量，其意义为单位车重力的横向力，即

$$\mu = \frac{X}{G} = \frac{v^2}{gR} - i_h$$

将车速 $v(\text{m/s})$ 化成 $V(\text{km/h})$，则

$$\mu = \frac{V^2}{127R} - i_h \tag{2-23}$$

式中：$R$——平曲线半径/m；
$\mu$——横向力系数；
$V$——行车速度/(km/h)；
$i_h$——弯道内侧的横向超高坡度。

式 (2-23) 表达了横向力系数与车速、平曲线半径及超高之间的关系。$\mu$ 值越大，汽车在平曲线上的横向滑动稳定性越差。

2. 横向倾覆

汽车在具有超高的平曲线上行驶时，由于横向力的作用，可能使汽车绕外侧车轮触地点产生向外横向倾覆的危险。为使汽车不产生倾覆，必须使倾覆力矩小于或等于稳定力矩，即

$$Xh_g \leq Y\frac{b}{2} = (Fi_h + G)\frac{b}{2}$$

因 $Fi_h$ 比 $G$ 小得多，可略去不计，则：

$$\mu = \frac{X}{G} \leq \frac{b}{2h_g} \tag{2-24}$$

式中：$b$——汽车轮距/m；
$h_g$——汽车重心高度/m。

将式 (2-23) 代入式 (2-24) 并整理得：

$$R \geq \frac{V^2}{127\left(\frac{b}{2h_g} + i_h\right)} \tag{2-25}$$

利用此式可计算汽车在平面线上行驶时，不产生横向倾覆的最小平曲线半径 $R$ 或最大允许行驶速度 $V$。

3. 横向滑移

汽车在平曲线上行驶时，因横向力的存在，可能使汽车沿横向力的方向产生向外横向滑移。为使汽车不产生横向滑移，必须使横向力小于或等于轮胎和路面之间的横向附着力，即

$$X \leq Y\varphi_h \approx G\varphi_h$$

$$\mu = \frac{X}{G} \leq \varphi_h \tag{2-26}$$

式中：$\varphi_h$——横向附着系数，一般 $\varphi_h = (0.6 \sim 0.7)\varphi$，$\varphi$ 值详见表 2-2。

将式（2-26）代入式（2-23）并整理得：

$$R \geq \frac{V^2}{127(\varphi_h + i_h)} \quad (2\text{-}27)$$

利用此式可计算出汽车在平曲线上行驶时，不产生横向滑移的最小平曲线半径 $R$ 或最大允许行驶速度 $V$。

**4. 横向稳定性的保证**

由式（2-24）和式（2-26）可知，汽车在平曲线上行驶时的横向稳定性主要取决于横向力系数 $\mu$ 值的大小。现代汽车在设计制造时重心较低，一般 $b \approx 2h_g$，即 $\frac{b}{2h_g} \approx 1$。而 $\varphi_h < 0.5$，所以 $\varphi_h < \frac{b}{2h_g}$。也就是汽车在平曲线上行驶时，横向滑移现象发生在横向倾覆之前，因此道路设计中平曲线最小半径满足式（2-27）条件。一般在满载情况下能够保证横向行车的稳定性。但装载过高时可能发生倾覆现象。因此应控制汽车装载高度。

## 2.5 汽车制动性能

汽车的制动性能是指汽车行驶中强制降低车速以至停车，或在下坡时能保持一定速度行驶的能力。

汽车的制动性能直接关系到汽车的行驶安全，影响路线设计行车视距、山区公路中陡坡长度指标及缓和坡段的设置等。一些重大交通事故往往与制动距离太长有关，所以具有良好的制动性能是汽车行驶安全的重要保障。

### 2.5.1 制动平衡方程式

汽车的制动过程就是人为地增加汽车的行驶阻力，使汽车的动能或位能（当汽车下坡时）转化为热能的过程。车轮制动是利用制动器内的摩擦阻力矩来形成路面对车轮的切向摩擦阻力，简称为制动力。制动力 $P$ 阻止车轮前进，在急刹车时 $P$ 值最大，而最大的 $P$ 值取决于轮胎与路面之间的附着力。在附着系数较小的路面上，若制动力大于附着力，车轮将在路面上滑移，易使制动方向失去控制。所以，$P$ 值的极限值为：

$$P = G\varphi \quad (2\text{-}28)$$

式中：$G$——分配到制动轮上的汽车重力，现代汽车全部车轮均为制动轮，一般制动时采用后轮制动，紧急制动时前后轮均制动，$G$ 值为汽车的总重力/N；

$\varphi$——路面与轮胎之间的附着系数，与轮胎、路面及制动等条件有关，其值见表 2-2。

制动力 $P$ 的方向与汽车运动方向相反。另外，因制动时速度减小很快，可略去空气阻力的影响，所以，制动平衡方程式为：

$$P + R_R + R_I = 0$$

即：

$$G\varphi + G\Phi + \delta \frac{G}{g}a = 0 \tag{2-29}$$

$$a = -\frac{g}{\delta}(\varphi + \Phi) \tag{2-30}$$

式中：$a$——制动减速度/$(m/s^2)$；

$\Phi$——道路阻力系数，其值 $\Phi = f + i$。

## 2.5.2 制动距离

由式（2-30）得：

$$S = \frac{\delta}{g(\varphi + \Phi)} \int_{v_1}^{v_2} v dv$$

将 $v$（m/s）化为 $V$（km/h）并积分得：

$$S = \frac{V_1^2 - V_2^2}{254(\varphi + \Phi)} \tag{2-31}$$

式中：$S$——制动距离/m；

$V_1$——制动初速度/(km/h)；

$V_2$——制动终速度/(km/h)。

当制动到汽车停止时 $V_2 = 0$，则

$$S = \frac{V_1^2}{254(\varphi + \Phi)} \tag{2-32}$$

## 2.6 汽车行车经济性

汽车在运输工作中需要消耗燃料、轮胎及各种配件材料等，其中燃料的消耗量所占比重最大，而汽车燃料是国家重要的能源物资。因此减少燃料消耗量，对降低运输成本，提高汽车的行车经济性很有意义。

汽车行驶的燃料消耗主要与发动机有关，除此外，还要受到道路的状况、交通情况、驾驶技术及环境等方面的影响。通常用下述指标作为评价燃料经济性的评价指标。

（1）每 100 km 行程燃料消耗 kg 数 $Q_s$

$$Q_s = 100 G_{ti}/V \quad (kg/100\,km)$$

式中：$G_{ti}$——汽车每小时的燃料消耗量/(kg/h)；

$V$——汽车的行驶速度/(km/h)。

（2）每 t·km 燃料消耗 kg 数 $Q_{sG}$

$$Q_{sG} = Q_s/100 G_i = G_{ti}/VG_i \quad [kg/(t \cdot km)]$$

式中：$G_i$——汽车载重吨位数。

（3）每 kg 燃料所行驶的里程 $L$

$$L = 1/(Q_s/100) = V/G_{ti} \quad (km/kg)$$

# 第 3 章 平 面 设 计

## 3.1 道路平面线形概述

### 3.1.1 路线

　　道路是一个带状构造物，它的中线是一条空间曲线。一般所说的路线，是指道路中线，而道路中线的空间形状称为路线线形。道路中线在水平面上的投影称为路线的平面。沿着中线竖直剖切，再行展开就称为纵断面。中线各点的法向切面是横断面。道路的平面、纵断面构成了道路的线形组成。路线设计是指确定路线空间位置和各部分几何尺寸的工作，为研究与使用的方便，把它分解为路线平面设计、路线纵断面设计。二者是相互关联的，既分别进行，又综合考虑。线形是道路的骨架，它不仅对行车的速度、安全、舒适、经济及道路的通行能力起决定性的影响，而且直接影响道路构造物设计、排水设计、土石方数量、路面工程及其他构造物，同时对沿线的经济发展、土地利用、工农业生产、居民生活及自然景观、环境协调也有很大影响。道路建成后，要再对路线线形进行改造，其困难是较大的。

　　道路路线位置受社会经济、自然地理和技术条件等因素的制约。设计者的任务就是在调查研究、掌握大量资料的基础上，设计出一条有一定技术标准、满足行车要求、工程费用最省的路线来。在设计的顺序上，一般是在尽量顾及到纵断面、横断面的前提下先定平面，沿这个平面线形进行高程测量和横断面测量，取得地面线和地质、水文及其他必要的资料后，再设计纵断面和横断面。为求得线形的均衡、土石方数量的减少及构造物的节省，必要时再修改平面，这样经过几次反复，可望得到一个满意的结果。路线设计的范围，仅限于路线的几何性质，不涉及结构。结构设计在路基路面和桥梁工程等课程中讲述。

### 3.1.2 平面线形要素

　　行驶中的汽车其导向轮旋转面与车身纵轴之间有下列三种关系：
① 角度为零。
② 角度为常数。
③ 角度为变数。
与上述三种状态对应的行驶轨迹线为：
① 曲率为零的线形——直线。
② 曲率为常数的线形——圆曲线。
③ 曲率为变数的线形——缓和曲线。
　　道路平面线形正是由上述三种线形——直线、圆曲线和缓和曲线构成的，称为"平面

线形三要素"。当道路的平面线形受地形、地物等障碍的影响而发生转折时，在转折处就需要设置曲线或组合曲线，曲线一般为圆曲线。为保证行车的舒适、安全与驾驶人操作方便，对于设计车速低的道路，为简化设计，也可以只使用直线和圆曲线两种要素。近代一些高速公路也有只用曲线而不用直线的。由此可见三要素是基本组成，但各要素所占比例及使用频率并无规定。各要素只要使用合理、配置得当，均可满足汽车行驶要求。至于它们的参数则要视地形情况和人的视觉、心理、道路技术等级等条件来确定。

## 3.2　直线

### 3.2.1　直线特点

作为平面线形要素之一的直线，在道路中使用十分广泛。其主要特点如下。
① 直线以最短的距离连接两目的地，具有路线短捷，缩短里程，行车方向明显等特点。
② 由于已知两点就可以确定一条直线，因而直线线形简单，容易测设。在测设中用花杆和经纬仪即可直接定出一条直线的方向。用皮尺和光电测距仪可测出直线的长度。
③ 从行车安全和线形美观来看，过长的直线，线形呆板，行车单调，易使驾驶人产生疲劳，也容易发生超车和超速行驶，行车时驾驶人难以估计车间距离，在直线上夜间行车相向行车会产生眩光等。这些都是影响行车安全的不利因素，因而直线段，特别是长直线，行车安全性差，往往是发生车祸较多的路段。
④ 直线虽然方向明确，但只能满足两个控制点的要求，难以与地形及周围环境协调。特别是在山区、丘陵区，采用过长的直线会严重破坏自然景观，不仅与环境协调差，而且造成大挖大填，工程经济效益也差。

### 3.2.2　直线运用

**1. 直线适应场合**

一般情况下，下列路段可采用直线：
① 不受地形、地物限制的平坦地区或山涧谷地，如戈壁滩、大草原等。
② 市镇及其近郊，或规划方正的农耕区等。
③ 过长过大的桥梁、隧道等构造物路段。
④ 路线交叉点及其前后路段。
⑤ 双车道公路提供超车的路段。

**2. 长直线限制**

直线最大长度应有所限制。当采用长直线线形时，为弥补景观单调之缺陷，应结合沿线具体情况采取相应的措施并注意下列问题。
① 在长直线上纵坡不宜过大，因为长直线加上陡坡下坡行驶很容易导致超速行车。

② 长直线与大半径凹形竖曲线组合为宜，这样可以使生硬呆板的直线得到一些缓和或改善，如图3-1所示。

③ 道路两侧地形过于空旷时，宜采取种植不同树种或设置一定建筑物、雕塑、广告牌等措施，以改善单调的景观。

④ 长直线尽头的平曲线，除曲线半径、超高、加宽、视距等必须符合规定外，还必须采取设置标志、增加路面抗滑能力等安全措施。

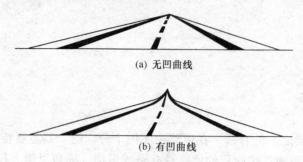

图3-1　长直线与凹形竖曲线组合

长直线的量化是一个需要研究的课题。德国和日本规定直线的最大长度（以m计）为$20V$（$V$是计算行车速度，用km/h计），前苏联为8 km，美国为4.83 km。我国地域辽阔，地形条件在不同的地区有很大的不同，对直线最大长度很难作出统一的规定。在《公路工程技术标准》规定"直线的最大与最小长度应有所限制。"，而在《公路路线设计规范》中仅规定"直线的长度不宜过长"，给设计人员留下足够的空间去分析、判断，以使设计更加符合实际。总的原则是：公路线形应该与地形相适应，与景观相协调，不强求长直线，也不硬性去掉直线而设置曲线。我国已建成的多条高速公路，大多位于平原微丘区，在长直线的使用上参照了国外的规定并允许稍有增长。如京津塘和济青高速公路的直线长不超过3.2 km；沈大高速公路多处出现5~8 km的长直线，最大13 km。经过对不同路段、行驶车速在100 km/h的驾驶人和乘客心理反应和感受进行调查，有如下结果。

① 位于城市附近的公路，作为城市干道的一部分，由于路旁高大建筑和多彩的城市风光，无论路基高低均被纳入视线范围，驾驶人和乘客无直线过长希望驶出的不良反应。

② 位于乡间平原区的公路，随季节和地区不同，驾乘人员有不同反应。北京的冬季，植物枯萎，景色单调，太长的直线使人情绪受到影响。夏天稍许改善一些，但驾驶人员加速行驶、希望尽快驶完直线的心理普遍存在。

③ 位于大戈壁、大草原的公路，直线长度可达几十千米，司乘人员极度疲劳，车速超过设计速度很多，但在这种特殊的地形条件下，除了直线别无其他选择，人为设置弯道不但不能改善其单调，反而增加路线长度。

由此看来，直线的最大长度，在城镇附近或其他景色有变化的地点大于$20V$是可以接受的；在景色单调的地点最好控制在$20V$以内；而在特殊的地理条件下应特殊处理，若作某种限制看来是不现实的。

必须强调，无论高速公路还是一般公路，在任何情况下都要避免追求长直线的错误倾向。

## 3.2.3 直线最小长度

考虑到线形的连续和驾驶的方便，相邻两曲线之间应有一定的直线长度，这个直线长度是指前一曲线的终点（缓直 HZ 或圆直 YZ）到后一曲线起点（直缓 ZH 或直圆 ZY）之间的长度。

### 1. 同向曲线间直线最小长度

转向相同的同向曲线之间若插入较短的直线段，则容易产生把直线和两端的曲线看成为反向曲线的错觉，如图 3-2 所示。当直线过短时甚至把两个曲线看成是一个曲线。这种线形破坏了公路整体线形的连续性，且容易造成驾驶操作的失误，设计中应尽量避免。由于这种线形组合所产生的缺陷是来自司机的错觉，所以若将两曲线拉开，也就是限制中间直线的最短长度，使前方相邻曲线在司机的视觉以外则可以避免上述缺点。大量的观测资料证明，行车速度越高，司机注视点越远，这个距离在数值上大约是行车速度（以 km/h 计）的 6 倍

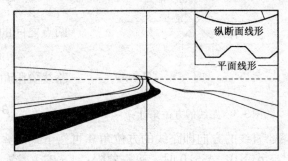

图 3-2　同向曲线之间插入短直线

（以 m 计），所以《公路路线设计规范》推荐同向曲线之间的最短直线长度以不小于 $6V$ 为宜。这种要求在车速较高的公路（$V \geqslant 60$ km/h）上应尽可能保证，而对于低速公路（$V \leqslant 40$ km/h）则有所放宽，参考执行即可。在受到条件限制时，无论是高速公路还是一般公路，却宜在同向曲线之间插入大半径曲线或将两曲线做成复曲线、卵形曲线或 C 形曲线。

### 2. 反向曲线间直线最小长度

两反向曲线间夹有直线段时，由于两弯道转弯方向相反，考虑其超高和加宽缓和的需要及驾驶人员的操作方便，其间的直线最小长度应予以限制。《公路路线设计规范》规定，当计算行车速度大于等于 60 km/h 时，同向曲线间直线最小长度（以 m 计）以不小于行车速度（以 km/h 计）的 2 倍为宜；当计算行车速度小于等于 40 km/h 时，可参照上述规定执行。特别困难的山岭区三、四级公路设置超高时，中间直线长度不得小于 15 m。若二反向曲线已设缓和曲线，在受到条件限制的地点也可将二反向曲线首尾相连，但被连接的二缓和曲线和圆曲线应满足一定的技术条件。

### 3. 相邻回头曲线间直线最小长度

回头曲线是指山区公路为克服高差在同一坡面上回头展线时所采用的曲线。

两相邻回头曲线之间应争取有较长的距离。由一个回头曲线的终点至下一个回头曲线起点的距离，在二、三、四级公路上分别应不小于 200 m、150 m 和 100 m。

## 3.2.4 直线数学表达式

1. 直线数学表达式

如图 3-3 所示，若直线上有两点的坐标为已知，则直线的数学表达式可用两点式表示，即

$$\frac{y-y_1}{y_2-y_1}=\frac{x-x_1}{x_2-x_1} \tag{3-1}$$

式中： $x$、$y$——直线上任意点的坐标；
$(x_1, y_1)$、$(x_2, y_2)$——直线上两已知点的坐标。

两点之间的直线长度为：

$$AB=\sqrt{(x_2-x_1)^2+(y_2-y_1)^2} \tag{3-2}$$

路线象限角 $\beta$ 可按下式计算：

$$\beta=\arctan\frac{\Delta y}{\Delta x}=\arctan\frac{|y_2-y_1|}{|x_2-x_1|} \tag{3-3}$$

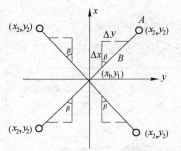

图 3-3 路线的方位角计算

直线的方向即路线的方位角 $A$ 可按下式计算（图 3-3）。

$\Delta y>0$  $\Delta x>0$ 时，第一象限：$A=\beta$
$\Delta y>0$  $\Delta x<0$ 时，第二象限：$A=180°-\beta$
$\Delta y<0$  $\Delta x<0$ 时，第三象限：$A=180°+\beta$  (3-4)
$\Delta y<0$  $\Delta x>0$ 时，第四象限：$A=360°-\beta$

2. 直线一般表达式

直线的一般表达式为：

$$\begin{cases} A_1 x+B_1 y+C_1=0 \\ A_2 x+B_2 y+C_2=0 \end{cases} \tag{3-5}$$

两条直线 $L_1$ 和 $L_2$ 的交角为：

$$\nu=\arctan\left(\frac{A_1 B_2-A_2 B_1}{A_1 A_2+B_1 B_2}\right) \tag{3-6}$$

## 3.3 圆曲线

圆曲线是平面线形中常用的线形。在公路设计中，无论转角的大小均应设置圆曲线。圆曲线具有易与地形相适应、可循性好、线形美观、易于测设等优点，所以在设计中使用相当广泛。路线平面线形中常用的单曲线、复曲线、回头曲线等一般均包含圆曲线。

### 3.3.1 圆曲线几何要素

四级公路可以不设缓和曲线，其他各级公路当曲线半径大于或等于"不设缓和曲线的

半径"时，也可不设缓和曲线，所以此类弯道的平曲线中只有圆曲线。圆曲线的几何元素为（图3-4）：

$$T = R\tan\frac{\alpha}{2}$$

$$L = \frac{\pi}{180}\alpha R = 0.01745\alpha R$$

$$E = R\left(\sec\frac{\alpha}{2} - 1\right)$$

$$J = 2T - L$$

式中：$T$——切线长/m；
$L$——曲线长/m；
$E$——外距/m；
$J$——超距或校对值/m；
$\alpha$——转角/度；
$R$——圆曲线半径/m。

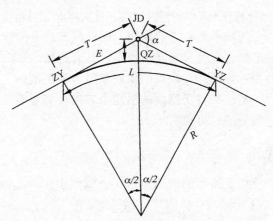

图3-4 圆曲线几何要素

三级和三级以上的公路当设置有缓和曲线时，其曲线元素见3.4节。

## 3.3.2 圆曲线线形特征

各级公路和城市道路不论转角大小均应设置圆曲线，其主要特点如下。
① 任意点曲率半径为常数，曲率也为常数，故测设简单。
② 能较好地适应地形的变化，适应范围较广而灵活。
③ 较大半径的长缓圆曲线线形美观、顺适、行车舒适。
④ 圆曲线上每一点都在不断改变方向，汽车受到离心力作用，同时汽车比直线段多占用宽度。
⑤ 圆曲线半径较小时，驾驶人视线受到内侧路堑边坡或其他障碍物影响，视距条件差；半径较小，中心角过大，会影响行车安全。

## 3.3.3 圆曲线半径

汽车在曲线上行驶时，除受重力作用以外，还受到离心力的作用，也正是离心力的作用，使行驶在平曲线上的汽车有两种横向不稳定的危险：一是汽车向外滑移，二是汽车向外倾覆。

在平曲线上行驶的汽车所受到的离心力 $F$ 如图3-5所示，其计算公式为：

$$F = \frac{G}{g} \cdot \frac{v^2}{R} = \frac{GV^2}{127R}$$

式中：$G$——汽车所受重力/N；

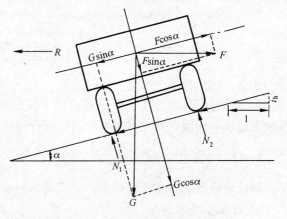

图3-5 曲线上汽车的受力分析

$R$——圆曲线的半径/m；

$g$——重力加速度，一般取 $9.81\ \text{m/s}^2$；

$v$、$V$——汽车的行驶速度，分别以m/s、km/h 计。

为减小离心力的作用，保证汽车在平曲线上行驶的稳定性，把路面做成外侧高的单向横坡形式，也就是超高。汽车在具有超高的平曲线上行驶，重力的水平分力可以抵消一部分离心力的作用，其余可由横向摩阻力来平衡。

沿着平行于路面的横向力方向 $X$ 和垂直于路面的竖直力方向 $Y$ 对离心力 $F$ 和汽车重力 $G$ 进行分解，可得：

$$X = F\cos\alpha - G\sin\alpha$$
$$Y = F\sin\alpha + G\cos\alpha$$

由于路面的横向倾角 $\alpha$ 一般很小，$\sin\alpha = \tan\alpha = i_h$，$\cos\alpha \approx 1$，其中 $i_h$ 称为横向超高坡度（也称超高率）。因此可以得到：

$$X = F - Gi_h = \frac{Gv^2}{gR} - Gi_h = G\left(\frac{v^2}{gR} - i_h\right)$$

在汽车行驶的过程中，横向力 $X$ 是一个不稳定的因素，为了表示汽车所受横向力的程度，采用了单位车重所受的横向力这个概念，也就是用横向力系数来衡量汽车所受横向力的程度，即

$$\mu = \frac{X}{G} = \frac{v^2}{gR} - i_h$$

将车速 $v$（m/h）变成 $V$（km/h），可以得到：

$$\mu = \frac{V^2}{127R} - i_h \tag{3-7}$$

式中：$\mu$——横向力系数；

$i_h$——超高横坡度（或称超高率）；

$V$——计算行车速度/(km/h)；

$R$——平曲线半径/m。

上式表达了横向力系数和车速、平曲线半径及超高率之间的关系，从中可以看到，横向力系数越大，则汽车行驶的稳定性越差。

对式（3-7）进行变形可得：

$$R = \frac{V^2}{127(\mu \pm i_h)} \tag{3-8}$$

注意：汽车行驶在弯道内侧时，取"+"；外侧时，取"-"。

由上式可以看出，在 $V$ 一定的前提下，曲线的最小半径决定于允许的最大横向力系数及最大超高率。因此首先对这两个因素进行讨论，然后再分析曲线的最小半径的计算。

1. 横向力系数 $\mu$

横向力系数的存在会对行车产生不利的影响，主要表现在如下几个方面。

1）行车安全方面

汽车在路面上不发生滑移的前提条件是横向力系数 $\mu$ 不大于轮胎与路面之间的横向摩阻

系数$f$，即$\mu \leq f$。

$f$与车速、路面类型及状态、轮胎状态等有着直接的关系。一般情况下干燥路面上约为0.4~0.8，在潮湿的沥青路面上则降低到0.25~0.4，在路面结冰或积雪时会降到0.2以下。可见在不同情况下横向摩阻系数不同，因此当横向力系数大于横向摩阻系数时，汽车就会发生横向滑移的危险。并且在横向力的作用下，汽车轮胎会发生变形，增加了汽车驾驶操作上的困难，特别是在车速较高时，更不容易保持驾驶方向上的稳定。

2）增加燃料消耗和轮胎磨损

在平曲线路段，由于横向力系数的存在，使车辆的燃油消耗和轮胎磨损较平直路段都有所增加，表3-1所列是实测的燃料消耗和轮胎磨损情况。

表3-1 实测的燃料消耗和轮胎磨损

| 横向力系数$\mu$ | 燃料消耗/% | 轮胎磨损/% | 横向力系数$\mu$ | 燃料消耗/% | 轮胎磨损/% |
| --- | --- | --- | --- | --- | --- |
| 0 | 100 | 100 | 0.15 | 115 | 300 |
| 0.05 | 105 | 160 | 0.20 | 120 | 390 |
| 0.10 | 110 | 220 | | | |

3）乘客感觉不舒适

横向力系数的存在不仅造成驾驶人操作的困难、燃油消耗及轮胎磨损的增加，还对乘客的乘车感觉造成不良影响，在$\mu$过大时，乘客的感觉不舒适。据试验，乘客的心理随$\mu$的变化如下：

当$\mu < 0.10$时，不感到有曲线存在，很平稳。

当$\mu = 0.15$时，稍感到有曲线存在，尚平稳。

当$\mu = 0.20$时，已感到有曲线存在，稍感不稳定。

当$\mu = 0.35$时，感到有曲线存在，不稳定。

当$\mu > 0.40$时，非常不稳定，车辆有倾覆的危险。

综上所述，$\mu$值的采用关系到行车安全、经济与舒适，必须确定一个合理的限界。通过研究一般认为0.11~0.17是比较合理的一个范围，在设计中可以根据公路等级采用不同的值。

2. 超高横坡度$i_h$

设置超高是为了抵消部分离心力的作用，但公路上行驶车辆的速度并不一致，特别是在混合交通的公路上，不仅要照顾快车，也要照顾慢车。因此要选择合适的超高率才能保证行车的安全。

确定最大的超高率，除了根据公路所在的地区的气候条件外，还应充分考虑驾驶人和乘客的心理反应。对重山区、城市附近、交叉口及有相当数量的非机动车的公路，最大超高率比一般路段要小些。我国《公路工程技术标准》明确规定：一般地区，圆曲线最大超高应采用8%；积雪冰冻地区，最大超高值应采用6%；以通行中、小型客车为主的高速公路和一级公路，最大超高可采用10%；城镇区域公路，最大超高值可采用4%。

《城镇道路工程技术标准》规定的城市道路圆曲线最大超高横坡度见表3-2。

表 3-2　城市道路圆曲线最大超高横坡度

| 设计速度/(km/h) | 100、80 | 60、50 | 40、30、20 |
|---|---|---|---|
| 最大超高横坡度/% | 6 | 4 | 2 |

3. 圆曲线最小半径计算

1）极限最小半径

根据以上所述，横向力系数 $\mu$ 视设计车速采用 0.11～0.17。最大超高视道路的不同环境而定，公路用 0.10、0.08 或 0.06；城市道路用 0.06、0.04 或 0.02。按式（3-8）计算得极限最小半径。我国《公路工程技术标准》和《城镇道路工程技术标准》中所制定的极限最小半径是考虑了我国的具体情况并参照国外资料，取适当的 $\mu_{max}$ 和 $i_{h,max}$ 代入式（3-8）计算，将其结果取整归纳而得出的。规范值分别见表 3-3 和表 3-4。

表 3-3　公路圆曲线最小半径

| 设计速度/(km/h) | | 120 | 100 | 80 | 60 | 40 | 30 | 20 |
|---|---|---|---|---|---|---|---|---|
| 一般最小半径/m | | 1 000 | 700 | 400 | 200 | 100 | 65 | 30 |
| 极限最小半径/m | | 570 | 360 | 220 | 115 | 50 | 30 | 15 |
| 不设超高最小半径/m | 路拱≤2.0% | 5 500 | 4 000 | 2 500 | 1 500 | 600 | 350 | 150 |
| | 路拱>2.0% | 7 500 | 5 250 | 3 350 | 1 900 | 800 | 450 | 200 |

表 3-4　城市道路圆曲线最小半径

| 设计速度/(km/h) | 100 | 80 | 60 | 50 | 40 | 30 | 20 |
|---|---|---|---|---|---|---|---|
| 不设超高最小半径/m | 1 600 | 1 000 | 600 | 400 | 300 | 150 | 70 |
| 设超高推荐半径/m | 650 | 400 | 300 | 200 | 150 | 85 | 40 |
| 设超高最小半径/m | 400 | 250 | 150 | 100 | 70 | 40 | 20 |

极限最小半径是道路平面线形设计中的极限值，是在特殊困难的条件下不得已才使用的，通常不轻易采用。

2）一般最小半径

一般最小半径指按设计速度行驶的车辆能保证其安全性和舒适性的最小半径，它是通常情况下推荐采用的最小半径值。它介于极限最小半径与不设超高的最小半径之间，其超高值随半径增大而减小。

在选用圆曲线的半径值时，一方面要考虑汽车行驶的稳定性和乘客的舒适性，另一方面也要考虑工程的可行性和工程量的限制。因此，现行《公路工程技术标准》和《公路路线设计规范》规定了"一般最小半径"，见表 3-3。

3）不设超高的最小半径

不设超高的最小半径是指曲线半径较大，离心力较小，靠轮胎与路面间的摩阻力就足以保证汽车安全稳定行驶所采用的最小半径。这时路面就可以不设超高。此时对于行驶在曲线外侧车道上的车辆，其 $i_h$ 为负值，大小等于路拱横坡。从舒适角度考虑，此时 $\mu$ 的取值比极限最小半径所用的 $\mu$ 要小得多。《公路工程技术标准》规定不设超高最小半径是按 $\mu = 0.035 \sim$

0.040，$i_h = -(0.015 \sim 0.020)$ 和式（3-8）计算后取整得来的。《城镇道路工程技术标准》规定的城市道路不设超高最小半径是按 $\mu = 0.06$，$i_h = -0.015$ 和式（3-8）计算后取整得来的。

4. 圆曲线最大半径计算

如前所述，在与地形等条件相适应的前提下应尽量采用较大的圆曲线半径，但半径大到一定程度时，其几何性质与直线已无太大区别，容易给驾驶人造成判断上的错误反而带来不良后果，同时也不便于测设及道路养护维修。所以《公路路线设计规范》和《城镇道路工程技术标准》规定道路平面线形圆曲线的最大半径不宜超过 10 000 m。

### 3.3.4 圆曲线半径确定

圆曲线能较好地适应地形变化，并可获得圆滑的线形，使用范围较广且灵活。圆曲线在适应地形的情况下，应尽量选用较大的半径。在确定半径时，应注意以下几点：

① 一般情况下宜采用极限最小半径的 4~8 倍或超高为 2%~4% 的圆曲线半径。
② 地形条件受限制时，应采用大于或接近于一般最小半径的圆曲线半径。
③ 地形条件特别困难不得已时，方可采用极限最小半径。
④ 应同前后线形要素相协调，使之构成连续、均衡的曲线线形。
⑤ 应同纵面线形相配合，应避免小半径曲线与陡坡相重叠。
⑥ 每个弯道半径值的确定，应根据实地的地形、地物、地质、人工构造物及其他条件的要求，用外距、切线长、曲线长、曲线上任意点线位、合成纵坡等控制条件反算，并结合标准综合确定。

### 3.3.5 圆曲线主点桩号推算

对于未设置缓和曲线的单圆曲线，其几何要素为 $T$、$L$、$E$ 和 $J$，其计算公式和公式中符号意义如 3.3.1 节所述。在圆曲线上有三个主点桩，如图 3-4 所示，其主点桩号推算如下：

$$ZY（桩号） = JD（桩号） - T$$
$$YZ（桩号） = ZY（桩号） + L$$
$$QZ（桩号） = YZ（桩号） - L/2$$
$$JD（桩号） = QZ（桩号） + J/2$$

**例 3-1** 某弯道交点桩号为 K87+441.41，$\alpha_右 = 26°52'$，$R = 300$ m，试推算曲线要素和曲线主点桩号。

**解** （1）计算圆曲线要素。
由已知条件可知：

$$T = R \cdot \tan\frac{\alpha}{2} = 300 \times \tan\frac{26°52'}{2} = 71.66 \text{ m}$$

$$L = \frac{\pi}{180} \cdot \alpha \cdot R = \frac{\pi}{180} \times 26°52' \times 300 = 140.67 \text{ m}$$

$$E = R\left(\sec\frac{\alpha}{2} - 1\right) = 300\left(\sec\frac{26°52'}{2} - 1\right) = 8.44 \text{ m}$$

$J = 2T - L = 2 \times 71.66 - 140.67 = 2.65 \text{ m}$

（2）推算曲线主点桩号。

| | |
|---|---|
| JD | K87 + 441.41 |
| $-T$ | 71.66 |
| ZY | K87 + 369.75 |
| $+L$ | 140.67 |
| YZ | K87 + 510.42 |
| $-L/2$ | 70.33 |
| QZ | K87 + 440.09 |
| $+J/2$ | 1.32 |
| JD | K87 + 441.41 |

（校核无误）

## 3.4 缓和曲线

缓和曲线是设置在直线和圆曲线之间或半径相差较大的两个同向的圆曲线之间的一种曲率逐渐变化的曲线，是道路平面线形要素之一。《公路工程技术标准》规定，除四级公路可不设缓和曲线外，其余各级公路都应按要求设置缓和曲线。在现代高速公路上，有时缓和曲线所占的比例超过了直线和圆曲线，成为平面线形的主要组成部分。在城市道路上，缓和曲线也被广泛地使用，《城镇道路工程技术标准》规定，当设计车速大于等于 40 km/h 时，应按要求设置缓和曲线。

### 3.4.1 缓和曲线线形特征

从满足行车要求来看，缓和曲线具有以下线形特征：
① 缓和曲线曲率渐变，设于直线与圆曲线间，其线形符合汽车转弯时的行车轨迹，从而使线形缓和，消除了曲率突变点。
② 由于曲率渐变，使道路线形顺适美观，有良好的视觉效果和心理作用感。
③ 在直线和圆曲线间加入缓和曲线后，使平面线形更为灵活，线形自由度提高，更能与地形、地物及环境相适应、协调、配合，使平面线形布置更加灵活、经济、合理。
④ 与圆曲线相比，缓和曲线计算及测设均较复杂。

### 3.4.2 缓和曲线作用与性质

1. 缓和曲线作用

1）缓和曲线通过其曲率逐渐变化，可更好地适应汽车转向的行驶轨迹

汽车在转弯过程中，其行驶轨迹是一条曲率连续变化的轨迹线，它的形式和长短则随行

车速度、曲率半径和驾驶人转动方向盘的快慢而定。从安全角度出发，缓和曲线的合理设计有利于车辆在行驶过程中不致偏离车道，从而保证行车安全。

2) 汽车从一曲线过渡到另一曲线的行驶过程中使离心加速度逐渐变化

汽车行驶在曲线上会产生离心力，离心力的大小与曲线的曲率成正比。从直线驶入圆曲线，如果不设置缓和曲线，其曲率会产生突变，在一定的车速情况下，乘客就会有不舒适的感觉。设置了缓和曲线，其曲率是直线到圆曲线逐渐过渡的，离心加速度的过渡也是逐渐的，乘客就不会有不舒服的感觉。

3) 缓和曲线可以作为超高和加宽变化的过渡段

道路路线在弯道上要设置超高和加宽，从双面横坡过渡到单面横坡，和由直线上的正常宽度过渡到圆曲线上的加宽宽度，这一过程变化一般是在缓和曲线长度内完成的。

4) 与圆曲线配合得当，增加线形美观

圆曲线与直线相连接，其曲率是突变的，在视觉上有明显不平顺的感觉。设置缓和曲线以后，线形连续圆滑，增加了线形的透视美，同时驾驶人也会感到安全，如图 3-6 所示。

(a) 不设缓和曲线感觉路线扭曲　　　　　　　　(b) 设置缓和曲线后变得平顺美观

图 3-6　直线与曲线连接效果图

**2. 缓和曲线性质**

汽车由直线进入圆曲线，其行驶轨迹的曲率是逐渐变化的。假定汽车是等速行驶，驾驶人匀速转动方向盘，当方向盘转动角为 $\varphi$ 时，前轮相应转动角度为 $\phi$，如图 3-7 所示。它们之间的关系为：

$$\phi = k\varphi \ (\text{rad}) \ (k < 1)$$

方向盘转动的角速度为 $\omega$，则汽车前轮转动的角度为 $\phi = k\varphi = k\omega t$。根据图 3-7，可以得知 $r = \dfrac{d}{\tan\phi}$。

因为 $\phi$ 很小，因此可近似地表示为：

$$r = \dfrac{d}{\phi} = \dfrac{d}{k\omega t}$$

汽车以 $v$ 等速行驶，因此存在如下关系 $l = vt$，代入上式并整理得到 $l = v\dfrac{d}{k\omega r}$，式中：$v$、$d$、$k$、$\omega$ 都为常数，因

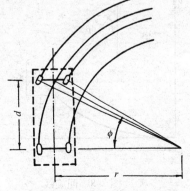

图 3-7　汽车转弯示意图

此定义

$$\frac{vd}{k\omega} = C$$

故得到：

$$l = \frac{C}{r} \text{ 或 } rl = C \tag{3-9}$$

式中：$l$——汽车自曲线起点开始转弯，经 $t$ 秒后行驶的距离/m；

$r$——汽车行驶 $t$ 秒后的曲率半径/m；

$C$——常数。

推证说明，汽车匀速从直线进入圆曲线（或相反）其行驶轨迹的弧长与曲线的曲率半径之乘积为一常数。这一性质与数学上的回旋线正好相符。

## 3.4.3 缓和曲线要素

**1. 缓和曲线数学表达式**

在公路设计中最常用的一种缓和曲线是回旋线。回旋线的基本公式为：

$$rl = A^2 \tag{3-10}$$

式中：$r$——回旋线上任意点的曲率半径/m；

$l$——回旋线上任意点到原点的长度/m；

$A$——回旋线的参数。

由于 $rl$ 的量纲是 $\text{m}^2$，因此为使量纲一致，故令常数 $C = A^2$，表示回旋线的曲率变化的缓急程度。对于回旋线的终点处，$r = R$，$l = L_s$，则上式可以表示为：

$$RL_s = A^2 \text{ 或 } A = \sqrt{RL_s} \tag{3-11}$$

式中：$R$——回旋线所连接的圆曲线的半径/m；

$L_s$——缓和曲线的长度/m。

回旋线作为缓和曲线，所使用的范围是曲率半径 $R \to \infty$ 至 $R = R'$（圆曲线半径），其数学计算式推导如下。由图 3-8 可知：

$$\begin{aligned} \mathrm{d}l &= r\mathrm{d}\beta \\ \mathrm{d}x &= \mathrm{d}l \cdot \cos\beta \\ \mathrm{d}y &= \mathrm{d}l \cdot \sin\beta \end{aligned} \tag{3-12}$$

以 $r \cdot l = A^2$ 代入得：

$$l\mathrm{d}l = A^2\mathrm{d}\beta, \quad \mathrm{d}l = \frac{A^2}{l}\mathrm{d}\beta$$

积分得：$l^2 = 2A^2\beta$

则缓和曲线角：$\beta = \dfrac{l^2}{2A^2}$ \hfill (3-13)

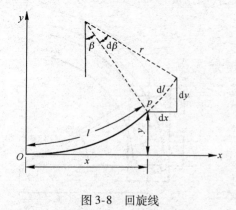

图 3-8 回旋线

将 $dl = \dfrac{A^2}{l} d\beta$ 代入式（3-12），则得：

$$\begin{cases} dx = \dfrac{A^2}{l} \cos\beta d\beta = \dfrac{A}{\sqrt{2\beta}} \cdot \cos\beta d\beta \\ dy = \dfrac{A^2}{l} \cdot \sin\beta d\beta = \dfrac{A}{\sqrt{2\beta}} \cdot \sin\beta d\beta \end{cases} \quad (3\text{-}14)$$

将上式积分并将 $\cos\beta \cdot \sin\beta$ 用级数展开整理得：

$$\begin{cases} x = l - \dfrac{l^3}{40r^2} \cdots \\ y = \dfrac{l^2}{6r} - \dfrac{l^4}{336r^3} \cdots \end{cases} \quad (3\text{-}15)$$

在缓和曲线终点处，$l = L_s$（$L_s$ 为缓和曲线长度），$r = R$，代入上式得：

$$\begin{cases} x = x_0 = L_s - \dfrac{L_s^3}{40R^2} \cdots \\ y = y_0 = \dfrac{L_s^2}{6R} - \dfrac{L_s^4}{336R^3} \cdots \end{cases} \quad (3\text{-}16)$$

如果用切线支距法敷设缓和曲线上任意点时，则可用下列近似公式

$$\begin{cases} x \approx l - \dfrac{l^5}{40R^2 L_s^2} \\ y \approx \dfrac{l^3}{6RL_s} - \dfrac{l^7}{336R^3 L_s^3} \end{cases} \quad (3\text{-}17)$$

2. 缓和曲线几何要素

1) 缓和曲线（图 3-9）

$P$ 点的曲率半径： $r = \dfrac{A}{\sqrt{2\beta}}$

$P$ 点的缓和曲线长： $l = A\sqrt{2\beta}$

缓和曲线角： $\beta = \dfrac{l^2}{2A^2} = \dfrac{l^2}{2rl} = \dfrac{l}{2r}$

长切线长： $T_L = x - y \cdot \cos\beta$

短切线长： $T_k = \dfrac{y}{\sin\beta}$

$P$ 点的弦长： $a = \dfrac{y}{\sin\delta}$

$P$ 点的偏角： $\delta = \arctan\dfrac{y}{x} \approx \dfrac{\beta}{3}$

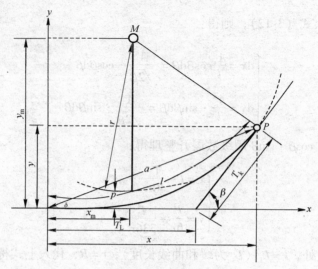

图 3-9 缓和曲线上任意点要素

2）有缓和曲线的公路平曲线几何要素

公路平面线形的基本组合为：直线—缓和曲线—圆曲线—缓和曲线—直线，如图 3-10 所示。其几何元素的计算公式如下：

$$q = \frac{L_s}{2} - \frac{L_s^3}{240R^2}$$

$$p = \frac{L_s^2}{24R} - \frac{L_s^4}{2\,384R^3}$$

$$\beta_0 = 28.647\,9\frac{L_s}{R}$$

$$T_h = (R+p)\tan\frac{\alpha}{2} + q$$

$$L_h = (\alpha - 2\beta_0)\frac{\pi}{180}R + 2L_s = \frac{\alpha\pi12}{180} + L_s$$

$$E_h = (R+p)\sec\frac{\alpha}{2} - R$$

$$J_h = 2T_h - L_h$$

式中：$q$——缓和曲线起点到圆曲线原起点的距离，也称为切线增值/m；

　　　$p$——设缓和曲线后圆曲线内移值/m；

　　　$\beta_0$——缓和曲线终点缓和曲线角/度；

　　　$L_s$——缓和曲线长/m；

　　　$R$——圆曲线半径/m；

　　　$\alpha$——转角/度；

　　　$T_h$——切线长/m；

　　　$L_h$——曲线长/m；

　　　$E_h$——外距/m；

　　　$J_h$——超距/m。

第 3 章 平面设计

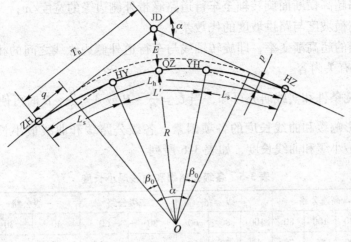

图 3-10 基本型平曲线

## 3.4.4 缓和曲线长度及参数

1. 缓和曲线最小长度

由于车辆要在缓和曲线上完成不同曲率的过渡行驶，所以要求缓和曲线有足够的长度，以使驾驶人能从容地操纵方向盘。这样乘客感觉舒适，道路线形美观流畅，圆曲线上的超高和加宽的过渡也能在缓和曲线段内比较合理地完成，所以应当规定缓和曲线的最小长度。为此，可从以下几方面考虑。

（1）从控制离心加速度变化率考虑。

汽车由直线逐渐过渡到圆曲线，其离心加速度由直线上的零增加到进入圆曲线时的最大值，从乘客感觉出发，这种离心加速度的变化率应控制在一定的范围之内。

离心加速度的变化率为：

$$p = \frac{\alpha}{t} = \frac{v^2/R}{l/v} = \frac{v^3}{lR}$$

在公路设计中，一般取 $p \leqslant 0.6$（m/s³），代入上式，缓和曲线的最小长度为：

$$L_s = 0.036 \frac{V^3}{R} \quad (\text{m}) \tag{3-18}$$

（2）按驾驶人操作反应时间计算：

$$L_s = vt = \frac{V}{3.6}t \quad (\text{m}) \tag{3-19}$$

一般要求操作反应时间 $t$ 不小于 3 s，则：

$$L_s = \frac{3V}{3.6} = 0.83V \quad (\text{m}) \tag{3-20}$$

（3）按行车道外侧超高变化率计算：

$$L_s = \frac{B\Delta i}{p} \tag{3-21}$$

式中：$B$——道路超高横断面旋转轴至车行道路缘带外侧边缘的宽度/m；

$\Delta i$——超高横坡度与路拱坡度的代数差；

$p$——适当的超高渐变率，即旋转轴线与车行道外侧边缘线之间的相对坡度，参见第5章有关内容。

（4）根据视觉条件和实践研究可知，当 $L_s = \dfrac{R}{9} \sim R$ 或 $A = \dfrac{R}{3} \sim R$ 时可使线形舒顺协调。

考虑了上述影响缓和曲线长度的各项因素，各级公路缓和曲线最小长度，如表3-5所列；城市道路的最小缓和曲线长度，如表3-6所列。

表3-5 各级公路缓和曲线最小长度

| 公 路 等 级 | 高速公路 | | | 一级公路 | | | 二级公路 | | 三级公路 | | 四级公路 | |
|---|---|---|---|---|---|---|---|---|---|---|---|---|
| 设计速度/（km/h）| 120 | 100 | 80 | 100 | 80 | 60 | 80 | 60 | 40 | 30 | 30 | 20 |
| $L_s$/m | 100 | 85 | 70 | 85 | 70 | 50 | 70 | 50 | 35 | 25 | 25 | 20 |

注：四级公路为超高加宽缓和段的长度。

表3-6 城市道路缓和曲线最小长度

| 设计速度/（km/h）| 100 | 80 | 60 | 50 | 40 | 30 | 20 |
|---|---|---|---|---|---|---|---|
| $L_s$/m | 85 | 70 | 50 | 45 | 35 | 25 | 20 |

## 2. 缓和曲线参数 $A$ 的确定

上面讨论的缓和曲线长度，是在条件受限制时的最小长度。在一般情况下，特别是当圆曲线半径较大，车速较高时，应该使用更长的缓和曲线。现代道路的缓和曲线广泛采用回旋线，而回旋线曲率变化的缓急程度是以回旋线参数 $C = A^2 = R \times L_s$ 的形式表达的。$A$ 值越大，回旋线的弯曲度越缓，回旋线的整体也越大。这和加大圆曲线半径，则圆弧弯曲度就平缓而整个圆曲线变大是相似的。因此，有必要对其参数的最小允许值作出规定。

1）依汽车在缓和曲线缓和行驶确定参数 $A$

由 $p = \dfrac{v^3}{lR}$ 得：

$$A^2 = \dfrac{v^3}{p}, A = \sqrt{\dfrac{0.0214}{p}} \cdot \sqrt{V^3} \tag{3-22}$$

可以根据 $p$ 值来确定缓和曲线的参数 $A$。

2）依行驶时间决定缓和曲线参数值 $A$

从安全和心理的角度出发，要求汽车在缓和曲线上行驶的最小时间为 $t(\mathrm{s})$，汽车的速度保持匀速 $v$（m/s），则：

$$l = vt$$

所以 $A = \sqrt{Rl} = \sqrt{Rvt} = \sqrt{R\dfrac{1}{3.6}Vt} = \sqrt{\dfrac{RVt}{3.6}}$，取 $t = 3\,\mathrm{s}$，则有：

$$A = \sqrt{\dfrac{RV}{1.2}} \tag{3-23}$$

3) 根据视觉条件确定缓和曲线的参数 $A$

确定合理的缓和曲线参数 $A$，可以使线形达到顺适与美观的要求。根据跟踪司机的视觉发现，当缓和曲线角小于 3°时，曲线极不明显，在视觉上容易被忽略；当缓和曲线角大于 29°时，曲线过于弯曲，很难与相接的圆曲线顺接。保持缓和曲线角 $\beta$ 在 3°~29°之间，就可以确定合适的 $A$ 值。

因为
$$\beta_o = 28.6479 \frac{L_s}{R}$$

所以
$$L_s = \frac{R\beta_o}{28.6479}$$

而
$$A = \sqrt{RL_s} = R\sqrt{\frac{\beta_o}{28.6479}} \tag{3-24}$$

在回旋线终点，$\beta = \beta_o$，将 $\beta_o = 3°$ 和 $\beta_o = 29°$分别代入式（3-24），则大致有下面的关系：
$$\frac{R}{3} \leqslant A \leqslant R$$

不过上述关系只适用 $R$ 在某种范围内。经验证明，当 $R = 100$ m 时，通常 $A = R$；如果 $R < 100$ m，则选择 $A \geqslant R$；反之，在圆曲线较大时，可选择 $A = \frac{R}{3}$，如 $R > 3000$ m，即使 $A < \frac{R}{3}$，在视觉上也是没有问题的，如图 3-11 所示。当然，缓和曲线长度和回旋线参数的确定还必须考虑到地形、排水和中间所夹圆曲线长度等因素。当限制较严时，方可选用极限值。

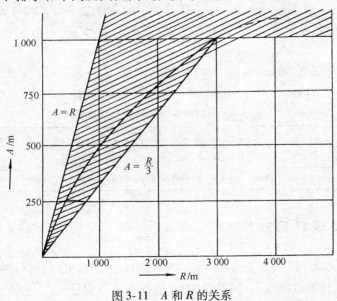

图 3-11　$A$ 和 $R$ 的关系

## 3.4.5　缓和曲线省略

在直线和圆曲线之间设置缓和曲线后，圆曲线在原来与直线相切的基础上产生了一个内移值 $p$，在缓和曲线长度 $L_s$ 一定的情况下，$p$ 与圆曲线半径成反比，当 $R$ 大到一定程度时，

$p$ 值甚微,即使直线与圆曲线径相连接,汽车也能完成缓和曲线的行驶,因为在路面的富余宽度中已经包含了这个内移值。因此,《公路路线设计规范》规定,在下列情况下可不设回旋线。

### 1. 直线与圆曲线间缓和曲线省略

《公路路线设计规范》规定,当圆曲线半径大于或等于表 3-3 中不设超高的圆曲线最小半径时可不设缓和曲线;四级公路可将直线和圆曲线径相连接,在圆曲线两端的直线上设置超高缓和段、加宽缓和段。

《城镇道路工程技术标准》规定,当计算行车速度小于 40 km/h 时,可以省略缓和曲线;大于 40 km/h 时,如半径大于不设缓和曲线的最小圆曲线半径时,缓和曲线可以省略,如表 3-7 所示。

表 3-7 城市道路不设缓和曲线的最小圆曲线半径

| 设计速度/(km/h) | 100 | 80 | 60 | 50 | 40 |
|---|---|---|---|---|---|
| 不设缓和曲线的最小圆曲线半径/m | 3 000 | 2 000 | 1 000 | 700 | 500 |

### 2. 半径不同的同向圆曲线间缓和曲线省略

半径不同的同向圆曲线间缓和曲线的省略有以下两种:

① 小圆半径大于表 3-3 中不设超高的圆曲线最小半径时,可以省略缓和曲线。
② 小圆半径大于表 3-8 中所列半径,且符合下列条件之一时,均可省略缓和曲线:

- 小圆曲线按规定设置最小缓和曲线长度时,其大圆与小圆的内移值之差小于 0.10 m。
- 设计速度大于等于 80 km/h 时,大圆半径与小圆半径之比小于 1.5。
- 设计速度小于 80 km/h 时,大圆半径与小圆半径之比小于 2。

表 3-8 复曲线中小圆临界曲线半径

| 公路等级 | 高速公路 | | | 一级公路 | | | 二级公路 | | 三级公路 | |
|---|---|---|---|---|---|---|---|---|---|---|
| 设计速度/(km/h) | 120 | 100 | 80 | 100 | 80 | 60 | 80 | 60 | 40 | 30 |
| 临界曲线半径/m | 2 100 | 1 500 | 900 | 1 500 | 900 | 500 | 900 | 500 | 250 | 130 |

## 3.4.6 缓和曲线计算示例

**例 3-2** 某平原微丘区二级公路一弯道,$R = 250$ m,交点 JD 的桩号为 K17+568.38,转角 $\alpha_右 = 38°30'$,试计算该曲线上设置缓和曲线后的 5 个主点桩。

**解** (1)缓和曲线长度。

平原微丘区二级公路设计速度为 80 km/h,则有:

$$L_s = 0.036 \times \frac{V^3}{R} = 0.036 \times \frac{80^3}{250} = 73.73 \text{ m}$$

$$L_s \geqslant \frac{V}{3.6} \times 3 = \frac{80}{3.6} \times 3 = 66.67 \text{ m}$$

$$L_s = \frac{R}{9} \sim R = \frac{250}{9} \sim 250 = 27.78 \sim 250 \text{ m}$$

缓和曲线长取两者中大者 $L_s = 73.73$ m 取整为 5 m 的倍数，采用缓和曲线长度 75 m（规范规定 $V = 80$ km/h 时缓和曲线最小长度为 70 m）。

（2）圆曲线内移值 $p$。

$$p = \frac{L_s^2}{24R} = \frac{75^2}{24 \times 250} = 0.94 \text{ m}$$

（3）切线总长 $T_h$。

$$q = \frac{L_s}{2} - \frac{L_s^3}{240R^2} = \frac{75}{2} - \frac{75^3}{240 \times 250^2} = 37.47 \text{ m}$$

$$T_h = (R+p)\tan\frac{\alpha}{2} + q = (250 + 0.94)\tan\frac{38°30'}{2} + 37.47 = 125.10 \text{ m}$$

（4）曲线总长度 $L_h$。

$$\beta_o = \frac{L_s}{2R} \cdot \frac{180}{\pi} = \frac{75}{2 \times 250} \times \frac{180}{\pi} = 8°35'40''$$

$$L_h = (\alpha - 2\beta_o)\frac{\pi}{180}R + 2L_s$$

$$= (38°30' - 2 \times 8°35'40'') \times \frac{\pi}{180} \times 250 + 2 \times 75 = 242.99 \text{ m}$$

（5）主点桩号计算。

| | |
|---|---|
| JD | K17 + 568.38 |
| $-T_h$ | 125.10 |
| ZH | K17 + 443.28 |
| $+L_s$ | 75 |
| HY | K17 + 518.28 |
| $+ (L_h - L_s)$ | 167.99 |
| HZ | K17 + 686.27 |
| $-L_s$ | 75 |
| YH | K17 + 611.27 |
| $-\frac{1}{2}(L_h - 2L_s)$ | 46.495 |
| QZ | K17 + 564.775 |
| $+\frac{J_h}{2}$ | 3.605 |
| JD | K17 + 568.38 |

（校核无误）

其中超距 $J_h = 2T_h - L_h = 2 \times 125.10 - 242.99 = 7.21$ m。

## 3.5 平面线形设计

### 3.5.1 平面线形设计一般原则

1) 平面线形应直捷、连续、顺适,并与地形、地物相适应,与周围环境相协调

在地势平坦开阔的平原微丘区,路线直捷舒顺,在平面线形三要素中直线所占比例较大。在地势有很大起伏的山岭和重丘区,路线弯曲多变,曲线所占比例较大。可以设想,如果在没有任何障碍物的开阔地区(如戈壁、草原等)故意设置一些不必要的弯道,或者在高低起伏的山区硬拉长直线都会令人产生不协调的感觉。路线要与地形相适应,这是集美学、经济和保护生态环境于一体的问题。直线、圆曲线、缓和曲线的选用与合理组合取决于地形、地物等具体条件,片面强调路线要以直线为主或以曲线为主,或人为规定三者的比例都是不合理的。

2) 除满足汽车行驶力学上的基本要求外,还应满足驾驶人和乘客在视觉和心理上的要求

高速公路、一级公路及设计速度大于60 km/h的公路,应注重立体线形设计,尽量做到线形连续、指标均衡、视觉良好、景观协调、安全舒适。设计速度越高,线形设计所考虑的因素就更应周全。

对于设计速度小于40 km/h的公路,首先应在保证行车安全的前提下,可以使用平面线形要素最小值,但应在条件允许也不过多增加工程量的情况下力求做到各种线形要素的合理组合,并尽量避免和减少不利的组合,以期充分发挥投资效益。

3) 保持平面线形的均衡与连贯

为使一条公路上的车辆尽量以均匀的速度行驶,应注意各线形要素保持连续性而不出现技术指标的突变。以下几点在设计时应充分注意。

(1) 长直线尽头不能接以小半径曲线。

长的直线和长的大半径曲线会导致较高的车速,若突然出现小半径曲线,会因减速不及而造成事故。特别是长下坡方向的尽头更要注意。若由于地形所限小半径曲线难免时,中间应插入过渡性曲线,并使纵坡不要过大。

(2) 高、低标准之间要有过渡。

同一等级的公路由于地形的变化在指标的采用上也会有变化。或同一条公路按不同计算行车速度的各设计路段之间也会形成技术标准的变化。遇有这种高、低标准变化的路段,除满足有关设计路段在长度和梯度上的要求外,还应结合地形的变化,使路线的平面线形指标逐渐过渡,避免出现突变。不同标准路段相互衔接的地点,应选在交通量发生变化处,或者驾驶者能够明显判断前方需要改变行车速度的地方。

4) 应避免连续急弯的线形

这种线形给驾驶者造成不便,给乘客的舒适也带来不良影响。设计时可在曲线间插入足够长的直线或缓和曲线加以过渡。

5) 平曲线应有足够的长度

平曲线太短,汽车在曲线上行驶时间过短会使驾驶操纵来不及调整,一般都应控制平曲线(包括圆曲线及其两端的缓和曲线)的最小长度,见表3-9~表3-12。

公路弯道在一般情况下是由两段缓和曲线（或超高、加宽缓和段）和一段圆曲线组成。缓和曲线的长度不能小于该级公路对其最小长度的规定，中间圆曲线的长度宜有大于 3 s 的行程，当条件受限时，可将缓和曲线在曲率相等处对接，此时的圆曲线长度为零。

路线转角的大小反映了路线的舒顺程度，但如果转角过小，即使设置了较大的半径也容易把曲线长看成比实际的要短，造成急转弯的错觉。这种倾向转角越小越显著，以致造成驾驶者枉作减速转弯的操作。一般认为，$\theta < 7°$ 应属于小转角弯道。对于小转角弯道应设置较长的平曲线，其长度应大于表 3-10 中规定的"一般值"。但受地形及其他特殊情况限制时，可减短至表中的"低限值"。

表 3-9　各级公路平曲线最小长度

| 公路等级 | 高速公路 | | | 一 | | | 二 | | 三 | | 四 |
|---|---|---|---|---|---|---|---|---|---|---|---|
| 设计速度/（km/h） | 120 | 100 | 80 | 100 | 80 | 60 | 80 | 60 | 40 | 30 | 30 | 20 |
| 平曲线最小长度/m | 200 | 170 | 140 | 170 | 140 | 100 | 140 | 100 | 70 | 50 | 50 | 40 |

表 3-10　公路转角等于或小于 7°时的平曲线长度

| 公路等级 | | 高速公路 | | | 一 | | | 二 | | 三 | | 四 |
|---|---|---|---|---|---|---|---|---|---|---|---|---|
| 设计速度/（km/h） | | 120 | 100 | 80 | 100 | 80 | 60 | 80 | 60 | 40 | 30 | 30 | 20 |
| 平曲线长度/m | 一般值 | 1 400 /α | 1 200 /α | 1 000 /α | 1 200 /α | 1 000 /α | 700 /α | 1 000 /α | 700 /α | 500 /α | 350 /α | 350 /α | 280 /α |
| | 低限值 | 200 | 170 | 140 | 170 | 140 | 100 | 140 | 100 | 70 | 50 | 50 | 40 |

注：表中的 α 角为路线转角值/（°），当 α < 2°时，按 α = 2°计算。

表 3-11　城市道路平曲线与圆曲线最小长度

| 设计速度/（km/h） | 100 | 80 | 60 | 50 | 40 | 30 | 20 |
|---|---|---|---|---|---|---|---|
| 平曲线最小长度/m | 85 | 70 | 50 | 45 | 35 | 25 | 20 |
| 圆曲线最小长度/m | 90 | 70 | 50 | 40 | 35 | 25 | 20 |

表 3-12　城市道路小转角平曲线最小长度

| 设计速度/（km/h） | 100 | 80 | 60 | 50 | 40 | 30 | 20 |
|---|---|---|---|---|---|---|---|
| 平曲线最小长度/m | 1 200/θ | 1 000/θ | 700/θ | 600/θ | 500/θ | 350/θ | 280/θ |

注：当 θ < 2°时，按 2°计。

### 3.5.2　平面线形要素组合类型

平面线形由直线、圆曲线和缓和曲线三个几何要素组成，三个线形要素可以组合成不同的组合线形。

1. 简单型曲线

当一个弯道由直线与圆曲线组合时称为简单型曲线，即按直线—圆曲线—直线的顺序组合，如图 3-12 所示。

简单型组合曲线在 ZY 和 YZ 点处有曲率突变点，对行车不利。当半径较小时，该处线形也不顺适，一般限于四级公路采用。在其他等级公路中，当平曲线半径大于不设超高半径时，省略缓和曲线后也可以构成简单型。

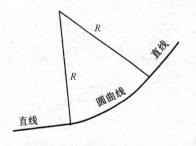

图 3-12　简单型曲线

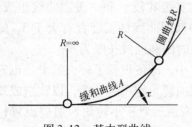

图 3-13 基本型曲线

**2. 基本型曲线**

按直线—缓和曲线—圆曲线—缓和曲线—直线的顺序组合，如图 3-13 所示。基本型中的缓和曲线参数、圆曲线最小长度都应符合有关规定。两缓和曲线参数可以相等，也可以根据地形条件设计成不相等的非对称形曲线。从线形的协调性看，宜将缓和曲线、圆曲线、缓和曲线之长度比设计成 1:1:1。并注意满足设置基本型曲线的几何条件：

$$2\beta_0 \leq \alpha$$

式中：$\beta_0$——缓和曲线角；

$\alpha$——路线转角。

**3. S 形缓和曲线**

两个反向圆曲线用缓和曲线连接的组合，如图 3-14 所示。S 形相邻两个缓和曲线参数宜相等。当采用不同的参数时，$A_1$ 与 $A_2$ 之比应 < 1.5 为宜。当 $A_2 \leq 200$ 时，$A_1$ 应不大于 $A_2$ 的 1.5 倍。此外，在 S 形曲线上，两个反向缓和曲线之间不应设置直线。不得已插入直线时，必须尽量短，其短直线的长度或重合段的长度应符合下面公式：

$$l \leq \frac{A_1 + A_2}{40} \tag{3-25}$$

式中：$l$——反向缓和曲线间短直线或重合段的长度/m；

$A_1$、$A_2$——缓和曲线参数。

S 形两圆曲线半径之比不宜过大，一般应控制在：

$$\frac{R_1}{R_2} \leq 2 \tag{3-26}$$

式中：$R_1$——小圆半径/m；

$R_2$——大圆半径/m。

**4. 卵形缓和曲线**

用一个缓和曲线连接两个同向圆曲线的组合，如图 3-15 所示，卵形上的缓和曲线参数 $A$ 不应小于该级公路关于缓和曲线最小参数的规定，同时为满足视觉的要求，宜控制在下列范围之内：

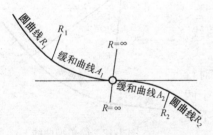

图 3-14 S 形缓和曲线

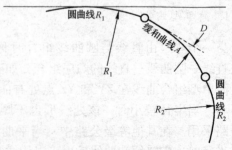

图 3-15 卵形缓和曲线

$$\frac{R_2}{2} \leqslant A \leqslant R_2 \tag{3-27}$$

式中：$A$——缓和曲线参数；

$R_2$——小圆半径/m。

两圆曲线半径之比也应控制在下式的范围之内：

$$0.2 \leqslant \frac{R_1}{R_2} \leqslant 0.8 \tag{3-28}$$

式中：$R_1$——大圆半径/m；

$R_2$——小圆半径/m。

两圆曲线的间距，宜在下列界限之内：

$$0.003 \leqslant \frac{D}{R_2} \leqslant 0.03 \tag{3-29}$$

式中：$D$——两圆曲线最小间距/m；

$R_2$——小圆曲线半径/m。

5. 凸形缓和曲线

在两个同向缓和曲线之间不插入圆曲线而径相衔接的组合，如图3-16所示。凸形的缓和曲线参数及其连接点的曲率半径，应分别符合容许最小缓和曲线参数和圆曲线一般最小半径的规定。

凸形曲线尽管在各衔接处的曲率是连续的，但因中间圆曲线的长度为零，对驾驶操作还是造成一些不利因素，所以只有在布设路线特别困难时方可采用凸形。

6. 复合型缓和曲线

两个以上同向缓和曲线间在曲率相等处相互连接的形式，如图3-17所示。复合型的两个缓和曲线参数之比应控制为 $A_1 : A_2 = 1 : 1.5$。

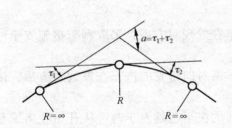

图3-16 凸形缓和曲线

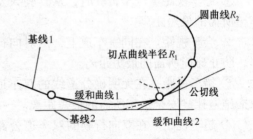

图3-17 复合型缓和曲线

复合型缓和曲线除了受地形和其他特殊限制的地方外一般很少使用，多出现在互通式立体交叉的匝道线形设计中。

7. C形缓和曲线

同向曲线的两缓和曲线在曲率为零处径相连接的形式，如图3-18所示。其连接处的曲率为零，相当于两基本型的同向曲线中间直线长度为零，这种线形对行车也会产生不利影响。因此，C形曲线只

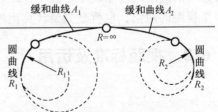

图3-18 C形缓和曲线

有在特殊地形条件下方可采用。

## 3.6 行车视距

### 3.6.1 视距意义及其种类

所谓视距，是指从车道中心线上1.2 m的高度，能看到该车道中心线上高为0.1 m的物体顶点的距离，是该车道中心线量得的长度，如图3-19所示。

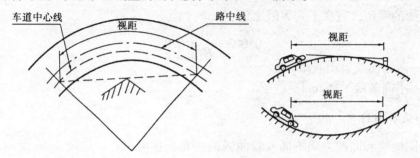

图3-19 视距

规定视距标准是为了保证行车安全，使驾驶人能随时看到汽车前方一定距离的道路，以便发现前方障碍物或来车时，能及时采取措施。在平面上，弯道内侧有挖方边坡或障碍物、纵断面上的凸形竖曲线处及路线交叉口附近，均有可能存在视距不良的问题。

在道路设计中保证足够的行车视距，是确保行车安全、快速、增加行车安全感、提高行车舒适性的重要措施。

根据驾驶人所采取的措施不同，行车视距可分为以下几种。

① 停车视距。汽车行驶时，从驾驶人发现前方障碍物时起，至障碍物前能安全制动停车，所需的最短距离。

② 会车视距。在同一车道上，两对向行驶的汽车在发现对方后，采取刹车措施安全停车，防止碰撞所需的最短距离。

③ 错车视距。在无明确分道线的双车道公路上，两对向行驶的汽车在发现对方后，采取措施避让，安全错车所需的最短距离。

④ 超车视距。在双向行驶的双车道公路上，后面的快车超越慢车时，从开始驶离原车道，到完成超车回到自己的车道所需要的距离。

《公路工程技术标准》中规定：高速公路、一级公路应满足停车视距的要求；其他各级公路一般应满足停车视距、会车视距、超车视距的要求。根据计算分析得知，会车视距约是停车视距的两倍，也就是只要计算出停车视距即可。

### 3.6.2 视距标准及运用

1. 停车视距

停车视距是指在汽车行驶时，当视高为1.2 m，物高0.1 m时，驾驶人发现前方障碍物，经判断决定采取制动措施到汽车在障碍物前安全停住所需的最短距离。停车视距可分为反应距离、制动距离和安全距离3部分，计算公式为：

$$S_T = S_1 + S_2 + S_3 \tag{3-30}$$

式中：$S_1$——反应距离/m；
$S_2$——制动距离/m；
$S_3$——安全距离/m。

1）反应距离

驾驶人的反应时间是指驾驶人发现障碍物后，进行判断直至采取制动措施生效的时间。反应时间与驾驶人有着直接的关系，根据测定的资料，设计上采用反应时间是1.5 s，制动生效时间为1.0 s是比较合适的，也就是总的反应时间是2.5 s。在这个时间内汽车行驶的距离为：

$$S_1 = vt = \frac{V}{3.6}t \tag{3-31}$$

2）制动距离

制动距离是指汽车从制动生效到汽车完全停止，在这段时间内汽车行驶的距离。根据汽车的制动性原理有：

$$S_2 = \frac{KV^2}{254(\varphi \pm \psi)} \tag{3-32}$$

式中：$V$——汽车的行驶速度/(km/h)；
$\varphi$——路面与轮胎之间的附着系数；
$\psi$——道路阻力系数，$\psi = f + i$；
$K$——制动系数，在设计中取1.0~1.4之间。

3）安全距离

安全距离 $S_3$ 一般取5~10 m，以保证汽车有一定的安全距离，在障碍物前安全地停下来而不至于冲到障碍物上。

综上所述，停车视距的计算公式为：

$$S_T = S_1 + S_2 + S_3 = \frac{Vt}{3.6} + \frac{KV^2}{254(\varphi \pm \psi)} + S_3 \tag{3-33}$$

我国的现行《公路工程技术标准》充分分析了决定汽车制动的各种因素，结合国内外的基本情况，确定了各级公路的停车视距，如表3-13所示。

表3-13 各级公路停车视距

| 公路等级 | 高速公路、一级公路 | | | | 二、三、四级公路 | | | | |
|---|---|---|---|---|---|---|---|---|---|
| 设计速度/（km/h） | 120 | 100 | 80 | 60 | 80 | 60 | 40 | 30 | 20 |
| 停车视距/m | 210 | 160 | 110 | 75 | 110 | 75 | 40 | 30 | 20 |

《城镇道路工程技术标准》对停车视距的规定如表3-14所列。

表3-14 城市道路停车视距

| 设计速度/（km/h） | 100 | 80 | 60 | 50 | 40 | 30 | 20 |
|---|---|---|---|---|---|---|---|
| 停车视距/m | 160 | 110 | 75 | 60 | 40 | 30 | 20 |

2. 超车视距

在对向行驶的双车道公路上,当视高为 1.2 m,物高为 1.2 m,后面的快车超越前面的慢车的过程中,从开始驶离原车道之处起,至可见逆向来车并能超越慢车后安全驶回原车道所需的最短距离,如图 3-20 所示。为了超车的安全,驾驶人必须看到前面足够长度的车流空隙,以便保证超车时的交通安全。

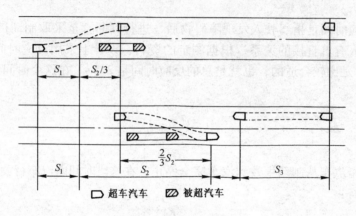

图 3-20 超车视距示意图

超车视距可分为以下 4 个阶段。

全超车视距为:

$$S_C = S_1 + S_2 + S_3 + S_4 \tag{3-34}$$

式中:$S_C$——全超车视距/m;

$S_1$——汽车加速行驶的距离/m;

$S_2$——汽车在对向车道上行驶的距离/m;

$S_3$——完成超车时,汽车与对向来车之间的安全距离/m;

$S_4$——在这个超车过程中,对向汽车的行驶距离/m。

1) 汽车加速行驶的距离

当欲超车的快车认为有超车可能时,于是加速行驶移向对向车道,在进入对向车道前所行驶的距离为:

$$S_1 = \frac{V_0}{3.6}t_1 + \frac{1}{2}at_1^2 \tag{3-35}$$

式中:$V_0$——超车前汽车匀速行驶的速度/(km/h);

$t_1$——加速时间/s;

$a$——平均加速度/(m/s²)。

2) 超车汽车在对向车道上行驶的距离

$$S_2 = \frac{V}{3.6}t_2 \tag{3-36}$$

式中:$V$——超车汽车在加速后的速度/(km/h);

$t_2$——在对向车道上行驶的时间/s。

3）超车完成时，超车汽车与对向汽车之间的安全距离

这个安全距离则根据不同等级公路上的计算行车速度的不同而采用不同的值。一般取用 20~100 m。

4）超车汽车从开始超车到完成超车的过程中，对向汽车所行驶的距离

$$S_4 = \frac{V_1}{3.6}(t_1 + t_2) \tag{3-37}$$

在实际的超车过程中，不需要这样理想化的全超车距离，并且在地形较为复杂的地段要实现这一目标也较为困难。实际上在超车汽车加速追上被超汽车后，一旦发现有对向来车而距离不足时，还可以回到原来的车道。这个时间一般可取 $\frac{2}{3}t_2$，所行驶的距离为 $\frac{2}{3}S_2 = \frac{2V}{10.8}t_2$；对向来车的行驶时间只考虑超车汽车进入对向车道后的时间就能够保证交通安全了，所以保证超车安全的最小超车视距为 $\frac{2}{3}S_2 + S_3 + S_4$。在《公路工程技术标准》的制定过程中，充分考虑了超车时的各种因素，确定了各级公路的最小超车视距，如表 3-15 所列。对向行驶的双车道公路，应根据需要并结合地形，在适当的距离内设置具有超车视距的路段。

表 3-15 二、三、四级公路停车视距、会车视距与超车视距

| 设计速度/(km/h) | 80 | 60 | 40 | 30 | 20 |
|---|---|---|---|---|---|
| 停车视距/m | 110 | 75 | 40 | 30 | 20 |
| 会车视距/m | 220 | 150 | 80 | 60 | 40 |
| 超车视距/m | 550 | 350 | 200 | 150 | 100 |

城市道路通常是分道行驶，不许利用对向车道超车，因此《城镇道路工程技术标准》没有超车视距的规定。

3. 会车视距

两辆对向行驶的汽车在同一车道上相遇，及时制动并停车所必需的安全视距称为会车视距。

会车视距由双方驾驶人反应时间所行驶的距离、双方汽车的制动距离和安全距离三部分组成。

会车视距的规定值是其长度不应小于停车视距的 2 倍。

4. 视距标准采用

停车视距、超车视距和会车视距，应根据道路的等级和具体条件采用，《公路工程技术标准》和《公路路线设计规范》规定如下。

① 高速公路和一级公路应满足停车视距的要求。其原因是高速公路和一级公路均有中间分隔带，无对向车，因此，不存在会车问题。并且高速公路和一级公路的车道数均在 4 个车道以上，快慢车用画线分隔行驶，各行其道，也不存在超车问题。

② 二、三、四级公路，一般应满足会车视距的要求。在工程特别困难或受其他限制地段，可采用停车视距，但必须采取分道行驶的措施，如设分隔带、分道线、分隔桩，或设两条分离的单车道。

③ 互通式立交、服务区、停车区、客运汽车停靠站等各类出、入口应满足识别视距要求。

④ 双车道公路应间隔设置满足超车视距的路段。

⑤ 高速公路、一级公路以及大型车比例较高的二、三级公路，应采用货车停车视距对相关路段进行检验。货车的停车视距、识别视距应符合相关规定。

⑥ 积雪冰冻地区的停车视距宜适当增长。

《城镇道路工程技术标准》规定如下。

① 道路平面、纵断面上的停车视距应大于或等于表3-14 的规定。

② 车道上对向行驶的车辆有会车可能，应采取会车视距，其值为表3-14 中停车视距的2 倍。

**5. 公路视距保证**

1）横断面上视距保证

汽车在弯道上行驶时，弯道内侧行车视线可能被树木、建筑物、路堑边坡等障碍物所阻挡而使行车视距受到影响。因此，在路线设计时必须检查平曲线上的视距是否能得到保证，如有遮挡时，则必须清除视距区内侧横净距内的障碍物，如图3-21 所示。

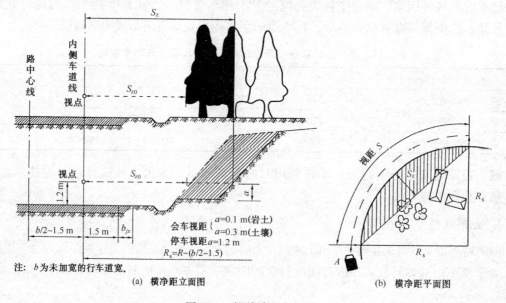

图 3-21 视线障碍与视距

2）横净距法

图3-21 中，图中阴影部分是阻碍驾驶人视线的范围，范围以内的障碍物都应加以清除。$S_z$ 为内侧车道上汽车应保证的横净距。所谓横净距，即公路曲线范围最内侧的车道中心线行车轨迹由安全视距两端点连线所构成的曲线内侧空间的界限线（即包络线）的距离。可根据各种情况按公式计算横净距 $S_z$，若横净距 $S_z$ 小于行车轨迹至障碍物的距离（即 $S_z < S_{z0}$），则视距能够得到保证；反之，视距不能得到保证。

行车轨迹一般取弯道内侧车道路面内缘（不包括加宽）加 1.5 m，驾驶人视点离地面 1.20 m。

3）图解法

按公式计算的 $S_z$ 值是弯道上须清除的最大横净距，它在曲线中点或中点附近。在曲线上任意位置的横净距是随行车位置的改变而变化的，如果曲线全长上按最大横净距值切除，则会造成工程上的浪费。对于需要清除的是重要建筑物或岩石边坡时，多用图解法来确定清除范围。如图 3-22 所示，其方法如下。

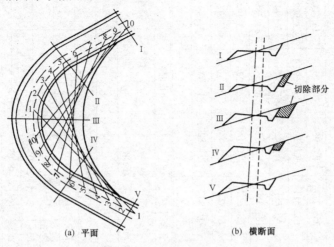

图 3-22　图解法确定视距清除范围

① 按一定比例绘制弯道平面图，并示出行车轨迹线位置。

② 在轨迹线上从弯道两端相连直线上距曲线起点（或终点）$S$ 的地方开始，按 $S$ 距离定出多组视线 $1-1$，$2-2$，$3-3$，…，$10-10$ 等。

③ 绘出这些视线的包络线（内切曲线）即为视距曲线。

④ 量出相应断面位置的横净距，即可按上面的方法确定相应断面上的视距切除范围。

必须指出的是，除平曲线上考虑视距外，在竖曲线上也有保证视距的问题，其保证措施在选择竖曲线半径时考虑。《公路工程技术标准》对竖曲线最小半径的规定值也考虑了视距的保证因素。

## 3.7　道路平面设计成果

完成路线平面设计以后应及时清绘各种图纸和表格。其中主要的图纸有：路线平面设计图、路线交叉设计图、平面布置图和纸上移线图等。主要的表格有：直线、曲线及转角一览表、路线交点坐标表、逐桩坐标表、路线固定表、总里程及断链桩号表等。公路路线设计各种图纸和表格的样式在交通运输部所颁布的"设计文件图表示例"中有介绍，这里仅就主要的表格"直线、曲线及转角一览表"、"逐桩坐标表"和主要的图纸"公路路线平面设计图"予以说明。

### 3.7.1　直线、曲线及转角一览表

直线、曲线及转角一览表全面反映了路线的平面位置和路线平面线形的各项指标，它是道路设计的主要成果之一。只有在完成"直线、曲线及转角一览表"以后，才能据此计算"逐桩坐标表"和绘制"路线平面设计图"，同时在作路线的纵断面设计、横断面设计和其他构造物设计时都要使用本表的数据。该表的格式见表 3-16。该表对公路和城市道路都适用，其中"交点坐标"一栏视道路等级和测设情况取舍。

**表 3-16 某公路某段直线、曲线及转角**

| 交点号 | 交点坐标 x | 交点坐标 y | 交点桩号 | 转角值 | 曲线要素值/m 半径 | 缓和曲线长度 | 切线长度 | 曲线长度 | 外距 | 校正值 |
|---|---|---|---|---|---|---|---|---|---|---|
| 1 | 2 | 3 | 4 | 5 | 6 | 7 | 8 | 9 | 10 | 11 |
| 起点 | 41 808.204 | 90 033.595 | K0+000.000 | | | | | | | |
| 2 | 41 317.589 | 90 464.099 | K0+652.716 | 右 35°35′25.0″ | 800.000 | 0.000 | 256.777 | 496.934 | 40.199 | 16.620 |
| 3 | 40 796.308 | 90 515.912 | K1+159.946 | 左 57°32′52.0″ | 250.00 | 50.00 | 162.511 | 301.100 | 35.692 | 23.922 |
| 4 | 40 441.519 | 91 219.007 | K1+923.562 | 左 34°32′05.0″ | 150.000 | 40.000 | 66.753 | 130.412 | 7.545 | 3.094 |
| 5 | 40 520.204 | 91 796.474 | K2+503.273 | 右 78°53′21.0″ | 200.000 | 45.000 | 187.380 | 320.375 | 59.533 | 54.385 |
| 6 | 40 221.113 | 91 898.700 | K2+764.966 | 左 51°40′23.0″ | 224.130 | 40.000 | 128.667 | 242.140 | 25.224 | 15.194 |
| 7 | 40 047.399 | 92 390.466 | K3+271.318 | 左 34°55′51.0″ | 150.000 | 40.000 | 67.323 | 131.449 | 7.715 | 3.197 |
| 8 | 40 190.108 | 92 905.941 | K3+802.980 | 右 22°25′25.0″ | 600.000 | 0.000 | 118.932 | 234.820 | 11.674 | 3.044 |
| 终点 | 40 120.034 | 93 480.920 | K4+379.175 | | | | | | | |

| 交点号 | 曲线位置 第一缓和曲线起点 | 第一缓和曲线终点或圆曲线起点 | 曲线中点 | 第二缓和曲线起点或圆曲线终点 | 第二缓和曲线终点 | 直线长度及方向 直线长度/m | 交点间距/m | 计算方位角或计算方向角 | 测量断链 桩号 | 增减长度/m | 备注 |
|---|---|---|---|---|---|---|---|---|---|---|---|
| 1 | 12 | 13 | 14 | 15 | 16 | 17 | 18 | 19 | 20 | 21 | 22 |
| 起点 | | | | | | 395.939 | 652.726 | 138°44′00.0″ | | | |
| 2 | K0+997.435 | K0+395.939 | K0+644.406 | K0+592.873 | | 104.562 | 523.850 | 174°19′25.0″ | | | |
| 3 | K1+856.809 | K1+047.435 | K1+147.985 | K1+248.535 | K1+298.535 | 558.274 | 787.538 | 116°46′33.0″ | | | |
| 4 | K2+315.893 | K1+896.809 | K1+922.015 | K1+947.221 | K1+987.221 | 328.672 | 582.805 | 82°14′27.0″ | | | |
| 5 | K2+636.299 | K2+360.893 | K2+476.081 | K2+591.268 | K2+636.268 | 0.031 | 316.078 | 161°07′48.0″ | | | |
| 6 | K3+203.995 | K2+676.299 | K2+757.369 | K2+838.439 | K2+878.439 | 325.556 | 521.546 | 109°27′20.0″ | | | |
| 7 | | K3+243.995 | K3+269.720 | K3+295.444 | K3+335.44 | 348.604 | 534.859 | 74°31′29.0″ | | | |
| 8 | | K3+684.048 | K3+801.458 | K3+918.868 | | 579.239 | | 96°56′54.0″ | | | |
| 终点 | | | | | | | 460.307 | | | | |

## 3.7.2 逐桩坐标表

高等级公路的线形指标高，表现在平面上是圆曲线半径较大，缓和曲线较长，在测设和放样时需采用坐标法，方能保证其测量精度，所以计算一份"逐桩坐标表"是十分必要的。

1. 坐标系统采用

根据测区内原坐标系统，一般可作如下几种选择。
① 采用统一的高斯正投影3°带平面直角坐标系统。
② 采用高斯正投影3°带或任意带平面直角坐标系统，投影面可采用1985年国家高程基准、测区抵偿高程面或测区平均高程面。
③ 三级和三级以下公路、独立桥梁、隧道及其他构造物等小测区，可不经投影，采用平面直角坐标系统在平面上直接计算。
④ 在已有平面控制网的地区，应尽量沿用原有的坐标系统，如精度不合要求，也应充分利用其点位，选用其中一点的坐标及含此点的方位角，作为平面控制的计算依据。

2. 中桩坐标计算步骤

"逐渐坐标"即各个中桩的坐标，其计算和测量的方法是按"从整体到局部"的原则进行的。其步骤如下。

1）计算导线坐标

采用两阶段勘测设计的公路或一阶段设计但遇地形困难的路段，一般都要先和平面控制测量，而路线的平面控制测量多采用导线测量的方法，在有条件时可优先采用全球定位系统（简称GPS）测量方法。导线测量的方法，有经纬仪法、光电测距仪法和全站型电子速测仪法。其中全站仪可以直接读取导线点的坐标，其他方法可以在测得各边边长及其夹角后，用坐标增量法逐点推算其坐标。用GPS定位技术观测，可在测站之间不通视的情况下，高精度、高效率地获得测点的三维坐标，这是今后公路勘测中作控制测量的发展方向。

2）计算交点坐标

当导线点的精度满足要求并经过平差以后，即可展绘在图纸上测绘地形图（纸上定线），或以导线点为依据在现场直接测得路线各交点的坐标（直接定线）。纸上定线的交点坐标可以在图纸上量取，而直接定线的交点坐标若是用全站仪测量也可以很方便地获得。

3）计算各中桩坐标

可先计算直线和圆曲线主要点坐标，然后计算缓和曲线、圆曲线上每一个中桩的坐标，计算结果如表3-17所列。

表3-17 某公路某段逐桩坐标

| 桩 号 | 坐标/m | | 方 向 角 | 桩 号 | 坐标/m | | 方 向 角 |
|---|---|---|---|---|---|---|---|
| | $x$ | $y$ | | | $x$ | $y$ | |
| K1+500.00 | 40 632.336 | 90 840.861 | 116°46′33.0″ | K1+600.00 | 40 587.286 | 90 930.139 | 116°46′33.0″ |
| K1+540.00 | 40 614.316 | 90 876.572 | 116°46′33.0″ | K1+630.33 | 40 573.623 | 90 957.216 | 116°46′33.0″ |
| K1+570.00 | 40 600.801 | 90 903.355 | 116°46′33.0″ | K1+669.00 | 40 556.202 | 90 991.740 | 116°46′33.0″ |

续表

| 桩 号 | 坐标/m x | 坐标/m y | 方 向 角 | 桩 号 | 坐标/m x | 坐标/m y | 方 向 角 |
|---|---|---|---|---|---|---|---|
| K1+680.00 | 40 551.246 | 91 001.561 | 116°46′33.0″ | K2+220.00 | 40 481.959 | 91 515.797 | 82°14′27.0″ |
| K1+700.00 | 40 542.236 | 91 019.416 | 116°46′33.0″ | K2+240.00 | 40 484.659 | 91 535.613 | 82°14′27.0″ |
| K1+720.00 | 40 533.226 | 91 037.272 | 116°46′33.0″ | K2+260.00 | 40 487.359 | 91 555.430 | 82°14′27.0″ |
| K1+750.00 | 40 519.711 | 91 064.055 | 116°46′33.0″ | K2+280.00 | 40 490.059 | 91 575.247 | 82°14′27.0″ |
| K1+780.00 | 40 506.196 | 91 090.838 | 116°46′33.0″ | K2+300.00 | 40 492.759 | 91 595.064 | 82°14′27.0″ |
| K1+800.00 | 40 497.186 | 91 108.694 | 116°46′33.0″ | ZH+315.89 | 40 494.905 | 91 610.809 | 82°14′27.0″ |
| K1+820.00 | 40 488.176 | 91 126.549 | 116°46′33.0″ | K2+340.00 | 40 497.902 | 91 634.730 | 84°05′26.5″ |
| K1+840.00 | 40 479.166 | 91 144.405 | 116°46′33.0″ | HY+360.89 | 40 499.302 | 91 655.568 | 88°41′08.7″ |
| ZH+856.31 | 40 471.593 | 91 159.412 | 116°46′33.0″ | K2+380.00 | 40 498.828 | 91 674.665 | 94°09′37.3″ |
| K1+870.00 | 40 465.708 | 91 171.216 | 115°56′42.1″ | K2+400.00 | 40 496.383 | 91 694.506 | 99°53′23.8″ |
| HY+896.81 | 40 455.191 | 91 195.860 | 109°08′09.7″ | K2+420.00 | 40 491.969 | 91 714.005 | 105°37′10.3″ |
| K1+900.00 | 40 454.177 | 91 198.885 | 107°55′03.1″ | K2+440.00 | 40 485.631 | 91 732.965 | 111°20′56.7″ |
| QZ+922.01 | 40 448.963 | 91 220.253 | 99°30′30.3″ | K2+460.00 | 40 477.431 | 91 751.198 | 117°04′43.2″ |
| K1+940.00 | 40 447.061 | 91 238.126 | 92°38′19.1″ | QZ+476.08 | 40 469.544 | 91 765.206 | 121°41′06.9″ |
| YH+947.00 | 40 446.902 | 91 245.344 | 89°52′50.9″ | K2+500.00 | 40 455.794 | 91 784.761 | 128°32′16.2″ |
| K1+960.00 | 40 447.413 | 91 258.112 | 85°46′43.6″ | K2+520.00 | 40 442.573 | 91 799.757 | 134°16′02.6″ |
| K1+980.00 | 40 449.567 | 91 227.993 | 82°29′23.3″ | K2+540.00 | 40 427.920 | 91 813.357 | 139°59′49.1″ |
| HZ+987.22 | 40 450.531 | 91 285.148 | 82°14′27.0″ | K2+560.00 | 40 411.983 | 91 825.427 | 145°43′35.6″ |
| K2+000.00 | 40 452.257 | 91 297.811 | 82°14′27.0″ | K2+580.00 | 40 394.921 | 91 835.845 | 151°27′22.1″ |
| K2+010.00 | 40 453.607 | 91 307.719 | 82°14′27.0″ | YH+591.27 | 40 384.875 | 91 840.947 | 154°41′05.3″ |
| K2+030.00 | 40 456.307 | 91 327.536 | 82°14′27.0″ | K2+600.00 | 40 376.910 | 91 844.518 | 156°56′35.0″ |
| K2+050.00 | 40 459.007 | 91 347.353 | 82°14′27.0″ | K2+620.00 | 40 358.262 | 91 851.740 | 160°17′15.4″ |
| K2+070.00 | 40 461.707 | 91 367.170 | 82°14′27.0″ | GQ+636.27 | 40 342.893 | 91 857.077 | 161°07′48.0″ |
| K2+100.00 | 40 465.757 | 91 396.895 | 82°14′27.0″ | K2+650.00 | 40 329.916 | 91 861.563 | 160°31′48.6″ |
| K2+140.00 | 40 471.158 | 91 436.529 | 82°14′27.0″ | K2+670.00 | 40 311.319 | 91 868.655 | 157°30′02.7″ |
| K2+160.00 | 40 473.858 | 91 456.346 | 82°14′27.0″ | K2+700.00 | 40 284.324 | 91 881.898 | 149°57′30.4″ |
| K2+180.00 | 40 476.558 | 91 476.163 | 82°14′27.0″ | K2+120.00 | 40 468.458 | 91 416.712 | 82°14′27.0″ |
| K2+200.00 | 40 479.258 | 91 495.980 | 82°14′27.0″ | | | | |

3. 中桩坐标计算方法

1) 直线型定线法坐标计算

（1）路线转角、交点间距、曲线要素及主点桩计算。

设起点坐标为 $JD_0$ $(X_{J0}, Y_{J0})$，第 $i$ 个交点坐标为 $JD_i$ $(X_{Ji}, Y_{Ji})$，$i=1, 2, \cdots, n$，则有：

坐标增量：$DX = X_{Ji} - X_{Ji-1}$

$$DY = Y_{Ji} - Y_{Ji-1}$$

交点间距：$S = \sqrt{(DX)^2 + (DY)^2}$

象限角：$\theta = \arctan\left|\dfrac{DY}{DX}\right|$

计算方位角 $A$：$DX > 0, DY > 0$ 时，$A = \theta$

$DX < 0, DY > 0$ 时，$A = 180° - \theta$

$DX < 0, DY < 0$ 时，$A = 180° + \theta$

$DX > 0, DY < 0$ 时，$A = 360° - \theta$

转角：$\alpha_i = A_i - A_{i-1}$

注意：$\alpha_i$ 为"+"表示路线右偏，$\alpha_i$ 为"-"表示路线左偏。

曲线要素及主点桩号计算公式与传统方法相同。对于高速干道和一级道路，由于精度要求较高，在应用传统公式时，必须注意取舍误差，否则会影响计算精度。如 $p$、$q$、$x$、$y$ 等均为级数展开式，应增大项数。

(2) 直线上中桩坐标计算。

如图 3-23 所示，设交点坐标为 JD($X_J$, $Y_J$)，交点相邻直线的方位角分别为 $A_1$ 和 $A_2$。则 ZH（或 ZY）点坐标：

$$\left.\begin{array}{l}X_{ZH} = X_J + T\cos(A_1 + 180°) \\ Y_{ZH} = Y_J + T\sin(A_1 + 180°)\end{array}\right\} \quad (3\text{-}38)$$

HZ（或 YZ）点坐标：

$$\left.\begin{array}{l}X_{HZ} = X_J + T\cos A_2 \\ Y_{HZ} = Y_J + T\sin A_2\end{array}\right\} \quad (3\text{-}39)$$

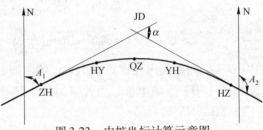

图 3-23 中桩坐标计算示意图

设直线上加桩里程为 $L$，ZH 和 HZ 表示曲线起、终点里程，则前直线上任意点的坐标（$L \leq$ ZH）为：

$$\left.\begin{array}{l}X = X_J + (T + ZH - L) \cdot \cos(A_1 + 180°) \\ Y = Y_J + (T + ZH - L) \cdot \sin(A_1 + 180°)\end{array}\right\} \quad (3\text{-}40)$$

后直线上任意点坐标（$L >$ HZ）为：

$$\left.\begin{array}{l}X = X_J + (T + L - HZ) \cdot \cos A_2 \\ Y = Y_J + (T + L - HZ) \cdot \sin A_2\end{array}\right\} \quad (3\text{-}41)$$

(3) 单曲线内中桩坐标计算。

① 不设缓和曲线的单曲线。

曲线起终点坐标可按式（3-38）、式（3-39）计算，设其坐标分别为 ZY($X_{ZY}$, $Y_{ZY}$)、YZ($X_{YZ}$, $Y_{YZ}$)，则圆曲线上坐标为：

$$\left.\begin{array}{l}X = X_{ZY} + 2R\sin\left(\dfrac{90l}{\pi R}\right) \cdot \cos\left(A_1 + \xi\dfrac{90l}{\pi R}\right) \\ Y = Y_{ZY} + 2R\sin\left(\dfrac{90l}{\pi R}\right) \cdot \sin\left(A_1 + \xi\dfrac{90l}{\pi R}\right)\end{array}\right\} \quad (3\text{-}42)$$

式中：$l$——圆曲线内任意点至 ZY 点的曲线长；

$R$——圆曲线半径；

$\xi$——转角符号,右偏为"$+$",左偏为"$-$"。

② 设缓和曲线的单曲线。

曲线上任意点的切线横距为:

$$x = l - \frac{l^5}{40R^2L_s^2} + \frac{l^9}{3\,456R^4L_s^4} - \frac{l^{13}}{599\,040R^6L_s^6} + \cdots \tag{3-43}$$

式中:$l$——缓和曲线上任意点至 ZH(或 HZ)点的曲线长;

$L_s$——缓和曲线长度。

a. 第一缓和曲线(ZH ~ HY)任意点坐标:

$$\left. \begin{aligned} X &= X_{ZH} + x/\cos\left(\frac{30l^2}{\pi RL_s}\right) \cdot \cos\left(A_1 + \xi \frac{30l^2}{\pi L_s}\right) \\ Y &= Y_{ZH} + x/\cos\left(\frac{30l^2}{\pi RL_s}\right) \cdot \sin\left(A_1 + \xi \frac{30l^2}{\pi RL_s}\right) \end{aligned} \right\} \tag{3-44}$$

b. 圆曲线内任意点坐标:

由 HY ~ YH 时:

$$\left. \begin{aligned} X &= X_{HY} + 2R\sin\left(\frac{90l}{\pi R}\right) \cdot \cos\left[A_1 + \xi \frac{90(l+L_s)}{\pi R}\right] \\ Y &= Y_{HY} + 2R\sin\left(\frac{90l}{\pi R}\right) \cdot \sin\left[A_1 + \xi \frac{90(l+L_s)}{\pi R}\right] \end{aligned} \right\} \tag{3-45}$$

式中:$l$——圆曲线内任意点至 HY 点的曲线长;

$X_{HY}, Y_{HY}$——HY 点的坐标,由式(3-44)计算而来。

由 YH ~ HY 时:

$$\left. \begin{aligned} X &= X_{YH} + 2R\sin\left(\frac{90l}{\pi R}\right) \cdot \cos\left[A_2 + 180° - \xi \frac{90(l+L_s)}{\pi R}\right] \\ Y &= Y_{YH} + 2R\sin\left(\frac{90l}{\pi R}\right) \cdot \sin\left[A_2 + 180° - \xi \frac{90(l+L_s)}{\pi R}\right] \end{aligned} \right\} \tag{3-46}$$

式中:$l$——圆曲线内任意点至 YH 点的曲线长。

c. 第二缓和曲线(HZ ~ YH)内任意点坐标:

$$\left. \begin{aligned} X &= X_{HZ} + x/\cos\left(\frac{30l^2}{\pi RL_s}\right) \cdot \cos\left(A_2 + 180° - \xi \frac{30l^2}{\pi RL_s}\right) \\ Y &= Y_{HZ} + x/\cos\left(\frac{30l^2}{\pi RL_s}\right) \cdot \sin\left(A_2 + 180° - \xi \frac{30l^2}{\pi RL_s}\right) \end{aligned} \right\} \tag{3-47}$$

式中:$l$——第二缓和曲线内任意点至 HZ 点的曲线长。

(4)复曲线坐标计算。

① 复曲线中间缓和曲线 $L_F$ 上任意点坐标。

复曲线中间有设缓和曲线和不设缓和曲线两种情况,设缓和曲线时即构成卵形曲线。该缓和曲线仍然采用回旋线,但它曲率不是从零开始,而是截取曲率为 $\frac{1}{R_1} \sim \frac{1}{R_2}$ 这一段作为缓和曲线。

如图 3-24 所示,缓和曲线 AB 的长度为 $L_F$,A、B 点的曲率半径分别为 $R_1$、$R_2$,M 为缓和曲线 AB 上曲率为零的点,AB 段内任意点的坐标从 M 点推算。

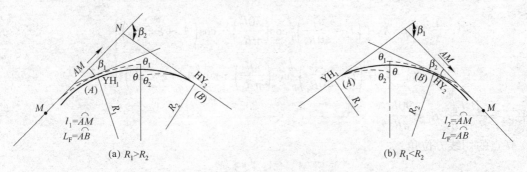

图 3-24 复曲线坐标计算示意图

根据回旋线几何关系得:

$$L_F = \sqrt{\frac{24R_1R_2P_F}{R_1-R_2}}$$

而:

$$P_F = p_2 - p_1 = \frac{L_{s_2}^2}{24R_2} - \frac{L_{s_1}^2}{24R_1}$$

故:

$$L_F = \sqrt{\frac{|R_2L_{s_1}^2 - R_1L_{s_2}^2|}{|R_1-R_2|}} \tag{3-48}$$

式中: $L_{s_1}$、$L_{s_2}$——第一、第二回旋线长度;

$R_1$、$R_2$——大圆、小圆半径。

a. 当 $R_1 > R_2$ 时:

如图 3-24 (a) 所示,设 $A$ 点($YH_1$)的坐标为($X_A$, $Y_A$),该坐标由式(3-45)计算得出,切线方位角 $A_A$ 用下式计算:

$$A_A = A_1 + \xi\left[\frac{90(L_{s_1}+2l)}{\pi R_1}\right] \tag{3-49}$$

式中: $l$——半径为 $R_1$ 的平曲线 $HY_1$ 至 $YH_1$ 的曲线长。

$M$ 点的坐标($X_M$、$Y_M$)为:

$$\left.\begin{array}{l} X_M = X_A + \left(l_1 - \dfrac{l_1^3}{40R_1^2}\right)\bigg/\cos\left(\dfrac{30l_1}{\pi R_1}\right) \cdot \cos\left(A_A + 180° - \xi\dfrac{2}{3}\beta_1\right) \\ Y_M = Y_A + \left(l_1 - \dfrac{l_1^3}{40R_1^2}\right)\bigg/\cos\left(\dfrac{30l_1}{\pi R_1}\right) \cdot \sin\left(A_A + 180° - \xi\dfrac{2}{3}\beta_1\right) \end{array}\right\} \tag{3-50}$$

式中, $l_1 = \dfrac{R_2L_F}{R_1-R_2}$, $\beta_1 = \dfrac{90l_1}{\pi R_1}$。

$M$ 点的切线方位角:

$$A_M = A_A - \xi\beta_1$$

b. 当 $R_1 < R_2$ 时:

如图 3-24 (b) 所示,$M$ 点的坐标为:

$$\left.\begin{array}{l}X_M = X_A + \left(l_2 - \dfrac{l_2^3}{40R_1^2}\right) \Big/ \cos\left(\dfrac{30l_2}{\pi R_1}\right) \cdot \cos\left(A_A + \xi\dfrac{2}{3}\beta_1\right) \\ Y_M = Y_A + \left(l_2 - \dfrac{l_2^3}{40R_1^2}\right) \Big/ \cos\left(\dfrac{30l_2}{\pi R_1}\right) \cdot \sin\left(A_A + \xi\dfrac{2}{3}\beta_1\right)\end{array}\right\} \quad (3\text{-}51)$$

式中，$l_2 = \dfrac{R_2 L_F}{R_2 - R_1}$，$\beta_1 = \dfrac{90 l_2}{\pi R_1}$。

$M$ 点的切线方位角：

$$A_M = A_A + \xi\beta_1$$

c. $L_F$ 内任意点坐标：

计算出 $M$ 点的坐标及切线方位角后，当 $R_1 > R_2$ 时，用式（3-44）计算 $L_F$ 上任意点坐标；$R_1 < R_2$ 时，用式（3-47）计算。应注意的是，式中的 $l$ 应为中间缓和曲线上计算点至 $M$ 点的曲线长，$A_1$、$A_2$ 相应换成 $A_M$。

② 复曲线内 $L_F$ 段以外的任意点坐标。

复曲线内除 $L_F$ 段外其他部位上任意点坐标计算公式同式（3-43）~式（3-47）。

2）曲线型定线法坐标计算

采用曲线型定线法定出的路线平面线形仍然是由直线、圆曲线和回旋线三种线形元所组成。当各线形元的衔接点的坐标一经确定，路线平面线形的形状和位置便完全确定了。下面就各种组合线形元衔接点的坐标和线形元上任意点坐标计算分述如下。

（1）各线形元衔接点坐标计算。

① 直线与圆曲线的连接。

如图 3-25 所示，ZH、HZ 点到圆心 $M$ 的方位角为：

$$\alpha_{ZM} = \alpha_1 + \xi\varphi$$
$$\alpha_{HM} = \alpha_2 + 180° - \xi\varphi$$

式中，$\varphi = \arctan\left(\dfrac{Y_M}{q}\right)$，$Y_M = |R| + p$，$q = x - |R|\sin\tau$，$\tau = \dfrac{90 L_s}{\pi R}$。

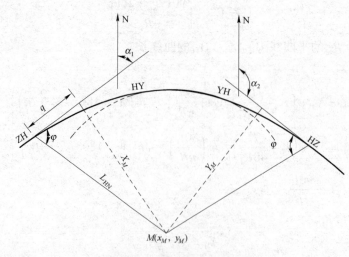

图 3-25 直线与圆曲线连接

各衔接点坐标计算式为:

$$\begin{cases} X_{ZH(HZ)} = X_M + L_{HM} \cdot \cos(\alpha_{ZM(HM)} + 180°) \\ Y_{ZH(HZ)} = Y_M + L_{HM} \cdot \sin(\alpha_{ZM(HM)} + 180°) \\ \begin{cases} X_{HY} = X_{ZH} + x\cos\alpha_1 - \xi y\sin\alpha_1 \\ Y_{HY} = Y_{ZH} + x\sin\alpha_1 + \xi y\cos\alpha_1 \end{cases} \\ \begin{cases} X_{YH} = X_{HZ} - x\cos\alpha_2 - \xi y\sin\alpha_2 \\ Y_{YH} = Y_{HZ} - x\sin\alpha_2 + \xi y\cos\alpha_2 \end{cases} \end{cases} \quad (3\text{-}52)$$

式中,$L_{HM} = \sqrt{q^2 + Y_M^2}$。

$$\left. \begin{aligned} x &= L_s\left(1 - \frac{L_s^2}{40R^2} + \frac{L_s^4}{3\,456R^4} - \frac{L_s^6}{599\,040R^6} + \cdots\right) \\ y &= \frac{L_s^2}{6|R|}\left(1 - \frac{L_s^2}{56R^2} + \frac{L_s^4}{7\,040R^4} - \cdots\right) \end{aligned} \right\} \quad (3\text{-}53)$$

$\xi = \mathrm{sgn}(R)$,右转角为正,左转角为负。

各衔接点的桩号为:

$$S_{ZH} = S_0 + \text{起点至 ZH 点的距离}$$

$$S_{HY} = S_{ZH} + L_s$$

$$S_{YH} = S_{HY} + L_c$$

$$S_{HZ} = S_{YH} + L_s$$

式中:$L_c$——HY 点至 YH 点的圆弧长度。

② 两反向曲线的连接。

如图 3-26 所示,由几何关系可得:

$$\tan\varepsilon = \frac{q_1 + q_2}{R_1 + R_2 + p_1 + p_2}$$

则公切线 $Q_1Q_2$ 的方位角为:

$$\alpha_Q = \alpha_M + \xi(90° - \varepsilon)$$

式中,$\xi = \mathrm{sgn}(R_1)$。

衔接点 $D_1$、$D_2$、$D_3$ 坐标计算为:

$D_2$ 到 $M_1$ 的方位角为:

$$\alpha_{D_2M_1} = \alpha_Q + 180° - \xi\theta$$

式中,$\xi = \mathrm{sgn}(R_1)$,$\theta = \arctan\left(\dfrac{Y_{M_1}}{q_1}\right)$,$Y_{M_1} = |R_1| + p_1$。

$D_2$ 点的坐标:

$$\left. \begin{aligned} X_{D_2} &= X_{M_1} + L_D\cos(\alpha_{D_2M_1} + 180°) \\ Y_{D_2} &= Y_{M_1} + L_D\sin(\alpha_{D_2M_1} + 180°) \end{aligned} \right\} \quad (3\text{-}54)$$

式中,$L_D = \sqrt{q_1^2 + y_{M_1}^2}$。

$D_1$ 点的坐标:

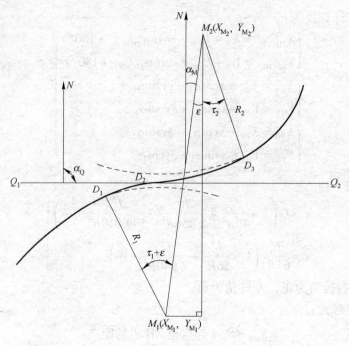

图 3-26 两反向曲线连接

$$X_{D_1} = X_{D_2} - x\cos\alpha_Q - \xi y\sin\alpha_Q \brace Y_{D_1} = Y_{D_2} - x\sin\alpha_Q + \xi y\cos\alpha_Q \quad (3-55)$$

式中，$\xi = \mathrm{sgn}(R_1)$。

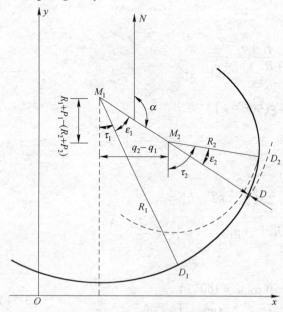

图 3-27 同向圆曲线连接

$D_3$ 点的坐标：

$$X_{D_3} = X_{D_2} + x\cos\alpha_Q - \xi y\sin\alpha_Q \brace Y_{D_3} = Y_{D_2} + x\sin\alpha_Q + \xi y\cos\alpha_Q \quad (3-56)$$

式中，$\xi = \mathrm{sgn}(R_2)$，$x$、$y$ 由式 (3-53) 计算可得。

③ 同向圆曲线的连接。

由图 3-27 可知（$R_1 > R_2$）：

$$\tan\alpha_0 = \tan(\varepsilon_1 + \tau_1) = \frac{(q_2 - q_1)}{R_1 + p_1 - R_2 - p_2}$$

$$\varepsilon_1 = \alpha_0 - \tau_1, \varepsilon_2 = \alpha_0 - \tau_2$$

若从大圆过渡到小圆时方位角为：

$$\alpha_{M_1 D_1} = \alpha - \xi_1 \varepsilon_1$$

$$\alpha_{M_2 D_2} = \alpha + \xi_2 \varepsilon_2$$

若从小圆过渡到大圆时方位角为：

$$\alpha_{M_1 D_1} = \alpha + 180° - \xi_1 \varepsilon_1$$

$$\alpha_{M_2 D_2} = \alpha + 180° + \xi_2 \varepsilon_2$$

式中，$\xi_1 = \mathrm{sgn}(R_1)$，$\xi_2 = \mathrm{sgn}(R_2)$，$\alpha$ 为 $M_1 M_2$ 的方位角。

则衔接点 $D_1$ 和 $D_2$ 的坐标计算公式为：

$$\left.\begin{array}{l} X_{D_i} = X_{M_i} + |R_i| \cos\alpha_{M_iD_i} \\ Y_{D_i} = X_{M_i} + |R_i| \sin\alpha_{M_iD_i} \end{array}\right\} \quad (i = 1, 2) \tag{3-57}$$

（2）各线形元上加桩坐标计算。

① 直线上加桩坐标。

如图 3-28 所示，设 $S_0(X_0, Y_0)$ 为直线上已知点，$S$ 为任意点桩号，$\alpha$ 为该直线的方位角，则有：

$$\left.\begin{array}{l} X = X_0 + (S - S_0)\cos\alpha \\ Y = Y_0 + (S - S_0)\sin\alpha \end{array}\right\} \tag{3-58}$$

② 圆曲线上加桩坐标。

如图 3-29 所示，$\alpha_0$ 为 $S_0$ 点的切线方位角，$\alpha$ 为 $S$ 点的切线方位角，则有：

$$\left.\begin{array}{l} X = X_0 + R\left[\sin\left(\alpha_0 + \dfrac{S-S_0}{R} \cdot \dfrac{180}{\pi}\right) - \sin\alpha_0\right] \\ Y = Y_0 + R\left[\cos\left(\alpha_0 + \dfrac{S-S_0}{R} \cdot \dfrac{180}{\pi}\right) - \cos\alpha_0\right] \end{array}\right\} \tag{3-59}$$

式中：$R$——圆曲线半径，右转为正，左转为负。

圆曲线上任意点坐标也可以参照式（3-42）、式（3-46）计算。

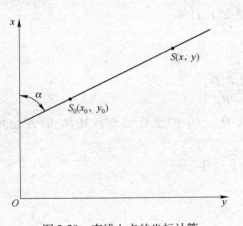

图 3-28　直线上点的坐标计算

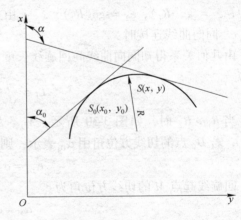

图 3-29　圆曲线上点的坐标计算

③ 回旋线上加桩坐标。

a. 直线与圆曲线连接时：

由图 3-25 和式（3-52）计算结果如下。

以 ZH 为局部坐标原点时：

$$\left.\begin{array}{l} X = X_{ZH} + x\cos\alpha_1 - \xi y\sin\alpha_1 \\ Y = Y_{ZH} + x\sin\alpha_1 + \xi y\cos\alpha_1 \end{array}\right\} \tag{3-60}$$

以 HZ 为局部坐标原点时：

$$\left.\begin{array}{l}X = X_{HZ} - x\cos\alpha_2 - \xi y\sin\alpha_2 \\ Y = Y_{HZ} - x\sin\alpha_2 + \xi y\cos\alpha_2\end{array}\right\} \quad (3\text{-}61)$$

式中

$$\left.\begin{array}{l}x = l\left(1 - \dfrac{l^4}{40R^2L_s^2} + \dfrac{l^8}{3\,456R^4L_s^4} - \cdots\right) \\ y = \dfrac{l^3}{6|R|L_s}\left(1 - \dfrac{l^4}{56R^2L_s^2} + \dfrac{l^8}{7\,040R^4L_s^4} - \cdots\right)\end{array}\right\} \quad (3\text{-}62)$$

$$\xi = \text{sgn}(R)$$

$l$——回旋曲线上任意点至 ZH 或 HZ 点的曲线长。

同样，直线与圆曲线之间的回旋线上任意点坐标也可用式（3-44）和式（3-47）计算。

b. 反向曲线连接时：

对于反向圆曲线之间的回旋线如图 3-26 所示，当公切线方位角 $\alpha_Q$ 及拐点 $D_2(X_{D_2}, Y_{D_2})$ 确定以后，回旋线上任意点的坐标可参照直线定线法有关公式计算。下面介绍另一种计算方法。由式（3-55）和式（3-56）计算结果如下。

由 $D_2$ 过渡到 $D_1$：

$$\left.\begin{array}{l}X = X_{D_2} - x\cos\alpha_Q - \xi_1 y\sin\alpha_Q \\ Y = Y_{D_2} - x\sin\alpha_Q + \xi_1 y\cos\alpha_Q\end{array}\right\} \quad (3\text{-}63)$$

由 $D_2$ 过渡到 $D_3$：

$$\left.\begin{array}{l}X = X_{D_2} + x\cos\alpha_Q - \xi_2 y\sin\alpha_Q \\ Y = Y_{D_2} + x\sin\alpha_Q + \xi_2 y\cos\alpha_Q\end{array}\right\} \quad (3\text{-}64)$$

式中，$\xi_1 = \text{sgn}(R_1)$，$\xi_2 = \text{sgn}(R_2)$，$x$、$y$ 由式（3-62）计算。

c. 同向曲线连接时：

由几何关系得知同向曲线间回旋线长度为：

$$L_F = \sqrt{\left|\dfrac{24R_1R_2D}{R_1 - R_2}\right|}$$

当 $R_1 > R_2$ 时，如图 3-30 所示，$M_1$、$M_2$ 及 $D_1$、$D_2$ 的坐标已知，$M_1D_1$ 的方位角为 $\alpha_{M_1D_1}$，若 $D_1$ 点的切线方位角用 $\alpha_{D_1}$ 表示，则有：

$$\alpha_{D_1} = \alpha_{M_1D_1} + \xi \cdot 90$$

回旋线起点 $M$ 的切线方位角为：

$$\alpha_M = \alpha_{D_1} - \xi\beta_{D_1}$$

式中，$\beta_{D_1} = \dfrac{90l_{D_1}}{\pi R_1}$，$l_{D_1} = \dfrac{L_F R_2}{R_1 - R_2}$。

$M$ 点的坐标为：

$$\left.\begin{array}{l}X_M = X_{D_1} + \left(l_{D_1} - \dfrac{l_{D_1}^3}{40R_1^2}\right)\Big/\cos\left(\dfrac{30l_{D_1}}{\pi R_1}\right) \cdot \cos\left(\alpha_{D_1} + 180° - \xi\dfrac{2}{3}\beta_{D_1}\right) \\ Y_M = Y_{D_1} + \left(l_{D_1} - \dfrac{l_{D_1}^3}{40R_1^2}\right)\Big/\cos\left(\dfrac{30l_{D_1}}{\pi R_1}\right) \cdot \sin\left(\alpha_{D_1} + 180° - \xi\dfrac{2}{3}\beta_{D_1}\right)\end{array}\right\} \quad (3\text{-}65)$$

当 $R_1 < R_2$ 时，$M$ 点的切线方位角为：

$$\alpha_M = \alpha_{D_1} + \xi \beta_{D_1}$$

式中，$\beta_{D_1} = \dfrac{90 l_{D_2}}{\pi R_1}$，$l_{D_2} = \dfrac{L_F R_2}{R_2 - R_1}$。

$$\left. \begin{aligned} X_M &= X_{D_1} + \left( l_{D_2} - \dfrac{l_{D_2}^3}{40 R_1^2} \right) \Bigg/ \cos\left( \dfrac{30 l_{D_2}}{\pi R_1} \right) \cdot \cos\left( \alpha_{D_1} + \xi \dfrac{2}{3} \beta_{D_1} \right) \\ Y_M &= Y_{D_1} + \left( l_{D_2} - \dfrac{l_{D_2}^3}{40 R_1^2} \right) \Bigg/ \cos\left( \dfrac{30 l_{D_2}}{\pi R_1} \right) \cdot \sin\left( \alpha_{D_1} + \xi \dfrac{2}{3} \beta_{D_1} \right) \end{aligned} \right\} \quad (3\text{-}66)$$

计算出 $M$ 点的坐标和切线方位角后，当 $R_1 > R_2$ 时，用式（3-60）计算 $L_F$ 上计算点坐标；当 $R_1 < R_2$，用式（3-61）计算。

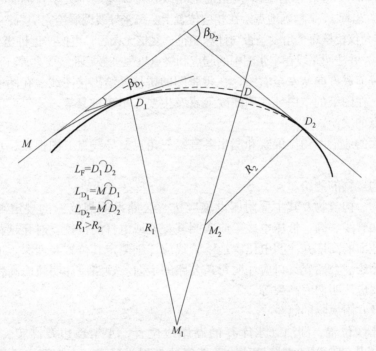

图 3-30　同向圆曲线之间的回旋线上点坐标计算

## 3.7.3　路线平面设计图

路线平面设计图是道路设计文件的重要组成部分。该图全面、清晰地反映了道路平面位置和经过地区的地形、地物等，它是设计人员设计意图的重要体现。平面设计图对提供给有关部门审批、专家评议、日后指导施工、恢复定线等方面都有重要作用。

1. 公路路线平面设计图

1）平面图的比例尺和测绘范围

公路路线地形图是指包括道路中线在内的有一定宽度的带状地形图。若为供工程可行性研究、初步设计阶段的方案研究与比选，可采用 1:50 000 或 1:10 000 的比例尺测绘（或向国家测绘部门和其他工程单位搜集)；若作为道路工程初步设计、施工图设计的设计文件组成部分则应采用更大的比例尺，一般常用1:2 000，平原微丘区可用1:5 000。地形特别复杂地段的路线初步设计、施工图设计可用1:500 或 1:1 000。如为路线局部纸上移线，则比例尺应视具体情况酌情放大。

带状地形图的测绘宽度，一般为中线两侧各 100~200 m。对 1:5 000 的地形图，测绘宽度每侧应不小于 250 m。如有比较线，应将比较线包括进去。

2) 路线平面图的内容及绘制方法

(1) 导线及道路中线的展绘。

在展绘导线或中线以前，需按图幅的合理布局，绘出坐标方格网，坐标网格尺寸采用 5 cm×5 cm 或 10 cm×10 cm，要求图廓网格的对角线长度误差均不大于 0.5 mm。然后按导线点(或交点，下同)坐标 $x$、$y$ 精确地点绘在相应位置上。每张导线图展绘完毕后，用比例尺复核各点间距，再用量角仪校核每个角度是否与计算相符，复核无误后，再按"逐桩坐标表"所提供的数据，展绘曲线，并注明路线在本张图中的起点和终点里程桩号、曲线要素等。

路线一律按前进方向从左至右绘，在每张图的拼接处绘出接图线。在图的右上角注明共×张、第×张。在图纸的空白处注明曲线元素及主要点里程桩号等。

(2) 控制点的展绘。

各种比例尺的地形图均应展绘和测出各等级三角点、导线点、图根点、水准点等，并按规定的符号表示。

(3) 各种构造物的测绘。

各类建筑物、构筑物及其主要附属设施应按《公路勘测规范》的规定测绘和表示。各种线状地物，如管线、高、低压电线等应实测其支架或电杆的位置。对穿越路线的高压线应实测其垂线距地面的高度并注明电压。地下管线应详细测定其位置及埋深。道路及其附属物应按实际形状测绘。公路交叉口应注明每条公路的走向。铁路应注明轨面高程，公路应注明路面类型，涵洞应注明洞底高程等。

(4) 水系及其附属物的测绘。

海洋的海岸线位置，湖泊(水库)的湖岸线位置，水渠顶边及高程，堤坝顶部及坡脚的高程，水井井台高程，水塘塘顶边及塘底的高程，河流、水沟等应注明水流流向。

(5) 地形、地貌等测绘。

地形、地貌、植被、不良地质地带等均应详细测绘并用等高线和国家测绘局制定的"地形图图式"符号及数字注明。

3) 公路路线平面设计图

公路路线平面设计图示例如图 3-31 所示。

2. 城市道路平面设计图

1) 绘图比例尺和测绘范围

城市道路相对于公路，长度较短而宽度较宽，在绘图比例尺的选用上一般比公路大。在做技术设计时，可采用 1:500~1:1 000 的比例尺绘制。绘图的范围，视道路等级而定，等级高的范围应大一些，等级低的可小些。通常在道路两侧红线以外各 20~50 m，或中线两侧各 50~150 m，特殊除外。

# 第3章 平面设计

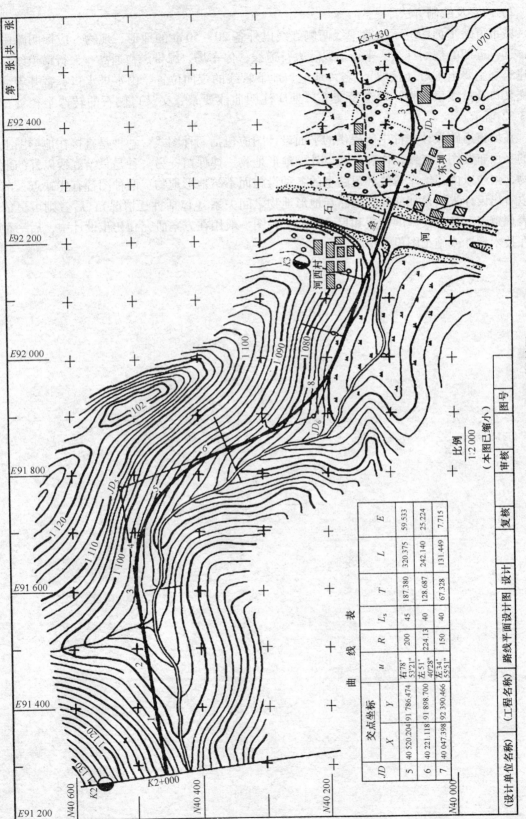

图 3-31 公路路线平面设计图

2）内容及绘制方法

城市道路平面图应示出路中线两侧红线以外各 20~50 m 的地形、地物、应标明路中心线，远、近期的规划红线、车行道线、人行道线、停车场、绿带、交通岛、人行横道线、沿街建筑物主要出入口（接坡）、各种地上、地下管线的定向位置、雨水进水口、窨井等，注明交叉口及沿线里程桩。弯道及交叉口处应注明曲线要素、交叉口侧石的转弯半径等。如图 3-32 所示。

在城市道路设计文件中所提供的平面设计图应包括两种图式：一种是直接在地形图上所做的平面布置图，红线以内和红线以外的地形地物一律保留；另一种是只给红线以外的地形地物，红线以内只给车道线和道路上的各种设施而不给地形地物。两种图各有优缺点：前者可以看出设计人员是如何处理道路与地形地物之间关系（包括拆迁情况）；后者则可更清晰地表现道路上各种设施的位置和尺寸。前一种图一般用在方案研究和初步设计中，后一种图用在技术设计或施工图设计中。

# 第3章 平面设计

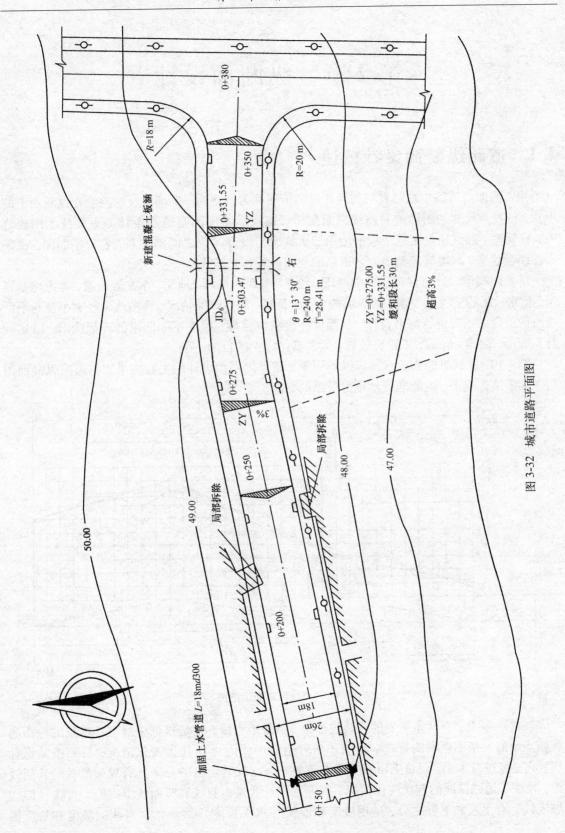

图 3-32 城市道路平面图

# 第 4 章 纵断面设计

## 4.1 道路纵断面设计概述

用一曲面沿道路中线竖直剖切展开成的平面称为道路的纵断面。反映路线在纵断面上的形状、位置及尺寸的图形称为路线纵断面图。路线纵断面图是道路设计的重要技术图表之一,它反映了路线所经地区中线的地面起伏情况与设计高程之间的关系,它与平面图、横断面图结合起来,就能够完整地表达道路的空间位置和立体线形。

纵断面线形设计应根据道路的性质、任务、等级和地形、地质、水文等因素,考虑路基稳定、排水及工程量等的要求,对纵坡的大小、长短、前后纵坡情况、竖曲线半径大小及与平面线形的组合关系等进行综合设计,从而设计出纵坡合理、线形平顺圆滑的理想线形,以达到行车安全、快速、舒适、工程费较省、运营费用较少的目的。

图 4-1 为路线纵断面示意图。纵断面图是道路纵断面设计的主要成果。把道路纵断面图与平面图结合起来,就能准确地定出道路的空间位置。

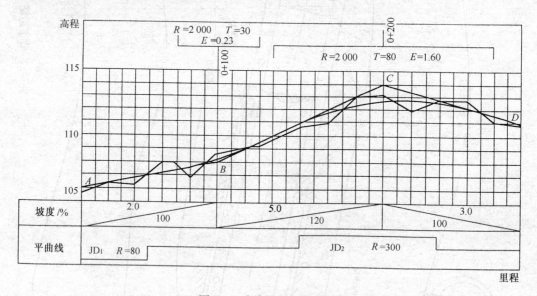

图 4-1 路线纵断面示意图

在纵断面图上有两条主要的连续线形:一条是地面线,它是根据中线上各桩点的地面高程而点绘的一条不规则的折线,反映了沿着道路中线的地面起伏变化情况;另一条是设计线,它是经过技术上、经济上以及美学上等多方面比较后定出的一条具有规则形状的几何线形,反映了道路路线的起伏变化情况。纵断面设计线是由直线和竖曲线组成的。直线(即均坡度线)有上坡和下坡之分,是用坡度和坡长(水平长度)表示的。直线的坡度和长度影响汽车的行驶和运输的经济以及行车的安全，它们的一些临界值的确定和必要的限制，是以路上行驶的汽车类型及其行驶状况来决定的。

在直线的坡度转折处（变坡点）为平顺地过渡，需要设置竖曲线，竖曲线按坡度转折形式不同，分凸形竖曲线和凹形竖曲线，其大小用曲线半径和曲线长（水平长度）表示。

道路纵断面设计与选线有密切的关系，实际上在选线过程中已作了纵坡大小、坡长分配、纵面与平面配合等考虑，纵断面设计是将选线的预想具体化，因此，可以认为纵断面设计是选线工作的继续和深化。当然，在纵断面设计过程中还将对选线的预想作适当的修正，如果在选线过程中对纵坡值考虑不够，就可能改线。

在具体设计纵坡时，还需了解一些关于纵坡的基础知识，主要包括以下方面。

1. 对路基设计高程的规定

在纵断面设计过程中，在路中线的原地面高程称为地面高程，地面高程的连线称为地面线（又称黑线）。对于纵断面上的设计高程，即路基（包括路面厚度）的设计高程，有如下规定。

（1）新建公路路基设计高程。

高速公路和一级公路采用中央分隔带外侧边缘高程；二、三、四级公路采用路基边缘高程。在设置超高和加宽路段则是指在设置超高和加宽之前该处原路基边缘的高程，如图 4-2 所示。

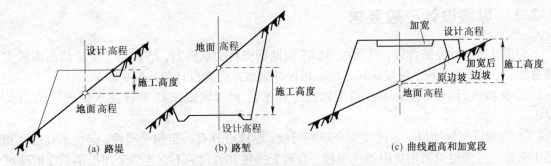

图 4-2　路基的地面高程与设计高程

（2）改建公路路基设计高程。

一般按新建公路的规定办理，也可视具体情况而采用中央分隔带中线或行车道中心线高程。

（3）城市道路路基设计高程。

指建成后的行车道中心线路面高程或中央分隔带中心线高程。

在任一横断面上设计高程与地面高程之差称为该处的施工高度（图 4-2）。施工高度的大小即决定了路堤的高度或路堑的深度。当设计线在地面线上时，路基筑成路堤（填方路基）；当设计线在地面线下面时，修筑成路堑（挖方路基）。

2. 纵坡度表示方式

纵坡度的表示方式不用角度，而用百分数（%），即每一百米的路线长度其两端高差几米，就是该路段的纵坡，其上坡为"＋"，下坡为"－"。如某段路线长度为 80 m，高差为 －2 m，则纵坡度为 －2.5%。

3. 纵坡对汽车行驶的影响

一般认为道路上3%的纵坡对汽车行驶不造成困难，即上坡时不必换挡，下坡时不必刹车。对于小于3%的纵坡，可以不作特殊考虑，只是为了排水的需要（公路边沟的沟底纵坡与路线纵坡一般是相同的），一般要有一个不小于最小纵坡的考虑。如果排水上无困难，可以用平坡。但是采用了大于5%的纵坡时，必须慎重考虑，因为纵坡太大，上坡时汽车的燃料消耗过大，而下坡时又必须用刹车，重车或有拖挂车的车辆都易出事故，对运输的经济及安全极为不利。

在路线的测设过程中，平面设计和纵断面设计是分开进行的，这样做固然有其方便之处。但是，必须注意平面设计和纵断面设计要互相配合，设计中要发挥设计人员对平、纵组合的空间想象力，否则，不可避免地会在技术经济上和美学上产生缺陷。纵断面设计是路基设计、桥涵设计及其他设计的基础，要与道路上行驶的汽车的技术性能相适应，满足汽车行驶力学要求、驾驶人视觉及心理要求和乘客的舒适性要求。

本章从汽车行驶特性出发，同时考虑平纵组合的空间线形效果，主要讨论纵断面设计的设计要点和计算。

## 4.2 纵坡及坡长设计

### 4.2.1 纵坡设计一般要求

为使纵坡设计经济合理，必须在全面掌握勘测资料的基础上，结合选（定）线的纵坡安排意图，经过综合分析、反复比较才能定出设计纵坡。纵坡设计的一般要求如下。

① 纵坡设计必须满足《公路工程技术标准》和《城镇道路工程技术标准》的有关规定。

② 为保证车辆能以一定速度安全顺利行驶，纵坡应具有一定的平顺性，起伏不宜过大和过于频繁。尽量避免采用极限最大纵坡，合理安排缓和坡段，不宜连续采用极限长度的陡坡夹最短长度的缓坡。在连续上坡或下坡路段，应避免设置反坡段。公路越岭线垭口附近的纵坡应尽量缓一些。

③ 纵坡设计应对沿线地形、地下管线、地质、水文、气候和排水等因素综合考虑，视具体情况合理处理道路、管线、地下水位等的高程关系，以保证道路路基的稳定性与强度。

④ 一般情况下道路纵坡设计应考虑路基工程的填、挖方平衡，尽量使挖方运作就近路段填方，以减少借方和废方量，从而降低工程造价和节省道路用地。

⑤ 由于平原微丘区地下水位较高，池塘、湖泊分布较广，水系较发达，因此道路纵坡设计时，除应满足最小纵坡要求外，还应满足最小填土高度要求，以保证路基稳定性。

⑥ 对连接段纵坡，如大、中桥引道及隧道两段接线等，纵坡应和缓，避免产生突变，否则会影响行车的平顺性和视距。另外，在交叉口前后的道路纵坡应平缓一些，一是考虑安全，二是考虑交叉口竖向设计。

⑦ 在实地调查的基础上，公路应充分考虑通道、农田水利等方面的要求；城市道路应充分考虑综合管线的要求。

## 4.2.2 最大纵坡

最大纵坡是指在纵坡设计时各级道路允许采用的最大坡度值。它是道路纵断面设计的重要控制指标。在地形起伏较大地区，直接影响路线的长短、使用质量、运输成本及造价。

各级道路允许的最大纵坡是根据当前具有代表性标准车型的汽车动力特性、道路等级、自然条件及工程、运营经济因素，通过综合分析，全面考虑，合理确定的。

道路上行驶的车型较多，各种汽车的爬坡性能和车速不尽相同。小客车的爬坡性能和行驶速度受纵坡的影响较小，而载重汽车随纵坡的加大车速显著下降，这对正常行驶的车流会造成一定的交通阻塞，直接影响道路的通行能力和行车安全。所以，在确定道路最大纵坡度时应以国产典型载重汽车作为标准车型。

目前道路上行驶数量较多的是东风 EQ – 140 型载重汽车，过去大量行驶的解放牌 CA – 10B 已被新型解放 CA – 140 取代。而解放 CA – 140 的技术性能与东风 EQ – 140 相近。因此，选用东风 EQ – 140 型载重车作为我国现阶段的标准车型是合适的。下面讨论东风 EQ – 140 型载重车不同车速时的最大爬坡能力，以此作为确定我国道路最大纵坡的参考因素之一。

在海平面高程上汽车满载时 $\lambda=1$，若滚动阻力系数 $f=0.01\sim0.02$，可计算出东风 EQ – 140 型汽车最大爬坡能力如表 4-1 所列，同时列出了对应的临界速度、最高速度及最大动力因素。

**表 4-1　东风 EQ – 140 最大爬坡能力**

| 挡　位 | 临界车速/(km/h) | 最高车速/(km/h) | 最大动力因素/% | 最大爬坡坡度/% |
|---|---|---|---|---|
| Ⅰ | 5.06 | 11.7 | 28.6 | 27.7~28.8 |
| Ⅱ | 8.67 | 20.3 | 16.5 | 14.5~15.5 |
| Ⅲ | 14.31 | 35.7 | 9.3 | 7.3~8.3 |
| Ⅳ | 18.52 | 56.9 | 5.8 | 3.8~4.8 |
| Ⅴ | 17.20 | 87.5 | 3.7 | 1.7~2.7 |

由图 2-6 知，汽车每一挡位的动力因素 $D$ 与车速 $V$ 成二次抛物线关系。在抛物线顶点处，动力因素 $D$ 为最大值，与其相对应的车速则定义为临界车速。当汽车以大于临界车速的速度行驶时，若道路阻力额外增加（如道路局部纵坡增加、路面平整度下降等），汽车可在原来挡位上降低车速，以获得较大的动力因素 $D$ 来克服额外阻力，待阻力消失后可立即提高到原有车速。这种行驶状态属于稳定行驶状态。与稳定行驶状态相对应的是不稳定行驶状态，即当汽车以小于临界车速的速度行驶时，若道路阻力额外增加，汽车减速而 $D$ 值随之减小，如果此时不降低挡位，汽车将因发动机熄火而停驶。因此，一般情况下，汽车都是采用大于某一挡位临界车速的速度行车，使车辆处于稳定行驶状态。

应当指出，确定道路最大纵坡不能只考虑汽车的爬坡性能，还要看汽车在纵坡上行驶时是否快速、安全、经济等。我国《公路工程技术标准》在规定最大纵坡时，对汽车在坡道上行驶情况进行了大量调查、试验，并广泛征求了各有关方面特别是驾驶人员的意见，同时考虑了汽车带拖挂车及畜力车通行的情况，结合交通组成、汽车性能、工程费用和营运经济等，经综合分析研究后确定了道路最大纵坡度。各级公路最大纵坡的规定如表 4-2 所列。城市道路机动车道最大纵坡的规定如表 4-3 所列。

表4-2 各级公路最大纵坡

| 设计速度/(km/h) | 120 | 100 | 80 | 60 | 40 | 30 | 20 |
|---|---|---|---|---|---|---|---|
| 最大纵坡/% | 3 | 4 | 5 | 6 | 7 | 8 | 9 |

表4-3 城市道路机动车道最大纵坡

| 设计速度/(km/h) | 100 | 80 | 60 | 50 | 40 | 30 | 20 |
|---|---|---|---|---|---|---|---|
| 最大纵坡限制值/% | 5 | 6 | 7 |  | 8 | 9 |  |
| 最大纵坡推荐值/% | 3 | 4 | 5 | 5.5 | 6 | 7 | 8 |

注：① 海拔3 000～4 000 m的高原城市道路的最大纵坡度推荐值按表列值减小1%；
② 积雪寒冷地区最大纵坡度推荐值不得超过6%。

设计车速为120 km/h、100 km/h、80 km/h的高速公路受地形条件或其他特殊情况限制时，经技术经济论证合理，最大坡度可增加1%。

公路改扩建中，设计车速为40 km/h、30 km/h、20 km/h的利用原有公路的路段，经技术经济论证，最大纵坡值可增加1%。

二级及二级以下公路的越岭路线连续上坡（或下坡）路段，相对高差为200～500 m时，平均纵坡不应大于5.5%；相对高差大于500 m时，平均纵坡不应大于5%。任意连续3 km路段的平均纵坡不应大于5.5%。

高速公路、一级公路应论证采用合理的平均纵坡。对存在连续长、陡纵坡的路段应进行安全性评价。

## 4.2.3 高原纵坡折减

在高海拔地区，因空气密度下降而使汽车发动机燃烧不完全、功率下降，导致汽车的爬坡能力下降。另外，汽车水箱中的水易于沸腾而破坏冷却系统。图2-7示出了海拔高度对汽车动力因素的影响，从数值上看其影响是相当大的，也就是说海拔高度对道路最大纵坡的影响很大。为此，在高原地区除了汽车本身要采取一些措施使得汽油充分燃烧，避免随海拔增高而使功率降低过甚外，在道路纵坡设计中应采用较小的纵坡度。

《公路路线设计规范》规定：位于海拔3 000 m以上的地区公路最大纵坡应予折减，折减值如表4-4所列。

表4-4 高原纵坡折减值

| 海拔高度/m | 3 000～4 000 | 4 000～5 000 | 5 000以上 |
|---|---|---|---|
| 折减值/% | 1 | 2 | 3 |

经折减后的最大纵坡如小于4%，则仍采用4%。

对于城市道路，其最大纵坡折减应按表4-3附注折减。

## 4.2.4 最小纵坡

根据《公路路线设计规范》规定，为使行车快速、安全和通畅，一般希望道路纵坡设计得小一些为好。但是,在长路堑、低填方及其他横向排水不通畅路段,为保证排水要求,防止积水渗入路基而影响其稳定性,均应设置不小于 0.3% 的最小纵坡,一般情况下以不小于 0.5% 为宜。

当必须设计平坡或纵坡小于 0.3% 时,边沟应作单独排水设计。在弯道超高横坡渐变段上,为使车行道外侧边缘不出现反坡,设计最小纵坡不宜小于超高允许渐变率。

路堤、干旱少雨地区道路最小纵坡可不受上述限制。

在城市道路中,一般采用设置锯齿形边沟或采取其他措施来处理。

### 4.2.5 平均纵坡

平均纵坡是指一定长度的路段纵向所克服的高差与路线长度之比,是为了合理运用最大纵坡、坡长及缓和坡长的规定,以保证车辆安全顺利行驶的限制指标。

根据对山区道路行车的实际调查发现,有时虽然道路纵坡设计完全符合最大坡度、坡长限制及缓和坡段的规定,但也不一定能保证行车顺利完成。比如对于地形困难、高差较大地段,设计者可能交替使用极限长度的最大纵坡及缓和坡长,形成"台阶式"纵断面地形,这是一种"合法但不合理"的做法。在这种坡道上汽车会较长时间频繁地使用低挡行驶,对汽车机件和行车安全都不利。

从汽车行驶方便和安全出发,为了合理利用最大纵坡、坡长和缓和坡段的规定,还要控制平均纵坡。平均纵坡是在宏观上控制路线纵坡。其值为:

$$i_p = \frac{H}{l} \tag{4-1}$$

式中:$i_p$——平均纵坡;

$l$——路线长度/m;

$H$——路线长度 $l$ 两端的高差/m。

《公路工程技术标准》规定:二、三、四级公路越岭路线的平均纵坡,一般以接近 5.5%(相对高差为 200~500 m)和 5%(相对高差大于 500 m)为宜,并注意任何相连 3 km 路段的平均纵坡不宜大于 5.5%。城市道路由于里程较短,城镇地形绝大多数比较平缓,一般不会遇到公路上这种长距离的上坡情况,因此,城市道路设计规范没有对此作出规定。倘若遇到类似情况,可参照公路要求执行。

### 4.2.6 合成坡度

合成坡度是指路线纵坡与弯道超高横坡或路拱横坡的矢量和,其坡度方向即流水线方向。合成坡度的计算公式为:

$$I = \sqrt{i_h^2 + i^2} \tag{4-2}$$

式中:$I$——合成坡度/%;

$i_h$——超高横坡度或路拱横坡度/%;

$i$——路线设计纵坡度/%。

在有平曲线的坡道上,最大坡度既不是纵坡方向,也不是横坡方向,而是两者组合的流水线方向,即矢量和方向或合成坡度方向。将合成坡度控制在一定范围之内,目的是尽可能地避免急弯和陡坡的不利组合,防止因合成坡度过大而引起的横向滑移和行车危险,保证车辆在弯道上安全而顺适地运行。

对于最大合成坡度,规定值见表4-5。

表4-5 各级公路最大合成坡度

| 公路等级 | 高速公路 | | | 一级公路 | | | 二级公路 | | 三级公路 | | 四级公路 | |
|---|---|---|---|---|---|---|---|---|---|---|---|---|
| 设计速度/(km/h) | 120 | 100 | 80 | 100 | 80 | 60 | 80 | 60 | 40 | 30 | 30 | 20 |
| 合成坡度/% | 10.0 | 10.0 | 10.5 | 10.0 | 10.5 | 10.5 | 9.0 | 9.5 | 10.0 | 10.0 | 10.0 | 10.0 |

注:① 在积雪冰冻地区,公路的合成坡度值应不大于8%;
② 最小合成坡度不宜小于0.5%;在超高过渡的变化处,合成坡度不应设计为0%;当合成坡度小于0.5%时,应采取综合排水措施,以保证路面排水畅通。

当陡坡与小半径平曲线重合时,在条件许可的情况下,采用较小的合成坡度为宜。特别是在冬季路面有积雪结冰的地区、自然横坡陡峻的傍山路段,其合成坡度必须小于8%。

城市道路对合成坡度的规定见表4-6。

表4-6 城市道路最大允许合成坡度

| 设计车速/(km/h) | 80 | 60 | 50 | 40 | 30 | 20 |
|---|---|---|---|---|---|---|
| 合成坡度/% | 6 | 6.5 | | 7 | | 8 |

注:在积雪地区各级道路合成坡度应小于或等于6%。

在设计中可由式(4-3)计算平曲线上允许的最大纵坡。

$$i_R = \sqrt{I_{max}^2 - i_h^2} \tag{4-3}$$

式中:$i_R$——平曲线上的允许最大纵坡/%;
$I_{max}$——最大允许合成坡度/%;
$i_h$——超高横坡度或路拱横坡度/%。

当路线的平面和纵断面设计基本完成后,可用式(4-2)检查合成坡度$I$,如果超过最大允许合成坡度时,可减小纵坡或加大平曲线半径以减小横坡,或者两方面同时减小,以满足表4-5或表4-6的要求。

在应用最大允许合成坡度时,用规定值如10%来控制合成坡度,并不意味着横坡为10%的弯道上就完全不允许有纵坡。无论是纵坡或横坡中任何一方采用最大值时,允许另一方采用缓一些的坡度,一般不大于2%为宜。

以上为最大允许合成坡度的规定。相反,合成坡度过小也不好,它会导致路面排水不畅,影响行车安全。各级道路最小合成坡度不宜小于0.5%。当合成坡度小于0.5%时,应采取综合排水措施,以保证路面排水畅通。

## 4.2.7 坡长限制

坡长是指变坡点与变坡点之间的水平长度,坡长限制包括陡坡的最大坡长限制和最小坡长限制两个方面。

坡长限制，主要是指对较陡纵坡的最大长度和一般纵坡的最小长度加以限制。

1. 最大坡长限制

道路纵坡的大小及其坡长对汽车正常行驶影响很大。纵坡越陡，坡长越长，对行车影响也越大。主要表现在：①使行车速度显著下降，甚至要换较低排挡克服坡度阻力；②易使水箱"开锅"，导致汽车爬坡无力，甚至熄火；③下坡行驶制动次数频繁，易使制动器发热而失效，甚至造成车祸。

事实上，影响最大坡长的因素很多，比如海拔高度、装载、油门开启程度、滚动阻力系数及挡位等。要从理论上确切计算由希望速度到允许速度的最大坡长是困难的，必须结合试验调查资料综合研究后确定。《公路路线设计规范》、《城镇道路工程技术标准》规定最大坡长如表4-7和表4-8所列。

高速公路，一级公路当连续上坡由几个不同坡度值的坡段组合而成时，应对纵坡长度受限制的路段采用平均坡度法进行验算。

对计算行车速度小于等于80 km/h的道路，当连续纵坡大于坡长限值时，应在不大于表4-7和表4-8所规定长度处设缓和坡段。

当公路上有大量畜力车通行时，在可能情况下宜在超过500 m处设置一段不大于2% ~ 3%的缓和坡段，以利于畜力车行驶。城市道路的非机动车车行道纵坡宜小于2.5%，否则应按表4-9限制坡长。

表4-7　不同纵坡最大坡长

| 设计速度/(km/h)　　最大坡长/m 纵坡坡度/% | 120 | 100 | 80 | 60 | 40 | 30 | 20 |
|---|---|---|---|---|---|---|---|
| 3 | 900 | 1 000 | 1 100 | 1 200 | — | — | — |
| 4 | 700 | 800 | 900 | 1 000 | 1 100 | 1 100 | 1 200 |
| 5 | — | 600 | 700 | 800 | 900 | 900 | 1 000 |
| 6 | — | — | 500 | 600 | 700 | 700 | 800 |
| 7 | — | — | — | — | 500 | 500 | 600 |
| 8 | — | — | — | — | 300 | 300 | 400 |
| 9 | — | — | — | — | — | 200 | 300 |
| 10 | — | — | — | — | — | — | 200 |

表4-8　城市道路纵坡长度限制值

| 设计速度/(km/h) | 100 | | | 80 | | | 60 | | | 50 | | | 40 | |
|---|---|---|---|---|---|---|---|---|---|---|---|---|---|---|
| 纵坡度/% | 4 | 4.5 | 5 | 5 | 5.5 | 6 | 6 | 6.5 | 7 | 6 | 6.5 | 7 | 6.5 | 7 |
| 纵坡限制长度/m | 700 | 600 | 500 | 600 | 500 | 400 | 400 | 350 | 300 | 350 | 300 | 250 | 300 | 250 |

表 4-9 城市道路非机动车道限制坡长　　　　　　　　　　单位：m

| 纵坡度/% \ 车种 | 自行车 | 三轮车、板车 |
|---|---|---|
| 3.5 | 150 | — |
| 3 | 200 | 100 |
| 2.5 | 300 | 150 |

2. 最小坡长限制

最小坡长的限制主要是从汽车行驶平顺性的要求考虑的，如果坡长过短，使道路纵向变坡点增多，汽车行驶在连续起伏路段产生的超重与失重的变化频繁，导致乘客感觉不舒适，车速越高越感突出。其次，从缓坡的加速（上坡）和减速（下坡）功能的发挥来看，坡长太短则作用不大。最后从路容美观、相邻两竖曲线的设置和纵断面视距等方面来看，也要求坡长必须具有一定的最小长度。

各级道路最短坡长应按表 4-10 和表 4-11 选用，同时不得小于两相邻竖曲线的切线长。在平面交叉口、立体交叉的匝道及过水路面地段，最小坡长可不受此限。

表 4-10　公路最小坡长

| 设计速度/(km/h) | 120 | 100 | 80 | 60 | 40 | 30 | 20 |
|---|---|---|---|---|---|---|---|
| 最小坡长/m | 300 | 250 | 200 | 150 | 120 | 100 | 60 |

表 4-11　城市道路最小坡长

| 设计速度/(km/h) | 100 | 80 | 60 | 50 | 40 | 30 | 20 |
|---|---|---|---|---|---|---|---|
| 坡段最小坡长/m | 250 | 200 | 150 | 140 | 110 | 85 | 60 |

3. 组合坡长

当连续陡坡是由几个不同受限坡度值的坡段组合而成时，应按不同坡度的坡长限制折算确定。如三级公路某段 8% 的纵坡，长为 120 m，该长度是相应限制坡长（300 m）的 2/5，如相邻坡段的纵坡为 7%，则其坡长不应超过相应限制坡长（500 m）的 3/5，即 500 × 3/5 = 300 m，也就是说 8% 纵坡设计 120 m 后，还可以接着设计 7% 纵坡段 300 m 或 6% 纵坡段 480 m，其后再设置缓和坡段。

## 4.2.8　缓和坡段

如前所述凡小于理想的最大坡度 $i_1$ 的坡度均属缓坡。在纵断面设计中，当陡坡的长度达到限制坡长时，应安排一段缓坡路段，用以恢复在陡坡上下降的速度。同时，从下坡行车的安全考虑，缓坡路段也是需要的。在缓坡上汽车将以加速行驶，理论上缓坡的长度应适应这个加速过程的需要，但实际设计中很难满足这个需求。

据计算，除设计速度为 40 km/h 及其以下时，理想的最大纵坡 $i_1$ 都未超过 3%，加上实际观测试验结果,通常采用缓和坡段的纵坡不大于3%,其长度应不小于最小坡长(表4-10、表4-11)。

缓和坡段的具体位置应结合纵向地形起伏情况,尽量减少填挖方工程数量,同时应考虑路线的平面地形要素。在一般情况下,缓和坡段宜设置在平面的直线或较大半径的平曲线上,以便充分发挥缓和坡段的作用,提高整条道路的使用质量。在必须设置缓和坡段而地形又困难的地段,可以将缓和坡段设于半径比较小的平曲线上,但应适当增加缓坡段的长度,以使缓和坡段端部的竖曲线位于该小半径平曲线之外。这种要求对提高行驶质量,保证行车安全是完全必要的。

## 4.3 竖曲线

纵断面上两相邻不同坡度线的交点称为变坡点。为保证行车安全,舒适及视距的需要,在变坡处设置的纵向曲线称为竖曲线。相邻两坡度线的交角用坡度差"$\omega$"表示,坡度角一般较小,可近似地用两坡段坡度的代数差表示,即 $\omega = i_2 - i_1$,式中 $i_1$、$i_2$ 分别为两相邻坡段的坡度值,上坡为正,下坡为负,如图4-3所示。$\omega$ 为正,变坡点在曲线下方,竖曲线开口向上,称为凹形竖曲线;$\omega$ 为负,变坡点在曲线上方,竖曲线开口向下,称为凸形竖曲线。

图 4-3 竖曲线示意图

各级公路在变坡点处均应设置竖曲线,竖曲线的形式可采用抛物线或圆曲线。在使用范围内二者几乎没有差别,但在设计和计算上,抛物线比圆曲线更方便。

由于在纵断面上只计水平距离和竖直高度,斜线不计角度而计坡度。因此,竖曲线的切线长与曲线长是其水平面上的投影,切线支距是竖直的高度差,相邻两坡度线的交角用坡度差表示。

### 4.3.1 竖曲线要素计算公式

1. 用二次抛物线作为竖曲线的基本方程式

如图 4-4 所示,在 $xOy$ 坐标系下,二次抛物线的一般方程为:

$$y = \frac{1}{2k}x^2 + ix \qquad (4\text{-}4a)$$

竖曲线上任一点 $P$ 的斜率为:

$$i_P = \frac{\mathrm{d}y}{\mathrm{d}x} = \frac{x}{k} + i$$

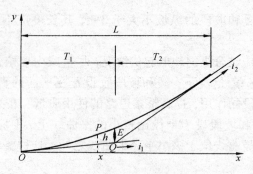

图 4-4 竖曲线要素示意图

当 $x=0$ 时,$i=i_1$;$x=L$ 时,$i=\dfrac{L}{k}+i_1=i_2$,则有:

$$k=\dfrac{1}{i_2-i_1}=\dfrac{L}{\omega} \tag{4-4b}$$

抛物线上任一点 $P$ 的曲率半径为:

$$R=\left[1+\left(\dfrac{dy}{dx}\right)^2\right]^{\frac{3}{2}}\bigg/\dfrac{d^2y}{dx^2}$$

式中,$\dfrac{dy}{dx}=i$,$\dfrac{d^2y}{dx^2}=\dfrac{1}{k}$,代入上式,得:

$$R=k(1+i^2)^{\frac{3}{2}}$$

因为 $i$ 于 $i_1$ 和 $i_2$ 之间,且 $i_1$ 和 $i_2$ 均很小,故 $i^2$ 可以略去不计,则有:

$$R\approx k \tag{4-4c}$$

将式(4-2b)、式(4-2c)代入式(4-2a),得二次抛物线竖曲线基本方程式为:

$$y=\dfrac{\omega}{2L}x^2+i_1 x \quad \text{或} \quad y=\dfrac{1}{2R}x^2+i_1 x \tag{4-4d}$$

式中:$\omega$——变坡点处前后两纵坡线的坡度差/%;

$L$——竖曲线长度/m;

$R$——竖曲线半径/m。

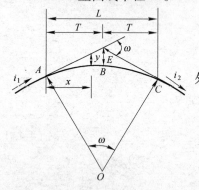

图 4-5 竖曲线几何元素

2. 竖曲线几何要素计算

竖曲线的几何要素主要有竖曲线切线长 $T$ 曲线长 $L$ 和外距 $E$,如图 4-5 所示。

$$L=R\cdot\omega \tag{4-5}$$

$$T=\dfrac{L}{2} \tag{4-6}$$

$$E=\dfrac{T^2}{2R} \tag{4-7}$$

3. 竖曲线上任意点纵距 $y$ 的计算

$$y = \frac{x^2}{2R} \tag{4-8}$$

式中：$y$——计算点纵距；
　　　$x$——计算点桩号与竖曲线起点的桩号差。

4. 竖曲线上任意点设计高程计算

1）计算切线高程

$$H_1 = H_0 - (T - x) \cdot i \tag{4-9}$$

式中：$H_0$——变坡点高程/m；
　　　$H_1$——计算点切线高程/m；
　　　$i$——纵坡度。

其余符号如图 4-5 所示。利用式（4-7）可以直接计算直坡段上任意点的设计高程。

2）计算设计高程

$$H = H_1 \pm y \tag{4-10}$$

式中：$H$——设计高程/m；
　　　"$\pm$"——当为凹形竖曲线时取"+"，当为凸形竖曲线时取"-"。

其余符号意义同前。

## 4.3.2　竖曲线设计标准

竖曲线的设计标准有竖曲线最小半径和竖曲线长度。由于在凸形竖曲线上和在凹形竖曲线上汽车行驶时的受力及视距等考虑因素不同，凸形竖曲线和凹形竖曲线又有不同的设计标准。

1. 竖曲线最小半径和最小长度

1）竖曲线设计的限制因素

在纵断面设计中，竖曲线的设计要受到许多因素的限制，其中有 3 个限制因素决定着竖曲线的最小半径和最小长度。

（1）缓和冲击。

汽车在竖曲线上行驶时，产生径向（这里是垂直方向）离心力。在凹形竖曲线上这个力与重力方向一致，是增重（人的感觉为超重），在凸形竖曲线上这个力与重力方向相反，是减重（人的感觉为失重）。这种增重与减重达到某种程度时，驾驶人和乘客就有不舒服的感觉，同时对汽车的悬挂系统也有不利影响，所以在确定道路竖曲线半径时，应该对离心力（或离心加速度）加以控制。汽车在竖曲线上行驶时其离心加速度为：

$$a = \frac{v^2}{R} = \frac{V^2}{12.96R} \quad (\text{m/s}^2) \tag{4-11}$$

式中：$v$——行驶车速/(m/s)；

$V$——行驶车速/(km/h);

$R$——竖曲线半径/m。

根据试验,认为离心加速度 $a$ 限制在 $0.5 \sim 0.7 \text{ m/s}^2$ 比较合适。但考虑到不因冲击而造成不舒适感,以及视觉平顺等的要求,我国《公路工程技术标准》规定的凹形竖曲线最小半径值与式(4-12)计算结果极相近,相当于 $a = 0.278 \text{ m/s}^2$。

$$R_{\min} = \frac{V^2}{12.96a} = \frac{V^2}{3.6} \quad (\text{m}) \quad \text{或} \quad L_{\min} = \frac{V^2 \omega}{12.96a} = \frac{V^2 \omega}{3.6} \quad (\text{m}) \tag{4-12}$$

(2) 时间行程不过短。

汽车从直道行驶到竖曲线上,尽管竖曲线半径较大,如果其长度过短,汽车忽悠而过,旅客同样会感到不舒适。因此,应限制汽车在竖曲线上的行程时间不能过短,最短应满足 3 s 行程,即

$$L_{\min} = vt = \frac{V}{3.6} \times 3 = \frac{V}{1.2} \quad (\text{m}) \tag{4-13}$$

(3) 满足视距的要求。

汽车行驶在凸形竖曲线上,如果半径太小,道路的凸起部分会阻挡司机的视线。为了行车安全,对凸形竖曲线的最小半径或最小长度还应从保证视距的角度加以限制。

汽车行驶在凹形竖曲线上时,也同样存在视距问题。比如,在地形起伏较大地区的道路上,夜间行车时,若竖曲线半径过小,前车灯照射距离近,可能造成视距不足而影响行车速度和安全;又比如在高速公路及城市道路上有许多跨线桥、门式交通标志及广告宣传牌等,如果它们正好处在凹形竖曲线上方,也会影响驾驶人的视线。

总之,无论是凸形竖曲线还是凹形竖曲线都要受到上述 3 种因素的控制。需要明确的是,哪一种限制因素为最不利的情况,哪一种才是有效控制因素。就凸、凹形竖曲线来说,其控制因素是不一样的。

2) 凸形竖曲线最小半径和最小长度

根据计算比较,凸形竖曲线最小半径和最小长度以满足视距要求为控制因素,按竖曲线长度 $L$ 和停车视距 $S_T$ 的关系分为两种情况。

(1) 当 $L < S_T$ 时 [图 4-6 (a)]。

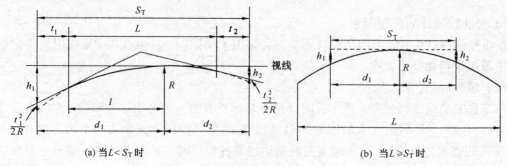

图 4-6 凸形竖曲线计算图示

$$h_1 = \frac{d_1^2}{2R} - \frac{t_1^2}{2R} \quad \text{则} \quad d_1 = \sqrt{2Rh_1 + t_1^2}$$

$$h_2 = \frac{d_2^2}{2R} - \frac{t_2^2}{2R} \qquad 则\ d_2 = \sqrt{2Rh_2 + t_2^2}$$

式中：$R$——竖曲线半径/m；

$h_1$——驾驶人视线高，即计算目高，取 $h_1 = 1.2$ m；

$h_2$——道路障碍物高，即计算物高，取 $h_2 = 0.1$ m。

由 $t_1 = d_1 - l = \sqrt{2Rh_1 + t_1^2} - l$ 得：

$$t_1 = \frac{Rh_1}{l} - \frac{l}{2}$$

由 $t_2 = d_2 - (L - l) = \sqrt{2Rh_2 + t_2^2} - (L - l)$ 得：

$$t_2 = \frac{Rh_2}{L - l} - \frac{L - l}{2}$$

视距长度：$S_T = t_1 + L + t_2 = \frac{Rh_1}{l} + \frac{L}{2} + \frac{Rh_2}{L - l}$

令 $\frac{dS_T}{dl} = 0$，解此得 $l = \frac{\sqrt{h_1}}{\sqrt{h_1} + \sqrt{h_2}} L$，代入上式有：

$$S_T = \frac{R}{L}(\sqrt{h_1} + \sqrt{h_2})^2 + \frac{L}{2} = \frac{(\sqrt{h_1} + \sqrt{h_2})^2}{\omega} + \frac{L}{2}$$

$$L_{\min} = 2S_T - \frac{2(\sqrt{h_1} + \sqrt{h_2})^2}{\omega} \approx 2S_T - \frac{4}{\omega} \quad (m) \tag{4-14}$$

(2) 当 $L \geqslant S_T$ 时 [图 4-6 (b)]。

$$h_1 = \frac{d_1^2}{2R} \qquad 则\ d_1 = \sqrt{2Rh_1}$$

$$h_2 = \frac{d_2^2}{2R} \qquad 则\ d_2 = \sqrt{2Rh_2}$$

$$S_T = d_1 + d_2 = \sqrt{2R}(\sqrt{h_1} + \sqrt{h_2})$$

或

$$S_T = \sqrt{\frac{2L}{\omega}}(\sqrt{h_1} + \sqrt{h_2})$$

$$L_{\min} = \frac{S_T^2 \omega}{2(\sqrt{h_1} + \sqrt{h_2})^2} \approx \frac{S_T^2 \omega}{4} \quad (m) \tag{4-15}$$

比较以上两种情况，显然式（4-15）计算结果大于式（4-14），所以应将式（4-15）作为有效控制。

根据缓和冲击、时间行程及视距要求 3 个限制因素，可计算出各计算行车速度时的凸形竖曲线最小半径和最小长度，如表 4-12 所列。表中《标准》规定的一般最小半径约为极限最小半径的 1.5~2.0 倍，在条件许可时应尽量采用大于一般最小半径的竖曲线为宜。竖曲线最小长度相当于各级道路计算行车速度的 3 s 行程，即用式（4-13）计算取整而得。

表 4-12　凸形竖曲线最小半径和最小长度　　　　　　　　　　单位：m

| 设计速度/(km/h) | 停车视距 $S_T$/m | 缓和冲击 $L_{min}=\dfrac{V^2\omega}{3.6}$ | 视距要求 $L_{min}=\dfrac{S_T^2\omega}{4}$ | 采用值 $L_{min}$ | 《标准》规定值 极限最小半径 $R_{min}=\dfrac{L_{min}}{\omega}$ | 一般最小半径 | 竖曲线最小长度 |
|---|---|---|---|---|---|---|---|
| 120 | 210 | 4 000 | 11 100 | 11 000 | 11 000 | 17 000 | 100 |
| 100 | 160 | 2 780 | 6 450 | 6 500 | 6 500 | 10 000 | 85 |
| 80 | 110 | 1 780 | 3 020 | 3 000 | 3 000 | 4 500 | 70 |
| 60 | 75 | 1 000 | 1 410 | 1 400 | 1 400 | 2 000 | 50 |
| 40 | 40 | 440 | 410 | 450 | 450 | 700 | 35 |
| 30 | 30 | 250 | 230 | 250 | 250 | 400 | 25 |
| 20 | 20 | 110 | 100 | 100 | 100 | 200 | 20 |

3）凹形竖曲线最小半径和最小长度

凹形竖曲线的最小长度应满足两种视距的要求：一是保证夜间行车安全，前灯照明应有足够的距离；二是保证跨线桥下行车有足够的视距。

（1）夜间行车前灯照射距离要求。

① 当 $L<S_T$ 时 [图 4-7（a）]

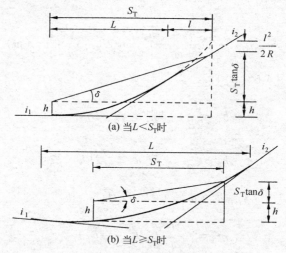

图 4-7　前车灯照射距离

因 $S_T=L+l$，则 $l=S_T-L$，那么有：

$$h+S_T\tan\delta=\frac{(L+l)^2}{2R}-\frac{l^2}{2R}=\frac{\omega(2S_T-L)}{2}$$

解得：

$$L_{min}=2\left(S_T-\frac{h+S_T\tan\delta}{\omega}\right)$$

式中：$S_T$——停车视距/m；

　　　$h$——前车灯高度，一般取 0.75 m；

$\delta$——前车灯光束扩散角，一般取 $1.5°$。
将已知数据代入，得：

$$L_{\min} = 2\left(S_T - \frac{0.75 + 0.026 S_T}{\omega}\right) \tag{4-16}$$

② 当 $L \geqslant S_T$ 时 [图 4-7 (b)]

$$h + S_T \tan\delta = \frac{S_T^2}{2R} = \frac{S_T^2 \omega}{2L}$$

$$L_{\min} = \frac{S_T^2 \omega}{2(h + S_T \tan\delta)}$$

将已知数据代入，得：

$$L_{\min} = \frac{S_T^2 \omega}{1.5 + 0.0524 S_T} \tag{4-17}$$

显然，式 (4-17) 计算结果大于式 (4-16)，所以应以式 (4-17) 作为有效控制。

(2) 跨线桥下行车视距要求。

① 当 $L < S_T$ 时 [图 4-8 (a)]

$$h_0 = \frac{(L + t_2)^2}{2R} - \frac{t_2^2}{2R}$$

$$AB = h_1 + \frac{h_2 - h_1}{S_T}(t_1 + l)$$

$$BD = h_0 \frac{t_1 + l}{S_T} = \left[\frac{(L + t_2)^2}{2R} - \frac{t_2^2}{2R}\right]\frac{t_1 + l}{S_T}$$

$$CD = \frac{l^2}{2R}$$

因为 $\qquad S_T = t_1 + L + t_2$
所以 $\qquad t_2 = S_T - t_1 - L$

$$h = AB + BD - CD = h_1 + \frac{h_2 - h_1}{S_T}(t_1 + l) + \left[\frac{(L + t_2)^2}{2R} - \frac{t_2^2}{2R}\right]\frac{t_1 + l}{S_T} - \frac{l^2}{2R}$$

由 $\mathrm{d}h/\mathrm{d}l = 0$ 可解出 $l$，代入上式并整理得：

$$h_{\max} = h_1 + \frac{1}{2RS_T^2}[2S_T t_1 + R(h_2 - h_1)] + \frac{L}{2}(2S_T - 2t_1 - L) \times$$

$$\left[R(h_2 - h_1) + \frac{L}{2}(2S_T - 2t_1 - L)\right]$$

再由 $\mathrm{d}h_{\max}/\mathrm{d}t_1 = 0$ 可解出 $t_1$，代入上式得：

$$h_{\max} = h_1 + \frac{[2R(h_2 - h_1) + (2S_T + L)]^2}{8RL(2S_T - L)}$$

解得：

$$L_{\min} = 2S_T - \frac{4 h_{\max}}{\omega}\left[1 - \frac{h_1 + h_2}{2 h_{\max}} + \sqrt{\left(1 - \frac{h_1}{h_{\max}}\right)\left(1 - \frac{h_2}{h_{\max}}\right)}\right]$$

式中：$h_{\max}$——桥下设计净空，一般取 $4.5\ \mathrm{m}$；
$h_1$——驾驶人视线高度，一般取 $1.5\ \mathrm{m}$；

$h_2$——道路上障碍物高度，一般取 0.75 m。

将已知数据代入，则有：

$$L_{\min} = 2S_T - \frac{26.92}{\omega} \quad (\text{m}) \tag{4-18}$$

② 当 $L \geq S_T$ 时[图 4-8（b）]

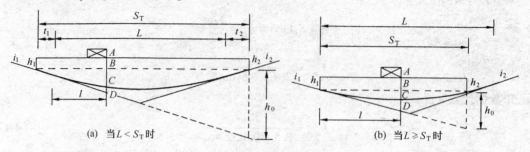

(a) 当 $L < S_T$ 时  (b) 当 $L \geq S_T$ 时

图 4-8 跨线桥下行车视距

$$h_0 = \frac{S_T^2}{2R}$$

$$AB = h_1 + \frac{h_2 - h_1}{S_T} l$$

$$BD = h_0 \frac{l}{S_T} = \frac{S_T}{2R} l$$

$$CD = \frac{l^2}{2R}$$

而

$$h = AB + BD - CD = h_1 + \frac{h_2 - h_1}{S_T} l + \frac{S_T}{2R} l - \frac{l^2}{2R}$$

由 $dh/dl = 0$ 可解出 $l$，代入上式并整理得：

$$h_{\max} = h_1 + \frac{1}{2R} \left[ \frac{R(h_2 - h_1)}{S_T} + \frac{S_T}{2} \right]^2$$

$$L_{\min} = \frac{S_T^2 \omega}{[\sqrt{2(h_{\max} - h_1)} + \sqrt{2(h_{\max} - h_2)}]^2}$$

将已知数据代入得：

$$L_{\min} = \frac{S_T^2 \omega}{26.92} \tag{4-19}$$

比较式（4-18）和式（4-19），应以式（4-19）作为有效控制。

根据影响竖曲线最小半径的 3 个限制因素，可计算出凹形竖曲线的最小半径如表 4-13 所列。

表 4-13 凹形竖曲线最小半径和最小长度  单位：m

| 设计速度/<br>(km/h) | 停车视距<br>$S_T$/m | 缓和冲击 | 车灯照明 | 桥下视距 | 采用值<br>$L_{\min}$ | 《标准》规定值 | | |
|---|---|---|---|---|---|---|---|---|
| | | | | | | 极限最小半径<br>$R_{\min} = \dfrac{L_{\min}}{\omega}$ | 一般最<br>小半径 | 竖曲线<br>最小长度 |
| 120 | 210 | 4 000 | 5 000 | 1 688 | 11 000 | 4 000 | 6 000 | 100 |
| 100 | 160 | 2 780 | 3 620 | 951 | 6 500 | 3 000 | 4 500 | 85 |

续表

| 设计速度/(km/h) | 停车视距 $S_T$/m | 缓和冲击 | 车灯照明 | 桥下视距 | 采用值 $L_{min}$ | 《标准》规定值 极限最小半径 $R_{min}=\dfrac{L_{min}}{\omega}$ | 一般最小半径 | 竖曲线最小长度 |
|---|---|---|---|---|---|---|---|---|
| 80 | 110 | 1 780 | 2 210 | 449 | 3 000 | 2 000 | 3 000 | 70 |
| 60 | 75 | 1 000 | 1 370 | 209 | 1 400 | 1 000 | 1 500 | 50 |
| 40 | 40 | 450 | 880 | 59 | 450 | 450 | 700 | 35 |
| 30 | 30 | 250 | 350 | 33 | 250 | 250 | 400 | 25 |
| 20 | 20 | 110 | 180 | 15 | 100 | 100 | 200 | 20 |

表中显示凹形竖曲线最不利的情况是径向离心力的冲击，故应以式（4-13）作为有效控制。《公路工程技术标准》规定的一般最小半径约为极限最小半径的 1.5~2.0 倍。竖曲线最小长度同凸形竖曲线。

《城镇道路工程技术标准》规定：各级道路纵坡变更处应设置竖曲线。竖曲线采用圆曲线。竖曲线半径及最小长度如表 4-14 所列。设计中应采用大于或等于表 4-14 中一般最小半径。特殊情况下，应大于或等于极限最小半径。

表 4-14 城市道路竖曲线最小半径和最小长度

| 设计速度/(km/h) | 100 | 80 | 60 | 50 | 40 | 30 | 20 |
|---|---|---|---|---|---|---|---|
| 凸形 $R_{min}$/m | 6 500 | 3 000 | 1 200 | 900 | 400 | 250 | 100 |
| 凹形 $R_{min}$/m | 3 000 | 1 800 | 1 000 | 700 | 450 | 250 | 100 |
| 最小曲线长/m | 85 | 70 | 50 | 40 | 35 | 25 | 20 |

## 4.3.3 竖曲线设计

**1. 竖曲线设计的一般要求**

竖曲线是否平顺，在视觉上是否良好，往往是构成纵面线形优劣的主要因素。竖曲线设计应满足以下要求。

1) 宜选用较大的竖曲线半径

在不过分增加工程量的情况下，宜选用较大的竖曲线半径。通常采用大于竖曲线一般最小半径的半径值，特别是当坡度差较小时，更应采用大半径，以利于视觉和路容美观。只有当地形限制或其他特殊困难不得已时才允许采用极限最小半径。在有条件的路段，为获得平顺而连续且视觉良好的纵面线形，可参照表 4-15 选择竖曲线半径。

表 4-15 从视觉观点所需的竖曲线最小半径

| 设计速度/(km/h) | 凸形竖曲线半径/m | 凹形竖曲线半径/m |
|---|---|---|
| 120 | 20 000 | 12 000 |
| 100 | 16 000 | 10 000 |
| 80 | 12 000 | 8 000 |

续表

| 设计速度/(km/h) | 凸形竖曲线半径/m | 凹形竖曲线半径/m |
| --- | --- | --- |
| 60 | 9 000 | 6 000 |
| 40 | 3 000 | 2 000 |

2）同向竖曲线应避免"断背曲线"

同向竖曲线特别是同向凹形竖曲线间，如直坡段不长，应合并为单曲线或复曲线。

3）反向曲线间由直坡段连接，也可径向连接

反向竖曲线间最好设置一段直坡段，直坡段的长度应能保证汽车以设计车速行驶 3 s 的行程时间，以使汽车从失重（或增重）过渡到增重（或失重）有一个缓和段。如受条件限制也可互相连接或插入短的直坡段。

4）竖曲线设置应满足排水需要

若相邻纵坡之代数差很小时，采用大半径竖曲线可能导致竖曲线上的纵坡小于 0.3%，不利于排水，应重新进行设计。

2. 竖曲线半径选择

选择竖曲线半径时应考虑以下因素。

① 选择半径应符合表 4-12、表 4-13 所规定的竖曲线的最小半径和最小长度的要求。

② 在不过分增加土石方工程量的情况下，为使行车舒适，宜采用较大的竖曲线半径。

③ 结合纵断面起伏情况和高程控制要求，确定合适的外距值，按外距控制选择半径：

$$R = \frac{8E}{\omega^2} \tag{4-20}$$

④ 考虑相邻竖曲线的连接（即保证最小直坡段长度或不发生重叠）限制曲线长度，按切线长度选择半径：

$$R = \frac{2T}{\omega} \tag{4-21}$$

⑤ 过大的竖曲线半径将使竖曲线过长，从施工和排水来看却是不利的，选择半径时应注意。

⑥ 对夜间行车交通量较大的路段考虑灯光照射方向的改变，使前灯照射范围受到限制，选择半径时应适当加大，以使其有较长的照射距离。

**例 4-1** 某山岭区二级公路，变坡点桩号为 K5+030.00，高程为 427.68 m，$i_1 = +5\%$，$i_2 = -4\%$，竖曲线半径 $R = 2\,000$ m。试计算竖曲线诸要素及桩号为 K5+000.00 和 K5+100.00 处的设计高程。

**解** （1）计算竖曲线要素。

$\omega = i_2 - i_1 = -0.04 - 0.05 = -0.09$，为凸形竖曲线。

曲线长 $L = R\omega = 2\,000 \times 0.09 = 180$ m

切线长 $T = \dfrac{L}{2} = \dfrac{180}{2} = 90$ m

外距 $E = \dfrac{T^2}{2R} = \dfrac{90^2}{2 \times 2\,000} = 2.03$ m

(2) 计算设计高程。

竖曲线起点桩号 = (K5 + 030) - 90 = K4 + 940

竖曲线起点高程 = 427.68 - 90 × 0.05 = 423.18 m

桩号 K5 + 000 处:

横距 $x_1$ = (K5 + 000) - (K4 + 940) = 60 m

纵距 $y_1 = \dfrac{x^2}{2R} = \dfrac{60^2}{2 \times 2\,000} = 0.90$ m

切线高程 = 423.18 + 60 × 0.05 = 426.18 m

设计高程 = 426.18 - 0.90 = 425.28 m

桩号 K5 + 100 处:

横距 $x_2$ = (K5 + 100) - (K4 + 940) = 160 m

纵距 $y_2 = \dfrac{x^2}{2R} = \dfrac{160^2}{2 \times 2\,000} = 6.40$ m

切线高程 = 423.18 + 160 × 0.05 = 431.18 m

设计高程 = 431.18 - 6.40 = 424.78 m

## 4.4 爬坡车道

爬坡车道是陡坡路段正线行车道外侧增设的供载重车行驶的专用车道,主要用在公路上。

在公路纵坡较大的路段上,载重车爬坡时需克服较大的坡度阻力,使输出功率与车重之比值降低,车速下降,大型车与小型汽车的速差变大,超车频率增加,对行车安全不利。车速差较大的车辆混合行驶,必将减小快车的行驶自由度,导致整个公路通行能力降低。为了消除上述种种不利影响,宜在陡坡路段增设爬坡车道,把载重车从正线车流中分离出去,让载重车在爬坡车道上以自身可能达到的车速行驶,提高公路正线上高速行驶的自由度,从而保证路段行车的安全性,增加路段的通行能力。

一般而言,最理想的是路线纵断面本身就应按不需设置爬坡车道的条件来设计纵坡。但是这样做,在某些地段往往会造成路线迂回或路基高填深挖,增大工程费用。而采用稍大的公路纵坡值,增设爬坡车道,则可能产生既经济又安全的效果。需要说明的是,设置爬坡车道并非是最好措施,解决问题的根本途径还在于精选路线,定出纵坡值较小而又经济实用的路线。

### 4.4.1 设置爬坡车道的条件

1. 公路

我国《公路路线设计规范》规定:四车道高速公路、四车道一级公路以及二级公路连续上坡的路段,应对载重汽车上坡行驶速度的降低值和设计通行能力进行验算,符合下列情况之一者,可在上坡方向行车道右侧设置爬坡车道。

① 沿上坡方向载重汽车的行驶速度降低到表 4-16 的允许最低速度以下时,可设置爬坡车道。

② 上坡路段的设计通行能力小于设计小时交通量时,应设置爬坡车道。

③ 经设置爬坡车道与改善主线纵坡不设爬坡车道技术经济比较论证,设置爬坡车道的效益费用比、行车安全性较优时。

表 4-16　公路上坡方向允许最低车速

| 设计速度/(km/h) | 120 | 100 | 80 | 60 | 40 |
| --- | --- | --- | --- | --- | --- |
| 允许最低车速/(km/h) | 60 | 55 | 50 | 40 | 25 |

爬坡车道的设计通行能力的计算方法与正线的通行能力计算方法相同。对需设置爬坡车道的路段,应与改善正线纵坡不设爬坡车道的方案进行技术经济比较;对隧道、大桥、高架构造物及深挖路段,当因设置爬坡车道使工程费用增加很大时,经论证爬坡车道可以缩短或不设;对双向六车道高速公路可不另设爬坡车道,将外侧车道作为爬坡车道使用。

对于山岭地区的高速公路,由于地形复杂,纵坡设计控制因素较多,在这种路段上,设计速度一般在 80 km/h 以下,是否设置爬坡车道,必须在上述基本条件下,从公路建设的目的、服务水平、工程建设投资规模等综合分析比较后确定。

2. 城市道路

城市道路快速路及行车速度为 60 km/h 的主干道,纵坡度大于 5% 的路段或符合下列情况之一时,可在上坡方向行车道右侧设置爬坡车道。

① 沿上坡方向大型车辆的行驶速度降低到 50 km/h 时(设计速度为 80 km/h)或行驶速度降低到 40 km/h 时(设计速度为 60 km/h)。

② 由于上坡路段混入大型车辆的干扰,降低路段通行能力时。

③ 经综合分析认为设置爬坡车道比降低纵坡经济合理时。

## 4.4.2　爬坡车道的设计

1. 横断面组成

爬坡车道设于正线道路上坡方向行车道右侧,如图 4-9 所示。爬坡车道的宽度一般为 3.5 m,包括设在其左侧路缘带的宽度 0.5 m。

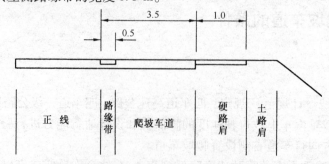

图 4-9　爬坡车道横断面组成(单位:m)

爬坡车道的路肩和正线一样仍然由硬路肩和土路肩组成。但由于爬坡车道上行驶速度较低，其硬路肩宽度可以不按正线的安全标准要求设计，一般为 1.0 m。而土路肩宽度以按正线要求设计为宜。

窄路肩不能提供停车使用，在长而连续的爬坡车道上，其右侧应按规定间隔一定的距离设置一紧急停车带。

2. 横坡度

如上所述，因为爬坡车道的行车速度比正线小，为了行车安全起见，高速公路正线超高坡度与爬坡车道的超高坡度之间的对应关系如表 4-17 所列。

表 4-17　爬坡车道的超高坡度

| 主线超高坡度/% | 10 | 9 | 8 | 7 | 6 | 5 | 4 | 3 | 2 |
|---|---|---|---|---|---|---|---|---|---|
| 爬坡车道超高坡度/% | 5 | | | | 4 | | | 3 | 2 |

超高坡度的旋转轴为爬坡车道内侧边缘线。

若爬坡车道位于直线路段时，其横坡度的大小同正线路拱坡度，采用直线式横坡，坡向向外。另外，爬坡车道右侧路肩的横坡度大小和坡向参照正线与右侧路肩之间关系的有关规定确定。

3. 平面布置与长度

爬坡车道的平面布置如图 4-10 所示。其总长度由起点处渐变段长度 $L_1$、爬坡车道的长度 $L$ 和终点处附加长度 $L_2$ 组成。

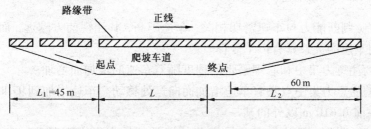

图 4-10　爬坡车道的平面布置

起点处渐变段长度 $L_1$ 用来使正线车辆驶离正线而进入爬坡车道，其长度一般取 45 m。

爬坡车道的长度 $L$，一般应根据所设计的纵断面线形，通过加、减速行程图绘制出载重车行驶速度曲线，找出小于允许最低速度的路段，从而得到需设爬坡车道的路段。

爬坡车道终点处附加长度 $L_2$ 用来供车辆驶入正线前加速至允许最低车速所需长度。其值与附加段的纵坡度有关，见表 4-18 规定，该附加长度包括终点渐变段长度 60 m 在内。

表 4-18　爬坡终点附加长度

| 附加段纵坡/% | 下坡 | 平坡 | 上坡 | | | |
|---|---|---|---|---|---|---|
| | | | 0.5 | 1.0 | 1.5 | 2.0 |
| 附加段长度/m | 100 | 150 | 200 | 250 | 300 | 350 |

爬坡车道起、终点的具体位置除按上述方法确定外，还应考虑与线形的关系。通常应设在通视条件良好，容易辨认并与正线连接顺适的地点。

## 4.5 道路平、纵线形组合设计视觉分析

### 4.5.1 视觉分析

**1. 视觉分析的意义**

道路线形设计除应考虑自然条件、汽车行驶力学方面的要求外，还要把驾驶人在行车过程中心理和视觉上的反应作为重要因素来考虑。汽车在道路上快速行驶时，驾驶人是通过视觉、运动感觉和时间变化来判断实际道路线形的。道路的线形、周围自然景观、标志标线及其他有关信息，都是通过驾驶人的视觉感受到的。因此，视觉是连接道路与汽车的重要媒介。

从驾驶人的视觉及其心理反应出发，对道路的空间线形及其与周围自然环境和沿线建筑物的协调进行研究分析，以保持视觉连续性和舒顺性，使行车具有足够的心理舒适感和安全感的综合设计称为视觉分析。视觉分析的意义在于将道路的线形、周边环境质量与驾驶人在行车中的动态视觉及其心理反应联系起来，体现道路几何设计以人为本的思想。

**2. 视觉与车速动态规律**

驾驶人的视觉判断能力与车速密切相关，车速越高，其注视前方越远，而视角逐渐变小。研究表明视觉与车速的关系具有以下规律。

① 驾驶人的注意力集中和心理紧张的程度随着车速的增加而增加。

② 驾驶人的注意力集中点随着车速增加而向远处移动。车速增加到 97 km/h 时，他的注意力集中点将在前方 610 m 以外的某一点。

③ 随着车速的增加，驾驶人对前景细节的视觉开始变得模糊不清。车速超过 97 km/h 时，对前景细节的反应接近于零。

④ 驾驶人的周界感随车速的增加而减少。当车速达到 72 km/h 时，驾驶人可以看到道路两侧视角 30°~40°的范围；当车速增加到 97 km/h 时，两侧视角减至 20°以下；车速进一步增加，驾驶人的注意力将随之引向景象中心而置两侧于不顾。

⑤ 即使是在中等车速情况下，驾驶人也需要 $\frac{1}{16}$ s 才能够把眼睛注视在能够看得见的目标上。眼睛总是从一个注视点跳到另外一点，在跳动之间是绝对看不到什么东西的。为了看到前方的东西，眼睛和目标必须相对固定。这就是为什么在高速行车时，驾驶人的眼睛总是瞄准到越来越远的地方，并试图达到看起来是固定的一点的目标的原因。

由此可见，对于快速道路来说，驾驶人的主要集中力是观察视点较远路幅的线形与环境状况，因此道路设计和视觉分析时，必须使驾驶人明白无误地了解线形和环境，尽量避免由于判断错误而导致驾驶失误。

3. 视觉评价方法

所谓线形状况是指道路平面和纵面线形所组成的立体形状,在汽车快速行驶中给驾驶人提供的连续不断的视觉印象。该视觉印象的优劣,除依靠设计者对三维空间的想象判断之外,比较好的方法是利用视觉印象随时间或空间变化的道路透视图来评价。它是按照汽车在道路上的行驶位置,根据线形的几何状况确定的视轴方向及由车速确定的视轴长度,利用坐标透视的原理绘制的。通过透视图,可直观地看出道路立体线形是否顺适,有无易产生判断错误或茫然的地方,路旁障碍物是否有碍视线的地方等。若存在上述缺陷则要在设计阶段进行修改,然后再绘出透视图分析研究,直至满意为止。

## 4.5.2 道路平、纵线形组合设计

道路建成以后,要改变道路路线线形几乎是不可能的,它将长期限制汽车的运行。线形设计的好坏,对汽车行驶的安全、舒适、经济及道路的通行能力都起着决定性的作用。因此,在进行线形设计时,必须对道路应具有的性能与作用进行充分而慎重地研究,以免留下后患。

道路线形设计首先是从路线规划开始的,然后按选线、平面线形设计、纵面线形设计和平纵线形组合设计的过程进行,最终是以平、纵组合的立体线形展现在驾驶人眼前的。行驶过程中驾驶人所选择的实际行驶速度,是由他对立体线形的判断作出的,这样,立体线形组合的优劣最后集中反映在汽车的车速上。如果只按平面、纵面线形标准分别设计、而不将二者综合起来考虑,最终不一定能得到好的设计。

当设计速度大于或等于 60 km/h 时,必须注重平、纵的合理组合;而当设计速度小于或等于 40 km/h 时,首先应在保证行驶安全的前提下,正确地运用线形要素规定值(最大值、最小值),在条件允许的情况下力求做到各种线形要素的合理组合,并尽量避免和减轻不利组合。

平、纵线形组合设计是指在满足汽车运动学和力学要求前提下,研究如何满足视觉和心理方面的连续、舒适、与周围环境的协调和良好的排水条件。

1. 平、纵线形组合的设计原则

① 应在视觉上能自然地引导驾驶人的视线,并保持视觉的连续性。任何使驾驶人感到茫然、迷惑或判断失误的线形,必须尽力避免。在视觉上能否自然地诱导视线,是衡量平、纵线形组合的最基本问题。图 4-11 是良好的设计线形,既顺适又美观。

② 平、纵线形的技术指标大小应保持平衡。如果不平衡,会给人以不愉快的感觉,失去了视觉上的均衡性。另外,若纵断面线形反复起伏,而平面上却采用高标准的线形是无意义的;反之亦然。

③ 选择组合得当的合成坡度,以利于路面排水和行车安全。

④ 注意与道路周围环境的配合,它可以减轻驾驶人的疲劳和紧张程度,并可起到引导视线的作用。

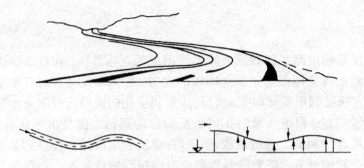

图 4-11 平曲线与竖曲线组合良好的线形

2. 平曲线与竖曲线组合设计

1) 平曲线与竖曲线应相互重合，且平曲线应稍长于竖曲线

这种组合是使平曲线和竖曲线对应，最好使竖曲线的起、终点分别放在平曲线的两个缓和曲线内，即所谓的"平包竖"。图 4-12、图 4-13 为平曲线与竖曲线相互重合的透视形状。这种立体线形不仅能起诱导视线的作用，而且可取得平顺而流畅的效果。对于等级较高的道路应尽量做到这种组合，并使平、竖曲线半径都大一些才显得协调，特别是凹形竖曲线处车速较高，二者半径更应该大一些。

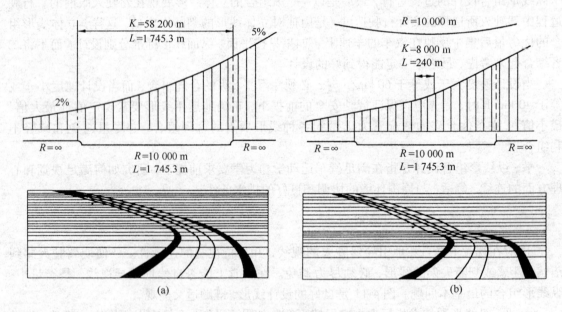

图 4-12 平、竖曲线组合对比（一）

2) 平曲线与竖曲线大小应保持均衡

平曲线和竖曲线其中一方大而平缓，那么另一方就不要形成多而小。一个长的平曲线内有两个以上凸、凹相间的竖曲线，或一个大的竖曲线含有两个以上反向平曲线，看上去非常别扭，图 4-14 即为上述两种组合的透视形状。

# 第 4 章 纵断面设计

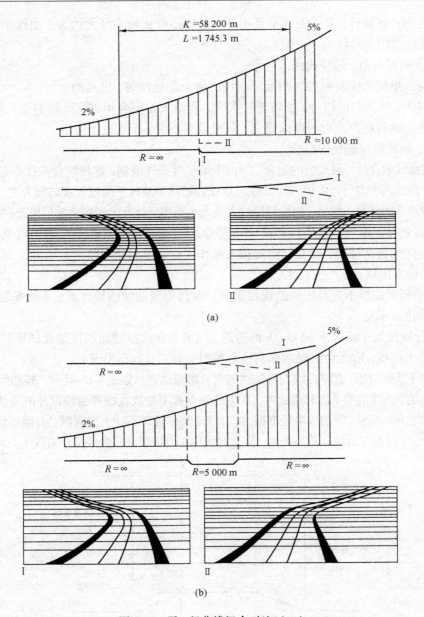

(a)

(b)

图 4-13 平、竖曲线组合对比（二）

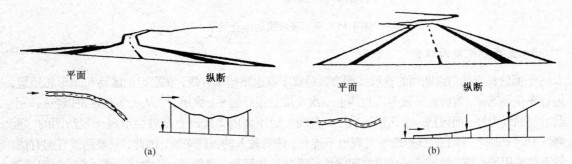

图 4-14 平曲线和竖曲线大小不均衡

根据德国计算统计，若平曲线半径小于1 000 m，竖曲线半径大约为平曲线半径的10～20倍时，便可达到均衡的目的。

3）暗、明弯与凸、凹竖曲线

暗弯与凸形竖曲线及明弯与凹形竖曲线的组合是合理的，悦目的。

对暗与凹、明与凸的组合，当坡差较大时，会给人留下舍坦坡、近路不走，而故意爬坡、绕弯的感觉。此种组合在山区难以避免，只要坡差不大，矛盾也不突出。

4）平、竖曲线应避免的组合

平、竖曲线重合是一种理想的组合，但由于地形等条件限制，这种组合往往不是总能争取到的。如果平曲线的中点与竖曲线的顶（底）点位置错开不超过平曲线长度的四分之一时，仍然可以获得比较满意的外观。但是，如果错位过大或大小不均衡就会出现视觉效果很差的线形。

① 要避免使凸形竖曲线的顶部或凹形竖曲线的底部与反向平曲线的拐点重合。两者都存在不同程度的扭曲外观，前者会使驾驶人操作失误，引起交通事故；后者虽无视线诱导问题，但路面排水困难，易产生积水。

② 小半径竖曲线不宜与缓和曲线相重叠。对凸形竖曲线诱导性差，事故率较高；对凹形竖曲线路面排水不良。

③ 设计速度大于或等于40 km/h 的道路，应避免在凸形竖曲线顶部或凹形竖曲线底部插入小半径的平曲线，后者会出现汽车高速行驶时急转弯，行车不安全。

为了便于实际应用，把平曲线与竖曲线的组合形象地表示如图4-15所示。竖曲线的起、终点最好分别放在平曲线的两个缓和曲线内，其中任一点都不要放在缓和曲线以外的直线上，也不要放在圆弧段之内。若平、竖曲线半径都很大，则平、竖位置可不受上述限制；若做不到平、竖曲线较好的组合，宁可把二者拉开相当距离，使平曲线位于直坡段或竖曲线位于直线上。

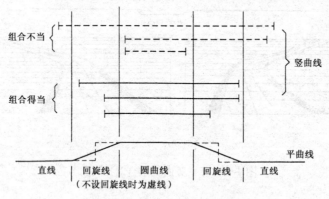

图4-15　平、竖曲线的组合关系

3. 直线与纵断面组合

平面的长直线与纵断面的直坡线配合，对双车道道路超车方便，在平坦地区易与地形相适应，但行车单调乏味，驾驶人易疲劳。直线上一次变坡是很好的平、纵组合，从美学观点讲以包括一个凸形竖曲线为好，而包括一个凹形线次之；直线中短距离内2次以上变坡会形成反复凸凹的"驼峰"和"凹陷"，看上去线形既不美观也不连贯，使驾驶人的视线中断，因此，只要路线有起有伏，就不要采用长直线，最好使平面路线随纵坡的变化略加转折，并把平、竖曲线合理地组合，但要避免驾驶人一眼能看到路线方向转折2次以上或纵坡起伏3次以上。

4. 平、纵线形组合与景观协调配合

道路作为一种人工构造物，应将其视为景观的对象来研究。修建道路会对自然景观产生影响，有时产生一定破坏作用。而道路两侧的自然景观反过来又会影响道路上汽车的行驶，特别是对驾驶人的视觉、心理及驾驶操作等都有很大影响。

平、纵线形组合必须是在充分与道路所经地区的景观相配合的基础上进行。否则，即使线形组合满足有关规定也不一定是良好设计。对于驾驶人来说，只有看上去具有顺畅的线形和优美的景观，才能称为舒适和安全的道路。对设计速度高的道路，平、纵线形组合设计与周围景观配合尤为重要。

道路景观工程包括内部协调和外部协调两方面。其中内部协调主要指平、纵线形视觉的连续性和立体协调性；而外部协调是指道路与其两侧坡面、路肩、中间带、沿线设施等的协调及道路的宏观位置。实践证明，线形与景观的配合应遵循以下原则。

① 应在道路的规划、选线、设计、施工全过程中重视景观要求。尤其在规划和选线阶段，比如风景旅游区、自然保护区、名胜古迹区、文物保护区等景点和其他特殊地区，一般以绕避为主。

② 尽量少破坏沿线自然景观，避免深挖高填，比如沿线周围的地貌、地形、天然树林、池塘湖泊等。纵断面尽量减少填挖；横断面设计要使边坡造型和绿化与现有景观相适应，弥补必要的填挖方对自然景观的破坏。

③ 应能提供视野的多样性，力求与周围的风景自然地融为一体，充分利用自然风景如孤山、湖泊、大树等，或人工建筑物如水坝、桥梁、高烟囱、农舍等，或在路旁设置一些设施，以消除单调感，并使道路与自然密切结合。

④ 不得已时，可采用修整、植草皮、种树等措施加以补救。

⑤ 条件允许时，宜适当放缓边坡或将其边坡点修整圆滑，以使边坡接近于自然地面形状，增进路容美观。

⑥ 应进行综合绿化处理，避免形式和内容上的单一化，将绿化视作引导视线、点缀风景及改造环境的一种技术措施进行专门设计。

## 4.6　纵断面设计方法及纵断面图

## 4.6.1　纵断面设计要点

纵断面设计的主要内容是根据道路等级、沿线自然条件和构造物控制标高等，确定路线合适的标高、各坡段的纵坡度和坡长、并设计竖曲线。基本要求是纵坡均匀平顺、起伏和缓、坡长和竖曲线长短适当、平面与纵面组合设计协调及土石方工程填挖平衡。这些要求虽在选、定线阶段有所考虑，但要在纵断面设计中具体加以实现。

1. 关于纵坡极限值的运用

根据汽车动力特性和考虑经济等因素制定的极限值，设计时不可轻易采用，应留有余地。在受限制较严，如越岭线为争取高度、缩短路线长度或避开艰巨工程等，才有条件地采用。好的设计应尽量考虑人的视觉、心理上的要求，使驾驶人有足够的安全感、舒适感和视觉上的美感。一般讲,纵坡缓些为好,但为了路面和边沟排水,最小纵坡不应低于0.3%~0.5%。

2. 关于最短坡长

坡长是指纵断面两变坡点之间的水平距离。坡长不宜过短,以不小于计算行车速度9 s的行程为宜。对连续起伏的路段,坡度应尽量小,坡长和竖曲线应争取到极限值的一倍或两倍以上,避免锯齿形的纵断面,以使超重与失重变化不致太频繁,从路容美观方面也应以此设计为宜。

3. 各种地形条件下的纵坡设计

① 平原、微丘地形的纵坡应均匀平缓,注意保证最小填土高度和最小纵坡的要求。丘陵地形应避免过分迁就地形而起伏过大,注意纵坡应顺适不产生突变。

② 山岭、重丘地形的沿河线应尽量采用平缓坡度,坡长不应超过限制长度,纵坡不宜大于6%,注意路基控制标高的要求。

③ 越岭线的纵坡应力求均匀,尽量不采用极限的坡度,更不宜在连续采用极限长度的陡坡之间夹短的缓和坡段。越岭路线一般不应设置反坡。

④ 山脊线和山腰线除结合地形不得已时采用较大纵坡外,在可能的条件下纵坡应缓些。

4. 关于竖曲线半径的选用

竖曲线应选用较大半径为宜。当受限制时可采用一般最小值,特殊困难方可采用极限最小值。坡差小时应尽量采用大的竖曲线半径。当有条件时,宜按表4-15的规定进行设计。

5. 关于相邻竖曲线的衔接

相邻两个同向凹形或凸形竖曲线,特别是同向凹形竖曲线之间,如果直坡段不长,则应取消直坡段,将两竖曲线合并为单曲线或复曲线,避免出现"断背曲线",这样要求对行车是有利的,如图4-16(a)所示。

相邻反向竖曲线之间,为使超重与失重之间平缓过渡,中间最好插入一段直坡段。如两竖曲线半径接近极限值时,这段直坡段至少应为计算行车速度的3 s行程。当半径比较大时,也可直接连接,如图4-16(b)所示。

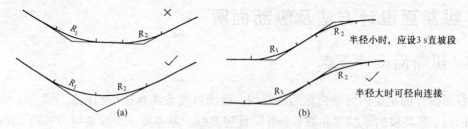

图4-16 相邻竖曲线半径的衔接

## 4.6.2 纵断面设计方法与步骤及注意问题

1. 纵断面设计方法与步骤

1) 准备工作

纵坡设计(俗称"拉坡")之前在厘米绘图纸上,按比例标注里程桩号和高程,点绘地面线,填写有关内容。同时收集和熟悉有关资料,并领会设计意图和要求。

2) 标注控制点

控制点是指影响纵坡设计的高程控制点。如路线起点、终点、越岭垭口、重要桥涵、地质不良地段的最小填土高度、最大挖探、填挖平衡点(也称"经济点")、沿溪线的洪水位、隧道进出口、平面交叉和立体交叉点、铁路道口、城镇规划控制高程及受其他因素限制路线必须通过的高程控制点等。

3) 试坡

在已标出"控制点"的纵断面图上,根据技术指标、选线意图,结合地面起伏变化,在这些点位间进行穿插与取值,试定出若干直坡线。对各种可能坡度线方案反复比较,最后确定出既符合技术标准,又满足控制点要求,且土石方较省的设计线作为初定坡度线,将前后坡度线延长交会定出变坡点的初步位置。

4) 调整坡度线

将所定坡度线与选线时坡度线的安排相比较,二者应基本相符,若有较大差异时应全面分析,权衡利弊,决定取舍。然后对照技术标准检查设计的最大纵坡、最小纵坡、坡长限制等是否满足规定;平、纵组合是否适当;路线交叉、桥隧和接线等处的纵坡是否合理等。若有问题应进行调整。调整方法是对初定坡度线平抬、平降、延伸、缩短或改变坡度值。

5) 核对

选择有控制意义的重点横断面,如高填深挖、地面横坡较陡路基、挡土墙、重要桥涵及其他重要控制点等,在纵断面图上直接读出对应桩号的填、挖高度,用路基设计"模板"在横断面图上"戴帽子",检查是否填挖过大、坡脚落空或过远、挡土墙工程过大、桥梁过高或过低、涵洞过长等情况,若有问题应及时调整纵坡设计线。

6) 定坡

经调查核对无误后,逐段把直坡线的坡度值、变坡点桩号和高程确定下来。变坡点一般要调整到 10 m 的整桩号上,相邻变坡点桩号之差为坡长。各变坡点高程是由纵坡度和坡长值依次推算而得。

7) 设置竖曲线

拉坡时已考虑了平、纵组合问题,此步根据技术标准、平纵组合均衡等确定竖曲线半径、计算竖曲线要素及各桩号的设计标高。

2. 纵坡设计应注意的问题

① 设置回头曲线地段,拉坡时应按回头曲线技术标准先定出该地段的纵坡,然后从两端接坡,注意在回头曲线地段不宜设竖曲线。

② 大、中桥上不宜设置竖曲线,桥头两端竖曲线的起点应设在桥头 10 m 以外。

③ 小桥涵允许设在斜坡地段或竖曲线上,为保证行车平顺,应尽量避免在小桥涵处出现"驼峰式"纵坡。

④ 注意平面交叉口纵坡及两端接线要求。道路与道路交叉时,一般宜设在水平坡段,其长度应不小于最短坡长规定。两端接线纵坡应不大于3%,山区工程艰巨地段不大于5%。

⑤ 拉坡时如受"控制点"制约,导致纵坡起伏过大,或土石方工程量太大,经调整仍然难以解决时,可用纸上移线的方法局部修改原定平面线形。

## 4.6.3 纵断面图的绘制

纵断面设计图是道路设计重要技术文件之一，也是纵断面设计的最后成果。

纵断面采用直角坐标，以横坐标表示桩号，纵坐标表示高程。为了明显地反映沿着中线地面起伏形状，公路通常横坐标比例尺采用 1:2 000（城市道路采用 1:500～1:1 000），纵坐标采用 1:200（城市道路为 1:50～1:100），如图 4-17 所示（公路）。

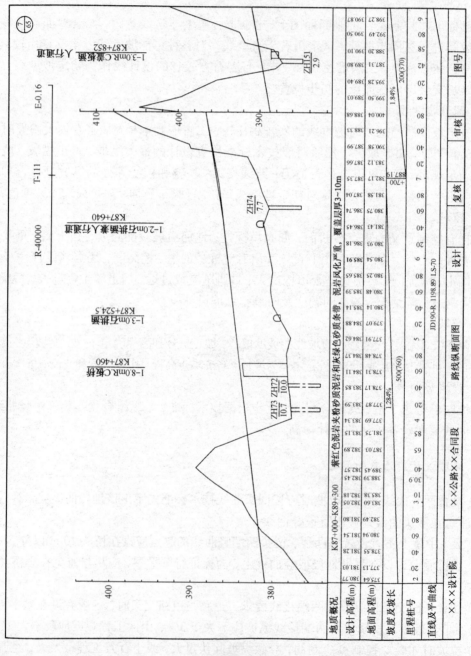

图 4-17 公路纵断面设计图

纵断面图是由位于坐标系内的图形和位于图形下的注解栏两部分内容组成。图形部分主要用来绘制地面线和纵坡设计线，另外，也用以标注竖曲线及其要素；坡度及坡长（有时标在下部）；沿线桥涵及人工构造物的位置、结构类型、孔数和孔径；与道路、铁路交叉的桩号及路名；沿线跨越的河流名称、桩号、常水位和最高洪水位；水准点位置、编号和高程；断链桩位置、桩号及长短链关系。

注解栏主要用来填写有关内容，自下而上分别填写：直线及平曲线；里程桩号；地面高程；设计高程；填、挖高度；坡度/坡长；土壤地质说明；设计排水沟沟底线及其坡度/坡长、高程、流水方向（视需要而标注）。

纵断面设计图应按规定采用标准图纸和统一格式，以便装订成册。

纵断面设计图的绘制可以运用适合的 CAD 软件利用计算机成图和输出，具体内容参见"道路工程 CAD"教材和相关图书、资料。

城市道路的纵断面图一般包括以下内容：道路中线的地面线；纵坡设计线；施工高度；土壤地质剖面图；沿线桥涵位置；街沟类型及孔径；沿线交叉口位置和高程；沿线水准点位置、桩号和高程等；以及在图的下方附以简要的说明表格。在市区主干道的纵断面图上，尚应标注出相交道路的路名与交叉口的交点高程，以及街坊与主要建筑物的出入口高程等，如图 4-18 所示。

## 4.7 城市道路纵断面设计

城市道路断面设计内容及绘制方法与公路基本相同。只是由于城市道路所经地区的地形、地物及地上地下各种管线的影响，使得制约纵断面设计标高的控制点较多，如城市桥梁、铁路跨线桥、铁路道口、平面交叉点、滨河路的最高水位及沿街建筑物的地坪标高等；当设计纵坡小于最小纵坡或平坡时，应在道路两侧做锯齿形街沟设计。

城市道路纵断面设计（图 4-18）的要求，除了前面讲述的最大和最小纵坡、坡长限制、合成坡度、平均纵坡、竖曲线最小半径和最短长度、平纵组合的要求以外，还应满足由城市道路的特点所决定的具体要求。

（1）纵断面设计应参照城市规划控制高程并适应临街建筑立面布置及沿路范围内地面水的排除。

（2）为保证行车安全、舒适，纵坡宜缓顺，起伏不宜频繁。

（3）山城道路及新辟道路的纵断面设计应综合考虑土石方平衡、汽车运营经济效益等因素，合理确定路面设计高程。

（4）机动车与非机动车混合行驶的车行道，宜按非机动车爬坡能力设计纵坡度。

（5）纵断面设计应对沿线地形、地下管线、地质、水文、气候和排水综合考虑。

① 路线经过水文地质条件不良地段时，应提高路基高程以保证路基稳定。当受规划控制高程限制不能提高时，应采取稳定路基措施。

② 旧路改建在旧路面上加铺结构层时，不得影响沿路范围的排水。

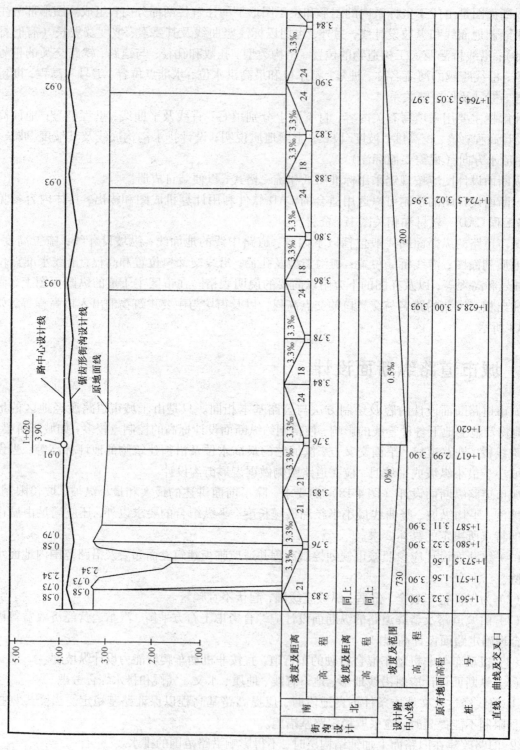

图 4-18 城市道路纵断面设计图

③ 沿河道路应根据路线位置确定路基高程。位于河堤顶的路基边缘应高于防洪水位0.5 m。当岸边设置挡水设施时，不受此限。位于河岸外侧道路的高程应按一般道路考虑，符合规划控制高程要求，并应根据情况解决地面水及河堤渗水对路基稳定的影响。

④ 道路纵断面设计要妥善处理地下管线覆土的要求。

⑤ 道路最小纵坡应大于或等于0.5%，困难时可大于或等于0.3%。遇特殊困难纵坡小于0.3%时，应设置锯齿形街沟或采取其他排水措施。

⑥ 确定道路中线设计高程时，为保证道路及两侧街坊地面水的排除，一般应使侧石顶面高程低于两侧街坊或建筑物前的地坪高程。车行道横坡度和人行道横坡度视面层类型在1%~2%之间选用，建筑物前地坪横坡度为0.5%~1.0%。根据横断面各组成部分宽度和横坡度可确定包括预留路面补强厚度在内的道路中线设计高程。

⑦ 道路纵断面设计应与相交道路、街坊、广场和沿街建筑物的出入口有平顺的衔接。

⑧ 山城道路应控制平均纵坡度。越岭路段的相对高差为200~500 m时，平均坡度宜采用4.5%；相对高差大于500 m时，宜采用4%，任意连续300 m长度范围内的平均纵坡度不宜大于4.5%。

## 4.8 锯齿形街沟的设置与设计

### 4.8.1 设置锯齿形街沟的目的

我国大多数城市都坐落于地形平坦的地区，道路设计中为减少土石方填、挖方工程量，保证道路中线高程与两侧建筑物前地坪高程的衔接关系，有时不得不采用很小的甚至是水平的纵坡度。这种纵坡对行车是有利的，但对排水却不利。尽管设置了路拱横坡，因纵坡很小使纵向排水不通畅，路面会产生局部积水，尤其在暴雨或多雨季节，积水面积更大，不仅妨碍交通，而且影响路基稳定性。因此，对设计纵坡很小路段，要设法保证路面排水通畅，其中设置锯齿形街沟（或称偏沟）就是一种有效方法。

### 4.8.2 设置锯齿形街沟的条件

《城镇道路工程技术标准》规定：道路中线纵坡度小于0.3%时，应在道路两侧车行道边缘设置锯齿形街沟。

### 4.8.3 锯齿形街沟的设计

1. 设计方法

所谓街沟是指城市道路上利用高出路面的缘石（也称"站石"）与路面边缘（或"平石"，也称"卧石"）地带作为排除地面水的沟道。在纵断面图上，正常设计时道路中线纵坡设计线、缘石顶面线和街沟底设计线是三条相互平行的线。锯齿形街沟的设计方法就是保持缘石顶面线与道路中线纵坡设计线平行的条件下,交替地改变路面边缘(或平石也称卧石)即沟底高程,在最低处设置雨水进水口,使雨水口处锯齿形街沟范围的路面横坡度增大,两雨水口之间分水点处的路面横坡减小,从而使路面边缘(或平石也称卧石)的纵坡度增大到0.3%以上,达到纵坡向排水要求。由于街沟纵坡呈上下连续交替状,故称为锯齿形街沟。

### 2. 缘石外露高度

缘石外露高度不宜过低,否则将不能容纳应排泄的最大地面水流量,以致溢过缘石流到人行道上影响行人交通;但也不宜过高,以免影响行人跨越。一般,在雨水口处缘石外露最大高度 $h_g = 25$ cm,在分水点最小外露高度 $h_w = 10$ cm。

### 3. 分水点和雨水口位置

锯齿形街沟的设计主要是确定分水点和雨水口的位置,即街沟沟底纵坡变坡点之间的距离,以便布置雨水口。如图4-19所示,设相邻雨水口间距为 $l$,分水点至雨水口的距离分别为 $l_1$ 和 $l-l_1$;雨水口处缘石外露高度为 $h_g$,分水点处缘石外露高度为 $h_w$;缘石顶线纵坡(一般等于路中线纵坡)为 $i$,分水点前后街沟沟底纵坡分别为 $i_1$ 和 $i_2$,则:

$$h_g = h_w + i_1 l_1 - i l_1 \quad 或 \quad l_1 = \frac{h_g - h_w}{i_1 - i} \tag{4-22}$$

$$h_g = h_w + i(l - l_1) + i_2(l - l_1) \quad 或 \quad l - l_1 = \frac{h_g - h_w}{i_2 + i} \tag{4-23}$$

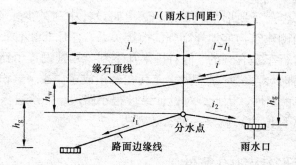

图4-19 锯齿形街沟计算图

值得说明的是,设置锯齿形街沟,虽然能保证纵向排水要求,但施工比较麻烦,雨水干管埋设深度随长度而增加,路面拓宽改建困难,且在街沟宽度范围对行车有一定影响。因此,设计时尽量少采用锯齿形街沟,设法调整道路中线设计线纵坡使之达到最小纵坡的要求。

# 第 5 章 横断面设计

道路的横断面是指中线上各点的法向切面,由横断面设计线和地面线组成。公路横断面设计线包括行车道、路肩、分隔带、边沟、边坡、截水沟、护坡道、取土坑、弃土堆和环境保护等设施。城市道路还包括机动车道、非机动车道、人行道和绿化带等。高速公路和一级公路上还包括变速车道和爬坡车道等。而横断面中的地面线是表征地面起伏变化的那条线,它是通过现场实测或由大比例尺地形图、航测图像、数字地面模型等途径获得的。路线设计中所讨论的横断面设计包括上述横断面各组成部分的宽度、横向坡度标高相对关系等问题,有时也将路线横断面设计称作"路幅设计"。

道路横断面设计,应根据其交通性质、交通量(包括人流量)、行车速度,结合地形、气候、土壤等条件进行道路行车道、分隔带、人行道、路肩等的布置,以确定其横向几何尺寸,并进行必要的结构设计,以确保它们的强度和稳定性。

## 5.1 道路用地与道路建筑限界

### 5.1.1 道路用地

修建道路和养护道路及布置道路的各种设施都需要占用土地。这些土地的征用必须要遵照国家的有关政策办理,既要满足确实因建设需要必须使用的地幅,又要精打细算,充分考虑我国珍贵的土地资源,尽可能从设计和施工等方面节省每一寸土地。

在道路用地范围内,不得修建非路用房屋,开挖渠道及其他设施。

公路用地范围规定如下。

① 新建公路路堤两侧排水沟外边缘(无排水沟时为路堤或护坡道坡脚)以外,或路堑坡顶截水沟外边缘(无截水沟为坡顶)以外不少于 1 m 的土地为公路用地范围。在有条件的地段,高速公路、一级公路不少于 3 m,二级公路不少于 2 m 的土地为公路用地范围。

② 高填深挖路段,可能会因取土、弃土及在路基的开挖填筑和养护过程中占用更多的土地,加之路基可能产生的沉陷、变形等原因,所以在这种地段应根据计算确定用地范围。

③ 在风沙、雪害及特殊地质地带,应根据需要确定设置防护林,种植固沙植物,安装防沙或防雪栅栏及设置反压护道等设施所需的用地范围。

④ 行道树应种植在排水沟或截水沟外侧的公路用地范围内。有条件或根据环保要求种植多行林带的路段,应根据具体情况确定公路用地范围。

⑤ 公路沿线设施及路用房屋、料场、苗圃等,应在节约用地的原则下,尽量利用荒山或荒坡地,并根据实际需要确定用地范围。

⑥ 改建公路可参考新建公路用地范围规定执行。

城市道路用地范围是指道路建筑红线以内的范围。城市道路建筑红线是指划分城市道路用地和城市建筑用地、生产用地及其他备用地的分界控制线,通常由城市规划部门确定。红线宽度应根据道路的功能与性质、横断面形式及行车道、人行道等合理宽度,并考虑其发展予以确定。

## 5.1.2 道路建筑限界

  道路建筑限界又称道路净空,是为保证道路上各种车辆、人群的正常通行与安全,在一定的高度和宽度范围内不允许有任何障碍物侵入的空间界限。在做道路的横断面设计时,应充分研究组成路幅要素的相互关系及道路的各种设施的设置规划,在有限空间内作出合理的安排。不允许桥台、桥墩及照明、护栏、信号机、道路标志牌、行道树、电杆等设施侵入建筑限界以内。

  道路建筑限界由净高和净宽两部分组成。

  一般载重汽车的装载高度规定不得超过 3.5 m,外加 1.0 m 的富余高度,净空高度为 4.5 m。考虑到路面积雪和路面铺装在养路过程中不断加厚,所以高速公路、一级公路和二级公路的净空高度规定为 5.0 m,三、四级公路为 4.5 m。三、四级公路的路面类型若设计为中级或低级路面时,考虑到路面面层的改造提高,其净高可预留 20 cm。同一条公路应采用同一个净高。

  城市道路的最小净高规定为:各种汽车为 4.5 m,无轨电车为 5.0 m,有轨电车为 5.5 m,自行车和行人为 2.5 m,其他非机动车为 3.5 m。

  净宽是指在上述规定的净高范围内应保证的宽度,它包括行车带宽度和路肩宽度。

  规定的路肩宽度是在净空范围以内的,所以道路上的各种设施(护栏、标志牌等),应该设置在石路肩以外的保护性路肩上,而且必须保证其伸入部分在净高以上。

  桥梁、隧道和高架公路为了降低造价需压缩净空,其压缩部分主要体现在侧向宽度上。但在桥梁、隧道中需设置人行道,且当人行道的宽度大于侧向宽度时,则其建筑限界应包括在所增加的宽度内。

  人行道、自行车道与行车道分开设置时,其净高一般为 2.5 m。

  各级公路建筑限界规定如图 5-1 所示,城市道路建筑限界规定如图 5-2 所示。

  在图 5-1 中,各符号意义如下:

$W$——行车道宽度/m;

$L_1$——左侧硬路肩宽度/m;

$L_2$——右侧硬路肩宽度/m;

$S_1$——左侧路缘带宽度/m;

$S_2$——右侧路缘带宽度/m;

$L$——侧向宽度。具体为:二级公路的侧向宽度为硬路肩宽度($L_1$ 或 $L_2$);三、四级公路的侧向宽度为路肩宽度减去 0.25 m;设置护栏时,应根据护栏需要宽度加宽路基;

$D$——路缘石高度,小于或等于 0.25 m。一般情况下,高速公路可不设路缘石;

$C$——当设计速度大于 100 km/h 时为 0.5 m,等于或小于 100 km/h 时为 0.25 m;

$M_1$——中间带宽度/m;

$M_2$——中央分隔带宽度/m;

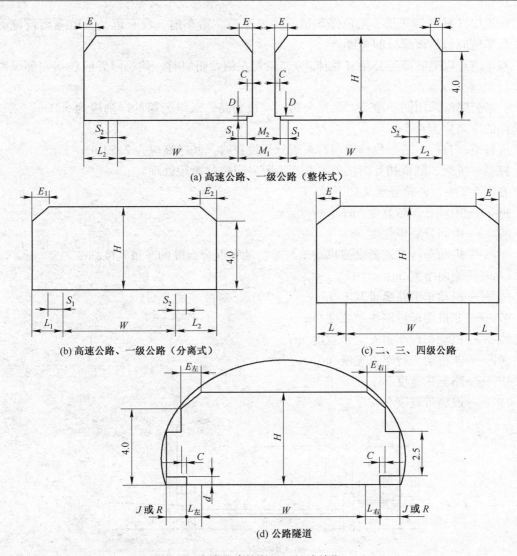

图 5-1 公路的建筑限界（尺寸单位：m）

$J$——隧道内检修道宽度/m；

$R$——隧道内人行道宽度/m；

$d$——隧道内检修道或人行道高度/m；

$E$——建筑限界顶角宽度，具体为：

当 $L \leq 1$ m 时，$E = L$；

当 $L > 1$ m 时，$E = 1$ m；

$E_1$——建筑限界顶角宽度，当 $L_1 < 1$ m，$E_1 = L_1$，或 $S_1 + C < 1$ m，$E_1 = S_1 + C$；当 $L_1 \geq 1$ m 或 $S_1 + C \geq 1$ m 时，$E_1 = 1$ m；

$E_2$——建筑限界顶角宽度，$E_2 = 1$ m；

$E_{左}$——建筑限界左顶角宽度，当 $L_{左} \leq 1$ m 时，$E_{左} = L_{左}$；当 $L_{左} > 1$ m 时，$E_{左} = 1$ m；

$E_{右}$——建筑限界右顶角宽度，当 $L_{右} \leq 1$ m 时，$E_{右} = L_{右}$；当 $L_{右} > 1$ m 时，$E_{右} = 1$ m；

$H$——净空高度/m。

设置加(减)速车道、紧急停车带、爬坡车道、错车道、慢车道、车道隔离设施等路段,行车道应包括该部分的宽度。

八车道及以上的高速公路(整体式),设置左侧硬路肩时,建筑限界应包括左侧硬路肩宽度。

一条公路应采用同一净高。高速公路、一级公路、二级公路的净高应为5.0 m;三、四级公路的净高应为4.5 m。

人行道、自行车道、检修道与行车道分开设置时,其净高应为2.50 m。

路基、桥梁、隧道相互衔接处,其建筑限界应按过渡段处理。

在图5-2中,各符号意义如下:

$w_{sm}$——中间分车带宽度/m;

$w_{dm}$——中间分隔带宽度/m;

$w_e$——机动车行车道宽度或机动车与非机动车混合行驶的车道宽度/m;

$w_1$——侧向净宽/m;

$w_{me}$——机动车道路缘带宽度/m;

$w_{mb}$——非机动车道路缘带宽度/m;

$w_{mc}$——机动车行车道安全带宽度/m;

$w_b$——非机动车行车道宽度/m;

$w_a$——路侧带宽度/m;

$w_f$——设施带宽度/m;

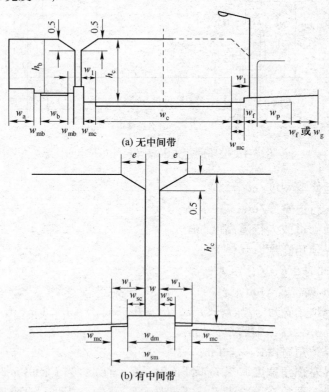

图5-2 城市道路的建筑限界(尺寸单位:m)

$w_p$——人行道宽度/m；

$h_b$——自行车道、人行道及其他非机动车行车道的最小净高/m；

$h'_c$——机动车行车道最小净高/m；

$e$——顶角抹角宽度/m。

道路建筑限界的边界线按照下列原则确定：

(1) 上缘边界线。对于一般路拱路段，为一条水平线；对于设置起高的路段，是与起高横坡相平行的斜线（图5-3）。

(2) 两侧边界线。对于一般路拱路段，两侧边界线与水平线垂直；设置起高的路段，与起高横坡线垂直。

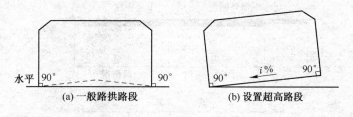

图 5-3 建筑限界的边界划定

## 5.2 道路路幅组成

### 5.2.1 公路路幅组成

公路路幅的组成和各部分的尺寸要根据设计交通量、交通组成、设计车速、地形条件等因素确定。在保证必要的通行能力和交通安全与畅通的前提下，尽量做到用地省、投资少，使道路发挥其最大的经济效益与社会效益。

1. 路幅的构成

路幅是指公路路基顶面两路肩外侧边缘之间的部分。等级高、交通量大的公路（如高速公路，一级公路），通常是将上、下行车辆分开。分隔的方式有两种：一种是用固定宽度的分隔带分隔；另一种是将上、下行车道各自独立布置，利用天然地势进行分隔。前者称作整体式断面，后者称作分离式断面。整体式断面包括行车道、中间带、路肩及紧急停车带、爬坡车道等组成部分。不设分隔带的整体式断面（如二、三、四级公路）包括车行道、路肩及错车道等组成部分；城郊混合交通量大，实行快、慢车分行的路段，其横断面组成可能还有人行道、非机动车道等，应根据实际情况选用。图5-4列出几种公路的典型横断面组成。

公路的直线段和小半径曲线段宽度有所不同，在小半径曲线上，路幅宽度还包括车行道加宽的宽度。

为了迅速排除路面和路肩上的降水，将路面和路肩做成有一定横坡的斜面。直线路段的路面为中间高、两边低呈双向倾斜的拱状，称作路拱。小半径曲线上为了抵消离心力，路面做成向弯道内侧倾斜的单一横坡，称作超高。

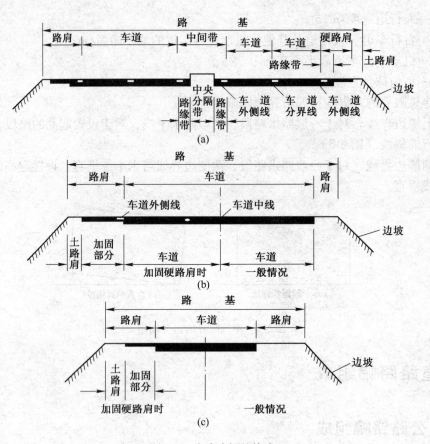

图 5-4 公路路幅的构成

2. 路幅布置类型

1）单幅双车道

单幅双车道公路指的是整体式的供双向行车的双车道公路。这类公路在我国公路总里程中占的比重最大。二级公路、三级公路和一部分四级公路均属这一类。这类公路适应的交通量范围大，能适应按各种车辆折合成中型载重汽车的设计交通量最高达 7 500 辆/昼夜。设计速度从 20~80 km/h。在这种公路上行车，只要各行其道、视距良好，车速一般都不会受影响。但当交通量很大、非机动车混入率高、视距条件又差时，其车速和通行能力则大大降低。所以对混合行驶相互干扰较大的路段，可设置专用非机动车道和人行道，将机动车和非机动车、行人分开。

2）双幅多车道

四车道、六车道和更多车道的公路，中间一般都设分隔带或做成分离式路基而构成"双幅"路。有些分离式路基为了利用地形或处于风景区等原因甚至做成两条独立的单向行车的道路（图 5-5）。

这种类型的公路的设计车速高、通行能力大，每条车道能担负的交通量比一条双车道公路还多，而且行车顺适、事故率低。《公路工程技术标准》中的高速公路和一级公路即属此种类型。高速公路和一级公路的主要差别在是否全立交、是否全封闭、分隔带最小宽度、路幅总宽度、各种服务设施、安全设施、环境美化等方面的完备程度。这类公路占地多、造价高，只有在公路网中具有非常重要的政治、经济意义，远景交通量很大时才修建。

图 5-5　两条独立单向行车的道路

3）单车道

对交通量小、地形复杂、工程艰巨的山区公路或地方性道路，可采用单车道，我国《公路工程技术标准》中的山区四级公路路基宽度为 4.5 m，路面宽度为 3.50 m 者就是属于此类；此类公路虽然交通量很小，但仍然会出现错车和超车。为此，应在不大于 300 m 的距离内选择有利地点设置错车道，使驾驶人能够看到相邻错车道驶来的车辆。错车道处的路基宽度大于或等于 6.5 m，有效长度大于或等于 20 m，错车道的尺寸规定如图 5-6 所示。

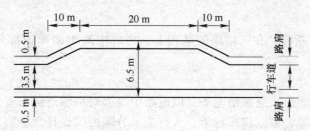

图 5-6　错车道尺寸规定

## 5.2.2　城市道路路幅组成

城市道路的交通性质和组成比较复杂，尤其表现在行人和各种非机动车较多。各种交通工具和行人的交通问题都需要在路幅设计中综合考虑予以解决，所以城市道路路线设计中的路幅设计是矛盾的主要方面,一般在平面和纵断面设计之前进行。

城市道路上供各种车辆行驶的部分称为行车道。在行车道断面上,供汽车、无轨电车、摩托车等机动车行驶的部分称为机动车道;供自行车、三轮车、板车等非机动车行驶的部分称为非机动车道。此外,还有供行人步行用的人行道、分隔各种车道(或人行道)的分隔带及绿化带。

城市道路各组成部分相互联系和影响,其位置的安排和宽度的确定必须首先保证车辆和行人的安全畅通,同时要与道路两侧的各种建筑物及自然景观相协调;并满足地面、地下排水和各种管线埋设的要求。横断面设计应注意近、远期结合,使近期工程成为远期工程的组成部分,并预留管线位置。路面宽度及高程等均应有发展余地。

1. 布置类型

1)单幅路

俗称"一块板"断面,各种车辆在车道上混合行驶。在交通组织上有以下几种方式。

① 划出快、慢车行驶分车线,快车和机动车辆在中间行驶,慢车和非机动车靠两侧行驶。

② 不划分车线,车道的使用可以在不影响安全的条件下予以调整。如只允许机动车辆沿同一方向行驶的"单行道";限制载重汽车和非机动车行驶,只允许小客车和公共汽车通行的街道;限制各种机动车辆、只允许行人通行的"步行道"等。上述措施,可以是相对不变的,也可以是按规定的周期变换的。

2)双幅路

俗称"两块板"断面。在车道中心用分隔带或分隔墩将车行道分为两幅,上、下行车辆分向行驶。各自再根据需要决定是否划分快、慢车道。

3)三幅路

俗称"三块板"断面。中间一幅为双向行驶的机动车车道,两侧分别为单向行驶的非机动车道。

4)四幅路

俗称"四块板"断面。在三幅路的基础上,再将中间机动车道部分用中央分隔带分隔为二幅,分向行驶。

5)不对称路幅

上述4种基本断面形式通常情况下是以道路中线为对称轴对称布置。但是在一些特殊情况下,比如地形限制等,可以将车行道、人行道、分隔带等设计成标高不对称、宽度不对称或上、下行分幅设计以适应特殊要求。沿江(河)大道、山城道路设计中常采用不对称路幅。

上述"单幅路"、"双幅路"、"三幅路"、"四幅路"4种横断面的布置形式如图5-7所示。

在图5-7中,各符号的意义如下:

$w_r$——红线宽度/m;

$w_e$——机动车道宽度或机动车与非机动车混合行驶的车行道宽度/m;

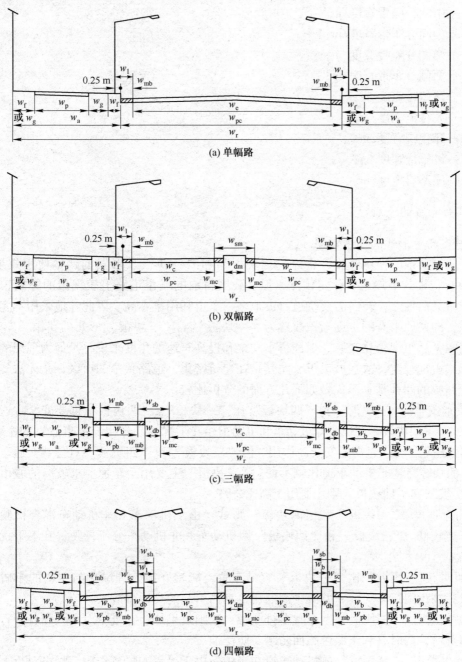

图 5-7 城市道路横断面布置基本形式

$w_b$——非机动车道宽度/m；

$w_{pc}$——机动车道路面宽度或机动车与非机动车混合行驶的路面宽度/m；

$w_{pb}$——非机动车道路面宽度/m；

$w_{mc}$——机动车道路缘带宽度/m；

$w_{mb}$——非机动车道路缘带宽度/m；

$w_l$——侧向净宽/m；

$w_{dm}$——中间分隔带宽度/m；

$w_{sm}$——中间分车带宽度/m；

$w_{db}$——两侧分隔带宽度/m；

$w_{sb}$——两侧分车带宽度/m；

$w_a$——路侧带宽度/m；

$w_p$——人行道宽度/m；

$w_g$——绿化带宽度/m；

$w_f$——设施带宽度/m；

$w_{sh}$——硬路肩宽度/m。

2. 路幅形式的选用

1）基本布置形式的使用效果

根据我国各地的使用经验，认为"三块板"和"一块板"形式的路幅使用效果较好，而"两块板"形式虽然也有一定优点，但在我国目前的城市道路上表现出的弊病较多，如车辆行驶时灵活性差，转向需要绕道，占地多，车道利用率不高。因此各地采用不多，特别是在市区，即使原来有的也逐渐被改建为"一块板"或"三块板"形式的路幅。"四块板"形式的路幅，从组织渠化交通、保证行车安全和提高车速的角度来说，是最为理想的，但由于这种形式占地很宽，故在城市里、尤其是在建筑密集、道路狭窄的市区，是无法实施的。

现把路幅的四种基本形式做如下几方面的分析比较。

① 交通安全。"三块板"和"四块板"比"一块板"、"两块板"都要安全。这是由于"三块板"和"四块板"解决了非机动车和机动车相互干扰（易产生交通事故）的主要矛盾，同时分隔带还起了行人过街的安全岛作用。但"三块板"和"四块板"对公共交通车辆停靠站上、下的乘客穿越非机动车道比较不便。"三块板"主要用于车速要求较高的城市主干道上，"两块板"和"四块板"则主要用于高速公路。

② 行车速度。"一块板"和"两块板"形式，由于机动车和非机动车混合行驶，互相干扰，车速较低。"三块板"和"四块板"因机动车和非机动车分流行驶，互不干扰，车速一般较高。

③ 照明。"三块板"比"一块板"容易布置，能较好地处理绿化与照明的矛盾，照度均匀，可提高夜间行车速度，并减少因照明不良而引起的交通事故。

④ 绿化遮阳。"三块板"上布置多排绿带，遮阳效果好，在夏季对行人和各种行驶车辆均感凉爽舒适，同时有利于黑色路面防晒、防泛油。

⑤ 减少噪声。"三块板"的机动车道在当中，由于绿带的隔离作用，噪声对行人和沿街居民的干扰较小。

⑥ 造价。"一块板"占地最少，投资省，故在各种等级的道路上均可采用。"三块板"特别是"四块板"用地最多，但有利于地下管线的分期敷设和非机动车道可采用较薄路面，这是合理的一面，但总造价往往最高，主要适用于主干道上。

此外"三块板"形式便于分期实施，当近期交通量不大时，可先做成一块板，待交通量增长到一定程度时再考虑扩建为"三块板"。同时根据实际需要"三块板"也可改为"一块板"。有时"三块板"路幅的两条分隔带可做成活动式的，在节日游行时可移去。据目前使用情况看，"三块板"形式的路幅，其红线宽度宜在40 m以上较妥。它的缺点是占地多，分隔带不仅占用了一定的道路用地，同时也限制了车行道的相互调剂。因此对那些近期交通量不大的道路，过早地采用"三块板"形式不一定是适宜的。

2) 基本形式的选用

通过以上分析比较，可见4种路幅形式都各有它的优缺点和适用条件，必须结合具体情况，作技术经济比较，因地制宜采用。

一般来讲，"三块板"和"四块板"适用于道路红线宽度较宽（一般在40 m以上）、机动车交通量大（大于等于4条机动车道）、车速高、非机动车多的主要干道。

"一块板"形式适用于建筑红线较狭（一般在40 m以下），非机动车不多，设4条车道已能满足交通量的需要。在用地困难、拆迁量较大地段及出入口较多的商业性街道上可优先考虑。有时虽然红线宽在40 m以上，但有特殊功能要求时（如游行大道），也应采用一块板形式。

"两块板"适用于郊区快速干道（机动车辆多，非机动车辆少），可以减少对向机动车相互之间的干扰，特别是夜间行车；两块板形式对绿化、照明、管线敷设均较有利。但由于我国目前城市交通的主要矛盾是机动车与非机动车混合行驶的矛盾，而不是机动车对向行驶的矛盾，同时设置后因车辆超车而造成的交通事故较多，各地经多年的实践经验证明，这种形式对行车安全极为不利，故上海、南京、长沙、合肥等地已陆续拆除，改为"一块板"或"三块板"路幅形式。

总之，"三块板"优点居多，在条件具备的城市道路上宜优先考虑采用。但从我国目前现状看，"一块板"形式具有很高的使用价值，为我国广大中小城市普遍采用，即使在大城市有时为了减少拆迁，节省近期投资，也经常选用；在近期先辟成"一块板"形式，以后视需要再过渡到"三块板"。"两块板"形式，在交通量大的市区干道，不宜采用，它一般在交通量不是很大的次要道路或郊区道路上才考虑选用。"四块板"形式在城市道路上较难实施，它主要用于高速道路上。

## 5.3 行车道宽度

行车道是道路上供各种车辆行驶部分的总称，包括机动车道和非机动车道。机动车道的宽度要根据设计车辆、设计车速和交通组成等来确定。

一般公路包括两条或两条以上的车道。高速公路和一级公路则有四条或四条以上的车道，用中央分隔带将上、下行车辆分开或做成分离式路基，每侧再划分快车道和慢车道。城市道路的横断面布置与公路有较大区别，如城市道路车行道两侧有高出路面的路缘石，而公路两侧则是有与路面齐平的且有一定宽度的路肩；公路上没有考虑公交车问题，而城市道路则需要考虑等。城市道路在车行道布置上比公路更富于变化，行车规律、交通组织与管理与公路也有所不同。下面取两者有代表性的交通状况加以分析，探讨车行道宽度的确定方法。

### 5.3.1 一般双车道公路行车道宽度

双车道公路有两条车道，每一条车道宽度包括汽车宽度和安全宽度。汽车宽度取设计车辆

（载重汽车）车厢的总宽度，为 2.5 m。安全宽度是指对向行驶时两车厢之间的安全间隙及汽车轮胎至路面边缘的安全距离，如图 5-8 所示。双车道公路每一条车道宽度可用下式计算：

$$B_{单} = \frac{a+c}{2} + x + y \tag{5-1}$$

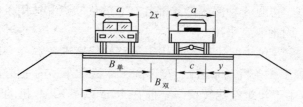

图 5-8　双车道公路行车道宽度

双车道：

$$B_{双} = a + c + 2x + 2y$$

式中：$a$——车厢宽度/m；

$c$——汽车轮宽/m；

$2x$——两车厢安全间隙/m；

$y$——轮胎与路面边缘之间的安全距离/m。

根据大量试验观测，得出计算 $x$、$y$ 的经验公式为：

$$x = y = 0.50 + 0.005V \tag{5-2}$$

式中：$V$——行车速度/(km/h)。

从式（5-2）可知，行车道的安全宽度与车速有关，此外还与路侧环境、驾驶人心理、车辆状况等有关。当设计速度为 120 km/h 时，取一条车道的宽度为 3.75 m 是合适的。对车速较低、交通量不大的公路可取较小的宽度，双车道公路行车道宽度视等级一般取 7.5 m、7.0 m、6.5 m、6.0 m。

## 5.3.2　有中央分隔带公路行车道宽度

高速公路、一级公路有四条以上的车道，一般设置中央分隔带。分隔带两侧的行车道只有同向行驶的汽车，如图 5-9 所示。

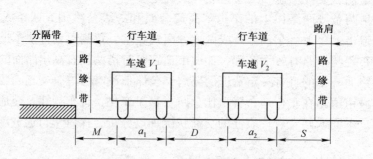

图 5-9　有中央分隔带公路的行车道宽度

车速、交通组成和大型车的混入率对行车道宽度的确定有较大的影响。根据实地观测，得出下列关系式：

$$S = 0.0103V_1 + 0.56 \tag{5-3}$$
$$D = 0.000066(V_2^2 - V_1^2) + 1.49 \tag{5-4}$$
$$M = 0.0103V_2 + 0.46 \tag{5-5}$$

式中：$S$——后轮外缘与车道外侧之间的安全间隙/m；

$D$——两汽车后轮外缘之间的安全间隙/m；

$M$——后轮外缘与车道内侧之间的安全间隙/m；

$V_1$、$V_2$——分别为被超车与超车的车速/(km/h)。

则单侧车行道宽度：

$$B = S + D + M + a_1 + a_2 \tag{5-6}$$

式中，$a_1$、$a_2$ 为汽车后轮外缘间距，对于普通车 $a = 1.60$ m，大型车 $a = 2.30$ m。

根据式（5-6）计算结果得出下列结论：设计速度 $V = 120$ km/h 时，每条车道的宽度均采用 3.75 m；当 $V = 100$ km/h，且交通量大和大型车混入率高时，内侧车道应为 3.75 m，外侧车道可采用 3.75 m 或 3.50 m。

当高速公路的交通量超过四个车道的容量时，其车道数可按双数增加。

各级公路横断面见表 5-1。

表 5-1 各级公路横断面　　　　　　　　单位：m

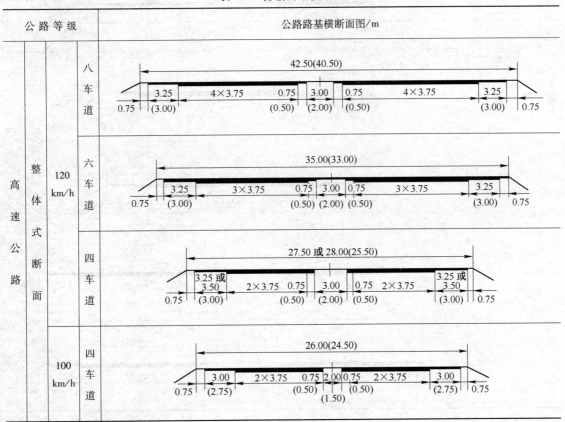

续表

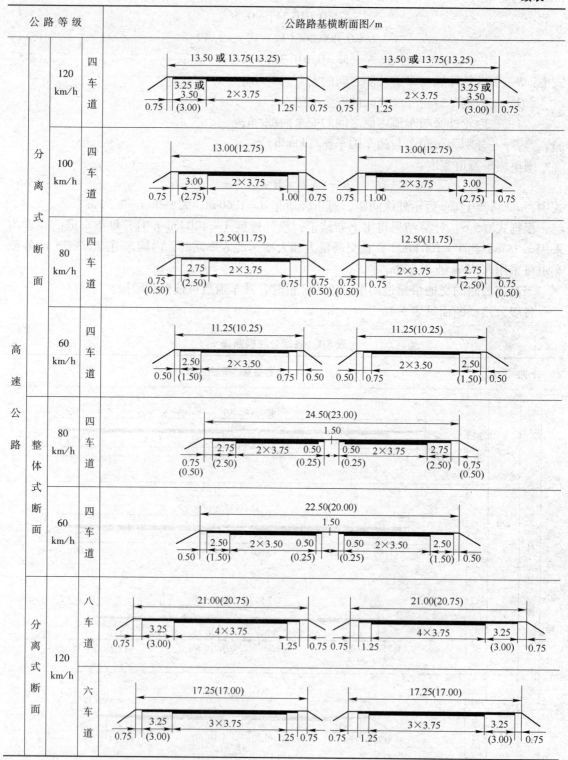

| 公路等级 | | | 公路路基横断面图/m |
|---|---|---|---|
| 一级公路 | 整体式断面 | 100 km/h 四车道 | 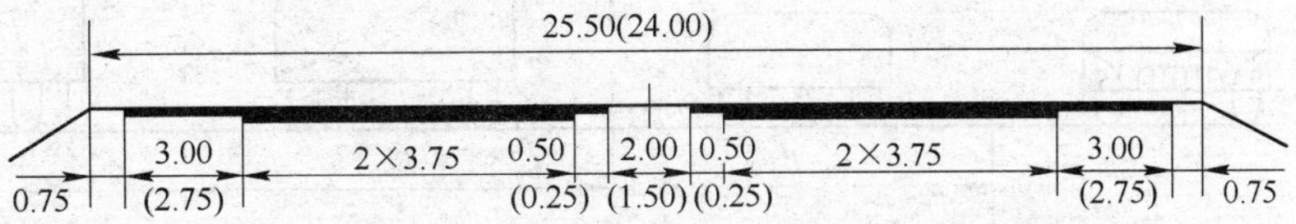 25.50(24.00); 0.75, 3.00(2.75), 2×3.75, 0.50(0.25), 2.00(1.50), 0.50(0.25), 2×3.75, 3.00(2.75), 0.75 |
| | | 60 km/h 四车道 | 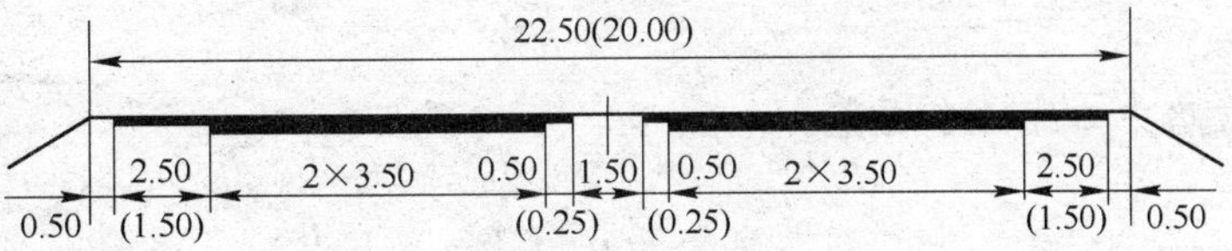 22.50(20.00); 0.50, 2.50(1.50), 2×3.50, 0.50(0.25), 1.50, 0.50(0.25), 2×3.50, 2.50(1.50), 0.50 |
| 二级公路 | | 双车道 | 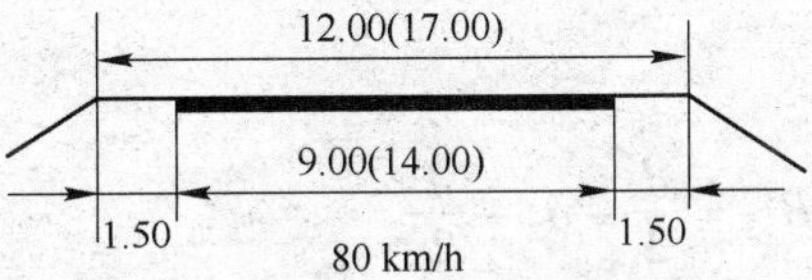 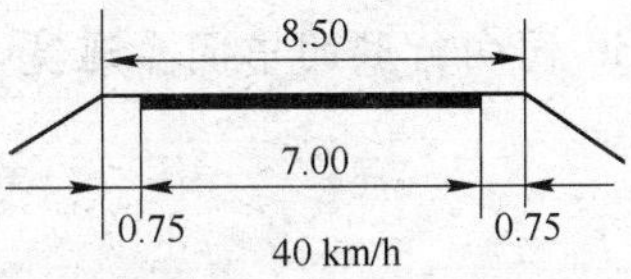 12.00(17.00) / 9.00(14.00), 1.50, 1.50, 80 km/h；8.50 / 7.00, 0.75, 0.75, 40 km/h |
| 三级公路 | | 双车道 | 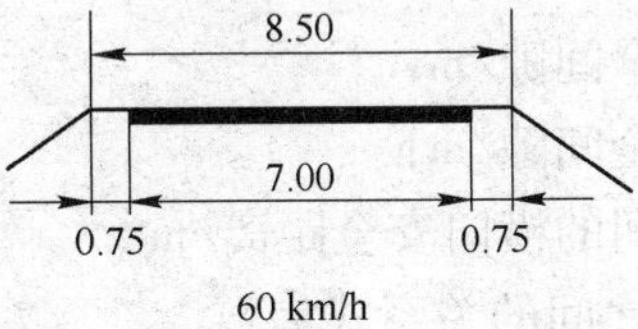 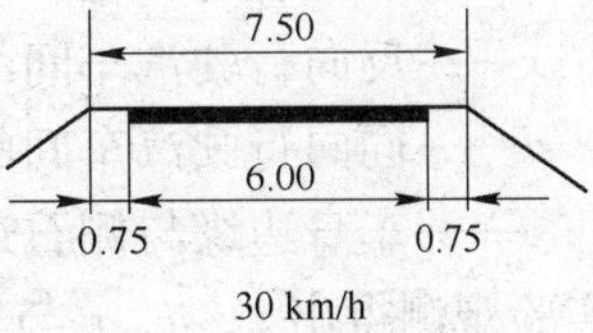 8.50 / 7.00, 0.75, 0.75, 60 km/h；7.50 / 6.00, 0.75, 0.75, 30 km/h |
| 四级公路 | | 双车道 | 7.00 / 6.00, 0.50, 0.50, 40 km/h, 20 km/h |
| | | 单车道 | 6.50(4.50) / 3.50, 1.50(0.50), 1.50(0.50), 40 km/h, 20 km/h |

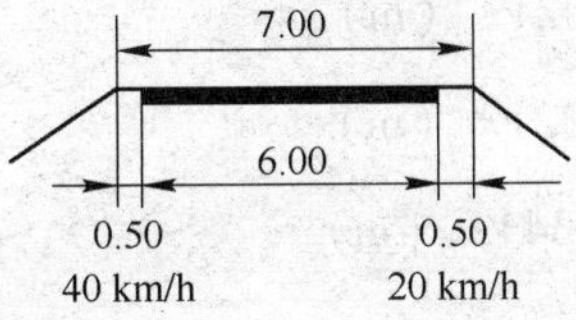

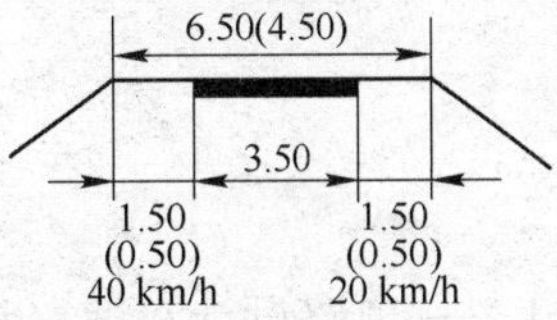

## 5.3.3 城市道路行车道宽度

如图 5-10 所示，城市道路行车道宽度的确定分为以下几种情况来考虑。

1. 靠路边的车道宽

① 一侧靠边，另一侧为反向行驶的车道，其车道宽度为：

$$B = \frac{x}{2} + a_1 + c \tag{5-7}$$

② 一侧靠边，另一侧为同向行驶的车道，其车道宽度为：

$$B'_1 = \frac{d}{2} + a_1 + c \tag{5-8}$$

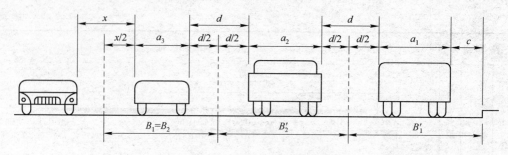

图 5-10 城市道路行车道宽度

2. 靠路中心线的车道宽

$$B_2 = \frac{x}{2} + a_2 + \frac{d}{2} \tag{5-9}$$

3. 同向行驶的中间车道宽

$$B'_2 = \frac{d}{2} + a_2 + \frac{d}{2} \tag{5-10}$$

式中：$a_1$、$a_2$——车厢全宽/m；
　　　$x$——反向行驶汽车间的安全间隙/m；
　　　$d$——同向行驶汽车间的安全间隙/m；
　　　$c$——车身边缘与侧石边缘间的横向安全距离/m。

根据实验观测得出 $x$、$d$、$c$ 与车速之间的关系式为：

$$c = 0.4 + 0.02 V^{\frac{3}{4}} \ (\text{m}) \tag{5-11}$$

$$d = 0.7 + 0.02 V^{\frac{3}{4}} \ (\text{m}) \tag{5-12}$$

$$x = 0.7 + 0.034 V^{\frac{3}{4}} \ (\text{m}) \tag{5-13}$$

式中：$V$——道路设计车速/(km/h)。

上列诸式表明车道宽 $B$ 是车速 $V$ 的函数，以普通汽车（$a = 2.5$ m）车速在 20~80 km/h 之间变化，则车道宽在 3.30~4.20 m 之间变化。考虑到城市道路上行驶的车辆各异，且车道还可调剂使用，故一条车道平均宽度取 3.50 m 即可，当车速 $V > 40$ km/h 时，可取 3.75 m。

城市道路的行车道宽度则如表 5-2 所列。

表 5-2　城市道路机动车车道宽度　　　　　　　　　　　　单位：m

| 车型及行驶状态 | 设计速度/(km/h) | 车道宽度/m | 车型及行驶状态 | 设计速度/(km/h) | 车道宽度/m |
|---|---|---|---|---|---|
| 大型汽车或大、小汽车混行 | ≥40 | 3.75 | 小型汽车专用线 | — | 3.50 |
| | <40 | 3.50 | 公共汽车停靠站 | — | 3.00 |

## 5.3.4 非机动车道路面宽度

城市行驶的非机动车包括自行车、三轮车、兽力车、板车等。各种车辆具有不同的横向宽度和相应的平均车速。平均车速一般可采用下述数值：自行车为 17 km/h；三轮车为 7.5~10 km/h；兽力车为 5 km/h；板车为 4.5 km/h。

非机动车之间行驶的横向安全间隙，三轮车与自行车之间为 0.8~1.0 m，兽力车与板车之间为 0.4~0.5 m，非机动车与路缘石之间约为 0.7 m。

自行车车道的通行能力是以单车安全行驶所需的宽度划分车道线，以高峰时间各车道线平均的通行量作为一条自行车车道的设计通行能力。根据观测及研究，推荐一条自行车道线（宽 1 m）的设计通行能力（单纯为自行车行驶，无人力三轮车等时）为：

采用分车线与机动车分隔的自行车道为 850 辆/h；

采用分车带与机动车分隔的自行车道为 1 100 辆/h。

当有信号灯交通管制的路口时，因受路口条件、间距及路段行车密度的影响，设计时平均可按 750 辆/h 采用。

根据各种车辆的横向宽度、不同的平均车速，通过理论观测研究，每条非机动车道宽度推荐按表 5-3 采用。

表 5-3 非机动车道宽度

| 类　　别 | 每条非机动车道宽度/m |
| --- | --- |
| 自行车 | 1.0 |
| 三轮车 | 2.0 |
| 兽力车 | 2.5 |
| 板车 | 1.5~2.0 |

注：主要供自行车行驶的非机动车道宽度，应另计入两侧各 25 cm 的路缘带宽度。

按照我国各城市对非机动车道的使用经验，非机动车道的基本宽度可采用 5.0 m、6.5 m、8.0 m 三种。

## 5.4 路肩、中间带、路侧带与路缘石

### 5.4.1 路肩作用及其宽度

各级公路都要设置路肩。路肩的作用主要有以下几个方面。

① 由于路肩紧靠在路面的两侧设置，具有保护及支撑路面结构的作用。

② 供发生故障的车辆临时停放之用，有利于防止交通事故和避免交通紊乱。

③ 作为侧向余宽的一部分，能增进驾驶的安全和舒适感，这对保证设计车速是必要的，尤其在挖方路段，还可以增加弯道视距，减小行车事故。

④ 提供道路养护作业、埋设地下管线的场地，对未设人行道的道路，可供行人及非机动车等使用。

⑤ 精心养护的路肩，能增加公路整体的美观。

根据上述路肩功能，从构造上又可分为硬路肩、土路肩。硬路肩是指进行了铺装的路肩，它可以承受汽车荷载的作用力，在混合交通的公路上便于非机动车、行人通行。在填方路段，为使路肩能汇集路面积水，在路肩边缘应设置缘石。土路肩是指不加铺装的土质路肩，它起保护硬路肩、路面和路基的作用，并提供侧向余宽。

高速公路、一级公路当采用分离式断面或宽度大于 4.5 m 的中间带时，行车道左侧也应设硬路肩。高速公路、一级公路的平原微丘区，有条件时硬路宽度宜大于 2.50 m。城市道路采取边沟排水时，与公路一样，应在路面外侧设置路肩，同样分硬路肩和保护性路肩。城市道路的设计速度大于或等于 40 km/h 时，应设置硬路肩。保护性路肩一般为土质或简易铺装，其作用是为城市道路的某些交通设施，如护栏、杆栏、电线杆、交通标志牌等的设置提供场地，最小宽度为 0.5 m。双幅路或四幅路中间具有排水沟的断面，还应设置左侧路肩。

各级公路和城市道路的路肩宽度根据条件可采用 0.75~4.0 m，最窄不得小于 0.50 m。

## 5.4.2 中间带作用及其宽度

1. 中间带

公路中的高速公路、一级公路，城市道路中的双幅路和四幅路均应设置中间带。中间带由两条左侧路缘带和中央分隔带组成，其作用如下。

① 将上、下行机动车流分开，既可防止因快车驶入对向行车道造成车祸，又能减少公路中心线附近的交通阻力，从而提高通行能力。

② 作为设置交通标志牌及其他交通管理设施的场地。

③ 种植花草灌木绿化或设置防眩网，可防止对向车辆灯光眩目，还可起到美化环境的作用。

④ 设于分隔带两侧的路缘带，由于有一定宽度且颜色醒目，既引导驾驶人视线，又增加行车所必需的侧向余宽，从而提高行车的安全性和舒适性。

中间带的宽度是根据行车带以外的侧向余宽，防止驶入对向行车带的护栏、种植、防眩网、交叉公路的桥墩等所需的设置带宽度而定的。越宽作用越明显，同时也便于养护作业的开展。但对土地资源十分宝贵的地区要采用宽的中间带是有困难的，所以我国公路基本上是采用窄的中间带。《公路工程技术标准》规定的最小中间带宽度随公路等级、地形条件变化在 2.50~4.50 m 之间，特殊情况下可减少至 2.00 m，左侧路缘带常用宽度为 0.50 m 或 0.75 m。《城镇道路工程技术标准》规定中间带的最小宽度为 2.0~3.0 m，左侧路缘带常用宽度为 0.25 m 或 0.50 m。

中间带的宽度一般情况下应保持等宽，若需要变宽时，在宽度变化的地点，应设置过渡段。过渡段以设在回旋线范围内为宜，其长度应与回旋线长度相等。宽度大于 4.5 m 的中间带过渡段以设在半径较大的平曲线路段为宜。

图 5-11 为几种变宽过渡设计示例。

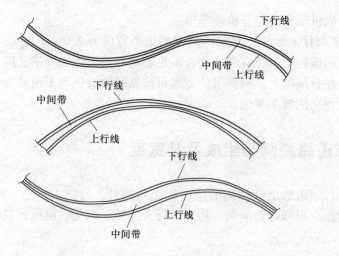

图 5-11　宽度大于 4.5 m 的中间带变宽过渡

## 2. 中间带开口

为了便于养护作业和某些车辆在必要时驶向对向车道,中间带应按一定距离设置开口。公路上开口一般情况下以每 2 km 以上的间距设置为宜,太密将会造成交通的紊乱。城市道路开口(断口)最小间距大于 300~400 m,通常要考虑横向交通(车辆和行人)的需要。

中间带的开口应设置在通视条件良好的路段,若在曲线上开口,其曲线半径宜大于 700 m。在互通式立体交叉、隧道、特大桥、服务区等设施的前后必须设置开口。

开口端部的形状,常用的有两种:半圆形和弹头形。对于窄的分隔带($M<3.0$ m)可用半圆形,宽的($M\geqslant 3.0$ m)可用弹头形。弹头形如图 5-12 所示。图中 $R$、$R_1$ 和 $R_2$ 为控制设计半径。$R$ 和 $R_1$ 足够大时,才能保证汽车有容许的速度驶离主车道进行左转弯,一般采用 $R_1=25\sim 120$ m。$R$ 切于开口中心线,其值取决于开口的大小。为了避免过大的开口并方便行车,一般采用 $R$ 的最小值为 15 m。弹头尖端圆弧半径 $R_2$ 可采用分隔宽度的 1/5,这样从外观上看比较悦目。

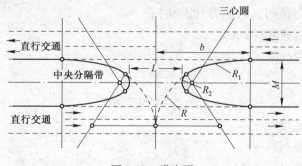

图 5-12　弹头形

宽度大于 4.5 m 的,一般植草皮、栽灌木;宽度小于或等于 4.5 m 的可铺面封闭。

## 3. 两侧带

布置在横断面两侧的分车带称为两侧带,常用于城市道路的"三块板"、"四块板"横断面中，用以分隔机动车道与非机动车道。

《城镇道路工程技术标准》规定两侧带的最小宽度为 2.0~2.5 m。北方寒冷积雪地区，在满足最小宽度的前提下，还应考虑能否满足临时堆放积雪的要求，因为降雪初期允许将路面积雪临时堆放在分隔带上。两侧带的宽度可按临时堆放机动车道路面宽度之半的积雪量计算，其余按堆放到路侧带上考虑。

### 5.4.3 城市道路路侧带组成及其宽度

城市道路车行道边缘至红线间的范围称为路侧带，包括人行道、绿化带、公用设施带等。路侧带的宽度应根据道路类别、功能、行人流量、绿化、沿线建筑性质及布设公用设施要求等确定。

1. 人行道

人行道主要是供行人步行之用，用步道砖铺设。

人行道必须满足行人通行的安全和顺畅，可由下式进行计算：

$$w_p = N_w / N_{wl} \tag{5-14}$$

式中：$w_p$——人行道宽度/m；

$N_w$——人行道高峰小时行人流量/(人/h)；

$N_{wl}$——1 m 宽人行道的设计行人通行能力/[人/(h·m)]。

一个步行的人所占用人行道宽度与人手中携带物品的大小和携带方式有关，变化在 0.60~0.90 m 之间。车站、码头的人行天桥、人行地道的一条人行带宽度取 0.90 m，其余情况取 0.75 m。一条人行带的通行能力，可用下式计算：

$$N_p = \frac{1\,000V}{L} \tag{5-15}$$

式中：$N_p$——一条步行带的通行能力/(人/h)；

$V$——行人步行速度/(km/h)；

$L$——行人间距/m。

也可用下式计算：

$$N_p = 3\,600\, w_p v \rho \tag{5-16}$$

式中：$w_p$——人行道宽度/m；

$v$——步行速度/(m/s)；

$\rho$——人群密度/(人/m²)。

根据观察，行人步行的速度在一般城市道路上为 3~4 km/h，供散步与休息的地段为 1~2 km/h，在行人急速行走的地点可达 6 km/h。行人间距一般为 2~4 m。所以，用式 (5-15) 计算的一条人行道通行能力变化在 300~1 800 人/h 之间，特殊地段达 2 000 人/h 以上。换算为 1 m 宽度的可能通行能力，可得表 5-4 的数值。

表5-4 人行道的可能通行能力

| 类别 | 人行道/<br>[人/(h·m)] | 人行横道*/<br>[人/(h·m)] | 人行天桥、人行地道/<br>[人/(h·m)] | 车站、码头的人行天桥、<br>人行地道/[人/(h·m)] |
|---|---|---|---|---|
| 可能通行能力 | 2 400 | 2 700 | 2 400 | 1 850 |

注：*人行横道的通行能力指每绿灯小时每米通行人次。

设计上所采用的通行能力是在可能通行能力的基础上再行折减以后的数值。折减系数：全市性的车站、码头、商场、公园、剧场及市中心行人集中的人行道、人行横道、人行天桥、人行地道等采用0.75；大商场、商店、公共文化中心及区中心行人较多的人行道、人行横道等采用0.80；区域性地带采用0.85；支路、住宅区采用0.90。折减以后得到人行道、人行横道、人行天桥、人行地道的设计通行能力，见表5-5。

表5-5 人行道的设计通行能力

| 类别 | 折减系数 | | | |
|---|---|---|---|---|
| | 0.75 | 0.80 | 0.85 | 0.90 |
| 人行道/[人/(h·m)] | 1 800 | 1 900 | 2 000 | 2 100 |
| 人行横道/[人/(h·m)] | 2 000 | 2 100 | 2 300 | 2 400 |
| 人行天桥、人行地道/[人/(h·m)] | 1 800 | 1 900 | 2 000 | — |
| 车站、码头的人行天桥、人行地道/[人/(h·m)] | 1 400 | — | — | — |

2. 绿化带

通常在人行道上靠车行道一侧种植行道树。行道树的株距一般为4~6 m，树池采用1.5 m的正方形或1.2 m×1.8 m的矩形。若路侧带较宽也可设置专门的绿化带，其中植草或花卉灌木用以美化道路环境。

3. 设施带

设施带宽度包括设置行人护栏、照明灯柱、标志牌杆柱、信号灯杆柱等的宽度。红线宽度较窄及条件困难时，设施带可与绿化带合并，但应避免各种设施与树木间的干扰。常用宽度为：护栏为0.25~0.50 m，杆柱为1.0~1.5 m。

上述人行道宽、绿化带宽与设施带宽之和即为路侧带宽度。值得注意的是，在确定路侧带总宽度的时候，还应考虑铺设各种地下管线所需要的宽度及道路各部分宽度尺寸相互协调，符合视觉上的正常比例，一般认为道路宽与单侧路侧带宽之比在5:1~7:1的范围内是比较合理的。

## 5.4.4 路缘石

路缘石是设置在路面与其他构造物之间的标石。在分隔带与路面之间，人行道与路面之间一般都需要设置路缘石。

路缘石的形状有立式、平式和斜式等几种，如图5-13所示。

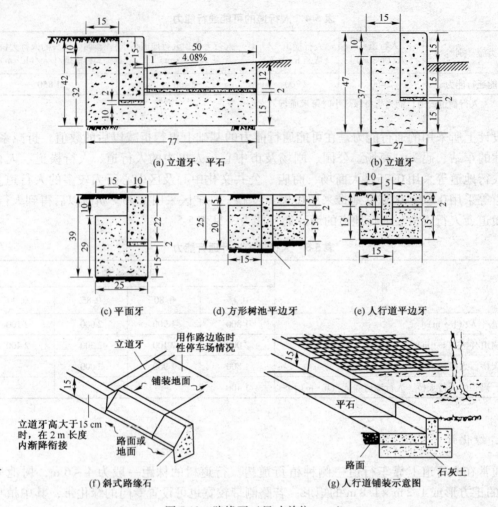

图 5-13 路缘石（尺寸单位：cm）

高速公路和一级公路中央分隔带上的路缘石起导向、连接和排水的作用，高度不宜太高，因为高的路缘石（高度大于 20 cm）会使高速行驶的汽车一旦驶入将产生飞跃甚至翻车的副作用。所以高速公路的分隔带因排水必须设置路缘石时，应使用低路缘石，路缘石高度宜小于 12 cm。

城市道路的人行道及人行横道范围内路缘石宜做成低矮的，而且坡面较为平缓，便于儿童车、轮椅及残疾人通行，这种形式也称为"残疾人坡道"或无障碍坡道。

立式路缘石一般高出路面 12~20 cm，隧道内、线形弯曲线段或陡峻路段等处，可高出 25~40 cm，并应有足够的埋置深度，以保证稳定。路缘石厚度宜为 10~15 cm。

## 5.5 路拱、边沟和边坡

### 5.5.1 路拱

为了迅速排除路面上的雨水，将路面做成由中间向两侧倾斜的拱形，称为路拱。

路拱虽然对排水有利，但对行车不利。这是由于汽车自身的重力沿着路拱横坡方向的分力增加了行车的不平稳，并且当路面有水时路面与轮胎间的横向附着系数很小，更增加了侧向滑移的危险。因此，在选择路拱的大小与形状时，应该在保证排水的情况下，兼顾到行车的要求，对于不同的路面类型和行车道宽度，结合当地的自然条件，降雨强度等采用不同的路拱坡度。路拱坡度取决于路面类型及当地的自然降水条件，设计时可参见表5-6规定的数值。

表5-6 路拱坡度

| 路面类型 | 路拱坡度/% |
| --- | --- |
| 沥青混凝土、水泥混凝土 | 1～2 |
| 其他黑色路面、整齐石块 | 1.5～2.5 |
| 半整齐石块、不整齐石块 | 2～3 |
| 碎、砾石等粒料路面 | 2.5～3.5 |
| 低级路面 | 3～4 |

高速公路和一级公路位于中等强度降雨地区时，路拱坡度宜采用高值；位于严重强度降雨地区时，路拱坡度可适当增大。

分离式路基，每侧行车道可设置双向路拱，也可设置成向路基外侧倾斜的单向横坡。但在积雪冻融地区，应设置双向路拱。

路拱的形式有抛物线形、直线接曲线形、折线形等。

土路肩由于其排水性远低于路面，为了迅速排除路面水，其横坡度一般较路拱横坡增加1%～2%。硬路肩一般与路面采用同一横坡，也可稍大于路面。

非机动车道路拱坡度可根据路面面层类型参考表5-5选用。

人行道拱坡宜采用单面坡，坡度为1.5%～3%。

城市道路路拱设计坡度一般为1%～3%。

## 5.5.2 边沟

1. 边沟作用

边沟是沿路基两侧布置的纵向排水沟。设置于挖方和低填方路段，路面和边坡水汇集到边沟内后，通过跃水井或急流槽引到桥涵进出口处或通过排水沟引到路堤坡脚以外，排离路基。

2. 边沟纵坡

边沟的纵坡一般与路线纵坡一致，当路线纵坡为零时，边沟仍应保持0.3%～0.5%的最小纵坡。出水口附近的纵坡应根据地形高差和地质情况作特殊设计。

3. 边沟流量

边沟的流量一般不作计算，仅作概略估计，其他排水沟渠的水流一般应避免进入边沟，但当个别的渠流量不大，当利用一般边沟汇入桥涵时，应计算该段边沟的总流量，必要时应扩大边沟的断面尺寸。为防止边沟水流漫溢或产生冲刷，应尽可能利用当地有利的地形条件，采取相应措施，将边沟水流分段排除于路基范围之外，或引入自然沟渠，以减少边沟的集中流量。

4. 边沟断面形式及尺寸

边沟的断面形式一般采用梯形。底宽与深度一般都不应小于 0.4 m；干旱地区也可采用 0.3 m。边沟边坡根据地质情况而定，内侧边坡一般为 1:1～1:1.5，石质路段可以直立；边沟外侧边坡，通常与挖方边坡一致。

当采用机械化施工时，土方边沟可做成三角形，其内侧边坡可用 1:2～1:3，外侧边坡一般为 1:1～1:2。

当路线通过分水岭时，路堑中的石质边沟在凸形变坡点外，边沟最小深度可减至 0.2 m，底宽可不变。边沟的断面形式如图 5-14 所示。

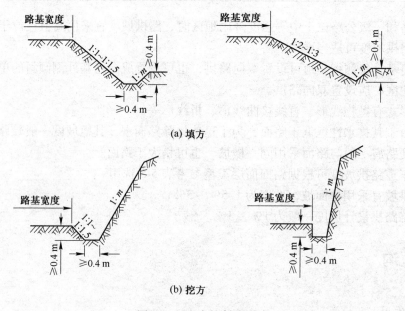

图 5-14 边沟的断面形式

## 5.5.3 边坡

1. 路堤边坡

路堤的边坡坡度，应根据填料的物理力学性质、气候条件、边坡高度及基底的工程地质和水文地质条件进行合理的选定。

1）填土路堤边坡

如果路堤基底情况良好，边坡高度大于 20 m，可参照表 5-6 选定其边坡坡度。边坡高度大于 20 m 应按高路堤设计，必须进行边坡稳定性分析，常用的方法有直线法与圆弧法等。

# 第 5 章 横断面设计

当采取其他措施,如逐层加强压实,铺砌护坡,加强排水防冲设施等,可根据具体情况确定边坡度。例如,当边坡总高度不超过表 5-7 的上部边坡高度,采用上述措施时,可采用 1:1.25 或 1:1.33 的边坡坡度。

表 5-7 路堤边坡坡度

| 填料种类 | 边坡的最大高度/m | | | 边坡坡度 | | |
| --- | --- | --- | --- | --- | --- | --- |
| | 全部高度 | 上部高度 | 下部高度 | 全部高度 | 上部高度 | 下部高度 |
| 黏性土、粉性土、砂性土 | 20 | 8 | 12 | — | 1:1.5 | 1:1.75 |
| 砂、砾 | 12 | — | — | 1:1.5 | — | — |
| 碎(块)石土、卵石土 | 20 | 12 | 8 | — | 1:1.5 | 1:1.75 |
| 不易风化的石块 | 20 | 8 | 12 | — | 1:1.3 | 1:1.5 |

注:粉土边坡可根据具体情况适当放缓。

沿河受水浸淹路基的填方边坡坡度,在设计水位以下部分视填料情况可采用 1:1.75~1:2.0,在常水位以下部分可采用 1:2.0~1:3.0。如采用渗水性较好的土填筑路堤,可采用较陡的边坡。

为了必要时便于汽车驶下公路进行疏散,在平原微丘区不超过高度为 1.0 m 的路堤,如用地条件许可,可采用不陡于 1:3 的边坡。

2) 填石路堤边坡

填石路堤(图 5-15)的边坡坡度依据其填料的大小、边坡高度和施工方法而定。

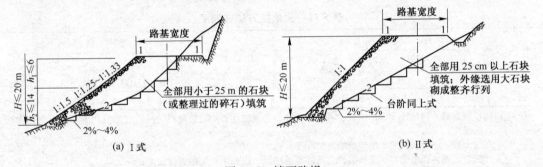

图 5-15 填石路堤
1—路肩以平整大块石铺砌或 10 cm 黏土盖草皮;2—台阶每级宽 1~2 m,向内坡 2%~4%

当边坡高度 $H \leq 20$ m 时,其边坡坡度的选用可参考表 5-8;当 $H > 20$ m 时,应进行稳定性验算,以决定采用其他措施。

表 5-8 填石路堤边坡坡度

| 填料规格 | 边坡高度 $H$/m | 边坡坡度 | 施工方法 |
| --- | --- | --- | --- |
| 小于 25 cm 的石块 | <6 | 1:1.25~1:1.33 | 填筑 |
| 小于 25 cm 的石块 | 6~20 | 1:1.5 | 填筑 |
| 大于 25 cm 的石块 | <20 | 1:1 | 表面用较大石块砌成规则整齐的行列,内部以一般石料分层填筑 |

当采用砌石路基(图 5-16)时,其砌石边坡的内、外坡坡度和襟边宽度按照表 5-9 和表 5-10 采用。

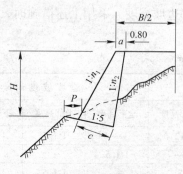

图 5-16 砌石路基

表 5-9 砌石边坡的内、外坡度

| 编号 | 高度/m | 内坡坡度 | 外坡坡度 |
|---|---|---|---|
| 1 | ≤5 | 1:0.3 | 1:0.5 |
| 2 | ≤10 | 1:0.5 | 1:0.67 |
| 3 | ≤15 | 1:0.6 | 1:0.75 |

表 5-10 襟边宽度

| 地基地质情况 | 襟边宽度 $P$/m |
|---|---|
| 轻风化的硬质岩石 | 0.2 ~ 0.6 |
| 风化岩石或软质岩石 | 0.4 ~ 1.0 |
| 坚实的粗粒土 | 1.0 ~ 2.0 |

2. 路堑边坡

路堑或挖方路基边坡的稳定性主要和当地的工程地质、水文地质和地面排水条件有关。此外，地貌、气候等因素对其稳定性也有很大影响。设计时应参考当地稳定的自然山坡和人工坡（如已建成道路的边坡等）的坡度，并结合采用的施工方法等综合考虑。

1）土质路堑边坡

土质（包括粗粒土）挖方边坡坡度应根据边坡高度、土的密实程度、地下水、地面水的情况、土的成因类型及生成时代等因素确定。一般土质（包括粗粒土）的挖方边坡高度不宜超过 30 m，边坡高度小于或等于 30 m 时，其边坡坡度可参照表 5-11 选用。

表 5-11 土质挖方边坡坡度

| 密实程度 | 边坡高度/m | | 密实程度 | 边坡高度/m | |
|---|---|---|---|---|---|
| | <20 | 20 ~ 30 | | <20 | 20 ~ 30 |
| 胶 结 | 1:0.3 ~ 1:0.5 | 1:0.5 ~ 1:0.75 | 中 密 | 1:0.75 ~ 1:1.0 | 1:1.0 ~ 1:1.5 |
| 密 实 | 1:0.5 ~ 1:0.75 | 1:0.75 ~ 1:1.0 | 较 松 | 1:1.0 ~ 1:1.5 | 1:1.5 ~ 1:1.75 |

注：① 边坡较矮或土质比较干燥的路段，可采用较陡的边坡坡度；边坡较高或土质比较潮湿的路段，可采用较缓的边坡坡度；
② 高速公路、一级公路应采用较缓的边坡坡度；
③ 开挖后，密实程度很容易变松的砂土及砂砾等路段，应采用较缓的边坡坡度；
④ 土的密实程度划分见表 5-12。

表 5-12 土的密实程度划分

| 分 级 | 试坑开挖情况 | 分 级 | 试坑开挖情况 |
|---|---|---|---|
| 较松 | 铁锹很容易铲入土中，试坑坑壁很容易坍塌 | 密实 | 试坑坑壁稳定，开挖困难，土块用手使力才能破碎，从坑壁取出大颗粒处能保持凹面形状 |
| 中密 | 天然坡面不易陡立，试坑坑壁有掉块现象，部分需用镐开挖 | 胶结 | 细粒土密实度很高，粗颗粒之间呈弱胶结，试坑用镐开挖很困难，天然坡面可以陡立 |

2）石质路堑边坡

影响石质路堑边坡稳定性的因素很多，如岩性、地质构造、边坡高度、地面水及地下水、施工方法、地震作用等。所以在确定石质路堑边坡的坡度时，应针对具体路段的工程地质条件和影响因素做合理的调查分析，找出主导因素，兼顾其他因素，做出合理设计。

一般情况下，岩石挖方边坡坡度可参照表 5-13 确定。

表 5-13 岩石挖方边坡坡度

| 岩石种类 | 风化破碎程度 | 边坡高度/m | |
|---|---|---|---|
| | | <20 | 20~30 |
| (1) 各种岩浆岩<br>(2) 厚层灰岩或硅钙、质砂砾岩<br>(3) 片麻、石英、大理岩 | 轻度 | 1:0.1~1:0.2 | 1:0.1~1:0.2 |
| | 中等 | 1:0.1~1:0.3 | 1:0.2~1:0.4 |
| | 严重 | 1:0.2~1:0.4 | 1:0.3~1:0.5 |
| | 极重 | 1:0.3~1:0.75 | 1:0.5~1:1.0 |
| (1) 中薄层砂砾岩<br>(2) 中薄层灰岩<br>(3) 较硬的板岩、千枚岩 | 轻度 | 1:0.1~1:0.3 | 1:0.2~1:0.4 |
| | 中等 | 1:0.2~1:0.4 | 1:0.3~1:0.5 |
| | 严重 | 1:0.3~1:0.5 | 1:0.5~1:0.75 |
| | 极重 | 1:0.5~1:1.0 | 1:0.75~1:1.25 |
| (1) 薄层砂、页岩互层<br>(2) 千枚岩、云母、绿泥、滑石片岩及炭质页岩 | 轻度 | 1:0.2~1:0.4 | 1:0.3~1:0.5 |
| | 中等 | 1:0.3~1:0.5 | 1:0.5~1:0.75 |
| | 严重 | 1:0.5~1:1.0 | 1:0.75~1:1.25 |
| | 极重 | 1:0.75~1:1.25 | 1:1.0~1:1.5 |

## 5.6 超高及加宽

### 5.6.1 超高

**1. 超高定义及其作用**

为了减小车辆在曲线路段上行驶所产生的离心力，将路面做成外侧高内侧低的单向横坡的形式称为超高。合理地设置超高，可以全部或部分抵消离心力，提高汽车行驶在曲线上的稳定性与舒适性。当汽车等速行驶时，圆曲线上所产生的离心力是常数，而在回旋线上行驶则因回旋线曲率是变化的，其离心力也是变化的。因此，超高横坡度在圆曲线上应是与圆曲线半径相适应的全超高，在缓和曲线上应是逐渐变化的超高。这段由直线上的双向路拱横坡渐变到圆曲线上的单向超高横坡的路段，称为超高缓和段或超高过渡段。四级公路不设回旋线，但曲线上若设置有超高，从构造的角度也应有超高缓和段。

**2. 超高横坡度 $i_h$ 确定**

1) 最大超高和最小超高

当圆曲线半径很小时，为了保持行车的稳定，其超高横坡度将是很大的。但是，过大的超高横坡度会使慢行的车辆产生向曲线内侧滑移的可能性。

确定最大超高横坡度除根据道路所在地区的气候条件外，还必须给予驾驶人和乘客以心理上的安全感。对山岭重丘区、城镇附近、道路交叉口及有相当数量非机动车的道路，最大超高横坡度要比其他道路小一些。

我国《公路工程技术标准》对公路最大超高的规定为：一般地区，圆曲线最大超高应采用8%；积雪冰冻地区，最大超高值应采用6%；以通行中、小型客车为主的高速公路和一级公路，最大超高可采用10%；城镇区域公路，最大超高值可采用4%。《城镇道路工程技术标准》规定的城市道路最大超高横坡度见表5-14。

表 5-14 城市道路最大超高横坡度

| 设计速度/(km/h) | 100、80 | 60、50 | 40、30、20 |
|---|---|---|---|
| 最大超高横坡度/% | 6 | 4 | 2 |

各级公路和城市道路圆曲线部分的最小超高值是该道路直线部分的路拱坡度之值。此外，当圆曲线半径足够大时，则可不设超高，而采用路拱断面形式。

2）平曲线半径为 R 时对应超高横坡度的确定 由前面所讨论的汽车行驶在曲线上的力的平衡方程式，可得公式：

$$i_h + \mu = \frac{V^2}{127R} \tag{5-17}$$

式中，$i_h$ 为路面超高；$\mu$ 为横向力系数，等式右边为离心加速度与重力加速度的比值。要确定 $i$ 的值，必须首先明确 $i_h$ 和 $\mu$ 怎样分配、各分配多少。

一种方法是按与曲线曲率（1/R）成比例计算超高值，在曲率最大值（平曲线半径最小）处的超高为最大（图5-17①）。另一种方法是车辆按设计车速行驶时，为使乘客感受不到横向力的作用，开始将离心力全部由超高的重力横向分力来平衡，当超高达到最大值后，所增加的离心力则由摩阻系数 $f$ 去承担（图5-17②），此时 $f = \mu$。$f$ 是车辆正常行驶状态下所产生的摩阻系数，它必须小于路面所能提供的横向摩阻系数 $\varphi_0$。

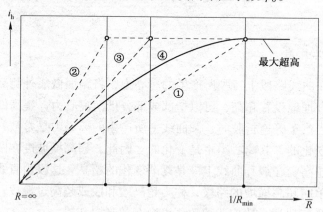

图 5-17 平曲线半径与超高的关系

方法①是确定超高的一般方法，但在曲线上行驶的汽车其速度会因曲线半径不同而不同。在小半径曲线上实际车速一般较设计车速低，而在大半径曲线上将接近设计车速，于是造成小半径曲线嫌超高值过大而大半径曲线嫌超高值偏小、横向力系数过大的缺点。

方法②是使行驶在 R 较大，而超高尚未达到最大之前的曲线上的汽车，其横向力为零，克服了方法①的缺点。可是，实际车速因车型不同而不同，与交通拥挤程度也有很大关系。根据统计，现代道路上，85%~90%的车辆低于设计车速，15%~10%的车辆超出设计车速。设计车速较低的道路上,实际车速超出的更多些(表 5-15)。所以照顾大多数车辆,使它们有较好的行驶条件是十分必要的。

方法③即是在方法②的基础加以改进得到的。所不同的是②是设计车速,③是实际车速。

方法④是在①与②之间连以曲线,当平曲线的曲率较小时,可按接近③的方法,由适当的超高抵消横向力。随着曲率的增加,则以接近最大超高的方式设置超高,一定程度上避免了上述几种方法的缺点。

按下式计算的 $R_A$ 是在最大超高($i_{h,max}$)下大多数车辆的横向力系数为 0 的曲线半径:

$$R_A = \frac{V_A^4}{127 i_{h,max}} \tag{5-18}$$

如图 5-18 所示,令 $\frac{1}{R} = \frac{1}{R_A}$、$i_h = i_{h,max}$,所对应的点为 $B$;令 $\frac{1}{R} = \frac{1}{R_{min}}$、$i_h = i_{h,max}$ 所对应的点为 $D$。将 $OB$ 的中点 $A$ 与 $BD$ 的中点 $C$ 相连接,然后分别在 $OAE$ 和 $ECD$ 两个转折处作与直线相切的两条二次抛物线,取抛物线上的纵坐标为各种 $R$ 的设计超高值 $i_h$。

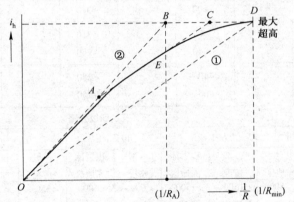

图 5-18 超高值的计算

这个方法的特点是,当曲率较小时(大半径曲线),横向力主要由超高来承受,随着曲率的增大,则设置逐渐接近最大超高的曲线超高。作用于汽车上的横向力系数随曲率的变化呈抛物线变化,兼顾了大半径和小半径,但对大半径曲线更有利。

按上述原则计算了曲线半径与超高的关系。为便于应用,《公路路线设计规范》列出曲线半径的范围和对应的超高值,具体见表 5-15。

表 5-15 圆曲线半径与超高横坡度

| 半径 /m 超高/% | 高速公路、一级公路 | | | | | | | |
|---|---|---|---|---|---|---|---|---|
| | 120 km/h | | 100 km/h | | 80 km/h | | 60 km/h | |
| | 一般情况 | 积雪冰冻地区 | 一般情况 | 积雪冰冻地区 | 一般情况 | 积雪冰冻地区 | 一般情况 | 积雪冰冻地区 |
| 2 | <5500 ~3240 | <5500 ~1940 | <4000 ~1710 | <4000 ~1550 | <2500 ~1240 | <500~1130 | <1500 ~810 | <1500 ~720 |
| 3 | <3240 ~2160 | <1940 ~1290 | <710~1220 1050 | <1550~ 830 | <1240 ~750 | <1130 ~570 | <810 ~570 | <720 ~460 |

续表

| 半径/m 超高/% | 高速公路、一级公路 | | | | | | | |
|---|---|---|---|---|---|---|---|---|
| | 120 km/h | | 100 km/h | | 80 km/h | | 60 km/h | |
| | 一般情况 | 积雪冰冻地区 | 一般情况 | 积雪冰冻地区 | 一般情况 | 积雪冰冻地区 | 一般情况 | 积雪冰冻地区 |
| 4 | <2160~1620 | <1290~970 | <1220~950 | <050~760 | <830~620 | <750~520 | <570~430 | <460~300 |
| 5 | <1620~1300 | <970~780 | <950~770 | <760~550 | <620~500 | <520~360 | <430~340 | <300~190 |
| 6 | <1300~1080 | <780~650 | <770~650 | <550~400 | <500~410 | <360~250 | <340~280 | <190~125 |
| 7 | <1080~930 | | <650~560 | | <410~350 | | <280~230 | |
| 8 | <930~810 | | <560~500 | | <350~310 | | <230~200 | |
| 9 | <810~720 | | <500~440 | | <310~280 | | <200~160 | |
| 10 | <720~656 | | <440~400 | | <280~250 | | <160~125 | |

| 半径/m 超高/% | 二、三、四级公路 | | | | | | | | | |
|---|---|---|---|---|---|---|---|---|---|---|
| | 80 km/h | | 60 km/h | | 40 km/h | | 30 km/h | | 20 km/h | |
| | 一般情况 | 积雪冰冻地区 | 一般情况 | 积雪冰冻地区 | 一般情况 | 积雪冰冻地区 | 一般情况 | 积雪冰冻地区 | 一般情况 | 积雪冰冻地区 |
| 2 | <2500~1210 | <2500~1130 | <1500~780 | <1500~720 | <600~390 | <600~360 | <350~230 | <350~210 | <150~105 | <150~95 |
| 3 | <1210~840 | <1130~750 | <780~530 | <720~460 | <390~270 | <360~230 | <230~150 | <210~130 | <105~70 | <95~60 |
| 4 | <840~630 | <750~520 | <530~390 | <460~300 | <270~200 | <230~150 | <150~110 | <130~80 | <70~55 | <60~40 |
| 5 | <630~500 | <520~360 | <390~300 | <300~190 | <200~150 | <150~90 | <110~80 | <80~50 | <55~40 | <40~25 |
| 6 | <500~410 | <360~250 | <300~230 | <190~125 | <150~120 | <90~60 | <80~60 | <50~30 | <40~30 | <25~15 |
| 7 | <410~320 | | <1500~780 | | <120~90 | | <60~50 | | <30~20 | |
| 8 | <320~250 | | <1500~780 | | <90~60 | | <50~30 | | <20~15 | |
| 9 | | | | | | | | | | |
| 10 | | | | | | | | | | |

3. 超高横向过渡

1）无中间带道路的超高过渡

无中间带的道路车行道，在直线路段均为路拱形式的双坡横断面，而在设超高的平曲线路段则为单坡断面。路面由双向倾斜的形式过渡到具有超高的单向倾斜的形式,外侧先逐渐抬高,至路拱坡度后成单坡状(图5-19),再绕旋转轴旋转直至超高横坡度。

以下为3种常用的超高旋转过渡方式。

(1) 绕内侧边缘旋转。

先将外侧车道绕路中线旋转,待达到与内侧车道构成单向横坡后,整个断面再绕未加宽前的内侧车道边缘旋转,直至超高横坡值,如图5-20(a)所示。

(2) 绕中线旋转。

先将外侧车道绕路中线旋转,待达到与内侧车道构成单向横坡后,整个断面绕中线旋转,直至超高横坡度,如图5-20(b)所示。

(3) 绕外侧边缘旋转。

先将外侧车道绕外边缘旋转,与此同时,内侧车道随中线的降低而相应降低,待达到单向横坡后,整个断面仍绕外侧车道边缘旋转,直至超高横坡度,如图5-20(c)所示。

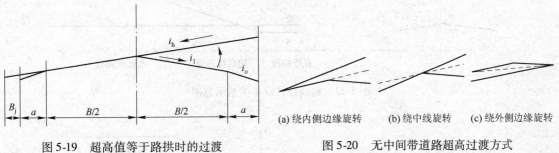

图5-19 超高值等于路拱时的过渡　　图5-20 无中间带道路超高过渡方式

上述各种方法,绕内侧边线旋转由于行车道内侧不降低,有利于路基纵向排水,一般新建道路多用此法。绕中线旋转可保持中线标高不变,且在超高坡度一定的情况下,外侧边缘的抬高值较小,多用于旧路改建工程。而绕外侧边线旋转是一种比较特殊的设计,仅用于某些为改善路容的地点。

2) 有中间带道路的超高过渡

(1) 绕中间带的中心线旋转。

先将外侧车行道绕中间带的中心旋转,待达到与内侧车行道构成单向横坡后,整个断面一同绕中心线旋转,直至超高横坡度值。此时中央分隔带呈倾斜状,如图5-21(a)所示。

(2) 绕中央分隔带边缘旋转。

将两侧车行道分别绕中央分隔带边缘旋转,使之各自成为独立的单向超高断面,此时中央分隔带维持原水平状态,如图5-21(b)所示。

(3) 绕各自行车道中线旋转。

将两侧行车道分别绕各自的中心线旋转,使之各自成为独立的单向超高断面,此时中央分隔带两边缘分别升高与降低而成为倾斜断面,如图5-21(c)所示。

中间带宽度较窄的(≤4.5 m)可采用第一种方法;各种中间带宽度的都可以用第二种方法;对于车道数大于4条的公路可采用第三种方法。城市道路的超高过渡方式与公路相同。分离式断面的道路由于上、下行车道是各自独立的,其超高的设置及其过渡可按两条无分隔带的道路分别予以处理。

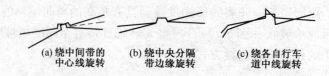

(a) 绕中间带的中心线旋转　(b) 绕中央分隔带边缘旋转　(c) 绕各自行车道中线旋转

图 5-21　有中间带道路超高过渡方法

**4. 超高的纵向过渡**

超高缓和段的纵向过渡形式通常采用"超高设计图"（图 5-22、图 5-23）来表示。超高设计图是以超高旋转轴为横坐标轴，其上按比例标注超高缓和段上各点桩号；纵坐标为道路中心线、道路边缘线与超高旋转轴之间的相对高差，纵坐标比例尺取横坐标的 500～2 000 倍。图 5-22 为一般单幅路中轴旋转超高设计纵横关系示意图。

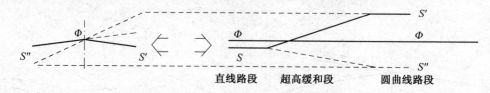

图 5-22　超高设计纵横关系示意图

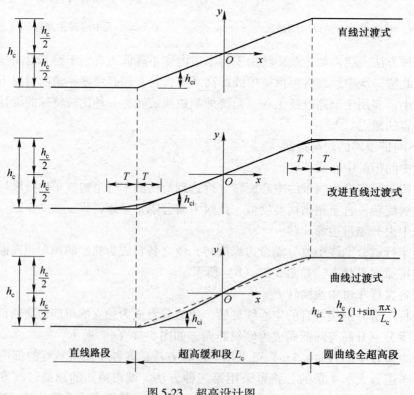

$$h_{ci} = \frac{h_c}{2}\left(1+\sin\frac{\pi x}{L_c}\right)$$

图 5-23　超高设计图

超高缓和段纵向过渡形式是指道路内、外侧边缘线 $S'$、$S''$，相对高程沿里程的变化形式，主要有直线过渡式、改进直线过渡式、曲线过渡式三大类。第一类最常用，但是这种方式在缓和段的起、终点处存在明显的纵向折曲，车辆以较高速度行驶通过时，车辆会产生瞬间横向摆动和冲击效应，为了改善它便有了后面的两类过渡形式。

**5. 超高缓和段长度**

为了行车的舒适、路容的美观和排水的通畅，必须设置一定长度的超高缓和段，超高的过渡则是在超高缓和段全长范围内进行的。双车道公路超高缓和段长按下式计算：

$$L_c = \frac{B\Delta_i}{p} \tag{5-19}$$

式中：$L_c$——超高缓和段长度/m；

$B$——旋转轴至车行道（设路缘带时为路缘带）外侧边缘的宽度/m；

$\Delta_i$——超高坡度与旋转轴外侧路拱坡度的代数差/%，当绕边轴旋转时，$\Delta_i = i_h$；绕中轴旋转时，$\Delta_i = i_1 + i_h$；

$p$——超高渐变率，即旋转轴线与行车道（设路缘带时为路缘带）外侧边缘线之间的相对坡度，其值见表 5-16。

**表 5-16 公路超高渐变率**

| 设计速度/（km/h） | 超高旋转轴位置 | |
| --- | --- | --- |
| | 绕中线旋转 | 绕边线旋转 |
| 120 | 1/250 | 1/200 |
| 100 | 1/225 | 1/175 |
| 80 | 1/200 | 1/150 |
| 60 | 1/175 | 1/125 |
| 40 | 1/150 | 1/100 |
| 30 | 1/125 | 1/75 |
| 20 | 1/100 | 1/50 |

根据上式计算的超高缓和段长度，应凑成 5 m 的整倍数，并不小于 10 m 的长度。多车道公路的超高缓和段长度，视车道数按上式计算之值乘以下列系数：

| 从旋转轴到行车带边缘的距离 | 系数 |
| --- | --- |
| 2 车道 | 1.5 |
| 3 车道 | 2.0 |

如前面所述，在确定缓和曲线最小长度时，已经考虑了超高缓和段所需的最短长度，所

以在一般的情况下,超高缓和段与缓和曲线长度相等。但有时因照顾线形的协调性,在平曲线中配置了较长的回旋线,则超高的过渡可仅在回旋线的某一区段内进行。因为过小的渐变率对路面排水不利。从利于排除路面降水考虑,横坡度由2%(或1.5%)过渡到0%路段的超高渐变率不得小于1/330。

四级公路因不设缓和曲线,但圆曲线上若设有超高,则应设置超高缓和段,超高的过渡在超高缓和段的全长上进行。

城市道路超高渐变率见表5-17。

表 5-17 城市道路超高渐变率

| 设计速度/(km/h) | 100 | 80 | 60 | 50 | 40 | 30 | 20 |
| --- | --- | --- | --- | --- | --- | --- | --- |
| 超高渐变率 | 1/175 | 1/150 | 1/125 | 1/115 | 1/100 | 1/75 | 1/50 |

**6. 超高值计算公式**

1) 无中间带道路

对于新建公路二、三、四级公路,圆曲线半径小于不设超高最小半径时,平曲线段超高值计算公式,列于表5-18,计算图式如图5-24所示。对于改建公路二、三、四级公路超高值的计算公式,列于表5-19,计算图式如图5-25所示。

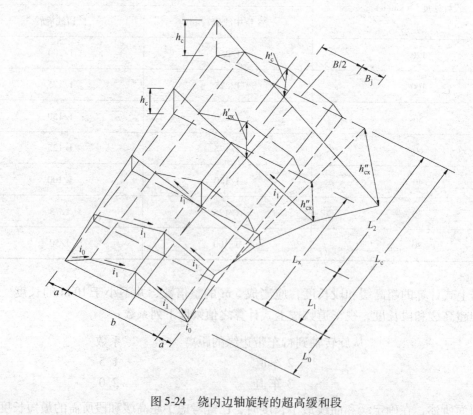

图 5-24 绕内边轴旋转的超高缓和段

表 5-18　绕内边轴旋转的超高值计算公式

| 超高值 | | | 计算公式 | | 备注 |
|---|---|---|---|---|---|
| | | | $0 \leqslant x \leqslant L_1$ | $L_1 \leqslant x \leqslant L_c$ | |
| 圆曲线线段 | | 外缘 $h_c$ | $a\,i_0 + (a+B)\,i_h$ | | 各超高值均与设计高程比较，$h_c''$ 和 $h_{cx}''$ 为降低值 $L_1 = \dfrac{i_1}{i_h}L_S$ $B_{jx} = \dfrac{x}{L_S}B_j$ |
| | | 中线 $h_c'$ | $a\,i_0 + \dfrac{B}{2}i_h$ | | |
| | | 内缘 $h_c''$ | $a\,i_0 - (a+B_j)\,i_h$ | | |
| 超高缓和段 | | 外缘 $h_{cx}$ | $a(i_0 - i_1) + \left[a\,i_1 + (a+B)\,i_h\right]\dfrac{x}{L_S}$ 或 $h_{cx} = \dfrac{x}{L_S}h_c$ | | |
| | | 中段 $h_{cx}'$ | $a\,i_0 + \dfrac{B}{2}i_1$ | $a\,i_0 + \dfrac{B}{2}\dfrac{x}{L_S}i_h$ | |
| | | 内缘 $h_{cx}''$ | $a\,i_0 - (a+B_{jx})\,i_1$ | $a\,i_0 - (a+B_{jx})\dfrac{x}{L_S}i_h$ | |

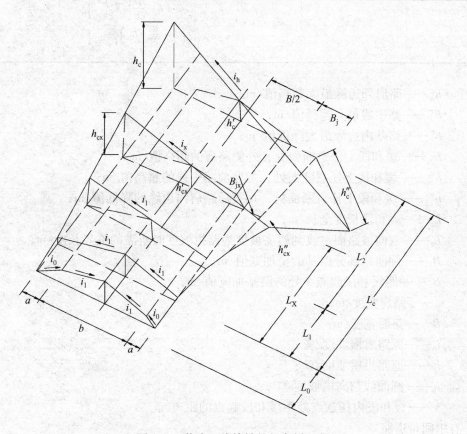

图 5-25　绕中心线旋转的超高缓和段

表 5-19　绕中线旋转的超高值计算公式

| 超高值 | | 计算公式 | | 备注 |
|---|---|---|---|---|
| | | $0 \leqslant x \leqslant L_1$ | $L_1 \leqslant x \leqslant L_S$ | |
| 圆曲线段 | 外缘 $h_c$ | $a(i_0-i_1)+\left(a+\dfrac{B}{2}\right)(i_1+i_h)$ | | |
| | 中线 $h_c^1$ | $a\,i_0+\dfrac{B}{2}i_1$ | | |
| | 内缘 $h_c''$ | $ai_0+\dfrac{B}{2}i_1-\left(a+\dfrac{B}{2}+B_j\right)i_h$ | | 各超高值均与设计高程比较 $h_c''$ 和 $h_{cx}''$ 为降低值。$L_1=\dfrac{2i_1}{i_1+i_b}L_S$　$B_{jx}=\dfrac{x}{L_S}B_j$ |
| 缓和线段 | 外缘 $h_{cx}$ | $a(i_0-i_1)+\left(a+\dfrac{B}{2}\right)\dfrac{x}{L_S}(i_1+i_h)$ 或 $h_{cx}=\dfrac{x}{L_S}h_c$ | | |
| | 中线 $h_{cx}^1$ | $a\,i_0+\dfrac{B}{2}i_1$ | | |
| | 内缘 $h_{cx}''$ | $ai_0-(a+B_{jx})i_1$ | $a\,i_0+\dfrac{B}{2}i_1-\left(a+\dfrac{B}{2}+B_{jx}\right)\dfrac{x}{L_S}i_h$ | |

式中：$h_c$——路肩外边缘最大超高值/m；

$h_c'$——路中线最大超高值/m；

$h_c''$——路基内边缘最大降低值/m；

$h_{cx}$——缓和段上任意断面处，外侧路肩的超高值/m；

$h_{cx}'$——缓和段上任意断面处，加宽前路中线的超高值/m；

$h_{cx}''$——缓和段上任意断面处，加宽后路肩内边缘的降低值/m；

$L_S$——缓和段长度全长/m；

$L_1$——双向坡路面过渡到超高坡度为路拱坡度时所需的临界长度/m；

$B_j$——圆曲线部分路基的全加宽值/m；

$B_{jx}$——距缓和段起点 $x$ 处的路基加宽值/m；

$a$——路肩宽度/m；

$B$——路面宽度/m；

$i_0$——原路肩横坡度/％；

$i_1$——原路拱横坡度/％；

$i_h$——圆曲线超高横坡度/％；

$x$——缓和段内任意点处距缓和段起点的距离/m。

2）有中间带道路

对于有中间带的高速、一级公路，通常有绕中央分隔带边线旋转和绕各自行车道中心线旋转两种方式。超高值计算公式列于表 5-20 和表 5-21，计算图式如图 5-26 所示。

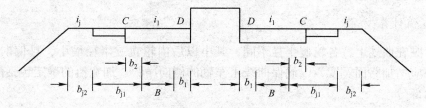

图 5-26 超高计算点位置图

在表 5-20、表 5-21、图 5-26 中：

$B$——左侧（右侧）行车道宽度/m；

$b_1$——左侧路缘带宽度/m；

$b_2$——右侧路缘带宽度/m；

$b_x$——距超高起点 $x$ 处路基加宽值/m；

$i_h$——超高横坡度/%；

$i_1$——路拱横坡度/%；

$i_z$——单向行车道左半幅路拱横坡度/%；

$x$——超高过渡段中任意一点至超高起点的距离/m。

表 5-20 绕中央分隔带边线旋转的超高值计算公式

| 超高位置 | | 计算公式 | $x$ 距离处行车道横坡值 | 备注 |
|---|---|---|---|---|
| 外侧 | C | $(b_1+B+b_2)i_x$ | $i_x = \dfrac{i_1+i_h}{L_c}x - i_1$ | 1. 计算结果为与设计高程之差；<br>2. 设计高程为中央分隔带外侧边缘 $D$ 点的高程；<br>3. 加宽值 $b_x$ 按加宽计算公式计算；<br>4. 当 $x=L_c$ 时，为圆曲线上的超高值 |
| 外侧 | D | 0 | | |
| 内侧 | C | 0 | $i_x = \dfrac{i_h-i_1}{L_c}x - i_1$ | |
| 内侧 | D | $-(b_1+B+b_x+b_2)i_x$ | | |

表 5-21 绕各自行车道中线旋转的超高值计算公式

| 超高位置 | | 计算公式 | $x$ 距离处行车道横坡值 | 备注 |
|---|---|---|---|---|
| 外侧 | C | $\left(\dfrac{B}{2}+b_2\right)i_x - \left(\dfrac{B}{2}+b_1\right)i_z$ | $i_x = \dfrac{i_1+i_h}{L_c}x - i_1$ | 1. 计算结果为与设计高程之差；<br>2. 设计高程为中央分隔带外侧边缘 $D$ 点的高程；<br>3. 加宽值 $b_x$ 按加宽计算公式计算；<br>4. 当 $x=L_c$ 时，为圆曲线上的超高值 |
| 外侧 | D | $-\left(\dfrac{B}{2}+b_1\right)(i_x+i_z)$ | | |
| 内侧 | C | $\left(\dfrac{B}{2}+b_1\right)(i_x-i_z)$ | $i_x = \dfrac{i_h-i_1}{L_c}x - i_1$ | |
| 内侧 | D | $-\left(\dfrac{B}{2}+b_x+b_2\right)i_x - \left(\dfrac{B}{2}+b_1\right)i_z$ | | |

## 5.6.2 加宽

1. 加宽定义

汽车在曲线路段上行驶时，靠近曲线内侧后轮行驶的曲线半径最小，而靠曲线外侧的前轮行驶的曲线半径最大。为适应汽车在平曲线上行驶时，后轮轨迹偏向曲线内侧的需要，在平曲线内侧相应增加的路面、路基宽度称为曲线加宽（又称弯道加宽）。

2. 加宽值计算

汽车行驶在曲线上，各轮迹半径不同，其中以后内轮轨迹半径最小，且偏向曲线内侧，故曲线内侧应增加路面宽度，以确保曲线上车辆的侧向净距。加宽值的确定包括静态加宽和动态加宽两部分。

1）静态加宽

普通汽车的加宽值可由图 5-27 所示的几何关系求得：

$$b = R - (R_1 + B)$$

而

$$R_1 + B = \sqrt{R^2 - A} = R - \frac{A^2}{2R} - \frac{A^4}{8R} - \cdots$$

故

$$b = \frac{A^2}{2R} + \frac{A^4}{8R} + \cdots$$

上式第二项以后的数值极小，可省略，故一条车道的加宽值为：

$$b_单 = \frac{A^2}{2R} \tag{5-20}$$

式中：$A$——汽车后轴至前保险杠的距离／m；

$R$——圆曲线半径／m。

对于有 $N$ 条车道的行车道：

$$b_N = \frac{NA^2}{2R} \tag{5-21}$$

半挂车的加宽值由图 5-28 所示的几何关系求得：

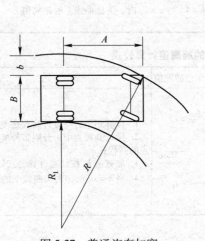

图 5-27 普通汽车加宽

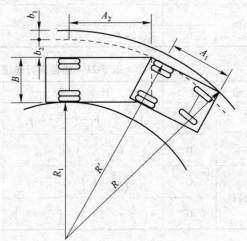

图 5-28 半挂车加宽

$$b_1 = \frac{A_1^2}{2R}$$

$$b_2 = \frac{A_2^2}{2R}$$

式中：$b_1$——牵引车的加宽值；

$b_2$——拖车的加宽值；

$A_1$——牵引车保险杠至第二轴的距离/m；

$A_2$——第二轴至拖车最后轴的距离/m。

其余符号见图 5-28。

由于 $R' = R - b_1$，而 $b_1$ 与 $R$ 相比甚微，可取 $R' = R$，于是半挂车加宽值为：

$$b = b_1 + b_2 = \frac{A_1^2 + A_2^2}{2R} \tag{5-22}$$

2）动态加宽

汽车在道路上行驶时，不可能走出绝对的直线，横向有一定的摆动值。它的横向摆动值与车速、平曲线半径有关，经验摆动幅度为：

$$b' = 0.05V/\sqrt{R}\ (\text{m}) \tag{5-23}$$

式中：$V$——计算车速/(km/h)；

$R$——圆曲线半径/m。

根据静态加宽和动态加宽公式计算结果，取整并规范化，分别得到公路和城市道路路面加宽的规范值，供设计时直接查用（表5-22、表5-23）。

表 5-22  公路平曲线加宽

| 加宽类别 | 加宽值/m　　　平曲线半径/m　　　汽车轴距加前悬/m | 250~200 | <200~150 | <150~100 | <100~70 | <70~50 | <50~30 | <30~25 | <25~20 | <20~15 |
|---|---|---|---|---|---|---|---|---|---|---|
| 1 | 5 | 0.4 | 0.6 | 0.8 | 1.0 | 1.2 | 1.4 | 1.8 | 2.2 | 2.5 |
| 2 | 8 | 0.6 | 0.7 | 0.9 | 1.2 | 1.5 | 2.0 | — | — | — |
| 3 | 5.2 + 8.8 | 0.8 | 1.0 | 1.5 | 2.0 | 2.5 | — | — | — | — |

表 5-23  城市道路圆曲线每条车道的加宽　　　　单位：m

| 车型　　　　圆曲半径/m | 200<R≤250 | 150<R≤200 | 100<R≤150 | 60<R≤100 | 50<R≤60 | 40<R≤50 | 30<R≤40 | 20<R≤30 | 15<R≤20 |
|---|---|---|---|---|---|---|---|---|---|
| 小型汽车 | 0.28 | 0.30 | 0.32 | 0.35 | 0.39 | 0.40 | 0.45 | 0.60 | 0.70 |
| 普通汽车 | 0.40 | 0.45 | 0.60 | 0.70 | 0.90 | 1.00 | 1.30 | 1.80 | 2.40 |
| 铰接车 | 0.45 | 0.55 | 0.75 | 0.95 | 1.25 | 1.50 | 1.90 | 2.80 | 3.50 |

四级公路和山岭、重丘区的三级公路采用第一类加宽值；其余各级公路采用第三类加宽值。对不经常通行集装箱运输半挂车的公路，可采用第二类加宽值。

对于 $R > 250\text{ m}$ 的圆曲线，由于其加宽值甚小，可以不加宽。由 3 条以上车道构成的行车道，其加宽值应另行计算。各级公路的路面加宽后，路基也应相应加宽。四级公路路基采用 6.5 m 以上宽度时，当路面加宽后剩余的路肩宽度不小于 0.5 m 时，则路基可不予加宽；小于 0.5 m 时，则应加宽路基以保证路肩宽度不小于 0.5 m。

分道行驶公路，当圆曲线半径较小时，其内侧车道的加宽值应大于外侧车道的加宽值。设计时应通过计算确定其差值。

3. 加宽值过渡方式

为了使路面由直线上的正常宽度过渡到曲线上设置了加宽的宽度，需设置加宽缓和段。

在加宽缓和段上,路面具有逐渐变化的宽度。加宽过渡的设置根据道路性质和等级可采用不同的方法。

1) 直线过渡

在加宽缓和段全长范围内按其长度成比例逐渐加宽,如图 5-29 所示。加宽缓和段内任意点的加宽值:

$$b_x = \frac{L_c}{L}b \tag{5-24}$$

式中:$L_c$——任意点距缓和段起点的距离/m;
  $L$——加宽缓和段长/m;
  $b$——圆曲线上的全加宽/m。

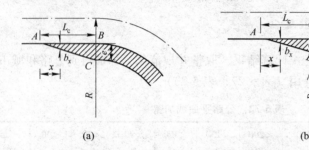

图 5-29 加宽直线过渡

这种成直线的比例过渡方式简单易作,但经加宽以后的路面内侧与行车轨迹不符,缓和段的起终点有折曲,路容不够美观。该方法可用于二、三、四级公路和及除快速路外的城市道路。

2) 高次抛物线过渡

在加宽缓和段上插入一条高次抛物线,缓和段上任意点的加宽值:

$$b_x = (4k^3 - 3k^4)b \tag{5-25}$$

或

$$b_x = 4k^3 b \qquad (0 \leqslant x \leqslant L/2)$$
$$b_x = [1 - 4(1-k)^3]b \qquad (L/2 \leqslant x \leqslant L)$$

式中,$k = \frac{L_x}{L}$。

用这种方法处理以后的路面内侧边缘圆滑、美观,适用于各类高等级道路、桥梁、立交等。

3) 回旋线过渡

在加宽缓和段内侧边缘重新设计一条回旋线,这样不但中线上有回旋线,而且加宽以后的路面边线也是回旋线,与行车轨迹比较相符,保证了行车的顺适与线形的美观,是最理想的加宽过渡方式。它可用于下列路段。

① 大城市近郊的高速公路、一级公路。
② 桥梁、立交桥、高架桥、挡土墙、隧道等构造物路段。
③ 设置各种安全防护设施且有美观要求的路段。

4) 改进直线过渡

按上述第 1 种方法处理以后的加宽缓和段起、终点存在明显的折曲。为了弥补这一缺陷,可以在加宽段的起、止点处各插入一条二次抛物线,如图 5-30 所示。插入以后,缓和段的长度有所增加，路容有所改进。缓和段上任意点的加宽值按下式分段计算：

$$b_x = \frac{b}{4TL}(T+L_x)^2 \qquad (-T \leq L_x \leq T)$$

$$b_x = \frac{b}{L}L_x \qquad (T \leq L_x \leq L-T)$$

$$b_x = \frac{b}{L}L_x - \frac{b}{4TL}(L_x - L + T)^2 \qquad (L-T \leq L_x \leq L+T)$$

式中：$T$——二次抛物的切线长/m，当 $L > 50$ m 时，可取 $T = 10$ m；当 $L < 50$ m 时，可取 $T = 5$ m。

其余符号同前。

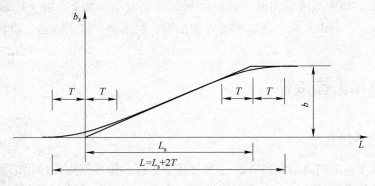

图 5-30　加宽的改进直线过渡

此外，还有三次样条曲线法、正弦曲线法、直线与圆弧相切法、修正系数法等，不一一介绍。

上面介绍的诸多方法中，有的是对线形顺滑美观有利，但计算和测设比较烦琐，而另外一些则相反。我们强调高等级道路和人工构造物的地段应尽量采用对线形有利的方法，是因为这些地方即使增加计算的工作量也是值得的。尤其是当今因计算机和光电类测量仪器普遍使用，使测设计算变得容易，故不但在高等级公路上，即使在一般公路上也宜优先考虑采用有利于线形的加宽过渡方法。

4. 加宽缓和段长度

对于设置有缓和曲线的平曲线，加宽缓和段应采用与缓和曲线相同的长度；对于不设缓和曲线，但设置有超高缓和段的平曲线，可采用与超高缓和段相同的长度；既不设缓和曲线，又不设超高的平曲线，加宽缓和段应按渐变率为 1∶15 且长度不小于 10 m 的要求设置。对于复曲线的大圆和小圆之间设有缓和曲线的加宽缓和段，均可以按上述方法处理。

## 5.7　道路横断面设计

### 5.7.1　横断面设计基本要求

横断面的设计要求，是使道路横断面的布置及几何尺寸应能满足交通、环境、用地经济、城市貌等要求。路基是支撑路面形成连续行车道的带状土、石结构物。它既要承受由

路面传来的车辆荷载,又要承受大自然因素的作用。因此,路基横断面设计必须满足以下基本要求:

① 路基的结构设计应根据其使用要求和当地自然条件(包括水文地质和材料情况),并结合施工条件进行设计。设计前应充分收集沿线地质、水文、地形、气象等资料,在山岭重丘区要特别注意地形和地质条件的影响,选择适当的路基断面形式、边坡坡度及防治病害的措施。在平原微丘区应注意最小填土高度,并设置必要的排水设施。

② 路基的断面形式和尺寸应根据道路的等级、设计标准和设计任务书的规定及道路的使用要求,结合具体条件确定。一般路基可参照典型横断面设计。特殊路基则应进行单独计算设计。

③ 路基设计应兼顾当地农田基本建设的需要。在取土、弃土、取土坑设置、排水设计等方面与农田改土、农田水利、灌溉沟渠等相配合,尽量减少废土占地、防止水土流失和淤塞河道。

## 5.7.2 公路横断面设计

### 1. 公路横断面组成

除上述与行车有关的路幅宽度外,还有与路基工程、排水工程、环保工程有关的各种设施,这些设施的位置和尺寸均应在横断面设计中有所体现。路基横断面形式和尺寸实际上在确定路线平面位置时就已经有了考虑,在纵断面设计中又根据路线标准和地形条件对路基的合理高度,特别是工程艰巨路段已仔细做了分析研究,拟订了横断面方案。因此,施工图设计阶段的横断面设计是在总结上述工作的基础上把它具体化,绘制横断面设计图纸,作为计算土石方数量和日后施工的依据。

横断面设计、必须结合地形、地质、水文等条件,本着节约用地的原则,选用合理的断面形式,以满足行车顺适、工程经济、路基稳定且便于施工和养护的要求。

### 2. 路基标准横断面

在具体设计每个横断面之前,先确定路基的标准横断面。在标准横断面图中,一般要包括:路堤、路堑、半堤半堑、护肩路基、挡土墙路基、砌石路基等在整条公路上可能出现的路基断面形式,各断面中的边坡坡率、边沟尺寸、挡墙断面等必须按现行《公路路基设计规范》(JTG D30—2015)的规定办理。对于高填、深挖、特殊地质、浸水路堤等应单独设计,详见《路基路面工程》。

### 3. 横断面设计方法

① 在计算纸上绘制横断面的地面线。地面线是在现场测绘的,若是纸上定线,可从大比例尺的地形图上内插获得。在计算机辅助设计中,可通过数字化仪或键盘向计算机输入横断面各变化点相对于中桩的坐标,由绘图机自动绘制。横断面图的比例尺一般是1:200。

② 从"路基设计表"中抄入路基中心填挖高度,对于有超高和加宽的曲线路段,还应抄入"左高"、"右高"、"左宽"、"右宽"等数据。

③ 根据现场调查所得来的"土壤、地质、水文资料",参照"标准横断面图",画出路幅宽度,填或挖的边坡坡线,在需要设置各种支挡工程和防护工程的地方画出该工程结构的断面示意图。

④ 根据综合排水设计,画出路基边沟、截水沟、排灌渠等的位置和断面形式。必要时需注明各部分尺寸。此外,对于取土坑、弃土堆、绿化带等也尽可能画出。经检查无误后,修饰描绘(图 5-31)。

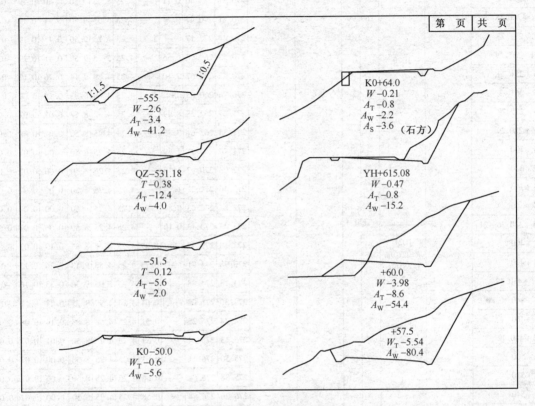

图 5-31 公路路基横断面设计图

对于分离式断面的公路和具有变速车道、爬坡车道、紧急停车车道的断面,可参照上述步骤绘制。

一条道路的横断面图数量极大,为提高手工绘制的工作效率,可事先制作若干个标准横断面透明模板。随着计算机技术的日益普及,运用"道路 CAD",不但能准确自动绘制横断面图,而且能自动解算横断面面积,直接提供路基土石方计算数据。

上面所介绍的横断面设计方法,仅限于在"标准横断面图"范围以内的那些断面,其操作比较机械,所以形象化地称为"戴帽子"。对特殊情况下的横断面,则必须按照路基路面课程中所讲述的原理和方法进行特殊设计,绘图比例尺也应按需要采用。

4. 路基设计表

路基设计表是路线设计和路基设计成果的体现,在道路设计文件中占有极其重要的地位,其样式如表 5-24 所列。

（路段名称）　　　　　　　　　　　　　　　　　　　　　　　　　　　表 5-24　路　基

| 桩号 | 平曲线 | | 纵坡/%及坡长/m | 竖曲线 | | 设计高程/m | 地面高程/m | 填挖高度/m | | 路基宽度/m | | | 路基边缘及中桩与设计高程之高差/m | | |
|---|---|---|---|---|---|---|---|---|---|---|---|---|---|---|---|
| | 左 | 右 | | 凹 | 凸 | | | 填 | 挖 | 左 | 右 | 全宽 | 左 | 中 | 右 |
| K5+200 | | | | | | 270.51 | 270.40 | 0.11 | — | 4.25 | 5.25 | 9.50 | 0.40 | 0.19 | -0.07 |
| HY+200.18 | | | 269.99 | | | 270.51 | 270.40 | 0.11 | — | 4.25 | 5.25 | 9.50 | 0.41 | 0.19 | -0.07 |
| QZ+217.73 | | | +210 | | | 270.44 | 272.17 | — | 1.73 | 4.25 | 5.25 | 9.50 | 0.41 | 0.19 | -0.07 |
| YH+235.29 | JD20 | | | | | 270.53 | 269.98 | 0.55 | — | 4.25 | 5.25 | 9.50 | 0.41 | 0.19 | -0.07 |
| K5+251.29 | | | | | | 270.77 | 263.67 | 7.10 | — | 4.25 | 4.89 | 9.14 | 0.26 | 0.12 | -0.03 |
| K5+261 | | | | | | 270.96 | 260.83 | 10.13 | — | 4.25 | 4.68 | 8.93 | 0.18 | 0.09 | -0.01 |
| K5+277.29 | | | | | | 271.27 | 262.28 | 8.99 | — | 4.25 | 4.32 | 8.57 | 0.03 | 0.07 | 0.01 |
| HZ+280.29 | | | | | | 271.33 | 263.61 | 7.72 | — | 4.25 | 4.25 | 8.50 | 0.01 | 0.09 | 0.01 |
| K5+300 | | | | | | 271.70 | 269.91 | 1.79 | — | 4.25 | 4.25 | 8.50 | 0.00 | 0.07 | 0.00 |
| K5+320 | | | | | | 272.08 | 270.93 | 1.15 | — | 4.25 | 4.25 | 8.50 | 0.00 | 0.07 | 0.00 |
| K5+340 | | | — | | | 272.46 | 271.22 | 1.24 | — | 4.25 | 4.25 | 8.50 | 0.00 | 0.07 | 0.00 |
| K5+360 | | | | | | 272.84 | 272.03 | 0.81 | — | 4.25 | 4.25 | 8.50 | 0.00 | 0.07 | 0.00 |
| ZH+380.36-21 | | | +1.9%/390 | | | 273.23 | 273.13 | 0.10 | — | 4.25 | 4.25 | 8.50 | 0.00 | 0.07 | 0.00 |
| K5+400 | — | JD21 | | | — | 273.60 | 273.97 | — | 0.37 | 4.25 | 4.56 | 8.81 | 0.13 | 0.07 | 0.00 |
| K5+420 | | $R=125.00\text{m}$ | | | | 273.98 | 274.71 | — | 0.73 | 4.25 | 4.88 | 9.13 | 0.26 | 0.13 | -0.03 |
| HH+430.39 | | $L_s=50.08\text{m}$ | | | | 274.18 | 274.88 | — | 0.70 | 4.25 | 5.05 | 9.30 | 0.33 | 0.16 | -0.04 |
| K5+440 | | | | | | 274.36 | 275.00 | — | 0.64 | 4.25 | 4.90 | 9.15 | 0.27 | 0.13 | -0.03 |
| K5+460 | | | | | | 274.74 | 275.25 | — | 0.51 | 4.25 | 4.58 | 8.83 | 0.14 | 0.08 | 0.00 |
| HZ+480.42 | | | | | | 275.13 | 275.64 | — | 0.51 | 4.25 | 4.25 | 8.50 | 0.01 | 0.07 | 0.01 |
| K5+500 | | | | | | 275.50 | 276.11 | — | 0.61 | 4.25 | 4.25 | 8.50 | 0.00 | 0.07 | 0.00 |
| K5+520 | | | | | | 275.88 | 276.54 | — | 0.66 | 4.25 | 4.25 | 8.50 | 0.00 | 0.07 | 0.00 |
| K5+540 | | | | | | 276.26 | 276.84 | — | 0.58 | 4.25 | 4.25 | 8.50 | 0.00 | 0.07 | 0.00 |
| K5+560 | | | | | | 276.64 | 277.03 | — | 0.39 | 4.25 | 4.25 | 8.50 | 0.00 | 0.07 | 0.00 |
| K5+580 | | | | $R=2000\text{m}$ | | 276.94 | 277.24 | — | 0.30 | 4.25 | 4.25 | 8.50 | 0.00 | 0.07 | 0.00 |
| K5+600 | | | 277.40 | $T=38.0\text{m}$ | | 277.04 | 277.50 | — | 0.46 | 4.25 | 4.25 | 8.50 | 0.00 | 0.07 | 0.00 |
| K5+620 | | | +600 | $E=0.36\text{m}$ | | 276.94 | 277.79 | — | 0.85 | 4.25 | 4.25 | 8.50 | 0.00 | 0.07 | 0.00 |
| ZH+638.89-22 | | | | | | 276.66 | 277.86 | — | 1.20 | 4.25 | 4.25 | 8.50 | 0.00 | 0.07 | 0.00 |
| K5+660 | | | | | | 276.26 | 273.31 | — | 1.05 | 4.72 | 4.25 | 8.97 | -0.02 | 0.09 | 0.19 |
| HY+683.89 | | | | | | 275.81 | 276.54 | — | 0.73 | 5.25 | 4.25 | 9.50 | -0.08 | 0.19 | 0.40 |
| K5+700 | | | -1.9%/230 | | | 275.50 | 276.23 | — | 0.73 | 5.25 | 4.25 | 9.50 | -0.08 | 0.19 | 0.40 |
| K5+720 | JD22 | | | | | 275.12 | 275.77 | — | 0.65 | 5.25 | 4.25 | 9.50 | -0.08 | 0.19 | 0.40 |
| K5+740 | $R=190.00\text{m}$ | | | | | 274.74 | 275.12 | — | 0.38 | 5.25 | 4.25 | 9.50 | -0.08 | 0.19 | 0.40 |
| K5+760 | $L_s=45\text{m}$ | | | | | 274.36 | 274.56 | — | 0.20 | 5.25 | 4.25 | 9.50 | -0.08 | 0.19 | 0.40 |
| K5+780 | | | | | | 273.98 | 274.08 | — | 0.10 | 5.25 | 4.25 | 9.50 | -0.08 | 0.19 | 0.40 |
| K5+800 | | | | | | 273.60 | 273.71 | — | 0.11 | 5.25 | 4.25 | 9.50 | -0.08 | 0.19 | 0.40 |

制表：

## 第 5 章 横断面设计

设 计 表

| 施工时中桩/m | | 边坡 1:m | | 护坡道 | | | | 边沟 | | | | 坡脚坡口至中桩距离/m | | 备注 |
|---|---|---|---|---|---|---|---|---|---|---|---|---|---|---|
| | | | | 宽度 | | 边坡/1:m | | 坡度/% | | 形状 | 底宽/m | 沟深/m | 内坡 | 左 | 右 | |
| 填 | 挖 | 左 | 右 | 左 | 右 | 左 | 右 | 左 | 右 | | | | | | | |
| 0.30 | — | 1:0.5 | 1:1.5 | — | — | — | — | — | — | 梯形 | 0.50 | 0.50 | 1:1 | 5.00 | 6.00 | — |
| 0.30 | — | 1:0.5 | 1:1.5 | — | — | — | — | — | — | 梯形 | 0.5 | 0.5 | 1:1 | 5.00 | 6.00 | — |
| — | 1.54 | 1:0.5 | 1:0.5 | — | — | — | — | — | — | 梯形 | 0.5 | 0.5 | 1:1 | 5.00 | 7.10 | — |
| 0.75 | — | 1:1.5 | 1:1.5 | 1.50 | 1.50 | 1:1.5 | 1:1.5 | — | — | | — | — | — | 6.58 | 7.58 | — |
| 7.24 | — | 1:1.5 | 1:1.5 | 1.50 | 1.50 | 1:1.75 | 1:1.75 | — | — | | — | — | — | 16.40 | 21.29 | — |
| 10.22 | — | 1:1.5 | 1:1.5 | 1.50 | 1.50 | 1:1.75 | 1:1.75 | — | — | | — | — | — | 20.95 | 20.60 | — |
| 9.06 | — | 1:1.5 | 1:1.5 | 1.50 | 1.50 | 1:1.75 | 1:1.75 | — | — | | — | — | — | 19.20 | 20.15 | — |
| 7.79 | — | 1:1.5 | 1:1.5 | 1.50 | 1.50 | 1:1.75 | 1:1.75 | — | — | | — | — | — | 15.80 | 16.20 | — |
| 1.86 | — | 1:1.5 | 1:1.5 | 1.50 | 1.50 | 1:1.5 | 1:1.5 | — | — | | — | — | — | 8.45 | 8.80 | — |
| 1.22 | — | 1:1.5 | 1:1.5 | 1.50 | 1.50 | 1:1.5 | 1:1.5 | — | — | | — | — | — | 7.55 | 7.85 | — |
| 1.31 | — | 1:1.5 | 1:1.5 | — | — | — | — | — | — | | — | — | — | 8.00 | 8.10 | — |
| 0.88 | — | 1:0.5 | 1:0.5 | — | — | — | — | — | — | | — | — | — | 6.25 | 6.25 | — |
| 0.17 | — | 1:0.5 | 1:0.5 | — | — | — | — | — | — | 梯形 | 0.5 | 0.5 | 1:1 | 5.00 | 5.00 | — |
| — | 0.30 | 1:0.5 | 1:0.5 | — | — | — | — | — | — | 梯形 | 0.5 | 0.5 | 1:1 | 5.20 | 5.20 | — |
| — | 0.60 | 1:0.5 | 1:0.5 | — | — | — | — | — | — | 梯形 | 0.5 | 0.5 | 1:1 | 5.37 | 5.58 | — |
| — | 0.54 | 1:0.5 | 1:0.5 | — | — | — | — | — | — | 梯形 | 0.5 | 0.5 | 1:1 | 5.21 | 5.21 | — |
| — | 0.51 | 1:0.5 | 1:0.5 | — | — | — | — | — | — | 梯形 | 0.5 | 0.5 | 1:1 | 5.32 | 5.62 | — |
| — | 0.43 | 1:0.5 | 1:0.5 | — | — | — | — | — | — | 梯形 | 0.5 | 0.5 | 1:1 | 5.15 | 5.45 | — |
| — | 0.44 | 1:0.5 | 1:0.5 | — | — | — | — | — | — | 梯形 | 0.5 | 0.5 | 1:1 | 5.15 | 5.77 | — |
| — | 0.54 | 1:0.5 | 1:0.5 | — | — | — | — | — | — | 梯形 | 0.5 | 0.5 | 1:1 | 5.28 | 5.89 | — |
| — | 0.59 | 1:0.5 | 1:0.5 | — | — | — | — | — | — | 梯形 | 0.5 | 0.5 | 1:1 | 5.30 | 5.50 | — |
| — | 0.51 | 1:0.5 | 1:0.5 | — | — | — | — | — | — | 梯形 | 0.5 | 0.5 | 1:1 | 5.21 | 5.25 | — |
| — | 0.32 | 1:0.5 | 1:0.5 | — | — | — | — | — | — | 梯形 | 0.5 | 0.5 | 1:1 | 5.20 | 5.20 | — |
| — | 0.23 | 1:0.5 | 1:0.5 | — | — | — | — | — | — | 梯形 | 0.5 | 0.5 | 1:1 | 5.15 | 5.15 | — |
| — | 0.39 | 1:0.5 | 1:0.5 | — | — | — | — | — | — | 梯形 | 0.5 | 0.5 | 1:1 | 5.30 | 5.70 | — |
| — | 0.78 | 1:0.5 | 1:0.5 | — | — | — | — | — | — | 梯形 | 0.5 | 0.5 | 1:1 | 5.50 | 5.90 | — |
| — | 1.13 | 1:0.5 | 1:0.5 | — | — | — | — | — | — | 梯形 | 0.5 | 0.5 | 1:1 | 5.60 | 5.95 | — |
| — | 0.96 | 1:0.5 | 1:0.5 | — | — | — | — | — | — | 梯形 | 0.5 | 0.5 | 1:1 | 5.50 | 5.55 | — |
| — | 0.55 | 1:0.5 | 1:0.5 | — | — | — | — | — | — | 梯形 | 0.5 | 0.5 | 1:1 | 5.40 | 5.60 | — |
| — | 0.54 | 1:0.5 | 1:0.5 | — | — | — | — | — | — | 梯形 | 0.5 | 0.5 | 1:1 | 5.40 | 5.80 | — |
| — | 0.46 | 1:0.5 | 1:0.5 | — | — | — | — | — | — | 梯形 | 0.5 | 0.5 | 1:1 | 5.32 | 5.45 | — |
| — | 0.19 | 1:0.5 | 1:0.5 | — | — | — | — | — | — | 梯形 | 0.5 | 0.5 | 1:1 | 5.20 | 5.30 | — |
| — | 0.01 | 1:0.5 | 1:0.5 | — | — | — | — | — | — | 梯形 | 0.5 | 0.5 | 1:1 | 5.10 | 5.13 | — |
| 0.09 | — | 1:0.5 | 1:0.5 | — | — | — | — | — | — | 梯形 | 0.5 | 0.5 | 1:1 | 5.05 | 5.05 | — |
| 0.08 | — | 1:0.5 | 1:0.5 | — | — | — | — | — | — | 梯形 | 0.5 | 0.5 | 1:1 | 5.00 | 5.00 | — |
| — | — | — | — | — | — | — | — | — | — | | — | — | — | — | — | — |

复核：

## 5.7.3 城市道路横断面设计

**1. 标准横断面设计图**

当按照城市道路的交通性质、地形条件及近期与远期相结合的原则确定了横断面组成和宽度以后,即可绘制横断面设计图。城市道路的横断面设计图与公路横断面图的作用是相同的,即为指导施工和计算土石方数量。

城市道路横断面设计图一般采用的比例尺为1:100或1:200,在图上应绘出红线宽度、行车道、人行道、绿化带、照明、新建或改建的地下管道等各组成部分的位置和宽度,以及排水方向、路面横坡等,如图5-32所示。

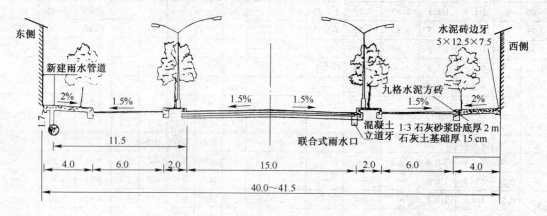

图 5-32 城市道路横断面设计图(尺寸单位:m)

**2. 横断面施工图**

沿道路中线每个桩位都有测绘横断面地面线,包括地形、地物、原街道的各组成部分、边沟、路侧建筑等。比例尺为1:100或1:200。有时为了更加明显地表现地形和地物高度的变化,也可采用纵、横不同的比例尺绘制。

在完成道路纵断面设计之后,各中线上的填挖高度则为已知。将这一高度点绘在相应的横断面现状图上,然后将标准横断面设计图以相同的比例尺画于其上。此图反映了各断面上的填、挖和拆迁界线,是施工时的主要根据,如图5-33所示。

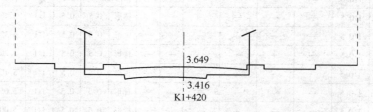

图 5-33 施工横断面图(尺寸单位:m)

## 5.8 路基土石方数量计算及调配

路基土石方是公路工程的一项主要工程量,在公路设计和路线方案比较中,路基土石方数量的多少是评价公路测设质量的主要技术经济指标之一。在编制公路施工组织计划和工程概预算时,还需要确定分段和全线的路基土石方数量。

地面形状是很复杂的,填挖方不是简单的几何体,所以其计算只能是近似的,计算的精确度取决于中桩间距、测绘横断面时采点的密度和计算公式与实际情况的接近程度等。计算时一般应按工程的要求,在保证使用的前提下力求简化。

### 5.8.1 横断面面积计算

路基填挖的横断面积,是指断面图中原地面线与路基设计线所包围的面积,路基设计线高于地面线者为填,低于地面线者为挖,两者应分别计算。下面介绍几种常用的面积计算方法。

1. 积距法

如图 5-34 所示,将断面按单位横宽划分为若干个梯形与三角形小条块,每个小条块的近似面积为:

$$F_i = bh_i$$

则横断面面积:

$$F = bh_1 + bh_2 + \cdots + bh_n = b\sum_{i=1}^{n} h_i \tag{5-26}$$

当 $b=1\,\text{m}$ 时,则 $F$ 在数值上就等于各小条块平均高度之和 $\sum h_i$。

要求得 $\sum h_i$ 的值,可以用卡规逐一量取各条块高度的累积值。当面积较大卡规张度不够用时,也可用厘米方格纸折成窄条代替卡规量取积距。用积距法计算面积简单、迅速。若地面线较顺直,也可以增大 $b$ 的数值。若要进一步提高精度,可增加测量次数最后取其平均值。

2. 坐标法

如图 5-35 所示,已知断面图上各转折点坐标 $(x_i, y_i)$,则断面面积为:

$$F = \frac{1}{2}\sum_{i=1}^{n}(x_i y_{i+1} - x_{i+1} y_i) \tag{5-27}$$

坐标法的精度较高,适宜于用计算机计算。

计算横断面面积还有几何图形法、数方格法、求积仪法等,不一一介绍。

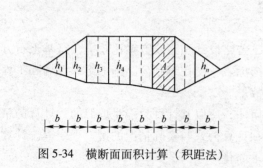
图 5-34 横断面面积计算（积距法）

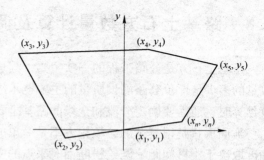
图 5-35 横断面面积计算（坐标法）

## 5.8.2 土石方数量计算

若相邻两断面均为填方或均为挖方且面积大小相近，则可假定两断面之间为一棱柱体（图 5-36），其体积的计算公式为：

$$V = \frac{1}{2}(F_1 + F_2)L \tag{5-28}$$

式中：$V$——体积，即土石方数量/m³；
$F_1$、$F_2$——相邻两断面的面积/m²；
$L$——相邻断面之间的距离/m。

此法计算简易，较为常用，一般称为平均断面法。

若 $F_1$ 和 $F_2$ 相差甚大，则与棱台更为接近。其计算公式为：

$$V = \frac{1}{3}(F_1 + F_2)L\left(1 + \frac{\sqrt{m}}{1+m}\right) \tag{5-29}$$

式中，$m = \frac{F_1}{F_2}$，其中 $F_2 > F_1$。

棱台公式的精度较高，应尽量采用，特别是用计算机计算时。

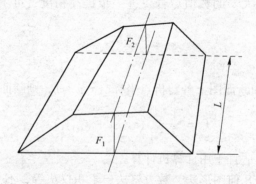
图 5-36 路基体积计算

用上述方法计算的土石方体积中包含了路面体积，若所设计的纵断面有填有挖且基本平衡，则填方断面中多计的路面面积与挖方断面中少计的路面面积相互抵消，其总体积与实施体积相差不大。但若路基是以填方为主或以挖方为主，则最好是在计算断面面积时将路面部分计入。也就是填方要扣除、挖方要增加路面所占的那一部分面积。特别是路面厚度较大时更不能忽略。

## 5.8.3 路基土石方调配

土石方调配的目的是为确定填方用土的来源、挖方弃土的去向，以及计价土石方的数量和运量等。通过调配合理地解决各路段土石方平衡与利用问题，使从路堑挖出的土石方，在经济合理的调运条件下移挖作填，达到填方有所"取"，挖方有所"用"，避免不必要的路外借土和弃土，以减少占用耕地和降低道路造价。

1. 土石方调配原则

① 在半填半挖断面中，应首先考虑在本路段内移挖作填进行横向平衡，然后再作纵向调配，以减少总的运输量。

② 土石方调配应考虑桥涵位置对施工运输的影响，一般大沟不作跨越调运，同时尚应注意施工的可能与方便，尽可能避免和减少上坡运土。

③ 为使调配合理，必须根据地形情况和施工条件，选用适当的运输方式，确定合理的经济运距，用以分析工程用土是调运还是外借。

④ 土方调配"移挖作填"固然要考虑经济运距问题，但这不是唯一的指标，还要综合考虑弃方或借方占地，赔偿青苗损失及对农业生产影响等。有时移挖作填虽然运距超出一些，运输费用可能稍高一些，但如能少占地，少影响农业生产，这样，整体来说也未必是不经济的。

⑤ 不同的土方和石方应根据工程需要分别进行调配，以保证路基稳定和人工构造物的材料供应。

⑥ 位于山坡上的回头曲线路段，要优先考虑上下线的土方竖向调运。

⑦ 土方调配对于借土和弃土应事先同地方商量，妥善处理。借土应结合地形、农田规划等选择借土地点，并综合考虑借土还田，整地造田等措施。弃土应不占或少占耕地，在可能条件下宜将弃土平整为可耕地，防止乱弃乱堆，或堵塞河流，损坏农田。

2. 土石方调配方法

土石方调配方法有多种，如累积曲线法、调配图法及土石方计算表调配法等，目前生产上多采用土石方计算表调配法，该法不需绘制累积曲线图与调配图，直接可在土石方表上进行调配，其优点是方法简捷，调配清晰，精度符合要求。该表也可由计算机自动完成。具体调配步骤如下。

① 土石方调配是在土石方数量计算与复核完毕的基础上进行的，调配前应将可能影响运输调配的桥涵位置、陡坡、大沟等注在表旁，供调配时参考。

② 弄清各桩号之间路基填挖方情况并作横向平衡，明确利用、填缺与挖余数量。

③ 在作纵向调配前，应根据施工方法及可能采取的运输方式定出合理的经济运距，供土石方调配时参考。

④ 根据填缺挖余分布情况，结合路线纵坡和自然条件，本着技术经济和支农的原则，具体拟定调配方案。方法是逐桩逐段地将毗邻路段的挖余就近纵向调运到填缺内加以利用，并把具体调运方向和数量用箭头标明在纵向利用调配栏中。

⑤ 经过纵向调配，如果仍有填缺或挖余，则应会同当地政府协商确定借土或弃土地点，然后将借土或弃土的数量和运距分别填注到借方或弃方栏内。

⑥ 土石方调配后，应按下式进行复核检查：

$$横向调运 + 纵向调运 + 借方 = 填方$$

$$横向调运 + 纵向调运 + 弃方 = 挖方$$

$$挖方 + 借方 = 填方 + 弃方$$

以上检查一般是逐页进行复核的，如有跨页调配，须将其数量考虑在内，通过复核可以发现调配与计算过程有无错误。经核证无误后，即可分别计算计价土石方数量、运量和运距等，为编制施工预算提供土石方工程数量。

3. 关于调配计算的几个问题

1）经济运距

填方用土来源，一是路上纵向调运，二是就近路外借土。一般情况调运路堑挖方来填筑距离较近的路堤是比较经济的。但如调运的距离过长，以至运价超过了在填方附近借土所需的费用时，移挖作填就不如在路堤附近就地借土经济。因此，采取"调"还是"借"，有个限度距离问题，这个限度距离即所谓"经济运距"，其值按下式计算：

$$L_{经} = \frac{B}{T} + L_{免} \tag{5-30}$$

式中：$B$——借土单价/(元/m³)；

$T$——远运运费单价/[元/(m³·km)]；

$L_{免}$——免费运距/km。

由上可知，经济运距是确定借土或调运的限界，当调运距离小于经济运距时，采取纵向调运是经济的；反之，则可考虑就近借土。

2）平均运距

土方调配的运距，是指从挖方体积的重心到填方体积的重心之间的距离。在路线工程中为简化计算起见，这个距离可简单地按挖方断面间距中心至填方断面间距中心的距离计算，称平均运距。

在纵向调配时，当其平均运距超过定额规定的免费运距，应按其超运运距计算土石方运量。

3）运量

土石方运量为平均运距与土石方调配数量的乘积。

在生产中，工程定额是将平均运距每 10 m 划为一个运输单位，称为"一级"，20 m 为两个运输单位，称为"二级"，以此类推。在土方计算表内可用符号①、②表示，不足 10 m

时,仍按一级计算或四舍五入。于是:

$$总运量 = 调配(土石方)方数 \times n$$

式中:$n$——平均运距单位(级),其值为:

$$n = \frac{L - L_免}{10} \tag{5-31}$$

式中:$L$——平均运距/m;

$L_免$——免费运距/m。

在土石方调配中,所有挖方无论是"弃"或"调",都应予以计价。但对于填方则不然,要根据用土来源来决定是否计价。如果是路外借土,那当然要计价,倘若是移挖作填调配利用,则不应再计价,否则形成双重计价。因此计价土石方必须通过土石方调配表来确定其数量:

$$计价土石方数量 = 挖方数量 + 借方数量$$

一般工程上所说的土石方总量,实际上是指计价土石方数量。一条公路的土石方总量,一般包括路基工程、排水工程、临时工程、小桥涵工程等项目的土石方数量。对于独立大、中桥梁、长隧道的土石方工程数量应另外计算。

路基土石方计算和调配表如表 5-25 所列。

表 5-25 路基土石方数

| 桩号 | 横断面面积/m² (或为半面积) | | | 平均面积/m² | | | 距离/m | 总数量 | 挖方分类及数量/m³ | | | | | | | | | | | |
|---|---|---|---|---|---|---|---|---|---|---|---|---|---|---|---|---|---|---|---|---|
| | | | | | | | | | 土 | | | | | | 石 | | | | | |
| | 挖 | 填 | | 挖 | 填 | | | | 松 土 | | 普通土 | | 硬 土 | | 软 石 | | 次坚石 | | 坚 石 | |
| | | 土 | 石 | | 土 | 石 | | | % | 数量 | % | 数量 | % | 数量 | % | 数量 | % | 数量 | % | 数量 |
| (1) | (2) | (3) | (4) | (5) | (6) | (7) | (8) | (9) | (10) | (11) | (12) | (13) | (14) | (15) | (16) | (17) | (18) | (19) | (20) | (21) |
| K14+000 | 60.0 | | | 71.1 | | | 17 | 1209 | | | | 242 | 10 | 121 | | | 50 | 604 | 20 | 242 |
| +017 | 82.2 | | | 84.3 | 5.0 2.0 | | 8 | 674 | | | 20 | 135 | | 67 | | | | 337 | | 135 |
| +025 | 86.4 | | 10.0 4.0 | 43.2 | 39.0 | 5.0 2.0 | 12 | 518 | | | | 103 | | 52 | | | | 259 | | 104 |
| +037 | | 78.0 | | 73.8 | | | 4 | | | | | | | | | | | | | | |
| +041 | | 69.6 | | 39.2 | 34.8 | | 9 | 353 | | | | | | 71 | | | | 176 | | 106 |
| +050 | 78.4 | | | 56.4 | | | 10 | 564 | | | | | | 113 | | | | 282 | | 169 |
| +060 | 34.4 | | | 60.6 | | | 12 | 727 | | | | | | 145 | | | | 364 | | 218 |
| +072 | 86.8 | | | 55.9 | | | 8 | 447 | | | | | | 89 | | | | 224 | | 134 |
| +080 | 25.0 | | | 12.5 | 12.3 | 27.3 | 6 | 75 | | | | | | 15 | | | | 37 | | 23 |
| +086 | | 24.6 | 54.6 | 26.3 | 55.3 | | 8 | | | | | | | 20 | | | | | | |
| +094 | | 28.0 | 56.0 | 24.0 | 56.0 | | 6 | | | | | | 20 | | | | 50 | | 30 | |
| +100 | | 20.0 | 56.0 | 22.2 | 50.0 | | 8 | | | | | | | | | | | | | |
| +108 | | 24.0 | 44.0 | 12.0 | 12.0 | 22.0 1.0 | 6 | 72 | | | | | | 14 | | | | 36 | | 22 |
| +114 | 24.0 | | 2.0 | 35.0 | | 1.5 | 10 | 350 | | | | | | 70 | | | | 175 | | 105 |
| +124 | 46.0 | | 1.0 | 31.0 | 4.0 | 0.5 | 16 | 496 | | | | | | 99 | | | | 248 | | 149 |
| +140 | 16.0 | 8.0 | | 29.0 | 7.0 | | 20 | 580 | | | | | | 116 | | | | 290 | | 174 |
| +160 | 42.0 | 6.0 | | 52.0 | 3.0 | | 20 | 1040 | | | | | | 208 | | | | 520 | | 312 |
| +180 | 62.0 | | | 38.0 | 10.5 | | 10 | 380 | | | | | | 76 | | | | 190 | | 114 |
| +190 | 14.0 | 21.0 | | 7.0 | 28.5 | | 10 | 70 | | | | | | 14 | | | | 35 | | 21 |
| +200 | | 36.0 | | | | | | | | | | | | | | | | | | | |
| 小 计 | | | | | | | 200 | 7555 | | | | 480 | | 1270 | | | | 3777 | | 2028 |

# 第 5 章 横断面设计

**量计算和调配表**

| 填方数量/m³ | | 利用方数量/m³ 及运距(单位) | | | | | | | 借方数量/m³ 及运距(单位) | | 废方数量/m³ 及运距(单位) | | 总运量/m³ | | 备 注 |
|---|---|---|---|---|---|---|---|---|---|---|---|---|---|---|---|
| | | 本桩利用 | | 填 缺 | | 挖 余 | | 远运利用纵向调配示意 | | | | | | | |
| 土 | 石 | 土 | 石 | 土 | 石 | 土 | 石 | | 土 | 石 | 土 | 石 | 土 | 石 | |
| (22) | (23) | (24) | (25) | (26) | (27) | (28) | (29) | (30) | (31) | (32) | (33) | (34) | (35) | (36) | |
| | | | | | | 363 | 946 | | | | 346/③ | | | 1038 | 1. (4)、(7)、(23)栏中的～表示砌石; |
| | 40/~16~ | | 56 | | | 202 | 416 | 调至上公里 土：363 石：500 | | | 329/③ | | | | 2. (24)、(30)栏中( )的表示以石代土; |
| 468 | 60/24 | 155/(279) | 84 | 34 | | | | 土：202 石：(87) | | | | | | | 3. (31)、(32)、(33)、(34)栏中,分子为数量,分母为运距; |
| 295 | | | 295 | | | | | 石：(40) | | | | | | | 4. (31)、(32)系借普通土和次坚石,若有不同,须加注明 |
| 313 | | 71/(242) | | | | | 40 | | | | | | | | |
| | | | | | | 113 | 415 | | | | 443/② | | | 886 | |
| | | | | | | 145 | 582 | | | | | | | | |
| | | | | | | 89 | 358 | ② | | | | | | | |
| 74 | 164 | 15 | 60 | 59 | 104 | | | 土：347 石：882 (66) | | | | | | | |
| 210 | 442 | | | 210 | 442 | | | | | | | | 694 | 1 896 | |
| 144 | 336 | | | 144 | 336 | | | | | | | | | | |
| 176 | 400 | | | 176 | 400 | | | 土：105 | | | | | 105 | 609 | |
| 72 | 132/6 | 14 | 58 | 58 | 80 | | | 石：480 (129) ① | | | | | | | |
| | ~5~ | | 15 | | | 70 | 265 | | | | | | | | |
| 64 | ~8~ | 64 | 8 | | | 35 | 389 | | | | | 45 | | | |
| 140 | | 116/(24) | | | | | 440 | | | | | 440 | | | |
| 60 | | 60 | | | | 148 | 832 | | | | | 148 | 832 | | |
| 105 | | 76/(29) | | | | | 275 | 石：(215) | | | | | 60 | | |
| 205 | | 14/(56) | | 215 | | | | | | | | | | | |
| 2 406 | 1574/69 | 585/(630) | 281 | 1 191 | 1 362 | 1 165 | 4 894 | 土：654 石：1 362/(537) | | | 148 | 2 495 | 799 | 5 416 | |

# 第6章 道路选线

## 6.1 道路网的网形、密度及道路红线

### 6.1.1 道路网规划原则

道路网规划是一个综合的政治、经济和技术任务，必须符合我国国民经济发展的客观规律，并能体现国家对道路建设的方针政策。

道路网规划设计是以运输联系为依据，首先绘出各段客货运量及交通量图，然后依工程及运营经济的原则结合地形地物拟定道路的布局，经反复研究后确定。

规划时应依据的原则如下：

① 道路网的规划应作为综合交通运输体系的一部分，必须与铁路、水运、航空等运输方式密切配合、相互协调、综合配套。道路运输所具有的机动灵活、门对门服务等优越性应得到充分的发挥。

综合交通运输体系是一种有机联系、综合组配的高效率交通运输体系。组成这种体系的"骨料"是各种运输工具与设施、运输机构和用户；连接这种体系的"黏结剂"是各自的利益和社会需求；协调这种体系的"调节器"是正确的政策法规和有效的行政管理；促使这种体系高效运营的纽带和"增效剂"是庞大的和几乎可以无所不包的信息网络系统。

综合交通运输的优点在于节省运输时间、减少空驶、节约能源、减少中转环节，能使商品流通资金周转加快，从而方便人民生活、加速经济发展。

② 对原有道路应尽可能加以利用，并通过改善措施，逐步达到规划等级和技术标准的要求。

③ 应能符合工程经济和运营经济及分期修建的原则。既要满足当前运输的要求，又能适应今后经济发展的需要。

④ 道路网的网形布置与密度，应力求达到密度小、路线短及运输效率高、运输成本低的要求。

⑤ 道路网的规划应与农田水利、国土利用、城乡规划等相结合，以全面和长期的观点拟定道路路线规模和制订规划方案。

⑥ 规划道路网时，为获得最优方案，应选定若干方案进行技术经济计算，最后加以比较确定。

道路交通由车辆、道路和管理三方面组成。道路是车辆通行的载体和基础。道路网是道路交通运输系统的基础设施网。而道路建设与管理又面临着资金、材料、设备、人员等资源的约束。因此，建设什么道路和建设多少，什么时候建设，在哪里建设，都是各级道路交通

决策部门面临的问题。这就需要进行道路网的规划。它是道路建设前期工作的重要组成，属于长远发展布局规划。

规划方案的经济比较与论证是以经济调查资料为依据，采用相应的技术经济指标。论证中须满足下述两个基本要求：①保证道路具有一定的质量指标，以期获得尽可能高的运输效益；②在保证道路质量指标的前提下，尽量降低道路造价，节省投资。

确定方案时，除比较运输效益和基建投资外，还需要进一步计算修建道路之后运输费所节约的国民经济积累。此外，还应注意到那些不能用货币表示的社会效益，如经济、文化等联系上的改进，道路吸引区的扩大，地价的上升，新企业的增加等。

## 6.1.2 道路网的网形与密度

道路网的基本形式可分为以下 5 种，如图 6-1 所示。

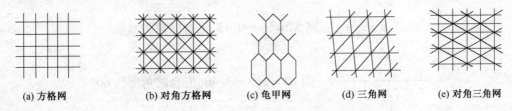

(a) 方格网　　(b) 对角方格网　　(c) 龟甲网　　(d) 三角网　　(e) 对角三角网

图 6-1　道路网的基本形式

设道路网网点边长为 $s$，单位网形面积为 $a$，单位网形面积中的道路长度为 $l$（图 6-2），则有：

道路网长度 $\begin{cases} 单位网形为\ l = K_1 s \\ 全地区网形为\ L = nl (n\ 为单位网形数) \end{cases}$

道路网面积 $\begin{cases} 单位网形为\ a = K_2 s^2 \\ 全地区网形为\ A = na \end{cases}$

道路密度为道路长度与网面积之比，即

$$d_0 = \frac{L}{A} = \frac{l}{a} = \frac{K_1 s}{K_2 s^2} = \frac{K_1}{K_2} \cdot \frac{1}{s} = K_3 \frac{1}{s}$$

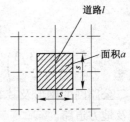

图 6-2　单位网形的道路

（1）方格网。

$$l = \frac{4s}{2} = 2s, \quad 则\ K_1 = 2, 汇合路数为 4$$

$$a = s^2, \quad 则\ K_2 = 1, 汇合路角度为 90°$$

$$\frac{l}{a} = \frac{2s}{s^2} = \frac{2}{s}, \quad 则\ K_3 = 2$$

（2）对角方格网。

$$l = \frac{4s}{2} + \sqrt{2} s \times 2 = 2s + 2\sqrt{2} s, \quad 则\ K_1 = (2 + 2\sqrt{2}) = 4.83$$

$$a = s^2, \quad 则\ K_2 = 1, 汇合路数为 8$$

$$\frac{l}{a} = \frac{2}{s} + \frac{2\sqrt{2}}{s} \approx \frac{4.83}{s}, \quad 则 K_3 = 4.83,汇合路角度为45°$$

（3）龟甲网。

$$l = \frac{6s}{2} = 3s, \quad 则 K_1 = 3$$

$$a = \frac{\sqrt{3}}{4}s^2 \times 6 = \frac{3\sqrt{3}}{2}s^2, \quad 则 K_2 = \frac{3\sqrt{3}}{2} \approx 2.6,汇合路数为3$$

$$\frac{l}{a} = \frac{3s}{\frac{3\sqrt{3}}{2}s^2} = \frac{2\sqrt{3}}{3s}, \quad 则 K_3 = \frac{2\sqrt{3}}{3} \approx 1.15,汇合路角度为120°$$

（4）三角网。

$$l = \frac{3s}{2}, \quad 则 K_1 = 1.5$$

$$a = \frac{\sqrt{3}}{4}s^2, \quad 则 K_2 = \frac{\sqrt{3}}{4} \approx 0.43,汇合路数为6$$

$$\frac{l}{a} = \frac{\frac{3}{2}s}{\frac{\sqrt{3}}{4}s^2} = \frac{2\sqrt{3}}{s}, \quad 则 K_3 = 2\sqrt{3} \approx 3.46,汇合路角度为60°$$

（5）对角三角网。

$$l = \frac{3s}{2} + \frac{3\sqrt{3}}{2}s = \frac{3+3\sqrt{3}}{2}s, \quad 则 K_1 = \frac{3+3\sqrt{3}}{2} \approx 4.10$$

$$a = \frac{\sqrt{3}}{4}s^2, \quad 则 K_2 = \frac{\sqrt{3}}{4} \approx 0.43,汇合路数为12$$

$$\frac{l}{a} = \left(\frac{3+3\sqrt{3}}{2}\right)s \Big/ \frac{\sqrt{3}}{4}s^2 = \frac{6+2\sqrt{3}}{s}, \quad 则 K_3 = 6+2\sqrt{3} \approx 9.46,汇合路角度为30°$$

公路网的网形及其布局是以运输据点为基础，一般先布置主干线作为骨架，然后布置支线及地方道路。

道路作为人民生活的基本设施及国家经济活动的基础，应当在交通运输总体系中按照其特点得到必要的发展，这就需要根据我国国情制定相应的道路网规划，以适应汽车运输日益增长的需要。

城市道路系统是城市的骨架，它决定了城市的结构，是房屋建筑及管网设施的基础。正确地布置道路系统，可提高土地的使用效率，使城市具有活力，为城市提供通畅的交通和优良的生活环境，发挥城市"血脉"的作用。城市道路干道网密度由城市客货交通量及工业、居住用地划分的经济性等因素决定。平原城市干道间距以800~1 000 m为宜，即相当于干道网密度为2.50~2.0 km/km²，这个密度不包括生活性道路（次干路和支路）。山区城市因地形起伏变化大，道路展延回旋，道路密度往往较大。衡量城市道路网是否适应交通需要，还要看道路面积密度的大小。我国各城市道路面积密度较小，均在10%以下，如上海为5.62%，北京为8.0%，广州为2.45%，天津为3.94%。而国外城市的道路面积密度较大，如华盛顿为43%，纽约为13.1%，旧金山为36.2%，芝加哥为18.6%，东京为18.4%。如以人均道路占有率（m²/人）表示，我国上海为2.40，北京为4.62，广州为1.22，天津为2.17。而国外城市芝加哥为45.9，纽约为28.3，旧金山为25.3，东京为10.3。因此，考虑到我国城市交通的发展，城市道路面积密度应逐步予以提高。

### 6.1.3　城市道路红线

城市道路红线是指城市道路用地的分界控制线。一般由城市规划部门根据道路的性质、交通量等结合城市总体规划确定。红线之间宽度即道路用地范围规划包括拟定横断面的形式、确定机动车道、非机动车道、人行道、绿带等宽度。

红线宽度值依国家标准（GB 50220—95）规定，按表6-1采用。

**表6-1　城市道路红线宽度**

| 项　　目 | 城市规模与人口/万人 | | 快速路 | 主干路 | 次干路 | 支路 |
|---|---|---|---|---|---|---|
| 机动车设计速度/（km/h） | 大城市 | >200 | 80 | 60 | 40 | 30 |
|  | | ≤200 | 60~80 | 40~60 | 40 | 30 |
|  | 中等城市 | | — | 40 | 40 | 30 |
|  | 小城市 | | — | — | 40（干路） | 20 |
| 道路宽度/m | 大城市 | >200 | 40~45 | 45~55 | 40~50 | 15~30 |
|  | | ≤200 | 35~40 | 40~50 | 30~45 | 15~20 |
|  | 中等城市 | | — | 35~45 | 30~40 | 15~20 |
|  | 小城市 | >1 | — | 25~35 | | 12~15 |
|  | | <1 | — | 25~30 | | 12~15 |

## 6.2　道路的总体布局与方案比较

道路选线是一个涉及面广、影响因素多、政策性和技术性都很强的工作。它是由面到片，由片到线，由粗略到细致的过程，是逐步具体化、逐步补充修改和提高的过程。选线要先通过总体布局解决基本走向，然后再解决局部路线方案直到具体定线。路线的总体布局通过视察和初测来完成。全部的勘测设计工作一般多采用两阶段测设程序，即通过初测编制初步设计和工程概算，然后根据批准的初步设计，通过定测编制施工图和工程预算。只有对于技术简单、方案明确的小型建设项目，可采用一阶段设计，即一阶段施工图设计。小型项目是指长度200 km以下的公路及长度1 000 m以下的独立公路大桥。对于技术复杂项目或路段，有时采用三阶段测设，即在两阶段测设的中间增加技术设计阶段，完成修正概算。

勘测设计前都要进行视察，它是必须的重要步骤，也可与可行性研究结合在一起，但不作为一个阶段。

## 6.2.1 视察

视察的基本要求是：通过室内研究和野外实地视察，论证并推荐路线的基本走向、主要控制点、技术标准和主要技术指标，确定主要设计原则和设计方案，概估工程数量、三材（钢材、木材和水泥）用量和投资，提出设计阶段及测设和施工安排意见，为上级编制计划任务书提供资料。

视察是一项政策性很强的工作，视察人员要深刻领会上级意见，依靠沿线地方领导和群众，深入实地调查研究。

视察前要做好各种准备工作，首先收集与路线有关的规划统计资料、地形图、地质、水文和气象等资料；然后在室内分析研究，在地形图（通常为 1∶50 000 地形图）上初步选择路线走向。研究重点应放在山区及地形复杂、外界干扰多、牵涉面广的段落。例如，路线可能沿哪些溪沟，越哪些垭口；路线通过城镇或工矿区时是穿过、靠近、还是避开而以支线连接等。研究时应进行多种方案的比较。

室内研究初步拟订方案后，即可到实地视察，连同野外视察中发现的新方案，都必须坚持跑到、看到、调查到，不遗漏一个可能的方案。

视察应在收集资料及室内研究拟订路线的轮廓方案后，由少数技术员工，携带必要的轻便仪器（如手水准、计步器、罗盘、皮尺等）进行实地查勘，绘出示意图及提出逐段的结论意见。

视察结束后，应分项整理调查结果，编写视察报告。

整理的主要项目有：路线长度、延长系数、地形分段、极限指标、用地、工程数量（土石方、防护工程、路面类型及数量、大中小桥类型及长度、涵洞类型及长度、隧道数量及长度等）、沿线地质情况，以及所需"三材"、劳动力、造价等。

视察报告由文字说明、路线地理位置图和路线平面图、工程量估算及方案比较表等部分组成，其格式可参见有关文件编制办法规定。

视察报告送请上级审查，作为编制计划任务书之依据。

## 6.2.2 初测与初步设计

初测是两阶段设计中第一阶段的初步测量工作，它是根据上级批准的计划任务书和视察报告中已确定的路线走向、控制点和路线等级标准而进行的外业调查勘测工作。通过初测，要求对路线的基本走向和方案作进一步论证比较，概略地拟定路线中线位置，提出切合实际的初步设计方案和修建原则，确定主要工程的概略数量，为编制初步设计和设计概算提供所需全部资料。因此，初测要进行实地布设导线，用简单仪器进行导线、水准、横断面和地形测量，并沿导线一定范围内进行土壤地质、路基路面、桥涵水文、筑路材料的调查工作。

导线布设一般要求尽可能接近路线位置，根据视察中拟定的路线走向，在控制点间进行布设。在平原区以尽量接近两点间的直线布导线，但根据地物地貌情况可作适当的偏离；在丘陵区，应综合考虑纵坡与平面线形布设导线，导线常有一定的起伏和折转；在山区，主要以纵坡控制，使导线纵坡接近平均纵坡，使平面有大致的平顺性。导线测量是以经纬仪测角，用视距或拉链测距。当地形困难不便布设导线时，则导线可在路线附近通过，利用所测横断面，采取纸上调整的方法，确定线位；或以导线为控制，实测地形图进行纸上定线。

水准测量工作，一是设立水准点，并进行标平测量；二是沿导线中线，对所有控制地形的加桩进行中平测量，也可用经纬仪作视距高程测量。

横断面测量，要求对导线中桩逐桩进行测量，在有挡土墙等人工构造物段应加测横断面。

地形、地质复杂地段，大中桥桥位和需要处理的地质病害地段，必要时应沿导线两侧大约100~150 m范围内测绘地形图。

土壤地质调查，一般利用露头判断，资料要能做到初步分段确定边坡坡率、开挖工程等级和土石方成分；对不良地质地段要详细了解成因、程度和范围，提出相应的设计措施。

所有调查和勘测资料均需就地及时计算和整理，当发现问题或资料不足时，要及时在现场修改或补充。

外业初步测量完成后，按两阶段初步设计内容编制文件和工程概算。

## 6.2.3　定测与施工图

定测是具体核实路线方案，实地标定路线，进行路线详细测量，实地布设桥涵等构造物，并为编制施工图收集资料，其具体内容如下。

① 沿初测拟定的路线走向和控制点进行补充勘查，对初步设计所定的方案进行反复研究与修改补充，为具体定线打好基础，如拟变更初步设计确定的路线方案和控制点，应经上级主管部门批准。

② 实地选定路线，测定中线、交点和量角，丈量距离，测设曲线，钉桩标明里程桩号，固定交点和转点桩位。

③ 引设水准点，进行路线纵断面水准测量和横断面测量。

④ 勾绘路线地形图，地形复杂地段需要进行纸上定线时，应实测等高线地形图。

⑤ 测绘供个别设计使用的专项工程地形图，如大中桥桥位、隧道、渡口、大型防护工程、交叉口等工程设施地点的大比例尺地形图。

⑥ 大中桥桥位勘测与水文测量。

⑦ 小桥涵勘测与水文资料调查。

⑧ 路基、路面及其他人工构造物设计资料调查与搜集。

⑨ 沿线土壤地质调查与筑路材料勘查。

⑩ 占地、拆迁调查及概预算资料搜集。

⑪ 征询有关单位对路线设计方案及占地、拆迁等方面的意见，并订立必要的协议。

⑫ 检查与整理外业资料，完成外业期间规定的内业设计工作。

详细定测工作的组织形式一般是测设队，下设选线、量角、中桩、水准、横断、地形、桥涵、调查、内业等组，各组人员配备可参照表6-2，该表是按一般情况进行详测考虑的，对高等级公路或低等级道路，以及采用新的测设仪器时，组别和人数可依任务情况适当增减。

表6-2 公路测设队人员配备参考

| 组 别 | 管理干部 | 技术人员 | 基本工人（测工） | 临时工人（民工） | 小 计 |
|---|---|---|---|---|---|
| 管理组 | 3~4 |  | 2 | 1 | 6~7 |
| 选线组 |  | 2 | 1 | 2~3 | 5~6 |
| 量角组 |  | 1 | 1 | 2 | 4 |
| 中线组 |  | 1 | 2 | 4~5 | 7~8 |
| 水准组 |  | 2 | 2 | 2~4 | 6~8 |
| 横断组 |  | 1 | 1 | 2~4 | 4~6 |
| 地形组 |  | 1 | 1 | 2~3 | 4~5 |
| 桥涵组 |  | 2~3 | 1 | 1 | 4~5 |
| 调查组 |  | 1~2 |  | 1 | 3~4 |
| 内业组 |  | 2~3 |  |  | 2~3 |
| 合计 | 3~4 | 13~16 | 12 | 17~24 | 45~56 |

施工图设计的主要内容如下。

（1）路线设计。

解决道路路线空间位置，主要为：

① 路线平面设计，包括平面线形设计、人工构造物的平面布置、工程占地拆迁处理及路线平面图绘制等。

② 路线纵断面设计，包括纵断拉坡、平纵线形处理、竖曲线设计、设计高程和填挖计算，以及纵断面图绘制等。

（2）结构设计。

解决道路各种人工构造物的具体布设、结构设计与构造尺寸拟定等。

① 路基设计，包括一般与特殊路基横断面设计、弯道超高、加宽与视距保证、土石方计算调配及排水与防护工程设计等。

② 路面设计，包括路面结构组合设计、路肩加固处理等。

③ 桥涵设计，包括大中桥与小桥涵平面布置、孔径、结构设计等。

④ 特殊结构物设计，包括隧道、明峒、半山桥、渡槽等设计。

⑤ 沿线设施设计，包括路线交叉、人行天桥、管线工程、安全设施、服务管理设施、标志、环境保护及绿化。

（3）施工图表绘制。

包括各项设计施工图的绘制及有关设计表格的编制（参见交通部《公路工程基本建设项目设计文件图表示例》规定）。

（4）编制施工组织计划。

包括施工方案拟订、场地布置、施工方法与计划进度安排等。

（5）工程预算的编制。

包括各项工程数量及所需劳力、材料、机具数量与工程造价等。说明及表格应参照

《公路基本建设工程概、预算编制办法》规定。

## 6.2.4 路线方案选择与比较

路线方案是路线设计中最根本的问题。方案是否合理，不但直接关系到公路本身的工程投资和运输效率。更重要的是影响到路线在公路网中是否起到应有作用，即是否满足国家的政治、经济、国防的要求和长远利益。

一条路线的起、终点及中间必须经过的城镇或地点，通常是公路网规划所规定或领导机关根据国家建设需要指定的。这些指定的点称为"据点"，把据点连接成线，就是路线的总方向或称大走向。两个据点之间有许多不同的走法，有的可能沿某河，越某岭，也可能沿某几条河，翻某几个岭；可能走某河的这一岸，靠近某城镇，也可能走对岸，避开某城镇；等等。这些每一种可能的走法就是一个大的路线方案。作为选线工作的第一步就是要在各种可能的方案中，在深入调查的基础上，综合考虑路线方案选择的主要因素，通过方案的比选，提出合理的路线方案来。

选择路线方案应综合考虑以下主要因素。

① 路线在政治、经济、国防上的意义，国家或地方建设对路线使用任务、性质的要求，战备、支农、综合利用等重要方针的体现。

② 路线在铁路、公路、航道等交通网系中的作用，与沿线工矿、城镇等规划的关系，以及与沿线农田水利等建设的配合及用地情况。

③ 沿线地形、地质、水文、气象、地震等自然条件的影响；要求的路线技术等级与实际可能达到的技术标准及其对路线使用任务、性质的影响；路线长度、筑路材料来源、施工条件及工程量、"三材"（钢材、木材、水泥）用量、造价、工期、劳动力等情况及其对运营、施工、养护等方面的影响。

④ 其他如与沿线革命史迹、历史文物、风景区的联系等。

影响路线方案选择的因素是多方面的，各种因素又多是互相联系和互相影响的。路线应在满足使用任务和性质要求的前提下，综合考虑自然条件、技术标准和技术指标、工程投资、施工期限和施工设备等因素，通过多方案的比较，精心选择，提出合理的推荐方案。

例如，图 6-3 为某公路干线，根据公路网规划要求按照三级公路标准进行视察，共视察了四个方案，各方案的主要技术经济指标汇总如表 6-3 所列。

表 6-3 某路各方案主要指标比较

| 指 标 | 单 位 | 第一方案 | 第二方案 | 第三方案 | 第四方案 |
| --- | --- | --- | --- | --- | --- |
| 通过县（市） | 个 | 29 | 29 | 32 | 31 |
| 路线长度 | km | 1 360 | 1 347 | 1 510 | 1 476 |
| 其中：新建 | km | 133 | 200 | 187 | 193 |
| 改建 | km | 1 227 | 1 147 | 1 323 | 1 283 |
| 地形：平原、微丘 | km | 567 | 677 | 512 | 615 |
| 山岭、重丘 | km | 793 | 670 | 998 | 861 |
| 用地 | 亩 | 2 287 | 2 869 | 3 136 | 2 890 |

续表

| 指标 | | 单位 | 第一方案 | 第二方案 | 第三方案 | 第四方案 |
|---|---|---|---|---|---|---|
| 工程数量 | 土方 | 万 m³ | 382 | 492 | 528 | 547 |
| | 石方 | 万 m³ | 123 | 75 | 82 | 121 |
| | 次高级路面 | km² | 5 303 | 5 582 | 5 440 | 5 645 |
| | 大、中桥 | m/座 | 1 542/16 | 1 820/20 | 1 057/13 | 1 207/15 |
| | 小桥 | m/座 | 1 084/57 | 864/54 | 980/52 | 1 566/82 |
| | 涵洞 | 道 | 977 | 959 | 1 091 | 1 278 |
| | 挡墙 | m³ | 73 530 | 53 330 | 99 770 | 111 960 |
| | 隧道 | m/处 | 300/1 | — | 290/1 | — |
| 材料 | 钢材 | t | 1 539 | 1 963 | 1 341 | 1 469 |
| | 木材 | m³ | 18 237 | 19 052 | 18 226 | 19 710 |
| | 水泥 | t | 30 609 | 39 159 | 31 288 | 33 638 |
| 劳动力 | | 万工日 | 1 617 | 1 773 | 1 750 | 1 920 |
| 总造价 | | 万元 | 81 015 | 85 110 | 77 835 | 89 490 |
| 比较结果 | | — | 推荐 | — | — | — |

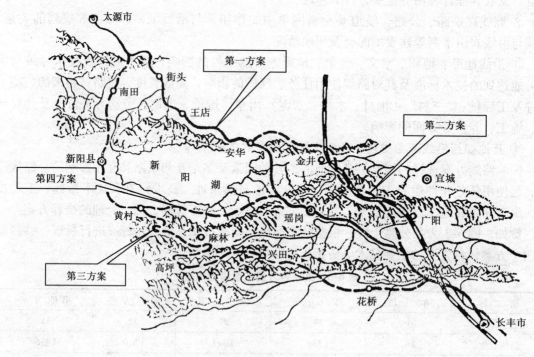

图 6-3 方案比较图

比选结果，第三、四方案路线过于偏离总方向，较第一、二方案长 100~150 km，虽能多联系两三个县、市，但对发展地区经济所起的作用不大。而且第三方案线形指标较低，将来改建难以提高；第四方案又与现有高压电缆线连续干扰，不易解决。因而第三、四方案不宜采用。第二方案虽路线最短，但与铁路严重干扰，于战备不利，且用地较多。最后推荐路线较短，线形标准较高，用地最省，造价也较低的第一方案。

路线方案的评价要统一于技术与经济的结合，不仅考虑工程的标准与投资、运营经济，还要能满足国家政治、经济、国防的要求及所获得的社会效益。

路线方案通常可按下述指标进行比较。

（1）技术指标。

技术指标包括路线长度及其延长系数（延长系数即路线实际长度与路线起、终点最短距离之比）、转角数及平均转角度数、最小半径数、回头曲线数、最大坡度路段长度、交叉数、限制车速的路段长度等。

（2）经济指标。

① 工程量：包括土石方数量、桥梁座数和长度、隧道工程量、挡土墙工程量、征购土地及拆迁房屋、电杆、坟墓等工程数量。

② 材料机具及劳力的需要量。

③ 工程造价。

④ 经济效益指标，如内部收益率、费用效益比、净现值、投资回收期等。

（3）经济效益及社会效益分析。

按照上述技术、经济、效益等几方面的计算比较，最后确定推荐的路线方案。

## 6.3 道路选线要求与步骤

选线的目的，就是在符合国家建设发展的需要下，结合自然条件，选定合理的路线，使筑路费用与使用质量得到正确的统一，并达到行车迅速安全、经济舒适及构造物稳定耐久且易于养护的目的。道路选线是整个道路勘测设计的关键，它对道路的使用质量和工程造价都有很大的影响。选线人员必须认真贯彻国家规定的方针政策，深入实际，调查研究，反复比较，正确解决技术指标与在自然条件下实地布线之间的矛盾，综合考虑路线、路基、路面、桥涵等，最后才能选定出合理的路线。

归纳起来选线的要求可有下述原则。

① 道路选线应根据道路使用任务和性质、综合考虑路线区域国民经济发展情况与远景规划，正确处理好近期与远景的关系，在总体规划的指导下，合理选定方案。

② 认真领会计划任务书的精神，依靠地方领导和当地群众，深入现场，多跑、多看、多问、多比较，深入调查当地地形、气候、土壤、地质、水文等自然情况，不遗漏有比较价值的方案。

③ 道路选线布局必须符合国家的方针政策，力争路线短捷及保证行车安全。

④ 道路选线贯彻工程经济与运营经济结合的原则，在不增加工程造价的情况下，尽量提高技术指标，在不降低技术指标的情况下，尽量降低工程造价。

⑤ 充分利用有利地形、地势，尽量回避不利地带，正确运用技术标准，从行车的安全、畅通和施工、养护的经济、方便着眼，对路线与地形的配合加以研究，搞好路线平、纵、横三面的结合，力求平面短捷舒顺，纵面平缓均匀、横面稳定经济。

⑥ 路线应选择地质稳定、地形条件较好的地区通过，尽量避免穿过滑坡、崩坍、岩堆、泥石流、泥沼、排水不良的低注地等不良地段。

⑦ 大中桥位应在服从路线总方向的原则下，对路桥综合考虑，不要因桥位而过多地增长路线，桥位应尽量选择在河道顺直、水流稳定、地质良好的河段上，并注意方便群众。小桥涵位置应服从路线走向，但在不降低路线技术指标的情况下，也应适当照顾小桥涵位置的合理。

⑧ 道路与道路或道路与铁路，应尽量减少交叉次数，应合理选用交叉类型，以达到行车安全畅通的目的。

⑨ 道路设计应实行远近结合、分期修建、分段定级的原则，以取得投资及用地的最佳效益。通常线形、视距、用地限界及桥梁荷载标准可按远景确定标准，而横断面、路基路面宽度和路面结构按近期需要标准修建。

⑩ 通过名胜、风景、古迹地区的公路，应与周围环境、景观相协调，桥梁、隧道、沿线设施应与当地自然景观相适应，与环境融为一体。

⑪ 要考虑施工条件对选定路线的影响。推荐路线方案要注意结合可能的施工方法和施工力量，并积极采用新结构、新材料和先进的施工技术。

为达到上述要求，选线工作必须由浅入深，由轮廓到具体，按照测设程序分阶段分步骤进行，比较分析后，选定最合理的路线。一般按全面布局、逐段安排和具体定线三个步骤进行。

（1）全面布局。

这是在路线总方向（起、迄点和中间必须经过的城镇或地点）确定后，从大面积着手由面到带进行总体布置的过程，此项工作最好先在 1:10 000~1:50 000 地形图上进行路线布局，选定出可能的路线方案，然后进行踏勘与资料收集，根据需要与可能结合具体条件，通过比选落实必须通过的主要控制点，放弃那些应避让的控制点，逐步缩小路线活动范围，进而定出大体的路线布局，为下一步定线工作奠定基础。

（2）逐段安排。

在总体路线方案既定的基础上，以相邻主要控制点间划分段落，根据道路标准，结合其间具体地形通过试坡展线方法逐段加密细部控制点，进一步明确路线走法，这样就构成了路线的雏形。这一步工作的关键在于探索与落实路线方案；为实现具体定线提供可能的途径。这一步工作如做得仔细，研究得周到，就可以减少以后不必要的改线与返工。

（3）具体定线。

有了上述路线轮廓即可进行具体定线，根据地形平易与复杂程度不同，可分别采取现场直接插点定线或放坡定点的方法，插出一系列的控制点，然后从这些点位中穿出通过多数点（特别是那些控制较严的点位）的直线段，延伸相邻直线段的交点，即为路线的转角点。随后拟定出曲线半径，至此定线工作基本完成。做好上述工作的关键在于摸清地形情况，全面考虑前后线形衔接与平、纵、横综合关系，恰当地选用合适的技术指标，以期使整个线形得以连贯协调。

## 6.4 自然条件对道路路线影响

为了正确选定一条既符合客观实际又符合规定要求的公路路线，必须详细了解线所经地区的自然条件，并进行综合的分析，以便克服自然，改造自然，使其为公路交通运输创造条件，达到为国家建设服务的目的。

公路不仅承受汽车载重的作用，而且要经受当地自然条件，特别是地形、气候、土壤、地质、水文和植物覆盖的影响。对于公路的勘测设计工作，应通过详细调查与分析自然条件对公路路线及其构造物的影响，并综合地研究各项自然条件的发展过程和相互影响，才能正确地进行公路路线及其构造物的设计工作。

气候条件直接影响地面水数量和状况、地下水位、路基水温及泥泞情况、积雪程度、施工期限和条件等。

地形条件最显著地影响公路的选线。特别是山区，常常是峰岭交错、崎岖曲折、高低起伏，因而在很大程度上决定着路线的技术标准、线形的平顺程度和工程量的大小。

地貌、地质构造是决定路线及构造物基础是否稳定的条件，同时也是筑路材料来源及其性质优劣的决定因素。对地质不良地区（如泥沼、滑坍、碎落、崩塌等），在选线不能避开的情况下，应采取保证路基稳定的措施。

不同自然地质作用产生不同的地形，它们是相互联系和发展的，如冰川剥蚀作用造成U形山谷，火山口喷出物形成特有圆锥体火山地形，我国黄土所特有的壁立深沟和谷底呈宽平状的特种地形，都说明一定地形依赖于一定的地质条件。

我国领域广阔，地形起伏变化，各地均有平原、丘陵及多山的地形。为了进行公路的测设及正确运用技术标准，需要具体分析沿线地形。从公路的观点出发，对地形特征的描述，是以地形的形态特征、相对高差、倾斜度及平整度为根据的，根据分析研究认为平原微丘与山岭重丘的划分如下所述。

（1）平原微丘。

平原地形指一般平原、山间盆地、高原（高平原）等。地形平坦，无明显起伏，地面自然坡度一般在3°以内。微丘地形指起伏不大的丘陵，地面自然坡度在20°以下，相对高差在100 m以下，设线一般不受地形限制。

同时也指河湾顺适，地形开阔且有连续的宽缓台地的河谷地形。河床坡度大部分在5°以下，地面自然坡度在20°以下，沿河设线一般不受限制，路线纵坡平缓或略起伏。

（2）山岭重丘。

山岭地形指出脊、陡峻山坡、悬岩、峭壁、峡谷、深沟等。地形变化复杂，地面自然坡度大部分在20°以上，路线平、纵、横面大部分受地形限制。重丘地形指连绵起伏的山丘，具有深谷和较高的分水岭，地面自然坡度一般在20°以上。路线平、纵面大部分受地形限制。高原地带的深侵蚀沟，以及有明显分水线的绵延较长的高地。地面自然坡度多在20°以上，路线平、纵、横面大部分受地形限制。

河溪水流情况对桥位选择及路线线形有很大的影响，并且是排水系统、桥涵孔径、防护工程等的决定因素。在某些情况下，它决定了路线选定沿溪河安排的可能性。

土壤是修建路基的基本材料，它影响着路基的稳定及路基高度、边坡尺寸的决定，也影响着路面类型及宽度的确定。

地面的植物覆盖影响着暴雨径流、水土流失程度及建筑木材的供应，因而也就影响着桥涵及排水构造的布置与设计。

由上可知，自然因素对公路选线有直接影响，并且在修建公路后也在一定的程度上影响着公路所在地区的地形等自然情况。因此，选线时要细致调查、实地观察、充分考虑自然条件，并注意到今后的自然变化和修建公路后的影响，保证公路工程在复杂自然条件下的坚固稳定与交通运输的畅通无阻。

我国公路自然区划以自然气候因素为主，从分析自然综合情况与公路工程实际出发，将全国公路自然区划分为三个等级。一级区划将全国划分为全年冻土、季节冻土和全年不冻三大地带，再依据水热平衡和地理位置，划分为冰土、湿润、干湿过渡、湿热、潮暖、干旱和高寒七个大区。二级区划为在一级区划基础上以潮湿系数作进一步的划分，三级区划是在二级区划内划分更低一级的区划。该标准用于公路规划设计中考虑不同地理区域的自然条件对公路工程的影响，为确定技术措施和设计参数提供依据，详见《公路自然区划标准》。

## 6.5 平原区选线

### 6.5.1 平原区路线特点

平原区是地面高度变化微小的地区，有时有轻微的波状起伏和倾斜。平原地区除泥沼、盐渍土、河谷漫滩、草原、戈壁、沙漠等外，一般多为耕地，且分布有各种建筑设施，居民点较密；在天然河网湖区，还具有湖泊、水塘、河汊多等特点。虽然平原区地势比较平坦，路线纵坡及曲线半径等几何要素比较容易达到较高的技术标准，但往往由于受当地自然条件和地物的障碍以及支农需要，选线时应综合考虑多方面的因素。

平原区地形对路线的限制不大，路线的基本线形应是短捷顺直。两控制点之间，如无地物、地质等障碍和应迁就的风景、文物及居民点等，则与两点直接连线相吻合的路线是最理想的。但在平原区通常农田密布，河流及灌溉渠道网纵横交错，城镇、工业区较多，居民点也较稠密。因此，路线的布置应按照公路的使用任务和性质，区别对待。对于高等级公路，一般都以重要城市、港站、码头或大型工矿基地为大控制点，为这些大的控制点间繁重的直达客货运输服务，因此路线总方向不宜过多偏离这些大控制点，并应尽量缩短里程，经过沿线城镇的路线一般采用"近城不进城"的原则，根据城镇发展规划，确定其连接方式，最大可能发挥公路经济与社会效益；对于其他等级公路，一般应连接较重要的城镇，使公路更好地服务沿线经济活动。

因此，平原区选线，先是把路线总方向内所规定经过的地点如城镇、工厂、农场及文物风景地点作为大控制点；然后在大控制点之间进行实地勘察，了解公路建设条件。

平原区路线要充分考虑近期和远期相结合，在线形上要尽量采用较高标准，以便将来提高公路等级时能充分利用原路基、桥涵等工程。

### 6.5.2 平原区路线布设要点

平原区路线，因地形限制不大，布线应在基本符合路线走向前提下，着重考虑政治、经济因素，正确处理对地物、地质的避让与趋就，找出一条理想的路来。高等级公路平面线形应尽可能采用较高技术指标，不片面追求直线，也不应无故弯曲。在避让局部障碍物时，要注意线形的舒顺与过渡，穿越时应有合理可靠的技术措施。

综合平原地区的特点，布线应注意如下要点。

(1) 正确处理道路与农业的关系。

平原区农田成片，渠道纵横交错，布线应从支援农业着眼，处理好以下问题。

① 平原区新建公路要占用一些农田，这是不可避免的，但要尽量做到少占和不占高产田，布线要从路线对国民经济的作用、促进城镇经济发展的效果、地形条件、工程数量、交通运输费用等方面全面分析比较。如图6-4所示，公路通过某河附近时，如按虚线方案走田中间穿过，路线短，线形好，但多占好田，填筑路基取土困难；如将路线移向坡脚（实线），里程虽略有增长，但避开了大片高产田，而且沿坡脚布线，路基可为半填半挖，既节省了土方，又避免了填方借土的远运。

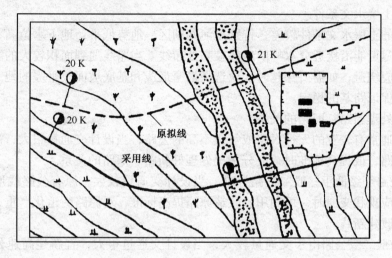

图6-4 跨河路线方案比较

② 路线应与农田水利建设相配合，有利农田灌溉，尽可能少和灌溉渠道相交，把路线布置在渠道上方非灌溉的一侧或渠道尾部。当路渠方向基本一致时，可沿渠（河）堤布线，堤路结合，桥闸结合，以减少占田和便利灌溉。路线必须跨水塘时，可考虑设在水塘的一侧，并拓宽水塘取土填筑路堤，使水塘面积不致缩小。

③ 当路线靠近河边低洼的村庄或田地通过时，应争取靠河岸布线，利用公路的防护措施，兼作保村保田之用。

④ 高速公路的路基填方一般都较大，应设法尽可能降低设计高度以减少土方工程。

(2) 合理考虑路线与城镇的联系。

平原区有较多的城镇村庄、工业及其他设施，布线应分别情况，正确处理穿越和绕避问题。

① 国防公路和高速公路、一级公路，应尽量避免穿越城镇、工矿区及较密集的居民点，但又要考虑到便利支农运输，便利群众，便利与工矿的联系，路线不宜离开太远，必要时还可修建支线联系，做到"近村不进村，利民不扰民"，既方便运输又保证安全。

② 一般沟通县、乡、村直接为农业运输服务的公路，经地方同意也可穿越城镇，但应充分考虑城镇发展规划，利于城镇经济发展。路基要有足够的宽度和行车视距，以保证行人、行车的安全。

③ 路线应尽量避开重要的电力、电信设施。当必须靠近或穿越时，应保持足够的距离

和净空，尽量不拆或少拆各种电力、电信设施。

④ 平原区高速公路的路基填方一般都很大，一个重要的原因就是为满足沿线农村及地方道路而大量修建的通道，路线选线应与地方政府及有关部门协商，妥善处理好通道设置问题。

(3) 处理好路线与桥位的关系。

① 高速公路、一级公路上的各类桥涵和二级、三级、四级公路上的小桥与涵洞的线形及其与道路的衔接宜符合路线布设的规定。

② 二级、三级、四级公路上的大、中桥桥位，宜服从路线走向，桥路综合考虑。

(4) 注意土壤水文条件。

平原地区的土壤水文条件较差，特别是河网湖区，地势低平，地下水位高，使路基稳定性差，因此应尽可能沿接近分水岭的地势较高处布线。当路线遇到面积较大的湖塘、泥沼和洼地时，一般应绕避；如需要穿越时，应选择最窄最浅和基底坡面较平缓的地方通过，并采取有效措施，保证路基的稳定。

(5) 正确处理新路、旧路的关系。

平原地区通常有较宽的人行大路或等级不高的公路，当设计交通量很大，需要修建高速公路或一级公路，或提高标准时，应分情况处理好新路、旧路的关系。

① 现有公路等级低于一般二级路标准，当设计交通量较大，原有公路线形标准及桥涵构造物已不适应现状交通时，可利用、改造原路提高标准，对原路街道化严重、不利行车安全的路段、应改建新线。

② 现有一般二级公路由于交通量较大，当设计交通量很大，宜新建高速公路时，原有公路留作辅道。

## 6.6 山岭区选线

山岭地区，山高谷深，坡陡流急，地形复杂，路线平纵横三方面都受到约束；同时地质、气候条件多变，都影响路线的布设。但山脉水系清晰，给选线指明了方向，不是顺山沿水，就是横越山岭。

一般按照道路行经地区的地貌和地形特征，可分为沿河（溪）线、山腰线、越岭线和山脊线4种，但是在山区一条公路的总长度中，应根据地形地貌，分段选用不同的路线形式，相互连接沟通。所以，常常是由沿河线转到山腰线，有时由山腰线转到山脊线或越岭线。

本节只重点叙述沿河（溪）线、越岭线和山脊线三种路线的选线布局。至于山腰线，由于沿河（溪）的高线和越岭线，山脊线的大部分路线都处于山腰，已涉及山腰线的内容，为避免重复，不再单独论述。

### 6.6.1 沿河（溪）线

沿河（溪）线是沿着河（溪）岸布置的路线，如图6-5所示。

山区河流，谷底一般不宽，两岸台地较窄，谷坡时缓时陡，间或为浅滩和悬崖峭壁。河流多具有弯曲的特点，凹岸较陡而凸岸较缓，如沿一侧而行，常常是陡岸缓岸相间出现。两岸均为陡崖处即为峡谷，开阔处常有较宽台地，多是山区仅有的良好耕地。

图 6-5 沿河（溪）线

河谷地质情况复杂，常有滑坍、岩堆、泥石流等病害存在。寒冷地区的峡谷因日照少，常有积雪、雪崩和涎流冰等现象。

山区河流，平时流量不大，但若遇暴雨，山洪暴发，洪流常夹带泥沙、砾石、树木等急速下泄，冲刷河岸，毁坏田园，危害甚大。上述自然条件会给选线工作造成一些困难，但和山区其他线形相比较，沿河（溪）线平、纵线形较好，而且便于为分布在溪河两岸的居民点及工农业生产服务，有丰富的砾石、石料及充足的水源，可供施工、养护使用。沿河设线，只要善于利用有利地形，克服不良地质、水文等不利因素，在路线标准、工程造价等方面都有可能胜于其他线形。因此山区选线，往往把沿河（溪）线作为优先考虑的方案。

1. 路线布局

沿河（溪）线的路线布局，主要应处理好河岸的选择、线位高低和跨河地点三者的关系。这三个问题往往是互相联系互相影响的，选线时要抓主要矛盾，结合路线性质、等级标准，因地制宜地去解决。

1）河岸选择

由于河谷两岸情况各有利弊，选线时应比较两岸地形、地质、水文等条件及农田水利规划等因素，避难就易，充分利用有利的一岸。当建桥工程不复杂时，为了避开不利地形和不良地质地带，或为了争取缩短里程，提高线形标准，可考虑跨河换岸设线；但河流越大，建桥工程也越大，跨河换岸就越要慎重考虑。河岸的选择一般应结合下列主要因素经过技术经济比较决定。

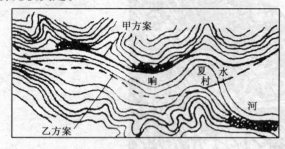

图 6-6 跨河换岸比较线

① 地形、地质条件。路线应选在地形宽坦，有台地可利用，支沟较少、较小，水文及地质条件良好的一岸。这些有利的条件常交错出现在河流的两岸，选线时应深入调查，综合比较，全面权衡，决定取舍。如图6-6所示，乙方案为避让河左岸的两处断续陡崖，跨河利用右岸的较好地形，但过夏村后，右岸出现更陡更长悬崖，路线又需跨回左岸，在3 km内，两次跨河，需建中桥两座；甲方案一直走左岸，要集中开挖一段石方。路线是否跨河换岸，应进行技术经济及水土保持、环境保护等方面的综合比较后确定。

② 积雪和冰冻地区的选岸。积雪和冰冻地区的阳坡和阴坡、迎风面和背风面的气候差异很大，在不影响路线整体布局的前提下，尽可能选择阳坡和迎风的一岸，以减少积雪、涎流冰等病害，有时即使阳坡工程大些，也应当从增长通车时间和保证行车安全着眼，选择阳坡方案。

③ 考虑城镇及居民点的分布。除国防公路、高速公路、一级公路外，一般公路的路线应尽可能选择村镇较多、人口较密的一岸。其他如对历史文物、风景区等要创造便于联系的条件。

2）路线高度

沿河（溪）线的线位高低，是根据两岸地形、地质条件及水流情况，结合路线等级标准、工程经济、景观、环保等来选定的，当然最好是将路线设在地质、水文条件良好，不受洪水影响的平整台地上。但在谷坡陡峻的河谷中，往往缺乏这种有利地形，而必须傍山临河布线，因此，路线的高低必须慎重考虑。

低线一般是指高出设计水位（包括浪高加安全高度）不多，路基临水一侧边坡常受洪水威胁的路线。低线的优点是平、纵面线形比较顺直、平缓，易争取到较高标准，路基土石方工程也较省，边坡低，易稳定；路线活动范围较大，便于利用有利地形和避让不良地形、地质；便于在沟口直跨支流，必须跨越主流时也较易处理。最大缺点是受洪水威胁，防护工程较多。

高线是指高出设计水位较多，基本不受洪水威胁的路线，一般多用在利用大段较高台地，或傍山临河低线易被积雪掩埋及为避让艰巨工程而提高线位等情况。它的优点是不受洪水侵袭，废方较易处理。但由于高线一般位于山坡上，路线必然随山势曲折弯曲，线形差，工程大；遇缺口时，常需设置较高的挡土墙或其他构造物；此外如避让不良地质和路线跨河，都较低线困难。

一般讲，低线优点较多，在满足规定频率设计水位的前提下，路线越低工程越经济，线形标准也越高。各地有不少采用低线的成功经验，但也有不少水毁的教训。因此采用低线方案时，要特别注意洪水调查，把路线放在安全高度上，同时要采取切实的防洪措施，以保证路基稳定和安全。

## 3) 桥位选择

按路线与河流的关系，有跨支流和跨主流两类桥位。跨支流的桥位选择，一般属于局部方案问题，而跨主流的桥位选择多属于路线布局的问题。跨主流的桥位往往是确定路线走向的控制点，它与河岸选择相互依存，互相影响。当路线由于地形、地质原因需要换岸布线时，如果桥位选择不好，勉强跨河，不是造成桥头线形差，就是增大桥梁工程，因此在选择河岸的同时，要研究处理好桥位及桥头路线的布设问题。

路线跨越主河，由于路线与河流接近平行，桥头布线一般比较困难，因此，在选择桥位时除应考虑桥位本身水文、地质条件外，还要注意桥头路线的舒顺，处理好桥位与路线的关系。原则上应服从路线走向，路桥综合考虑，可采用弯、坡、斜、高架等桥形，以适应地形及线形设计的需要。

常见有以下几种情况。

(1) 如图 6-7 所示，在 S 形河段腰部跨河，以争取桥轴线与河流成较大交角。本例是个中小桥，采用斜桥方案，则更有利于路桥配合。

(2) 如图 6-8 所示，在河湾附近选择有利位置跨越。但应注意河湾水流对桥的影响，采取防护措施，对于路线标准较高的公路，应加大平曲线半径，修建弯、坡斜桥，以改善行车条件。

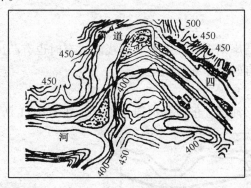

图 6-7 在 S 形曲线上

图 6-8 在河湾附近斜桥跨河

③ 在与路线接近平行的顺直河段上跨河，桥头引道难以舒顺。当必须在这种河段跨越时，桥梁可考虑设置弯、斜桥以改善桥头线形。

路线跨支流的桥位，有从支河（沟）口直跨和绕进支沟上游跨越两种方案，如图6-9所示。采用何者为宜，要根据路线等级和桥位处的地质、地形条件，经过技术经济比较确定，不可不加比较而轻率决定。

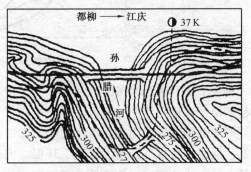

图 6-9 跨支流桥位

## 2. 几种河谷地形选线

### 1) 开阔河谷

开阔河谷谷底地形简单、平缓，河岸与山坡之间有较宽的台地，且多为农田，这类地形的路线有 3 种走法。

（1）沿河岸。如图 6-10（a）中虚线所示，坡度均匀平缓，线形好，临河一侧受洪水威胁，须做防护工程。如能结合防洪工程，固堤修路护田也是较好的方案。

（2）靠山脚。如图 6-10（b）中实线所示，路线略有增长，纵面会有起伏，但可不占或少占良田。是常采用的一种布线方案。

（3）直穿田间。线形标准高，但占田最多，在稻田地区，为使路基稳定，有时还需换土，一般不宜采用。

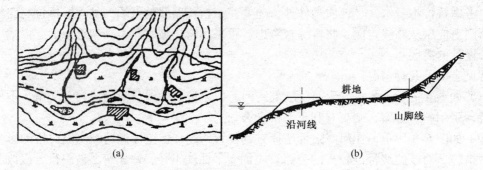

图 6-10 开阔河谷路线方案

2）河道弯曲、狭窄的河谷

河道弯曲、狭窄的河谷一般凹岸陡峭，而凸岸则多有一定宽度的浅滩，有时也有凸出的山嘴，间或出现迂回的深切河曲。河曲段主要有两种布线方式。

（1）沿河岸自然地形，绕山嘴、河弯布线。

（2）取直路线。遇河湾，则两次跨河或改移河道，但改移河道要慎重，如图 6-11 所示。

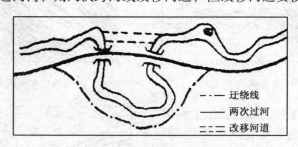

图 6-11 河湾路线示意图

对于个别有宽浅河滩的大河弯，为了提高路线标准，可在河滩布线。只要处理得当，还可起护田、造田的作用，但要注意路基防护和加固，防止水流对路基的冲刷破坏。

对于个别凸出的山嘴，可用切嘴填弯、高架桥与隧道或深路堑通过处理，究竟采用哪种方案，应通过技术、经济、景观、环保、安全等综合比较决定。一般来讲，技术等级高、交通量大的路线宜取直，等级低的道路则采用工程量较小的方案为宜，如图 6-12 所示。

3）陡崖峭壁河段

山区河谷常有陡崖峭壁错综地交替出现，两岸都是陡崖峭壁的河段，即为峡谷。峡谷一般河床狭窄，水流湍急。路线通过这种地段只有绕避和穿过两种方案。应根据峡谷的水文、地质条件和路线性质任务、路线标准、工程大小、施工条件等因素通过综合比较确定。

绕避的方法有两种：一是翻上峡谷陡崖顶部选择有利地带通过；二是另找越岭路线。

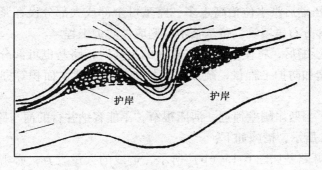

图 6-12　切山嘴填河湾的路线方案

翻越峡谷陡崖，需要有适合布设路线的展线过渡段，以克服高差，当高差较大进，需要较长的展线段，路线里程增加较多，路线标准也不高。因此，崖顶过高，就不宜翻崖顶绕避，可设高架桥、隧道穿越，当路线等级不高，增加工程量很多时，也不宜采用。

另找越岭路线，需要附近有基本符合路线走向的低垭口，条件不具备时，不宜采用。

当峡谷较长，且地形困难，工程艰巨，有条件绕避时，应根据路线标准要求，慎重考虑。如图 6-13 所示，河谷曲折迂回，且有近 5 km 长的陡崖，布线困难；而越岭线的瓦窑垭口，方向很顺，且两侧地形、地质条件较好，对于路线标准要求不高的道路，越岭绕避则是一可取的方案。但对路线标准要求较高的道路，应考虑在河东村以北设隧道的方案。

直穿陡崖峭壁河段和峡谷的路线，其平、纵面受岸壁形状和洪水位限制，活动余地不大。路线的线位主要决定于根据河床宣泄洪水情况而拟定的合理的横断面而定。路线一般以低线为宜，如洪水位过高或有严重积雪的情况，则不宜采用这种方案。

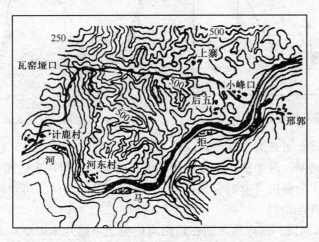

图 6-13　越岭线绕避峡谷的路线

直穿峡谷的路线，可根据河床宽窄、水文状况、岸壁陡缓等不同因素采用以下方法通过。

（1）与河争路，侵占部分河床。当河床较宽，水流不深，压缩部分河床不致引起洪水位抬

高过多时,路线可在崖脚下按低线设计通过。根据河床可能压缩的程度,有以下两种情况:

① 河床宽阔,压缩后洪水位抬高水多,路基可全部或大部分设在紧靠崖脚的水中或滩地上,借石或开小部分石崖填筑,路基临水一侧应做防护工程。

② 河床狭窄,压缩后,将使洪水位有较大的抬高时,路基也可部分占用河床,采取适当提高路基高程,增加防护工程量,疏浚河道增加河床的泄水面积等办法处理,如图 6-14 所示。

(2) 硬开石壁。当两岸峭壁逼近,河床很窄,不能容纳并行的河与路时,可硬开石壁通过,如图 6-15 (a) 所示,措施如下:

① 在石壁上硬开路基如图 6-15 (b) 所示,造成的大量废方,必须妥善处理,尽可能将大部分废方利用到附近路段,同时要考虑散失在河中的废方对水位的影响,适当提高线位。

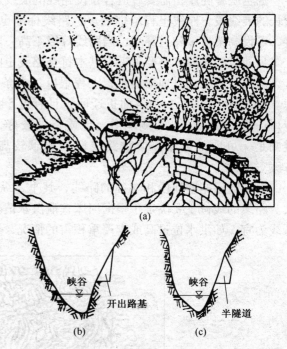

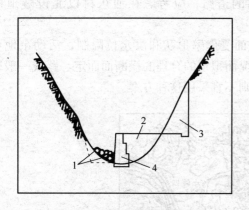

图 6-14　路基部分占用河床　　　　图 6-15　石壁上硬开路基

② 岸壁石质良好,可开凿半隧道,以减少石方和废方,如图 6-15 (c) 所示。

③ 硬开石壁的路基,对个别缺口或短段不够宽的路段,可用半边桥或悬出路台处理。

④ 当两岸石壁十分逼近(有时仅几米宽),不宜硬开路基时,可建顺水桥通过。

4) 河床纵坡陡峻的河段

(1) 急流、跌水河段。河床纵断面在短距离内突然下落几米以至几十米,形成急流或跌水。路线由急流、跌水的上游延伸到其下游时,线位就高出谷底很多,为了尽快降低线位,避免继续走陡峻的山腰线,可利用急流,跌水下游支沟或平缓的山坡展线下降,如图 6-16 所示。

(2) 河床纵坡连续陡峻的河段。这类河段多出现在山区河流的上游,是沿溪线和越岭线之间的过渡段。河床纵坡,当陡到技术标准不允许的程度时,就需要进行展线。

图 6-16 急流河段展线

## 6.6.2 越岭线

沿分水岭一侧山坡爬上山脊，在适当地点穿过垭口，再沿另一侧山坡下降的路线，称为越岭线。它的特点是路线需要克服很大的高差，路线的长度和平面位置主要取决于路线纵坡的安排，因此，在越岭线的选线中，须以路线纵断面为主导。

越岭线布局主要应解决的问题是：垭口选择，过岭高程选择和垭口两侧路线展线的拟定。它们是相互联系，相互影响的。布局时应综合考虑，处理好三者的关系。

越岭线的纵坡力求均匀，平均纵坡及纵坡长度应严格遵守《公路工程技术标准》的规定，一般不应设置反坡，特殊情况下设置反坡时，应予以比较论证。

1. 垭口选择

垭口是越岭线方案的重要控制点，在基本符合路线走向的情况下，应全面考虑垭口的位置、高程、地形、地质和展线条件。

1) 垭口位置选择

垭口位置在基本符合路线走向的前提下，与两侧山坡展线方案结合一起考虑。首先考虑高差较小，而且展线降坡后能与山下控制点顺直地衔接，不需无效延长路线。其次再考虑稍微偏离路线方向，但接线较顺，且不致过于增长里程的其他垭口。

2) 垭口高程选择

垭口海拔高低及其与山下控制点的高差，对路线长短、工程量大小和运营条件有直接的影响，一般应选择高程较低的垭口。在高寒地区，特别是积雪、结冰地区，海拔高的路线对行车很不利，因此，有时为了走低垭口，即使增加绕远距离，也应注意比较。但如积雪、结冰不是太严重，对于基本符合路线走向，展线条件较好，接线方向较顺，地质条件较好的垭口，即使稍高，也不应轻易放弃。

3) 垭口展线条件选择

山坡线是越岭线的主要组成部分。而山坡坡面的曲折程度、横坡陡缓，地质好坏等情况，与线形标准和工程大小有直接关系。因此，选择垭口必须结合山坡展线条件一起考虑。如有地质较好，地形平缓，利于展线降坡的山坡，即使垭口位置略偏或较高，也应比较，不要轻易放弃。

4）垭口的地质条件选择

垭口一般地质构造薄弱，常有不良地质存在，应深入调查研究其地层构造，摸清其性质和对公路的影响。对软弱层型、构造型和松软土侵蚀型的垭口，只要注意到岩层产状及水的影响，路线通过一般问题不大。对断层破碎带型及断层陷落型垭口，一般应尽量避开；必须通过时，应查清破碎带的大小及程度，选择有利部位通过，并采取可靠工程措施（如设置挡土墙，明洞）以保证路基稳定。对地质条件恶劣的垭口，局部移动路线或采取工程措施也不解决问题时，应予放弃。

2. 过岭高程的选择

路线过岭，不外采用路堑或隧道通过。过岭高程越低，路线就越短，但路堑或隧道就越深、越长，工程量也越大。因此过岭高程应结合路线等级。越岭地段的地形、地质及两侧展线方案、过岭方式等因素经过技术经济比较来选定，这些因素是互相影响的，必须全面分析研究各种可能的比较方案，作出合理的选择。过岭方式主要有以下几种。

1）浅挖低填

遇到过岭地段山坡平缓，垭口宽而厚（有的达到 1~2 km，有时还有沼泽出现）的地形，展线容易，只宜采用浅挖低填的方式过岭，过岭高程基本上就是垭口高程。

2）深挖垭口

当垭口比较瘦削时，常用深挖的方式过岭。深挖垭口，虽土石方工程较集中，但由于降低了过岭高程，相应缩短了展线长度，总工程量并不一定增加。即使有所增加，也可从改善行车条件，节约运营费中得到补偿。至于深挖程度，应视地形、地质、气象条件及展线对垭口高程的要求等因素而定。垭口通常地质条件较差，当挖方边坡较高，防护困难时，挖深应以不致危及路基边坡稳定为度。否则应采取有效措施，以防止遗留病害。必要时，明线与隧道通过方案进行比较确定。

过岭高程是越岭线布局的重要控制因素，不同的过岭高程有不同的展线方案。如图 6-17 所示，路线通过垭口，由于选用不同的挖深出现了 3 个可能方案。甲方案挖深 9 m，需要设两个回头弯；乙方案挖深 13 m，需一个回头弯；丙方案挖深 20 m，即可顺山势布线，不需回头弯。丙方案线形好，路线最短，有利于行车和节约运营费用。

深挖垭口，工程量集中，往往要处理大量废方，施工条件差，影响施工期限，这些都应在选定过岭高程时充分考虑。

3）隧道穿越

当垭口挖深在 20~25 m 以上，采用隧道往往比明堑经济。特别是垭口瘦薄时，采用不长的隧道能大大降低路线爬升高度，缩短里程，提高路线线形指标，在经济上非常合算。另外为了避让严重不良地质及减轻或消除高山严重积雪、结冰对公路的不良影响时，也应结合施工条件及施工期限，考虑采用隧道通过的方案。

一般情况，隧道高程越低，路线越短，路线平纵面指标也越易提高，对运营也越有利。但高程低，隧道就长，造价就高，工期也较长。因此，隧道高程的选定通常根据道路等级和越岭地段的地质条件、工程费用等经技术经济比较后确定。

隧道高程的选定不能单纯着眼于经济一方面，还应考虑以下因素：

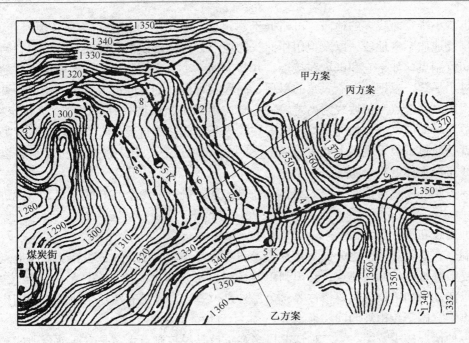

图 6-17 垭口采用不同挖深的展线布局方案

(1) 地质和水文地质条件是选择高程的决定因素，要尽可能把隧道放在较好的地层中。
(2) 隧道高程应设在常年冰冻线和常年积雪线以下，以保证施工和行车安全。
(3) 长、大隧道通风、照明费用较高，隧道长度要考虑运营阶段管养费用。
(4) 低等级公路上的隧道，要适当考虑远景的发展，在不过多增加工程造价的情况下，尽可能把隧道高程降低一些，进出口线形标准适当高一些，使今后道路改扩建留有余地。

3. 垭口两侧路线的展线

1) 展线布局

越岭线的高程主要是通过垭口两侧山坡上的展线来克服的。虽然山坡地形千差万别，线形多种多样，但路线的布局首先要以纵坡为指引，即平、纵、横三个面的结合要以纵断面为主导。越岭线利用有利地形、地质，避让不良地形、地质，是通过合理调整坡度和设置必要的回头线来实现的，而回头线的布置，也要根据纵坡来选定。只有符合纵坡标准的路线方案，才能成立。因此，展线布局必须从纵坡的安排开始，其工作步骤如下。

(1) 拟定路线大致走向。

在调查或踏勘阶段确定的主要控制点间，进行广泛勘察，调查周围地形及地质情况，以带角手水准粗略勘定坡度作为指引，注意利用有利地形、地质，拟定路线可能的大致走向。

(2) 试坡布线。

试坡的目的是进一步落实初步拟定的路线走向的可能性；发现和加密中间控制点，发现局部比较方案，拟定路线布局。

试坡从已定的控制点开始。越岭线通常先固定垭口，由上而下，视野开阔，便于争取有利地形。因此，一般多由垭口向下试坡。试坡选用的平均坡度，应根据"标准"的规定，地形曲折，小半径曲线多的地段，可略低于规定值。在试坡过程中，遇到必须避让的地物、工程艰巨及地质不良地段，以及拟用作回头的地点，要把路线最适宜通过的位置，暂时作为一个中间控制点。如果它和试坡线接近，并与前面一个暂定控制点之间的坡度不致超过最大坡度或过于平缓，就把这个点大致的里程、高程及可活动的范围记录下来，供以后调整落实的参考。如果这个点和试坡线的高差较大，则应返回重新试坡，或修改前面的暂定控制点，认为合适后再向前试坡。如经过修改后的路线纵断面或路线行经地带不够理想，应另寻比较线。这就是通过试坡发现控制点和局部比较线的大致过程，当一系列中间控制点暂定下来后，路线布局大体就有个轮廓了。

主要控制点间，可能有几个方案，要经过比选，剩下一两个较好的方案，据此进行下一步工作。

（3）确定布局方案。

控制点有固定和活动之分：一种是位置和高程都不能改变，如工程特别艰巨地点的路线和某些受限制很严的回头地点，必须利用的桥梁，必须通过的街道等；另一种是位置固定，高程可以活动，如垭口、重要桥位等；第三种是位置、高程都有活动余地的，如侧沟展线的跨沟地点，宽阔平缓山坡的回头地点等。

第一种情况较少，第二、三种情况居多。也就是说控制点大多是有活动余地的，但活动范围有大有小。对活动范围小的控制点，可视为固定控制点，把位置、高程确定下来。然后再去研究固定控制点之间的、活动范围较大的那些控制点，以便通过适当调整，达到既不增大工程而又能使线形更加合理的目的。

活动控制点的调整落实，有以下两种情况和做法：

① 活动性较大的回头地点，可从前后两个固定控制点以适当的坡度分头放坡交会得出。

② 两固定控制点间的非回头的活控制点，应在其可活动的范围内调整，以使固定控制点间的坡度尽量均匀些。

2）展线方式

越岭线的展线方式主要有自然展线、回头展线和螺旋展线三种。

（1）自然展线。

自然展线是以适当的坡度，顺着自然地形，绕山嘴、侧沟来延展距离，克服高差。自然展线的优点是走向符合路线基本方向，行程与升降统一，路线最短。与回头展线相比，线形简单，技术指标一般也较高，特别是路线不重叠，对行车、施工、养护均有利。如路线所经地带地质稳定，无割裂地形阻碍，布线应尽可能采用这种方案。缺点是避让艰巨工程或不良地质的自由度不大，只有调整坡度这一途径。如遇到高崖、深谷或大面积地质病害很难避开，而不得不采取其他展线方式。

（2）回头展线。

当控制点间的高差大，靠自然展线无法取得需要的距离以克服高差，或因地形、地质条件限制，不宜采用自然展线时，路线可利用有利地形设置回头曲线进行展线，如图 6-18 所示。

回头展线的缺点是在同一坡面上，上、下线重叠，尤其是靠近回头曲线前后的上、下线相距很近，对于行车、施工、养护都不利。优点是便于利用有利地形，避让不良地形、地质和难点工程。

图 6-18 利用狭窄山坡回头展线的不良示例

回头地点对于回头曲线工程大小和使用质量关系很大，应慎重选择。回头曲线的形状取决于回头地点的地形，一般利用以下三种地形设置：

① 直径较大、横坡较缓、相邻有较低鞍部的山包或平坦的山脊，如图 6-19（a）、（b）所示。

② 地质、水文地质良好的平缓山坡，如图 6-19（c）所示。

③ 地形开阔、横坡较缓的山沟或山坳，如图 6-19（d）、（e）所示。

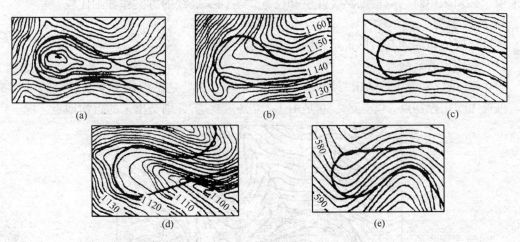

图 6-19 适宜设回头曲线的有利地形

为了尽可能消除或减轻回头展线对于行车、施工、养护不利的影响，要尽量把回头曲线间的距离拉长，以分散回头曲线、减少回头个数。回头展线对不良地形、地质的避让有较大的自由度，但不要遇到难点工程，不分困难不小和能否克服就轻易回头，致使路线在小范围内重叠盘绕，对障碍要进行具体分析，当突破一点而有利于全局时，就要做些工程突破它。

（3）螺旋展线。

当路线受到限制，需要在某处集中地提高或降低某一高度才能充分利用前后有利地形时，可考虑采用螺旋展线。螺旋展线一般多在山脊利用山包盘旋，以旱桥或隧道跨线，如图6-20实线所示；也有的在峡谷内，路线就地迂回，利用建桥跨沟跨线，如图6-21实线所示。

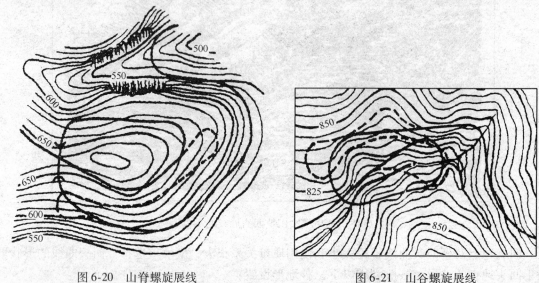

图6-20　山脊螺旋展线　　　　　　　　图6-21　山谷螺旋展线

螺旋展线目前在公路选线上还未被用为重要的展线方式，而仅视为回头展线的一种变革，在某种地形条件下用以代替一组回头线（如图6-20和图6-21中虚线所示）。它虽比回头线具有线形较好、避免路线重叠的优点，但因需建隧道或高桥、长桥，造价很高，因而较少采用。必须采用时，应根据路线性质和任务，与回头展线的方案作详细比较。

3）展线示例

越岭线展线布局的基本形式是利用山谷与山脊展线。

（1）利用山谷展线。

图6-22是反复跨主沟的山谷展线，图中③、⑤、⑦处是试坡定下来的较合适的回头地点，可视为固定控制点，②、④、⑥是由①、③、⑤、⑦分别交出来的跨沟地点。

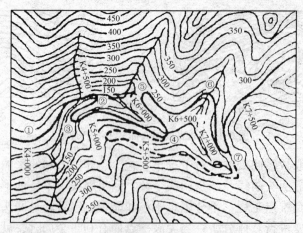

图6-22　山谷展线

图6-23是利用侧沟的山谷展线,图中③、⑤、⑦为山嘴,受限制较严,可视为固定控制点,②、⑥及侧坡上④点,有较大活动范围,布线时可分别由两端放坡交会而定。

(2) 利用山脊展线。

图6-24是利用支脉山脊展线。经试坡分析,①受高程控制较严,③、⑤点下方横坡陡峻,路线不宜再低,视为固定控制点,②、④能稍许活动,布线时分别由①、③、⑤交会出来。采用这种方式布线,要求选择宽肥的山脊或山嘴,否则路线重叠次数很多。有条件时,应选择适当地点突破右侧山沟,将路线引向其他坡布设。

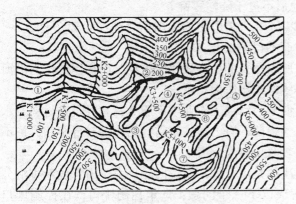 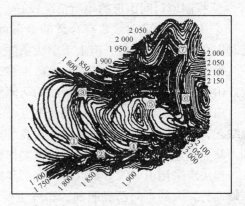

图6-23 利用侧沟的山谷展线　　　　图6-24 利用支脉山脊展线

(3) 利用山坡展线。

利用一面山坡往返盘绕,往往叠线过多,一般应尽量避免。但在受地形限制,无其他方案时,可选择横坡平缓、地质条件好,布线范围较大的山坡设线。布线时注意尽可能突破难点,扩大布线范围和避免上、下两个回头曲线并头。图6-25是一个路线布局不好的例子,路线未充分利用地形尽量拉长回头曲线间的距离,导致叠线多达5~6次,并多次出现上、下线并头的现象。

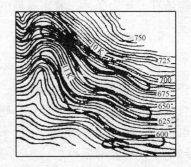

图6-25 利用山坡展线

一条较长的越岭线,由于地形的变化,常常是各种展线方式的综合运用,布线时要抓住地形特点,因地制宜选用展线方式,充分发挥其优点,把路线布局工作做好。

高速公路、一级公路因技术标准高,布线难度会更大些,展线方式应以自然展线为主。在横坡陡峻的山坡,宜选用分离式断面设线。

## 6.6.3 山脊线

**1. 山脊线特点及选择条件**

大体上沿分水岭布设的路线,称为山脊线。分水线顺直平缓,起伏不大,岭脊肥厚的分水岭是布设山脊线的理想地形,路线可大部或全部设在分水岭上。但高山地区的分水岭常常是峰峦、垭口相间排列，有时相对高差很大，这种地形的山脊线，则为一些较低垭口所控制，路线需沿分水岭的侧坡在垭口之间穿行，线位大部分设在山腰上。山脊线，一般线形大多起伏、曲折，其起伏和曲折程度则视分水岭的形状、控制垭口间的高差和具体地形而异。

山脊线一般具有土石方工程小，水文和地质情况好、桥涵构造物较少等优点。但是否采用山脊线方案主要应考虑以下条件决定取舍：

① 分水岭的方向不能偏离路线总方向太远。
② 分水岭平面不能过于迂回曲折，纵面上各垭口间的高差不过于悬殊。
③ 控制垭口间山坡的地质情况较好，地形不过于陡峻零乱。
④ 上下山脊的引线要有合适的地形可以利用，这是能否采用山脊线的主要条件之一，有时山脊本身条件很好，但上下引线条件差而不得不放弃。

由于完全具备上述条件的分水岭不多，所以很长的山脊线比较少见。而往往是作为沿河线或山腰线的局部比较线及越岭线的两侧路线的连接段而出现。

山脊线线位较高，一般远离居民点，不便于为沿线工农业生产服务；有时筑路材料及水源缺乏，增加施工困难；另外地势较高，空气稀薄，有云雾、积雪、结冰等对行车和养护不利等缺点，这些都应在与其他路线方案作比较时予以充分考虑。

当决定采用山脊线方案以后，剩下要解决的是山脊线的布设问题。由于山脊线基本沿分水岭而行，大的走向已经明确，布线主要解决以下三个问题：选定控制垭口；在控制垭口间，决定路线走分水岭的哪一侧；决定路线的具体布设（包括选择中间控制点）。三者是互相依存，互为条件，紧密联系的。

2. 控制垭口选择

每一组控制垭口代表着一个山脊线的方案。因此选择控制垭口是山脊线选线的关键。当分水岭方向顺直，起伏不大时，几乎每个垭口都可暂定为控制点。如地形复杂，起伏较大，且较频繁，各垭口高低悬殊，则高垭口之间的低垭口一般即为路线的控制点，突出的高垭口可舍去；在有支脉横隔的情况下，相距不远的、并排的几个垭口，则只选择其中一个与前后联系条件较好的垭口。

控制垭口的选择还必须联系分水岭两侧山坡的布线条件综合考虑，而在侧坡选择和试坡布线的过程中，对初步选定的控制点加以取舍、修正，最后落实。

3. 侧坡选择

分水岭的侧坡是山脊线的主要布线地带。要选择布线条件较好的那一侧，以取得平、纵线形好、工程量小和路基稳定的效果。坡面整齐、横坡平缓、地质情况好、无支脉横隔的向阳山坡较为理想。除两个侧坡优劣十分明显的情况外，两侧都要作比较以定取舍。同一侧坡也还可能有不同的路线方案，可通过试坡布线决定。多数初选的控制垭口，在侧坡选择过程中即可决定取舍，少数则需在试坡布线中落实。

如图6-26所示，$A$、$D$两垭口是由前后路线所决定的固定控制点，其间$B$、$C$、$E$等垭口，哪个选为中间控制点，首先取决于路线布设在分水岭的哪一侧。显然，位于左侧的甲线应舍$C$、$E$而取$B$，而位于右侧的乙线应舍$B$而取$C$或$E$。至于$C$、$E$的取舍以及甲、乙方案的比选问题，则有待于试坡布线时解决。

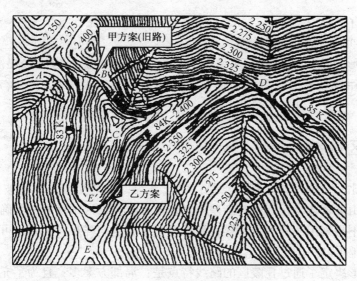

图 6-26 山脊线布局比较示意图

4. 试坡布线

在两固定控制点间布线,应力求距离短捷、坡度和缓。山脊线有时因控制点间高差很大,需要展线,也有时为避免路线过于迂绕,要采用起伏坡,以缩短距离。从总体看,山脊线难免有曲折、起伏,但不可使其过于急促、频繁,平、竖曲线和视距等指标也要掌握得高些,以利行车。

山脊布线常见有三种情况。

1) 控制垭口间平均坡度不超过规定

如两控制垭口中间,地形、地质方面没有太大障碍,应以均匀坡度沿侧坡布线。如控制垭口间平均坡度较缓,而其间遇有障碍或难点工程时,可加设中间控制点,调整坡度来避让,中间控制点和各垭口之间仍应以均匀坡度布线。如图 6-26 的甲线,$AB$、$BD$ 两段,地面自然坡度一上一下已经很陡,当适当挖深垭口 $B$ 后,才分别获得 +5.5% 和 -5% 较合理的坡度;$BD$ 段两次跨冲沟,需要防治,工程稍大。如欲减小防治工程,要在冲沟头上方加设中间控制点,这将使 $B$ 到 $D$ 的一段纵坡过陡,不宜采用。

2) 控制垭口间有支脉横隔

路线穿过支脉,要在支脉上选择合适垭口作为中间控制点。该垭口应不致使路线过于迂绕,合理深挖后两翼路线坡度都不超过规定,并使路线能在较好的地形、地质地带通过。有时在支脉上选择的控制垭口虽能满足纵坡要求,但线形过于迂绕,为了缩短距离,控制点就不一定恰好设在垭口上。

如图 6-26 中的乙线是穿支脉的路线,支脉上有 $C$、$E$ 两个垭口,选中间控制点时,首先考虑 $C$,因其位置过高,合理深挖后两翼路线坡度仍超过规定,只好放弃而选择垭口 $E$。$E$ 的两翼自然纵坡均低于规定值,为了既保证坡度符合要求,又能尽量缩短距离,从低垭口 $D$ 以 5% ~5.5% 的坡度沿山坡向垭口 $E$ 试坡,定出控制点具体位置 $E'$,使乙线得到合理的最短长度。

$AE'$ 之间则按均匀坡度(约 3%)布线。乙线虽较中线长 840 m,但工程小,施工较易,当交通量小时，宜予采用。

3）控制垭口间平均坡度超过规定

根据具体地形、地质条件，采用填挖、旱桥、隧道等工程措施来提高低垭口，降低高垭口，也可利用侧坡、山脊有利地形设置回头展线或螺旋展线。选线方法详见本节越岭线。

## 6.7 丘陵区选线

与山岭区相比，丘陵区的地貌特点是：山丘连绵，岗湖交错，此起彼伏，山形迂回曲折，岭低脊宽，山坡较缓，丘谷相对高差不大，重丘区与山区不易划出明确界线，就如同一般山区与重山区不易划出明确界线一样；微丘区与平原也同样难以区别，可见丘陵区包括了缓峻颇为悬殊的地形。

丘陵区的地形决定了通过丘陵区的路线特点是：局部方案多；且为了充分适应地形，路线纵断面将会有起伏，采用技术指标的活动余地较大，路线平面也必将是以曲线为主体。

丘陵区地形形态复杂，布线方法应随路线行经地带的具体地形而不同。一般应注意以下几点。

① 要注意平、纵、横三方面协调，避免不顾地形起伏，片面追求平面高标准或为追求纵坡平缓使路线过于弯曲。

② 要注意横断面设计经济合理，注意纵向土石方平衡，以减少借方和废方，减少破坏自然景观。

③ 丘陵区农林业比较发达、水利设施较多，布线注意与其密切配合。

④ 高速公路在横坡陡或沟谷狭窄的地段，为保证路基边坡稳定，减少填挖工程，左、右路基采用分离设置的方案，可收到很好的效果。

### 6.7.1 路线布设方式

根据选线实践经验，可概括为三类地形地带和相应的三种布线方式。

1. 平坦地带

两个已知控制点间，地势平坦，应按平原区以方向为主导的原则办理。如其间无地物、地质障碍，或应屈就风景、文物及居民点，路线应走直线；如有障碍，或应屈就的地点，则加设中间控制点，相邻控制点间仍以直线相连，路线转折处设长而缓的曲线。这样的路线是平坦地形上平、纵、横三面最好的统一体，如果无故拐弯，就不合理了。

直线是平面线形中最基本的线形要素之一，现场最易布设，地形开阔无障碍物，以直线设计最为经济。但是由于直线缺乏变化，景观单调，驾驶人容易疲劳，反应迟钝，同时目测车距困难，夜间行车增加车灯炫目的危险；长直线容易导致高速行车，危及交通安全。因此采用直线时，注意把能引起兴趣的自然景观或建筑物纳入驾驶人的视线内，并不宜采用长直线。

## 2. 较陡横坡地带

在具有较陡横坡的地带，两个已定控制点间，如无地物、地形、地质上的障碍，路线应沿匀坡线布线；如有障碍，则在障碍处加设控制点，相邻控制点间仍沿匀坡线布线。

"匀坡线"是两点之间，顺自然地形，以均匀坡度定的地面点连线，如图 6-27 所示。这种坡线常须多次试放才能求得。

上述两类地带的布线方式，与前已论述的平原和山岭区并无明显区别，只在此加以总括，不再详述。唯有起伏地带，却是丘陵区所特有，下面重点讨论其布线原则和方法。

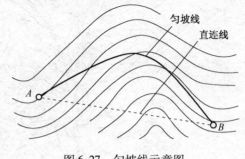

图 6-27 匀坡线示意图

## 3. 起伏地带

起伏地带也属于具有横坡的地带，特点是地面横坡较缓，匀坡线很迂回。其布线原则和方法按起伏多少分述如下。

### 1) 两已定控制点间包括一组起伏

路线要交替跨越丘梁和坳谷，在两个相邻的梁顶（或谷底）之间，路线就出现一组起伏。在这种地形上布设路线，如沿直连线走，路线最短，但起伏很大，为了减缓起伏，势将出现高填深挖、环境被破坏，增大工程；如沿匀坡线走，坡度最好，但路线绕长较多，工程一般也不会省。这种"硬拉直线"和"弯曲求平"的做法，都是不正确的。

如果路线走在直连线和匀坡线之间，比直连线的起伏小，比匀坡线的距离短，而工程一般将是节省的。总的说，使用质量有所提高，工程造价有所降低，故在起伏地带应在直连线与匀坡线之间寻找最合理的路线方案。至于路线在平面上的具体位置，应根据路线等级结合地形作具体分析，做到路线平、纵、横三面最恰当的结合。

地形起伏的较小路线，应尽量避免纵面忽上忽下，坡度要和缓，在这个前提下，再考虑平、纵、横之间的关系。大体说，低等级公路，在满足路线标准的前提下，工程宜小，平面上稍多迂回增长些距离是可以的；高等级公路则宁可多做些工程，尽可能减短一些距离，把路线定得离直连线近些。

地形起伏较大的路线，两侧的高差常不相同，高差大的一侧的坡度常常成为决定因素，要根据应采用的合理坡度并结合梁顶的挖深和谷底的填高来确定路线的平面位置。如图 6-28 所示，$E$、$G$ 间的路线主要受 $FG$ 段的控制，当选用不同的坡度或 $G$ 处采用不同的挖深，都会得出不同的路线方案。应根据路线等级予以比较选定。关于纵坡度，"标准"有所规定，但当距离增长不多或切梁填谷增加工程不大，而能显著改善纵坡时，宜用得缓和些。

直连线和匀坡线给起伏地带指出一个布线范围，但不需实地放出。因为确知梁顶处匀坡线是在直连线下方，谷底处匀坡线则在直连线上方；而且在梁顶应是暗弯和凸曲线，在谷底应是明弯和凹曲线，否则，路线就是越出了直连线和匀坡线范围，成为明显不合理。

### 2) 两已定控制点间有多组起伏

两个已定控制点间有多组起伏时，需要在每个梁顶（或每个谷底）都定出控制点，然

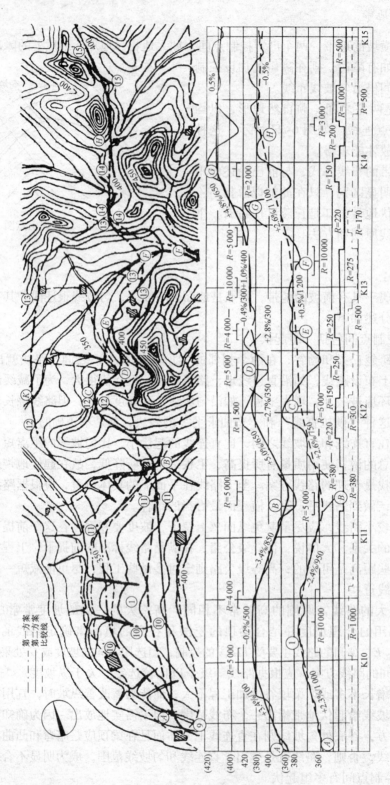

图6-28 丘陵区路线平纵面图

后按上述方法处理各组起伏。如何选定这些控制点要考虑许多因素，上述"起伏地带路线走直连线和匀坡线之间"的原则，可以为寻找这些控制点提供一个线索。

已定控制点间包括的起伏组数越多，直连线和匀坡线所包范围越大，路线的方案也越多。布线可分头从两个已定控制点向中间进行，逐步减少包括的起伏组数，因而也缩小了直连线和匀坡线所包范围，直到最后合拢。具体做法参见下面选线的步骤和示例中有关内容。

两个已定控制点间，有时因地形、地质、地物上的障碍，路线会突破直连线与匀坡线的范围。这种为避让障碍所定的中间控制点，应视为又增加一个已定控制点，即这一控制点定下来后，实际上是把原来两定点间的路线分割成两段，上述"走直连线和匀坡线中间"的原则分别适用于两段内。

## 6.7.2 选线步骤和示例

丘陵区选线，先要充分利用现有的有关资料（最重要的是地形图），弄清项目区域内的地形、地质、水文和地物的分布情况，通过路线方案研究，选出几条路线方案进行实地踏勘。踏勘时，一定要多跑、多看、多问，注意调查存在的隐蔽工程及当地规划建设项目对公路建设的影响。路线比选要广泛征求有关部门的意见，使路线更好地和其他设施相配合，更多地为项目区域的经济服务。

选线的具体内容，主要是选择决定路线走向的控制点和加密中间控制点。选择这些控制点的原则已在路线布设中论述，现结合示例讨论如下。

图 6-35 是某丘陵区路线的一段。$A$、$G$ 为固定控制点，$A$ 点前为沿溪线，$G$ 点后为山脊线，都是在总体布局中定下的。现仅讨论 $A$、$G$ 间布线问题。$A$、$G$ 间的路线有两个基本方案。第一方案（点画线）由 $A$ 继续沿溪至 $K$ 处跨河后，升坡至 $G$。此方案平、纵指标都较高，但因占用良好耕地多，且行经地带低湿，如路基太低则水文状况差，如提高路基，不但工程大，而且因借土更要多占耕地。第二方案（实线）提高线位，路线走起伏地带通过，本方案由于采用不同的技术指标，又产生了一些局部比较方案（虚线）。综合以上情况对选线步骤分述如下。

(1) 控制点选定。

这里讲的控制点是指体现路线轮廓，决定路线走向的那些点，如示例中的 $A$ 和 $G$，第一方案和第二方案的 $B$ 都是这类控制点。确定这些点是选线工作中关键性的一步，它们是经过在图上研究和实地踏勘，根据路线总方向，结合地形、地质条件选定的，它们代表一个方案、体现路线的轮廓。对各种可能的轮廓方案进行比选，最后剩下一两个最好方案，进行下一步加密控制点的工作。

(2) 加密控制点。

有了体现路线轮廓的控制点后，还须根据其间细部地形加设一些小控制点，路线方案才具体定下来，前已论及加密控制点的原则和方法，现就示例（实线）加以说明。

$B$、$G$ 之间要跨越 $C$、$E$ 两个梁，$D$、$F$ 两个谷，包括两组半起伏。其中 $BC$、$FG$ 两段高差大，是关键段，应先解决。根据前述"起伏地带，走直连线与匀坡线之间"的原则，可以初步判断出 $C$ 点的大致位置应在 $B$ 的下游，$F$ 点应在 $G$ 的上游。$C$、$F$ 点具体位置则是通过试坡布线的方法定出的（参见越岭线试坡布线）。

$C$、$F$ 点定下后，路线就剩下 $C$、$F$ 间一组半起伏了。定 $E$ 点，$E$ 的大体位置仍用走直连线与匀坡线之间的原则估定，示例中 $E$ 的具体位置则是考虑避让村庄这一因素而设定的。

$C$、$E$ 之间还包括一组起伏，直连线和匀坡线分别如图 6-35 中的虚线和点画线所示。路线如沿直连线布线，填方太大；如沿匀坡线走，工程虽小，但曲折过甚，与相邻路段很不协调，故还是走中间合理。

$A$、$B$ 段地形整齐，微有起伏，从使用质量上看，应走 $AJB$ 线，因为它和直连线相比，2000 m 只增长了 40 m，却少爬升 10 m 高度，但因占的是较好耕地，故取了直线方案。

至于技术指标较高的比较方案 $AKG$ 线也是可能的。经过分析比较，因工程过大而放弃。

### 6.7.3 平纵线形及其配合

丘陵区具体布线时还应注意平、纵线形及其配合。总结丘陵区选线的实践经验，应注意以下几点。

① 平面。平面上不强拉长直线，而要尽量利用与地形协调的长缓平曲线，路线转折不要过于零碎频繁，相距不远的同向曲线尽可能并为一个单曲线或复曲线，反向曲线间应有一定长度的直线段，否则，可设计成 S 形。

② 纵断面。起伏地区路线采用起伏坡形是缩短里程或节省工程的有效方法。但起伏切忌太频繁，太急剧，坡长要放长些，坡度要用得缓些，避免形成锯齿坡形和短距离的"驼峰"和"陷洼"；陡而长的坡道中间要利用地形插设缓坡段。竖曲线也应像平曲线那样，要长而缓，相离不远的同向曲线尽量连接起来，反向曲线间最好有一段匀坡。

③ 平、纵面配合。长陡下坡尽头避免设小半径平曲线。平、竖曲线的位置，在两者半径很大的情况下，各设在什么地方对行车并无太大影响；但在起伏地形如梁顶、沟底等处，使暗弯与凸竖曲线、明弯与凹竖曲线结合起来，则能增进行车安全感和路容的美观。但要注意两者的半径都应尽可能大些，特别是明弯与凹曲线重合处，因为这种地点，车速一般都比较高，半径太小增加驾驶困难。最不好的情况是凸竖曲线与一个小半径平曲线相隔很近，因为凸竖曲线阻碍视线，驾驶人不能预先看到前方的平曲线，以早做转弯准备，可能措手不及、发生事故。为避免这种情况，要把平、竖曲线重合起来，即使多费些工程也是应该的。如图 6-35 中 $C$、$E$、$G$ 处。

# 第 7 章 道 路 定 线

定线是道路设计过程中很关键的一步。它不仅要解决工程、经济方面的问题，而且对如何使公路与周围环境相配合，以及道路本身线形的美观等问题都要在定线过程给予充分的考虑。

定线的任务是按照已定的技术标准，在选线布局阶段选定的"路线带"（或称定线走廊）的范围内，结合细部地形、地质条件，综合考虑平、纵、横三面的合理安排，确定并通常实地定出道路中线的确切位置。

道路定线除受地形、地质及地物等有形的制约外，还受技术标准、国家政策、社会影响、道路美学及其他因素的制约，这就要求设计人员必须具有广博的知识和熟练的定线技巧。最好的设计者也不可能一次试线就能选出最好的线位，复杂条件下的定线可能需要好几个设计方案供定线组全体人员研究比选。因为每一个方案都将是众多相互制约因素的一种折中方案，理想的路线只能通过比较的方法找出。

定线应吸收道路、桥梁、水文、地质、环保、安全等专业人员参加，也应听取有景观、规划知识的设计人员的意见，发挥各种专业人员的才能和智慧，使定线成为各专业组协作的共同目标。

道路定线质量还在很大程度上取决于采用的定线方法，常用有直接定线和纸上定线两种方法。技术标准高的、地形、地物复杂的路线必须使用"纸上定线"，然后把纸上路线敷设在地面上；"直接定线"省去了纸上定线这一步，所以只适用于标准较低的路线。

本章主要介绍公路定线，有各种线形的组合设计、坐标计算及实地放线等，其方法也适用于城市道路。

## 7.1 纸上定线

### 7.1.1 纸上定线步骤

1. 收集资料及准备工作

需要收集的资料主要有：初拟路线方案及所确定的控制点，沿线地质情况，不良地质地段，城市规划、地下电缆、文物古迹、自然保护区及气象、水文等资料。高等级公路还应收集沿线路网规划，重要河流的通航、防洪资料等。

准备工作包括：在地形图上标绘各个控制点、应避让的地段和区域。

2. 根据地形和地物初定路线位置

在相邻控制点之间，根据所经过的不同位置和地物分布情况，参照准备工作所标绘应避让的地段和区域，满足路线标准和要求，选择合适的路线位置，加密中间控制点。中间控制点可能有多个，一时难以取舍时，分别拟定路线进行研究比较。

## 7.1.2 平原微丘区纸上定线

平原微丘区在两控制点之间主要是地物障碍，合理解决哪些可穿越、哪些该绕避，从而建立起一系列中间控制点，路线一般应由一个控制点直达另一个控制点。选择线位时，应注意在保证标准的前提下，尽量做到少占和不占良田和经济林，少拆或不拆各种电力、电信设施，避免穿越大的池塘和沼泽地，减少对自然景观的破坏。跨越重要通航河流时，应选择好跨河位置，高等级公路互通立交一般设置在城镇附近，连接较重要的道路，应做好位置安排。

## 7.1.3 山岭区纸上定线

两控制点之间主要是地形或高差限制，对受高差限制的路段必须通过放坡得到一系列坡度控制点、沿着自然地形，参照坡度控制点和地形、地物控制点，初步确定满足标准、适应地形地物变化的路线概略位置。

在山区选择路线位置时，要注意线位的高低，考虑平、纵协调配合，尽量避免高填挖，注意环境保护。

路线平、纵、横面均受较严限制的越岭线纸上定线的工作步骤阐述如下。

(1) 定导向线。

① 在大比例尺地形图上，仔细研究路线布局阶段选定的主要控制点间的地形、地质情况。选择有利地形如平缓、顺直的山坡，开阔的侧沟，利于回头的地点等，拟定路线各种可能的走法。

② 根据等高线间距及选用的平均坡度 $i_{均}$，按 $a = h/i_{均}$ 计算出等高线间平距 $a$，使两脚规的开度等于 $a$（比例尺与地形图同），从某一固定点如图 7-1 的 $A$ 开始，沿各拟定走法在等高线上依次截取 $a$，$b$，$c$ 等点，如最后一点的位置和高程均接近另一固定点 $D$ 时，说明这个方案能够成立，否则，修改走法或调整 $i_{均}$，重新试验至方案成立为止。

③ 连接 $Aab \cdots D$ 各点，分析研究这条折线在利用地形和避让地物及工程艰巨的情况，从而选择出应穿或应避的特征点作为中间控制点。如图 7-1 所示，$Aab \cdots D$ 折线从 $C$ 处陡崖中间通过，$B$ 处利于回头的地点也未利用上，如调整一下 $B$、$C$ 前后路段的坡度，即能避开陡崖和利用上有利的回头地点，因此可以把 $BC$ 定为中间控制点。然后再分段仿照上法截取 $a$，$b$，$\cdots$诸点，连接 $Aab \cdots D$ 的折线，示出了路线将行经的部位，称为"导向线"。

(2) 修正导向线。

① 参照导向线定平面试线，注明平曲线半径，量出地形变化特征点桩号及地面高程，绘制纵断面图，参考地面线设计理想纵坡，量各桩的概略设计高程。

② 在平面试线各桩的横线方向上点出与概略设计高程相应的点，这些点的连线是具有理想纵坡，不填不挖的折线，称为修正导向线（图 7-1 中未示出）。

# 第7章 道路定线

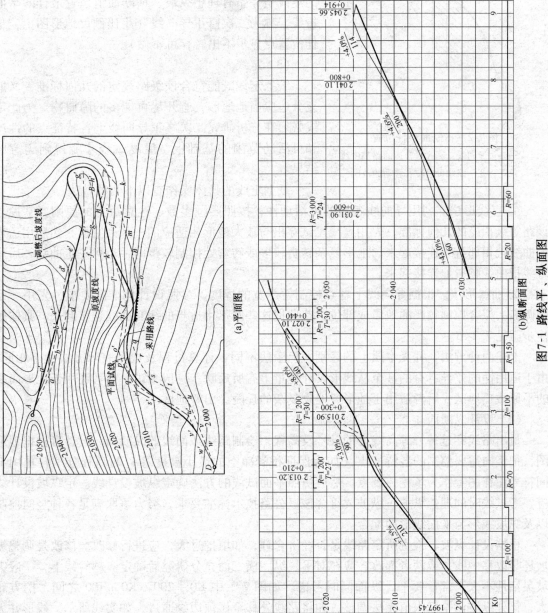

图7-1 路线平、纵面图
(a)平面图 (b)纵断面图

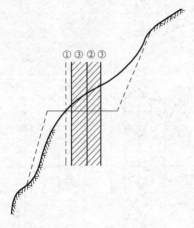

图 7-2 横断面最佳位置
①—修正导向线；②—最合适的路基中线位置；③—路线可以左右移动的范围

③ 在修正导向线各点的横断图上，用路基模板逐点找出最经济的或起控制作用的最佳路基中线位置及其可以活动的范围，如图 7-2 中的②、③。根据最佳位置点的性质分别用不同符号点在平面图上，这些点的连线是一条有理想纵坡、横断面上位置最佳的平面折线，称为二次修正导向线（小比例尺地形图上，最佳位置点显示不出者，可不做）。

（3）定线。

纸上定线既能符合该级路规定的几何标准，又能充分适应当地地形，避开尽可能多的障碍物。为此定线必须在分析研究二次修正导向线上各特征点的性质和可活动范围的基础上，反复试线才能得到满意的结果。

纸上定线的具体操作有以下两种做法。

① 直线形法。利用导向线各点的可活动性，按照照顾多数、注意重点的原则，掌握与该路等级相应的几何标准，先用直线尺试穿出与较大地形相适应的一系列直线，然后用适当的曲线把相邻直线连接起来。地形复杂转折较多或转弯处控制较严时，也可先走曲线，后用直线把曲线顺滑地连接起来。

② 曲线形法。根据导向线上各点控制性严宽的程度，参照设计标准的要求，先用一系列圆弧去拟合控制较严的地段或部位，然后把这些圆弧用适当的缓和曲线连接起来。具体操作步骤见 7.2 节。

上述两种方法，并无本质上的区别，但手法不同，计算过程及成果表示方式也不相同。由于适用性的差异，有的甚至从线形设计质量上有所反映。一般来讲，前者适用于地形简易的平原微丘地区，后者适用于地形、地物复杂的丘陵、山岭地区。

（4）设计纵断面。

量出路线穿过每一等高线处的桩号及高程，绘制路线地面线的纵断面。设计者根据地形图，把竖向需要控制的各特征点（如为保证桥涵净空的最小高度等）的高程分别轻重用不同符号注在图上作为填挖控制点。然后仿照平面试线的方法确定纵坡设计线。定纵坡设计线应参考试线时的理想纵坡，纵坡要符合该级公路技术标准要求，努力争取满足各种竖向控制以及纵坡线形与平面线形的配合。

根据设计纵坡，检查所定路线是否经济合理，如填挖过大，应进行修改。修改是调整纵坡还是改移中线，或两者都改，应在对平、纵、横三面充分研究后确定。越岭线上，一般纵坡灵活性不大，常常要平、纵面同时考虑。如图 7-1 中 K0+200～K0+400 之间，挖方较大，该处纵坡已是极限值无法调整，如将路线外移至崖顶边缘通过，如实线所示，线形并无多大变化，但挖方工程减少很多，宜作为采用线。

纸上定线是一个反复试验的过程，在某限度内，试线越多，那么最后的线形就越好。直到无论采取什么措施都不能显著节省工程或增进美感时，才可认为纸上定线工作已告完成。

## 7.2 纸上定线操作方法

### 7.2.1 直线形定线方法

根据选线布局的路线方案和该路等级相应的几何标准，试穿出一系列与地形相适应的直线作为路线基本单元，然后在两直线转折处用曲线予以连接的定线方法，即传统穿线交点定线法。路线上每一线段的具体方向，平原微丘区应以布局定下的控制点为依据，山岭重丘区应参照定线初期选定的导向线试定，路线的最终方案是要经多方面的分析比较才确定下来的。

道路中线确定后，为了标定路线，需要根据选定的圆曲线半径及缓和曲线，计算平曲线要素、曲线主点桩及加桩里程、逐桩坐标等。这些数据是否正确依赖于交点坐标采集的精度，通常交点坐标采集有两种方法。

① 直接采集法。在绘有网格的地形图上读取各交点坐标，一般只能估读到米。此法适用于交点前后直线方向和位置限制不严的情况。

② 定前后直线间接推算交点坐标。当交点前后直线方向及位置受限制较严时，可先固定前后直线（即在直线上读取两个点的坐标），再用相邻直线相交的解析法计算交点坐标。

已知交点前直线上两点的坐标为 $(x_1, y_1)$ 和 $(x_2, y_2)$，后直线上两点坐标为 $(x_3, y_3)$ 和 $(x_4, y_4)$，则交点坐标 $(x, y)$ 由下式计算：

$$\left. \begin{aligned} & k_1 = \frac{(y_2 - y_1)}{(x_2 - x_1)}, k_2 = \frac{(y_4 - y_3)}{(x_4 - x_3)} \\ & x = \frac{k_1 x_1 - k_2 x_3 - y_1 + y_3}{(k_1 - k_2)} \\ & y = k_1(x - x_1) + y_1 \end{aligned} \right\} \quad (7\text{-}1)$$

### 7.2.2 曲线形定线法

与传统的先定直线后定曲线的直线形法相反。曲线形定线法首先根据地形、地物条件设置合适的圆曲线，然后把这些圆曲线用适当的缓和曲线连接起来。当相邻圆曲线之间相距较远时，也可以根据需要插设适当的直线段，形成以曲线为主的连续线形。

1. 定线步骤

① 在地形图上根据路线布局所确定的定线走廊和限制较严的控制点，徒手画出线形顺适、平缓并与地形相适应的路线概略位置。

② 选用直尺和不同半径的圆曲线弯尺拟合徒手画线，把该画线分解成规则的数学单元——圆弧和直线，形成一个圆弧和直线组成的具有错位（即设缓和曲线后圆曲线的内移值）的间断线形。选取最逼近徒手画线并符合该级道路线形设计要求的圆曲线半径作为设计半径。

③ 在每一被分解后的圆弧或直线上各采集两个点的坐标，从而将直线和圆固定下来。通过试定或试算，用合适的缓和曲线将固定的线形单元顺滑地连接，形成一条以曲线为主的连续平面线形。

2. 确定回旋线参数

回旋线参数 $A$ 的确定是曲线形定线法重要的一环，常用方法有：回旋曲线尺法、回旋曲线表法、公式试算法及解析法等。

1) 回旋曲线尺法

回旋曲线尺是根据回旋线相似性特点制作的。通常为米制，比例尺为 1:1 000，外形为刻有主切线的 S 形曲线，如图 7-3 所示，在各个位置上刻出整数半径的法线方向及相关数值，代表某位置的曲率半径。一个参数值 $A$ 对应一把曲线尺，$A$ 值刻在曲线板上。

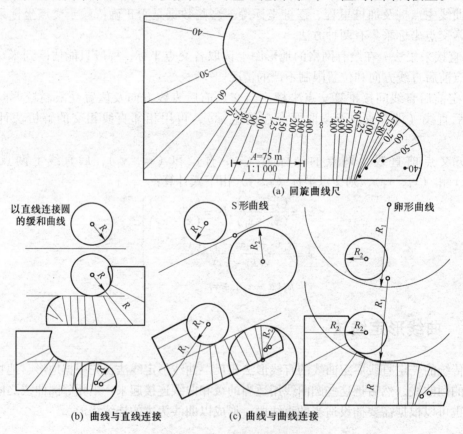

图 7-3　回旋曲线尺及应用

回旋曲线尺使用方法与铁道弯尺一样，选用不同参数值的曲线尺去逼近相邻线形单元，从而定出 $A$ 值。回旋曲线尺除用于直线与圆的连接、S 形、卵形曲线外，还可以使回旋曲线尺组合起来，用于其他复杂的组合线形。

2) 回旋曲线表法

（1）用单位回旋曲线表。

单位回旋曲线表是参数 $A = 1$ 时的回旋曲线要素表，计算其他不同参数 $A$ 的回旋曲线要素时，对单位回旋曲线表中有长度量度的要素值乘以 $A$ 即可。无长度量度的要素（如 $\tau$，$\sigma$ 等）可直接采用。

（2）用整参数 $A$ 回旋曲线表。

此类的要素值都是按整参数 $A$，以不同的整数半径 $R$ 为自变量计算出来的。这种回旋线表实际上是回旋曲线尺的数字化表示，用途是相同的。

3）近似计算法

如图 7-4 的 S 形、卵形曲线，回旋线参数 $A$ 可用下式计算：

$$A = \sqrt[4]{24DR^3} \tag{7-2}$$

式中：$D$——圆弧之间距离/m；

$R$——换算半径/m，分别为：

S 形曲线：$R = \dfrac{R_1 R_2}{R_1 + R_2}$

卵形曲线：$R = \dfrac{R_1 R_2}{R_1 - R_2}$

其中 $R_1$ 为大圆半径；$R_2$ 为小圆半径。

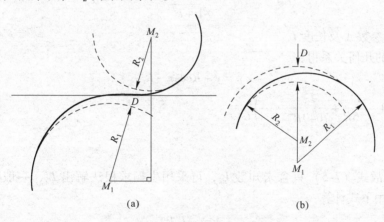

图 7-4　S形与卵形布置图

$A$ 值算出后，先要简单检查是否满足 $\dfrac{R}{3} \leqslant A \leqslant R$ 要求，不满足时，可调整圆弧位置，使 $D$ 变化后重新计算 $A$ 值，直到满意为止。

对于 S 形曲线，因为它是由两条回旋线构成，为了计算简单方便，一般情况下均采用相同的参数 $A$ 值。回旋曲线尺，回旋曲线表均是按这种形式制作的。对于两个不同参数的 S 形曲线，计算比较复杂，一般很少使用，不再赘述。

4）解析计算法

解析计算法是根据几何关系，建立含有参数 $A$ 的方程式，通过计算精确求解 $A$ 值的过程。下面分三种连接情况介绍。

（1）直线与圆曲线连接。

如图 7-5 所示，已知直线上两点 $D_1$ ($x_{D1}$, $y_{D1}$), $D_2$ ($x_{D2}$, $y_{D2}$) 和圆上两点 $C_1$ ($x_{C1}$, $y_{C1}$), $C_2$ ($x_{C2}$, $y_{C2}$)，以及圆曲线半径 $R$。

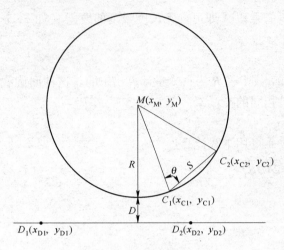

图 7-5 直线与圆曲线连接

① 圆心坐标。由图 7-5 得：

$$\theta = \arccos \frac{S}{2R}$$

$C_1M$ 方位角：$\alpha_M = \alpha_{C_1C_2} + \xi\theta$

式中，$\xi = \mathrm{sgn}(R)$，$R$ 的符号为曲线右转取正号，左转取负号；$\alpha_{C1C2}$ 为 $C_1C_2$ 的方位角。

圆心坐标为：

$$\left.\begin{array}{l} x_M = x_{C1} + R\cos\alpha_M \\ y_M = y_{C1} + R\sin\alpha_M \end{array}\right\} \quad (7\text{-}3)$$

式中：$R = |R|$，下同。

② 直线与圆曲线间距 $D$

令

$$k = \frac{y_{D2} - y_{D1}}{x_{D2} - x_{D1}}$$

则

$$D = \frac{|k(x_M - x_{D1}) - (y_M - y_{D1})|}{\sqrt{1+k^2}} - R \quad (7\text{-}4)$$

③ 回旋线参数 $A$ 及长度 $L_s$

由回旋线的几何关系得：

$$p = y + R\cos\tau - R \quad (7\text{-}5)$$

式中：$y = \dfrac{L_s^2}{6R}\left(1 - \dfrac{L_s^2}{56R} + \dfrac{L_s^4}{7040R^4} - \cdots\right)$；

$\tau = \dfrac{L_s}{2R}$。

因 $p = D$，故式（7-5）只含未知数 $L_s$，可采用牛顿求根法解出 $L_s$，一般精确到 $10^{-4}$ 即可，则参数 $A$ 用下式计算：

$$A = \sqrt{L_s R} \quad (7\text{-}6)$$

（2）两反向曲线连接。

已知相邻两圆的半径 $R_1$，$R_2$ 及其上各两点的坐标，用上述方法算出圆心坐标 $M_1(x_{M1}, y_{M1})$ 和 $M_2(x_{M2}, y_{M2})$ 后，计算下列各值。

① 计算间距 $D$

如图 7-4（a）所示，有：

$$M_1M_2 = R_1 + R_2 + D = \sqrt{(x_{M2} - x_{M1})^2 + (y_{M2} - y_{M1})^2} \quad (7\text{-}7)$$

$$D = |M_1M_2 - R_1 - R_2| = \sqrt{(x_{M2} - x_{M1})^2 + (y_{M2} - y_{M1})^2} - R_1 - R_2$$

式中：$R_1 = |R_1|$；
$R_2 = |R_2|$，下同。

② 计算回旋曲线参数

《规范》规定，S 形两个回旋线参数 $A_1$ 与 $A_2$ 宜相等。当采用不同参数时，$A_1$ 与 $A_2$ 之比宜小于 2.0，有条件时以小于 1.5 为宜。这里用 $k$ 表示回旋线参数的比值，即 $k = \dfrac{A_1}{A_2}$。

由几何关系知：
$$M_1M_2 = \sqrt{(R_1+R_2+p_1+p_2)^2+(q_1+q_2)^2} \tag{7-8}$$

式中：$p_i = y_i + R_i\cos\tau_i - R_i$

$q_i = x_i - R_i\sin\tau_i$

$$x_i = 2R_i\tau_i\left(1 - \frac{\tau_i^2}{10} + \frac{\tau_i^4}{216} - \frac{\tau_i^6}{9\,360} + \cdots\right)$$

$$y_i = \frac{2}{3}R_i\tau_i^2\left(1 - \frac{\tau_i^2}{14} + \frac{4\tau_i^4}{440} - \frac{\tau_i^6}{25\,200} + \cdots\right) \quad (i=1,2)$$

$$\tau_2 = \frac{1}{k^2}\left(\frac{R_1}{R_2}\right)^2 \tau_1$$

由式（7-7）和式（7-8）可建立含 $\tau_1$ 的方程：
$$F(\tau_1) = (R_1+R_2+p_1+p_2)^2 + (q_1+q_2)^2 - (R_1+R_2+D)^2 = 0$$
即
$$2(R_1+R_2)(p_1+p_2-D) + (p_1+p_2)^2 + (q_1+q_2)^2 - D^2 = 0$$

用牛顿求根法可解出 $\tau_1$，进而求得 $\tau_2$，则有：
$$\left.\begin{array}{l} A_1 = R_1\sqrt{2\tau_1} \\ A_2 = R_2\sqrt{2\tau_2} \end{array}\right\} \tag{7-9}$$

（3）两同向曲线连接。

如图 7-4（b）所示，仿前法求得圆心 $M_1$ 和 $M_2$ 的坐标。

① 间距
$$D = |R_1 - R_2 - M_1M_2|$$

② 计算回旋线参数

由几何关系知：
$$M_1M_2 = \sqrt{(R_1+p_1-R_2-p_2)^2+(q_2-q_1)^2}$$

建立含 $\tau_1$ 的方程，解算出 $\tau_1$ 后，按下式计算 $\tau_2$ 和 $A$：
$$\tau_2 = \left(\frac{R_1}{R_2}\right)^2 \tau_1$$
$$A = R_1\sqrt{2\tau_1} \tag{7-10}$$

曲线形法定线的核心是确定回旋线参数 $A$，上述 4 种方法中以回旋曲线尺法最简单直观，易于修改线形，但精度不高，适用于路线规划阶段或绘图使用。解析法精度高，适用于精细定线，但计算过程复杂，一般在计算机上运行。

## 7.2.3 线元定线法

1. 线元定线法基本原理

线元定线法是将组合复杂的公路平面线形"化整为零"，分解成若干个线形单元。若已知路线平面曲线的起点信息，如坐标、切线或法线方向和曲率半径，则从起点处开始设置任一单元，沿任何方向延伸，此单元终点的信息如坐标、切线或法线方位角和曲率半径都可以计算出来，同时将其作为下一单元起点的相同信息加以利用。如此逐个单元往下计算，各单元首尾连接，构成一条连续完整的公路平面线形。其中线形单元即线元可以分别是直线、回旋线和圆曲线，必要时也可以是这三种线元组合而成的组合线形单元。

以直线、回旋线、圆曲线为线元，并且已知路线的起点信息如坐标、切线或法线方位角、曲率半径等及整条线形的曲线要素值。

线元定线法的基本原理如图7-6所示。

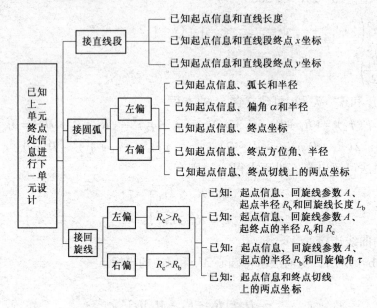

图7-6 线元定线法的基本原理

2. 起点的设计

起点既是一段曲线的开始，又是所求曲线的限制条件。给出起点主要有以下几种方式。

① 直接从图中选一点或输入一点，然后给出该点的切线方位角。

② 起点的坐标由图中选择或输入坐标值，方向则由另一点给定。

③ 已知起点和终点，由第三点或圆弧中或半径确定一段圆，该圆弧确定曲线设计的起点及其切线方位角。

④ 对于立交匝道的线形设计，曲线的起点可以确认为主线匝道上的某一点，其方位由相应的主线或匝道方向确定。

3. 线元定线法设计步骤与方法

（1）原始数据输入。

当设计人员根据路线走向和布置拟定线路方案后，利用数字化仪输入路线的非连续的轮廓点，并在地形图上徒手勾画一条表征线值的曲线。同时建立相应的数据文本，将徒手勾画的路线和轮廓点显示在计算机屏幕上，如图7-7所示。

（2）曲线要素拟定。

利用有关软件如AutoCAD的功能，在计算机屏幕上根据徒手拟定的线形，反复设计并拟定直线和圆曲线的位置和参数值。同时求出回旋线的参数值，直到满足规范和控制位置，并认为是理想线位为止，显示和生成初始设计线，如图 7-8 所示。

图 7-7　徒手勾画的路线　　　　　　图 7-8　生成的初始设计

（3）曲线计算。

确定路线起始单元起始点的信息如坐标、切线方位角、半径等，利用前面生成的数据，按照各个单元的类型和相应的计算方法，依次逐个单元进行设计，直到最后一个单元为止。

（4）显示、绘制和修改路线。

在计算机屏幕上显示线位图，并进行总体和局部审视。如果总体技术指标欠均衡或局部不能满足控制要求，则对个别线元的曲线参数值进行修正和调整，直到满足要求为止。

（5）对已设计好的路线进行逐桩坐标及切线方位角的计算，并生成相应的数据文件。

（6）利用相关软件如 AutoCAD 提供的文本标注功能对设计路线进行文本和桩号标注，从而生成平面线位数据图。

## 7.3　实地放线

实地放线是将纸上定好的路线敷设到地面上，供详细测量和施工之用。

把纸上路线放到地面上的方法很多，常用的有穿线交点法、拨角法、直接定交点法、坐标法等。应根据路线复杂程度和精度要求高低、测设仪具设备、地形难易等具体条件选用。

### 7.3.1　穿线交点法

穿线交点法是根据平面图上路线与实测地形时敷设的控制导线（以下简称导线）的关系，把纸上路线的每条边逐一而独立地放到实地上去，延伸这些直线交出交点，构成路线导线，由于放线的方法不同，又可分为支距法和解析法两种。

1. 支距法

通常所指穿线交点定线，多为此法，适用于地形不太复杂，路线离开导线不远的地段。其工作方法如下。

（1）量支距。

在图上量得纸上路线与导线的支距，如图 7-9 中导 1-$A$、导 2-$B$ 等。注意纸上每条导线边至少应取三个点，并尽可能使这些点在实地上能互相通视。

（2）放支距。

在现场找出各相应的导线点，根据量得的支距用皮尺和方向架定出各点，如图 7-9 中 $A$，$B$，$C$ 等点，插上旗子。

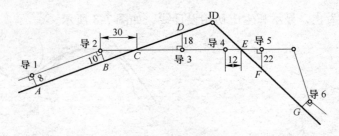

图 7-9 支距示意图

(3) 穿线交点。

放出的各点，由于量距和放线工作的误差，不可能恰好在一条直线上，必须穿直。穿直线多用花杆进行（长直线或地形起伏很大时可用经纬仪），穿出直线后要根据实际地形审查路线是否合理，否则现场修改，改善线路位置。两相邻直线的交点即为转角点，如交点距路线很远或交在不能架设仪器的地方，可插成虚交形式。所有交点和转点都应钉桩以标定路线。

2. 解析法

解析法是用坐标计算纸上路线与导线的关系，此法较为准确。在地形复杂和直线较长，路线位置需要准确控制时用此法，其工作步骤如下。

(1) 计算夹角。

以图 7-10 所示为例，从平面图上量得纸上路线的交点 $JD_A$、$JD_B$ 的坐标 $(Y_A, X_A)$，$(Y_B, X_B)$，则 $JD_A \sim JD_B$ 的象限角为：

$$\tan\alpha = \frac{Y_B - Y_A}{X_B - X_A} = \frac{\Delta Y}{\Delta X}$$

导1~导2 的象限角 $\beta$ 为已知，$JD_A \sim JD_B$ 与导1~导2 的夹角为：

$$\gamma = \alpha - \beta$$

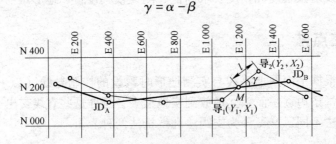

图 7-10 坐标计算示意图

为了判明象限角的名称，需注意坐标的正负号，即横坐标东正西负；纵坐标北正南负。

(2) 计算距离。

$JD_A \sim JD_B$ 与导1~导2 的交点 $M$ 的坐标 $(Y_M, X_M)$ 可解下列联立方程式求得：

$$\begin{cases} \dfrac{Y_2 - Y_M}{X_2 - X_M} = \dfrac{Y_2 - Y_1}{X_2 - X_1} \\ \dfrac{Y_B - Y_M}{X_B - X_M} = \dfrac{X_B - Y_A}{X_B - X_A} \end{cases}$$

式中：$Y_1$、$X_1$、$Y_2$、$X_2$——导1、导2 的坐标，为已知；

$Y_A$、$X_A$、$Y_B$、$X_B$——$JD_A$、$JD_B$ 的坐标，可从平面图上量得。

导 2 至 M 的距离为：

$$l = \frac{X_2 - X_M}{\cos\beta} = \frac{Y_2 - Y_M}{\sin\beta}$$

或

$$l = \sqrt{(X_2 - X_M)^2 + (Y_2 - Y_M)^2}$$

（3）放线。

① 置经纬仪于导 1，后视导 2，丈量距离 l 得 M 点。

② 移经纬仪于 M，后视导 2，转 γ 角定 $JD_A \sim JD_B$ 方向。

③ 延长直线，用骑马桩交点法求出 $JD_A$，钉上小钉。

此法计算比较麻烦，但精度较高，实际工作中也可用比例尺从平面图上直接量取距离 l。

## 7.3.2 拨角法

拨角放线也是根据纸上路线在平面图上的位置与导线的关系，用坐标计算每一条线的距离、方向、转向角和各控制桩的里程，放线时就按照这些资料直接拨角量距，不穿线交点，外业工作较为迅速，但此法所根据的资料要可靠准确。

1. 内业计算

拨角放线内业计算工作较多，其线段长度和象限角等关系的计算，均与解析法同，现举例如图 7-11 所示说明其计算步骤和计算方法。

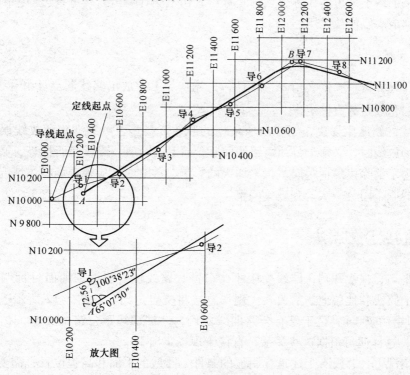

图 7-11 坐标计算

(1) 计算路线起点与导线的关系。

导 1 的坐标已知，为 $Y_1 = 10259$，$X_1 = 10117$。

导 1 ~ 导 2 的象限角为 N72°14′07″E，由导线计算资料转抄而来。

路线交点 $A$、$B$ 的坐标 $Y_A = 10268$，$X_A = 10045$，$Y_B = 12094$，$X_B = 11186$，从平面图上直接量得。

导 1-$A$ 的象限角为：

$$\tan\alpha_i = \frac{Y_A - Y_1}{X_A - X_1}$$

$$\alpha_A = \arctan\frac{10268 - 10259}{10045 - 10117} = \arctan 0.12500 = S7°07′30″E$$

导 $A$-$B$ 的象限角为：

$$\alpha_B = \arctan\frac{12094 - 10268}{11186 - 10045} = \arctan 1.60035 = N58°00′00″E$$

于是路线起点与导线的角度关系为：

$$\angle 导2\text{-}导1\text{-}A = 180° - (7°07′30″ + 72°14′07″) = 100°38′23″$$

$$\angle 导1\text{-}A\text{-}B = 58°00′00″ + 7°07′30″ = 65°07′30″$$

导 1-$A$ 的距离为：

$$l = \frac{X_A - X_1}{\cos\alpha_A} = \frac{10045 - 10117}{\cos 7°07′30″} = 72.56\ \text{m}$$

(2) 计算路线各边的转向角和距离。

继续从平面图上量出路线各交点的坐标后，仿上法计算出路线每条边的象限角，转向角及距离。编列成表以便放线用。

2. 外业放线

根据内业计算资料，依夹角 $\alpha_A$ 和距离 $l$，先从导 1 上放出路线起点 $A$ 和第一边 $AB$，以后各边按转向角及距离直接定出。

拨角定线的精度主要决定于定线所依据的原始资料是否可靠准确和放线误差积累的大小。因此现场放线时，必须十分注意路线实际位置是否合宜，高度是否恰当，必要时要现场变动改善。为了消除拨角量距误差积累增大的影响，放线时，应视现场具体情况，每隔一定距离，与导线联系闭合一次，并进行调整。

## 7.3.3 直接定交点法

在地形平坦，视线开阔，路线受限不十分严，路线位置能根据地面目标明显决定的地区，可依纸上路线和地貌地物的关系，现场直接将交点定出。如图 7-12 所示，从图上得知交点 JD 离河岸约 200 m，位于已有公路曲线内侧，一端切线距公路桥头 50 m，另一端切线距房屋 25 m，这样便可根据这些关系，直接于现场定出 JD。

在有些情况下，并没有上述这样明显的条件，路线的平面和高程位置，需要视地形、地质情况根据现场选线的原则，定出交点，做法可参见现场直接定线。

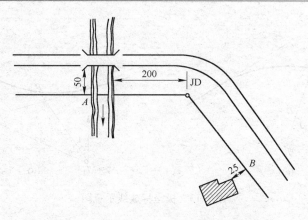

图 7-12　直接定交点示意图（尺寸单位：m）

综上所述，穿线交点定线费时较多，拨角定线误差积累，为了弥补这些工作方法的缺点，取长补短，可以两者结合应用，即拨角定线到一定距离后，再用穿线交点法放线相交，这样又拨又交，既能提高工作进度，又能截断拨角定线的误差积累。放线前，准备好交、拨所需要的资料，能大大提高工效。

上述 3 种方法中，穿线交点和直接定交点法，放线资料大都来自图解，准确度不高，适用于活动余地较大的路线。拨角法放线资料虽较准确，但放线误差累积，也影响定线的精度。3 种方法都只用于路线导线的标定，路线的曲线部分还须用传统的曲线敷设方法标定，只适用于直线型定线方法。

## 7.3.4　坐标放线法

坐标放线法是先建立一个贯穿全线统一的坐标系，这个坐标系一般采用国家坐标系统。根据路线地理位置和几何关系计算出道路中线上各桩点的统一坐标，可编制成逐桩坐标表，根据实地的控制导线就可将路线敷设在地面上。按各级道路对放线精度的要求和测设仪具条件选用不同的放线方法。

① 极坐标放线法

极坐标放线的基本原理是以控制导线为根据，以角度和距离定点。如图 7-13 所示，在导线点 $T_i$ 置仪，后视 $T_{i-1}$（或 $T_{i+1}$），待放点为 $P$。图 7-13（a）为采用夹角 $J$ 的放点，图 7-13（b）为采用方位角 $A$ 的放点。只要算出 $J$ 或 $A$ 和置仪点 $T_i$ 到待放点 $P$ 的距离 $D$，就可在实地放出 $P$ 点。

设置仪点的坐标为 $T_i$ $(x_0, y_0)$，后视点的坐标为 $J_{i-1}$ $(x_h, y_h)$，待放点的坐标为 $P(x, y)$。放线数据 $D$、$A$、$J$ 可按"直线形定线法"计算。据此拨角测距即可放出待定点 $P$。

② 坐标放线法

坐标放线法的基本原理与极坐标相同，它是利用现代自动测量仪的坐标计算功能，只需输入有关点的坐标值即可，现场不需做任何手工计算，而是由仪器内计算机自动完成有关数据计算。如图 7-13（a）所示，放线的具体操作步骤如下。

① 在置仪点 $T_i$ 安置仪器，后视 $T_{i-1}$ 点。

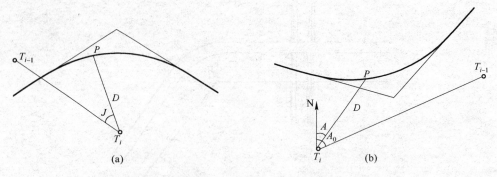

图 7-13 极坐标放线示意图

② 输入置仪点和后视点坐标 $T_i$ ($x_0$, $y_0$)、$T_{i-1}$ ($x_h$, $y_h$)，完成定向工作。
③ 输入待放点坐标 $P$ ($x$, $y$)。
④ 转动照准头使水平角为 $0°00'00''$，完成待放点 $P$ 定向。
⑤ 置反射镜于 $P$ 点方向上，并使面板上显示 0.000 m 时，即为 $P$ 点的精确点位。
重复③~⑤步，可放出其他中桩位。当改变置仪点的位置后，要重复①~⑤步。

## 7.4 直接定线

直接定线就是设计人员直接在现场定线，定线的指导原则与纸上定线一样，如山岭区路线，仍需从安排纵坡入手，只是定线条件变了，工作步骤应作相应的改变，现仍以山区越岭线为例，阐述定线步骤。

### 7.4.1 分段安排路线

在选线布局定下的主要控制点之间，沿拟定方向用试坡方法粗定出沿线应穿应避的一系列中间控制点，拟订路线轮廓方案。

### 7.4.2 放坡及定导向线

放坡是要解决控制点间纵坡合理安排问题，实质上就是现场设计纵坡。
纵坡安排和选择坡值应考虑如下两点：
① 纵坡线形要符合"标准"要求（如坡长限制、设置缓坡、合成坡度等），并力求两控制点间坡度均匀（缓变，少变），避免设反坡。
② 要结合地形选用坡度，尽可能不用极限坡，但也不应太缓，一般以接近控制点间平均坡度为宜，地形整齐地段可稍大，曲折多处宜稍缓。
放坡由受限较严的控制点开始，一人用带角手水准，对好与选用坡度相当的角度，立于控制高程处指挥另一持花杆的人在山咀、山坳等地形变化处，计划变坡处及顺直山坡上每隔一定距离定点，插上坡度旗，旗上最好注明选用的坡值。如果一边放坡一边插线，必须先放完一定长度（一般不应少于4~5条导线边长）的坡度点之后，定线人员再利用返程进行下

一步工作。

照上述方法定出的这些坡度点的连线如图 7-14 中的 $A_0$、$A_1$、$A_2$……相当于纸上定线的修正导向线，也起指引路线方向的作用，称为导向线。

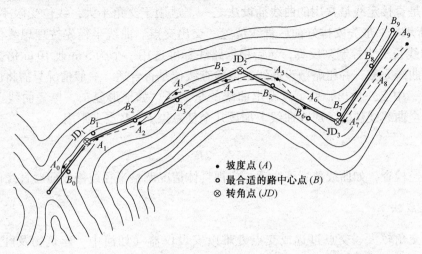

图 7-14　放坡定线示意图

放坡时要估计平曲线的大概位置和半径，以便考虑坡度折减。对计划要跨的山沟和要穿的山咀或山脊，放坡时应"跳"过去，计划绕行时，坡度要放缓，距离要折扣。

### 7.4.3　修正导向线

坡度点就是概略的路基设计高程，由于各点的坡度陡缓不一，线位放上放下对路基的稳定和填挖工程量影响很大，故应根据路基设计的要求，在各坡度点的横断方向上选定最合适的中线位置，插上标志，如图 7-14 中的 $B_0$、$B_1$、$B_2$……这些点的连线即为修正导向线（相当于纸上定线的二次修正导向线）。

有定线经验的人，常常把放坡定线和修正导向线两步工作并为一步来做，即一次完成修正导向线，这样在树丛地段定线能省大量清除障碍的工作。

### 7.4.4　穿线交点

修正导向线是具有合理纵坡，横断面上位置最佳的一条折线，穿线要从平面线形要求着眼，尽可能多地靠近或穿过导向线上的特征点，特别要注意控制性严的点子，裁弯取直，使平、纵、横三面恰当结合，穿出与地形相适应的若干直线，延伸这些直线定出交点，即为路线导线，如图 7-14 中 $JD_1$—$JD_2$—$JD_3$……这步工作很重要，定线人员必须反复试插、修改，才能定出合理的路线。

### 7.4.5　曲线插设

地形曲折复杂的山区路线，曲线在路线总长中占很大比重，且常常是地形困难处，正是需要设置曲线的地方，因此必须研究曲线的插设方法。

1. 单交点法

单交点是直接定线最常用的曲线插设法之一，适用于交角不大，线位受限不严的地方。如图 7-15 所示，一般先安排好前后直线位置，交出交点。曲线半径先按理想线位所需要的外距 $E$ 或切线长 $T$ 为控制来反算，然后根据路线标准选用一个为 5 m 或 10 m 倍数的合适半径值，算出曲线元素，并粗略敷设曲线，以检查线位是否合适。一般情况只需将曲线三个主点（起、终、中点）设出，就可以看出曲线的全貌了。如地形复杂，单凭曲线三个主点还无法判定出全曲线线位时，应在曲线上加设几个任意点 $P$，$P$ 点支距用

$$y = \frac{x^2}{2R}$$

近似计算，经检查，如曲线位置不合适，应视具体情况调整半径或修改前后直线位置。

2. 虚交点法

适用于交角较大、交点过远或交点处难以安设仪器（如河中、建筑物及陡坡上）。如图 7-16 所示，可在前后直线上选定副交点 $V_1$、$V_2$，并使 $V_1$、$V_2$ 靠近计划曲线要通过的部位。测量转角 $\alpha_1$、$\alpha_2$ 角及 $V_1$、$V_2$，按下式计算：

$$R_切 = \frac{V_1 V_2}{\tan\frac{\alpha_1}{2} + \tan\frac{\alpha_2}{2}}$$

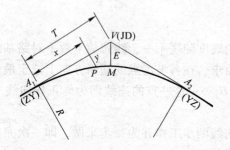
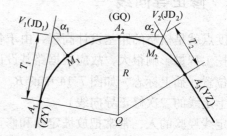

图 7-15　单交点曲线插设法　　　　　图 7-16　虚交点法

计算切于 $V_1$、$V_2$ 的曲线半径，据此查表计算 $T_1$、$T_2$。实地钉出 $A_1$、$A_2$、$A_3$ 各点，若仅此三点尚不足以示出曲线全貌时，应加设 $\overset{\frown}{A_1 A_2}$、$\overset{\frown}{A_2 A_3}$ 的中点 $M_1$、$M_2$ 及其他特征点 $P$。然后检查曲线线位，如合适即取 $R_切$ 为该曲线半径，这就是常用的双交点形式。如曲线一部分或大部分线位不合适，可增大或减小半径，这时的曲线不再切于 $V_1$、$V_2$，这就成为一般所谓的虚交形式。当使用单曲线不能适应地形时，可考虑采用两个半径不同的曲线连接起来，构成复曲线。当决定采用复曲线后，为了使曲线位置更加合理，必要时还可重新调整 $V_1$、$V_2$ 的位置。

3. 曲线起（终）点法

适用于交角较大背靠陡崖的明弯，如图 7-17 所示，在预计的曲线起终点附近插 $Q$、$A_2$

点，测 $\phi_1$、$\phi_2$ 角，计算如下：

$$\frac{\alpha}{2} = \frac{\phi_1 + \phi_2}{2}$$

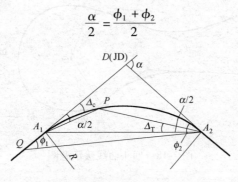

图 7-17 曲线起（终）点法

在 $A_2$ 处拨角 $\frac{\alpha}{2}$，与 $QD$ 交出 $A_1$ 点，则 $A_1D = A_2D$，$A_1$、$A_2$ 即为该曲线起终点。为了判定线位是否合适，可在曲线上加设任意点 $P$。方法是用简单测角仪器在 $A_1$、$A_2$ 点分别放 $\Delta_c$、$\Delta_T$ 角，使 $\Delta_c = \Delta_T$，则视线交点即为曲线上的点 $P$，同法定出若干个 $P$ 点，即可示出曲线全貌。如判明曲线位置不合适，可沿两切线将 $A_1$、$A_2$ 同向移动相等距离，重新检查，直到定出理想线位。

由于定线常使用简单仪器，$A_1$、$A_2$ 不够准确，一般固定其中一点，另一点用经纬仪仔细标定，丈量 $A_1A_2$，则相应的半径为：

$$R = \frac{A_1A_2}{2}\csc\frac{\alpha}{2}$$

**4. 回头曲线法**

凡是设回头曲线的地方，地形对路线都带有强制性。主曲线和前后的辅助曲线的纵面、平面相互约束很严，稍有不慎，不是线形受影响，就是造成大量的填挖方，插线必须反复试插试算，才能得到满意的结果。

不同的地形条件，主曲线平面位置可以活动的范围大小有所不同。如利用山包或山脊平台回头时，可活动的范围就比较小，插线应先根据坡度点把主曲线位置定下来，然后定前后切线线位及辅助曲线，插法视具体地形选用虚交，双交点或多交点形式均可。当利用山坳、山坡时，主曲线位置一般有较大活动余地，其大体位置参照导向线选定，确切线位要根据纵坡估算填挖工程量来确定，具体做法如下。

① 根据导向线插出前后切线的方向线，选定主曲线的大概位置。

② 根据地形判定是否需要设辅助曲线及其大概位置和可能采用的半径。有了主、辅曲线的大概位置及半径，就能现场看出整个回头弯的大致形状，可以估定出纵坡折减的起讫点位置（图 7-18 中甲、乙点）及长度。当甲点设计高程已知，乙点的高程就可以估算出来。用此高程先检查一下后切线是否定得合适，否则修改后切线线位。然后从甲、乙两点用折减后的坡度放坡交会出丙点。

③ 确定主曲线圆心位置。甲—丙—乙这条坡度线（折线，图中未示出），显然比由甲沿路线至乙的距离要短，因此主曲线线位向前不应超过丙点（主曲线受地形限制的情况例

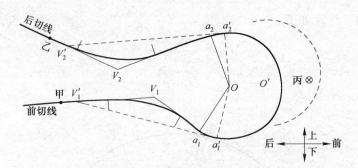

图 7-18　回头曲线法示意图

外），向后不应退到比甲—丙—乙折线还短的位置，从而大致确定了圆心前后的位置。地面高程低于甲—丙—坡线的是填，高于丙—乙坡线的是挖，据此可以估算出全曲线的填挖数量，如挖多于填，线位应下移；反之应上移，经过这样多次试插试算，最后把圆心用木桩固定下来。

④ 以 $O$ 为圆心，用选定的半径在曲线起终点附近画圆弧，在弧上选若干个 $a$ 点，置简单测角仪器于这些点，后视圆心，放 90°角与前后切线交得若干个 $V$ 点，最后选择一组既满足路线平面要求又符合实际地形的 $a$ 及 $V$，用木桩标定。

由于插线使用的是简单仪器，路线精确位置尚待用精密仪器来标定。为了控制主曲线位置不因测角、量距等误差而发生较大的移动，无论采用哪种形式插线，都应指定一个固定点，固定点选在受地形限制最严处，可以是圆心，也可以是主曲线的起（终）点。

⑤ 检查上、下线间的最小横距。回头曲线上、下线间必需的最小横距，如图 7-19 所示分别为：

$$Z_1 = B + C + m_1 h_2 + m_2 h_1$$

及

$$Z_2 = B + C + mh + b$$

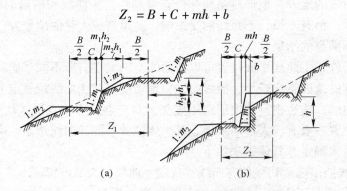

图 7-19　回头曲线颈口横断面检查示意图

检查时，在上下线最窄处取能包括上下两个路基宽的横断图，计算需要的最小横距 $Z_1$ 或 $Z_2$，并量实际距离 $Z$。

若 $Z > Z_1$ 时，横距够用。

若 $Z_1 > Z > Z_2$ 时，须考虑按图 7-19（b）的形式，上下路基采用挡土墙分隔。

若 $Z < Z_2$ 时，表示路基将部分重叠，需要修改。

⑥ 路线完全插定后，定线人应沿线查对一遍，记录特征地点适宜的填挖高度和对人工构造物的处理意见，供内业设计时参考。

## 7.4.6 纵断面设计

直接定线的纵坡设计，一般都是在对平面线形做了某种程度的肯定之后进行的。这就要求设计纵坡不仅简单地满足工程经济和技术标准的规定，还担负着实现平、纵面线形配合的主要责任。这等于给纵坡设计又增添了一些限制因素，因此必须反复试验修改，才能作出满意的结果。具体做法如下：

（1）按常规拉坡的办法，借用横断面，并参考定线时的设想，逐桩拟定最合适的填、挖高度，并按控制松严的程度分别用不同符号注在纵断图上。仿照定路线平面一样，按照"注意重点，照顾多数"的原则试定纵坡，试坡应符合《标准》要求，设置竖曲线。

（2）检查平、纵面线形配合如何？可能出现如下几种情况：

① 只需调整纵坡即能满足要求时，按需要调整纵坡线形。

② 靠调整纵坡的方法无法满足需要时，应综合考虑决定调整方案，平面线形可采用纸上移线办法解决。

③ 工程经济与平、纵配合矛盾很大时，应结合路线等级，工程量大小等因素具体分析，确定调整方案。

经过多次检查，反复修改后的纵坡即可认为是最后的。

## 7.4.7 直接定线与纸上定线的比较

直接定线，面对实际地形、地物、地质及水文等，只有定线人员有一定的选线经验，不怕辛苦，不怕麻烦，肯多跑、多看，掌握充分资料，反复试插，多次改进，也能把路线定在比较合适的位置上。路线纵坡设计也采用试验改进的办法，做到不仅符合标准，工程经济，并使平、纵面线形能较好地配合，才可以认为定线工作已告完成。

经过多次试验修改后的路线，应该说已具有较好质量。但是直接定线有两个根本弱点。

① 研究利用地形的不彻底性。直接定线时，定线人员对地形、地质、水文等情况的了解，全靠自己去跑、去调查。而现场的工作条件不允许对每一处的自然状况都深入研究，再由于视野受到限制，定线时难免顾此失彼，虽经过多次试验，但毕竟还是有限的。

② 平、纵面线形配合问题难以彻底解决。直接定线的平面设计是在现场进行的，而纵断面的精细设计则在室内，尽管设计路线平面时，已充分考虑了纵断面，但那毕竟是粗略的。从分析纵坡中常可以发现，如果平面上略加调整，就有可能使路线更加适应地形，或者平、纵面配合得更好。但是因为修改平面要重新钉桩，纵断面也要重做。定线者往往不愿承担"返工"的压力而勉强接受原方案。所以直线定线就其性质来讲，基本上是要求"一次成功"的定线，它与选线者的实际工作经验有直接关系，这显然是不能确保质量的。我国采用局部纸上移线的办法，对此会有所补救。

纸上定线是指在定线过程中采用的一种重要的中间步骤，代替直接在实地定线。定线者或定线组先要取得"定线走廊"范围内的大比例尺地形图。从图上，可以俯视较大范围内的地形——不像直接定线那样视野受到限制。可以较容易地找出所有控制地形的特征点，从而定出平面试线和试线的纵坡设计线，经过平、纵面反复试验修改，直至自己认为再修改已得不到显著效果时为止。

由于纸上定线不受野外因素的限制，定线者在室内想做多少就做多少修改工作，能使节省工程和平、纵面线形的配合做得尽善尽美。纸上定线有利于发挥定线组的集体作用，其他专业人员的有益观点都能反映到方案中来；不像直接定线，大量的工作都依靠个别定线者现场的简单判断与技术能力。自从电子计算机引进公路勘测设计以后，过去一向被认为烦琐而缓慢的工作如土石方计算，绘透视图等已轻而易举了。这为利用地形图进行定线和方案优选开辟了更加美好的前景。

总之，多年来的实践证明，纸上定线比之直接定线有明显的优越性，应该大力提倡。现在的问题是纸上定线需要精度较高的大比例尺地形图，目前在我国取得这类图纸还有一定困难，所以只能在地形复杂，路线等级高时才采用此法。随着我国航空摄影测量的发展，取得大比例尺地形图不再很难时，纸上定线法将会大大推广。

直接定线虽有其不足之处，但在一定的条件下，如地形障碍不多的平坦地区或路线等级不高时，只要定线人员肯下工夫，用比较的办法也能定出比较满意的线来。直接定线现在是我国常用的一种方法，在今后一个相当长的时期内，也仍将是地方道路一个重要的定线方法。

# 第 8 章　道路平面交叉口设计

## 8.1　概述

### 8.1.1　平面交叉口定义

　　道路与道路（或铁路）在同一平面上相交的地方称为平面交叉口。在城市道路网中，各种道路纵横交错，形成很多交叉口。交叉口是道路系统的重要组成部分，是道路交通的咽喉和"瓶颈"。相交道路上的各种车辆和行人都要在交叉口汇集、通过和转换方向，它们之间相互干扰，使行车速度降低，出现交通拥挤，甚至交通堵塞。国外的交通事故统计资料分析，60%左右的交通事故发生在交叉口或附近。因此，如何正确设计交叉口，合理组织交通，对提高交叉口的通行能力，避免交通阻塞，减少交通事故，具有重要意义。

　　按照相交道路的空间位置，道路交叉可分为平面交叉和立体交叉两种基本类型。两种交叉形式有各自的特点和问题。本章主要介绍公路和城市道路平面交叉设计的有关问题。

### 8.1.2　交叉口设计基本要求和内容

　　交叉口设计的基本要求：一是保证车辆与行人在交叉口能以最短的时间顺利通过，使交叉口的通行能力能适应各条道路的行车要求；二是保证转弯车辆的行车稳定，同时满足排水要求。

　　交叉口设计的主要内容如下。
　　① 交叉口形式的选择。
　　② 交叉口的通行能力计算。
　　③ 交叉口车道数量及车道宽度的确定。
　　④ 附加车道设计。
　　⑤ 视距的保证。
　　⑥ 转角缘石半径的选定。
　　⑦ 人行道及过街横道的设计。

### 8.1.3　交叉口交通分析及分类

　　交叉口的交通轨迹线与路段上不同。进出交叉口的车辆，由于行驶方向不同，车辆与车辆交通轨迹线之间的交错方式也不相同，产生的交错点的性质也不一样。

　　同一行驶方向的车辆向不同方向分离行驶的地点称为分流点（也称分岔点），分流点处车辆可能出现尾部擦撞；来自不同行驶方向的车辆以较小的角度，向同一方向汇合行驶的地点称为合流点，合流点处车辆可能发生挤撞；来自不同行驶方向的车辆以较大的角度相互交叉的地点称为冲突点，冲突点处车辆易于发生碰撞。分流点、合流点和冲突点都是影响交叉口行车速度、通行能力和发生交通事故的主要原因。其中，以冲突点对交通的干扰和行车的安全影响最大，其次是合流点，再次是分流点。因此，在交叉口设计时，应尽量采取措施减少冲突点和合流点，尤其是冲突点。

无交通管制时，三路、四路和五路相交平面交叉口的交错点分布情况如图 8-1 所示，其数量如表 8-1 所列。

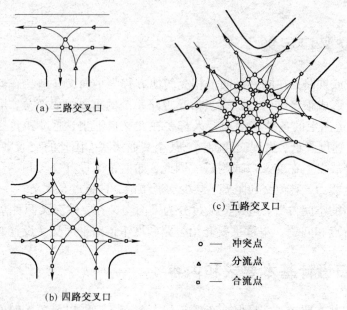

图 8-1 平面交叉口交错点

表 8-1 平面交叉口交错点数量

| 交叉口类型 | 交错点数量/个 | | | |
| --- | --- | --- | --- | --- |
|  | 冲 突 点 | 分 流 点 | 合 流 点 | 总 数 |
| 三路交叉口 | 3 | 3 | 3 | 9 |
| 四路交叉口 | 16 | 8 | 8 | 32 |
| 五路交叉口 | 50 | 15 | 15 | 80 |

分析图 8-1 和表 8-1 可得出以下两点结论。

① 在无交通管制的交叉口，交错点的数量随相交道路条数的增加而显著增加，其中增加最快的是冲突点。当相交道路均为双车道时，各交错点的数量可用下式计算：

$$\left.\begin{array}{l}\text{分流点} = \text{合流点} = n(n-2) \\ \text{冲突点} = \dfrac{n^2(n-1)(n-2)}{6}\end{array}\right\} \tag{8-1}$$

式中：$n$——交叉口相交道路的条数。

因此，在规划和设计交叉口时，应力求减少相交道路的条数，尽量避免 5 条或 5 条以上道路相交。

② 产生冲突点最多的是左转弯车辆。如图 8-1（b）所示，四路交叉口若没有左转车流，

则冲突点可由16个减至4个,而五路交叉口则从50个减至5个。因此,在交叉口设计中如何正确地处理和组织左转弯车辆,是保证交叉口交通通畅和安全的关键所在。

平面交叉口根据有、无信号灯管制及左转车的行驶方式,可分为:无信号管制交叉口、信号管制交叉口和环行交叉口三种类型。

无信号管制交叉口为简单的平面交叉,适用于交通量较小的路口。

信号管制交叉口在交叉口设置交通信号灯,使发生冲突的车流从通行时间上错开,从而减少或消灭冲突点。适用于交通量较大的干路交叉或干路、支路交叉。实施渠化交通的信号管制交叉口适应的交通量更大。

环行交叉口在交叉口中心设置交通岛,驶进交叉口的一律绕岛做逆时针顺序行驶。适用于多路交叉。

## 8.1.4 交叉口形式和选择

1. 交叉口的形式及其适用范围

平面交叉口的形式取决于道路网的规划和周围建筑的情况,以及交通量、交通性质和交通组织。常见的几何形状有十字形、T形及其演变而来的X形、Y形及错位交叉、多路交叉和畸形交叉等,如图8-2所示。

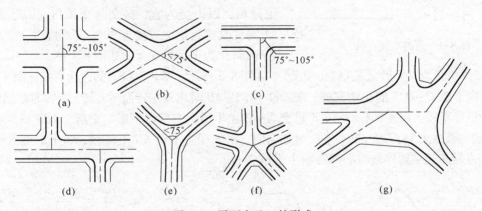

图8-2 平面交叉口的形式

十字形交叉口是四条道路相交,交角为75°~105°。这种交叉口形式简单,交通组织方便,街角建筑易于处理,适用范围广,是最基本的交叉口形式,如图8-2(a)所示。

X形交叉口为四条道路相交交角大于105°或小于75°的交叉口,如图8-2(b)所示。

T形交叉口是三路相交,直行方向的交角为75°~105°。这种形式的交叉口适用于主次道路的交叉,主要道路应设在直行方向。特殊情况下,如尽头式干道与另一主干道相交时也可设置为T形交叉,如图8-2(c)所示。

Y形交叉口为三路相交直行方向的交角小于75°大于105°的交叉口,如图8-2(e)所示。这两种形式的交叉口在交角较小时对交通不利,而且锐角街口处的通视条件不好。

错位交叉即为两个错开的T形交叉口且相距又很近的交叉口。由于车辆交织行驶长度不够,而影响进出交叉口的车辆不能顺利行驶,因而阻碍主干道的直行交通流的安全性和连续性，如图 8-2（d）所示。

多路交叉即为五条或五条以上道路相交于一点所形成的交叉口。随着相交道路条数的增加，冲突点的数量也大量增加，如图 8-2（f）所示。

畸形交叉即为多路相交但不交于一点的不规则的交叉口，如图 8-2（g）所示。

规划和设计中应尽量避免使用错位交叉、多路交叉和畸形交叉。

### 2. 交叉口形式的选择和改建

交叉口形式的选择和改建，涉及的因素较多，如交叉口的现状、交通量及交通组成、地形地物和道路用地等，应根据具体情况作具体分析，作出不同的设计方案进行比较，择优录用。选择和改建交叉口的形式，应有利于车流的安全性和连续性。在一般情况下，交叉口形式的选择和改建，可按以下几个原则进行。

（1）交叉口形式要简单。

尽可能选用正交或接近 90°的十字形交叉口或 T 形交叉口。

（2）尽量使相邻交叉口之间的道路直通。

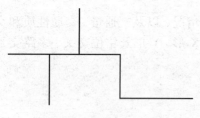

图 8-3  道路不能直通

在市区，除因受地物条件限制，例如道路必须沿河流、城墙、铁路等布设 T 形交叉口，一般情况下，干道与干道相交不宜选用 T 形交叉口，如图 8-3 所示。

（3）道路相交以正交为宜。

道路相交以正交为宜，斜交时交叉角应大于或等于 45°，否则宜改建为正交或接近 90°。举例如下。

① 改斜交为十字形交叉，如图 8-4 所示。

② 改斜交为双 T 形交叉（错位交叉），如图 8-5 所示。图 8-5（b）的改建方案比图 8-5（a）较优，次干道 C、D 上的车辆交通，在通过主干道 AB 时均先左转而后右转，左转时如遇阻，可在次干道停车线上停候，不影响主干道交通；在主干道上右转也不影响交通。而图 8-5（a）的 CD 交通均要先右转而后左转，左转时如遇阻，则须在主干道 AB 上停候，如主干道上没有设置专用左转车道，则停候时必然影响主干道交通。

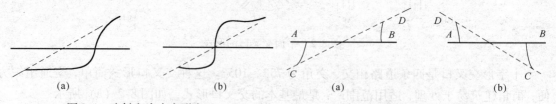

图 8-4  改斜交为十字形交叉　　　　　　　　图 8-5  改斜交为错位交叉

③ 改小交角为大交角，如图 8-6 所示。

④ 开辟左、右转车道，如图 8-7 所示。在小交角相交的道路的交叉口上，如无法改建，可考虑在交叉口的两侧开辟左、右车道，同时在原交叉口上采取交通管制，不准左转，可减少 12 个左转车流冲突点；如再设置信号灯，可全部消除冲突点。

⑤ 改 Y 形交叉口为正交（或接近 90°）T 形交叉口，如图 8-8 所示。

（4）主流交通道路应顺直。

对于主流交通，其道路线形尽量顺直，任一侧不宜有两条以上道路交汇。

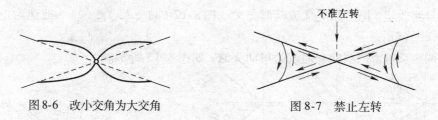

图8-6 改小交角为大交角　　　　　图8-7 禁止左转

例如，当交叉口的主流交通为左、右转弯时，如图8-9（a）的双线所示，此时其一侧有两条路段与之交汇，会影响主流方向的交通安全和通行能力。为此，可把主流交通的缘石转弯半径加大，同时改十字形交叉口为T形交叉口，如图8-9（b）所示。

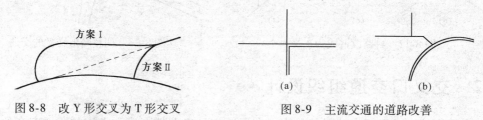

图8-8 改Y形交叉为T形交叉　　　　图8-9 主流交通的道路改善

（5）应尽量避免近距离的错位交叉。

当相邻的两个T形交叉口（错位交叉）之间距离很短时（图8-10（a）），由于交织段长度很短，将影响进出交叉口的车辆顺利行驶，因而阻碍主干道上的直行交通。为此，可把相邻的两个交叉口合二为一，如图8-10（b）、（c）、（d）所示。

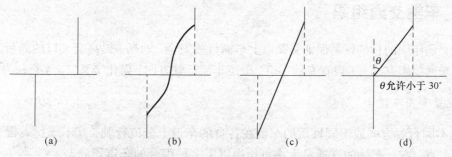

图8-10 把近距离的两个T形交叉口合建为一个十字形交叉口

（6）尽量避免畸形交叉和多路交叉。

对于畸形交叉和多路交叉，应尽量避免或简化。举例如下。

① 设中心岛。改为环行交叉口以简化交通流，如图8-11（a）、（b）所示。

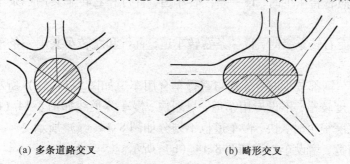

图8-11 设中心岛简化交通

② 封路改道。把多路交叉或畸形交叉［图 8-12（a）、(b)、(c)］改建为正交［图 8-12（d）、(e)、(f)］。

③ 调整交通。把双向交通改为单向交通，如图 8-13 所示。

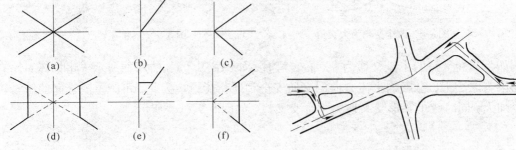

图 8-12　封路改道成为正交　　　　　图 8-13　调整畸形交叉的交通

## 8.2　交叉口交通组织设计

交叉口的交通组织设计目的是为了在保证交叉口上的车流和人流的交通安全的前提条件下，提高交叉口通行能力。合理的交通组织可以很好地发挥交叉口的使用功能，减少交通事故的发生。所以说交叉口的交通组织设计是一项很关键的工作。以下分为车辆的交通组织和行人及非机动车辆的交通组织两部分叙述。

### 8.2.1　车辆交通组织

车辆交通组织的目的就是保证交叉口上车辆行驶安全、通畅，提高交叉口的通行能力。常用的车辆交通组织方法有：设置专用车道、限定车流行驶方向、渠化交叉口、实行信号管制等。

1. 设置专用车道

组织不同行驶方向或不同性质的车辆在各自的车道上分道行驶，互不干扰。根据行车道宽度和左、直、右行车辆的交通量大小可作出以下多种组合的车道划分。

① 左、直、右方向车辆组成均匀时，各设一条专用车道如图 8-14（a）所示。

② 直行车辆很多且左、右转也有一定数量时，设两条直行车道和左、右转各一条车道如图 8-14（b）所示。

③ 左转车多而右转车少时，设一条左转车道，直行和右转车共用一条车道如图 8-14（c）所示。

④ 左转车少而右转车多时，设一条右转车道，直行和左转车共用一条车道如图 8-14（d）所示。

⑤ 左、右转车辆都较少时，分别与直行车合用车道如图 8-14（e）所示。

⑥ 行车道宽度较窄，不设专用车道，只划快、慢车分道线如图 8-14（f）所示。

⑦ 行车道宽度很窄时，快、慢车道也不划分如图 8-14（g）所示。

⑧ 向外侧拓宽，增设车行道如图 8-14（h）所示。

高乘载率专用车道简称为 Hov 专用车道，也是交通组织方式的一种，就是在特定的时间段内即主要为乘员高峰时期,只允许多乘员车辆专用的车道。设置高乘载率专用车道的目的主要是为了提高每小时的客流量,从而有效地缩短高乘载率车辆的运行时间。国外在 20 世纪 60 年代已使用这种交通组织方式,我国在北京等城市设置的公共汽车专用车道也是高乘载率专用车道的一种,即只允许公共汽车使用的车道。

2. 左转弯车辆的交通组织

左转弯车辆是产生交叉口冲突点的主要原因,合理地组织左转弯车辆的交通,是保证交通安全,提高交叉口通行能力的有效方法。左转弯车辆交通组织方法可采用以下几种形式。

(1) 设置专用左转车道。

在行车道宽度内紧靠中线划出一条车道供左转车辆专用,以免阻碍直行交通,如图 8-14 (a)、(b)、(c) 所示。

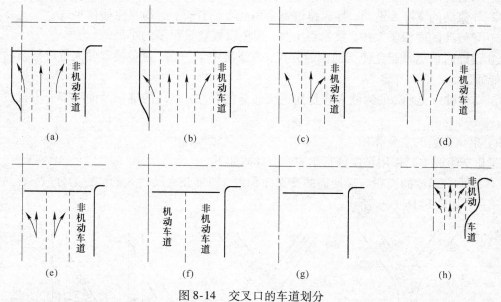

图 8-14 交叉口的车道划分

(2) 实行交通管制。

通过信号灯控制或交通警手势指挥,在规定时间内不准左转。

(3) 变左转为右转。

① 环形交通。在交叉口中央设置交通岛,进交叉口的车辆一律绕岛作逆时针单向行驶,变左转为右转,如图 8-15 (a) 所示。

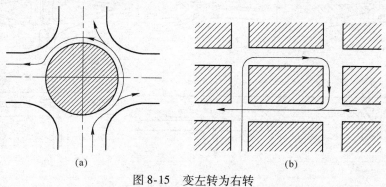

图 8-15 变左转为右转

② 绕街坊行驶。使左转车辆环绕邻近街坊道路右转行驶实现左转，如图 8-15（b）所示。这种方法行程增加很多，通常适用于旧城道路扩宽困难时，或在桥头引道坡度大的十字形交叉口，为防止车辆高速下坡时直角转弯发生事故而采用。

3. 组织渠化交通

渠化交通就是在道路上用交通标志或交通岛等设施使不同类型的交通，不同方向和不同速度的车辆能像渠道内的水流那样，沿规定的方向互不干扰地、顺畅地通过。

渠化交通在一定条件下可以有效地提高道路的通行能力，减少交通事故。它对解决畸形交叉口的交通问题尤为有效。

1) 渠化交通注意事项

① 从通行能力，行车的安全性及其他要求认为有必要渠化时可组织渠化交通。
② 导流岛的宽度要适当，导流路过宽会引起车辆并行，容易发生碰撞事故。
③ 导流岛的面积要大些，数量要小些，避免设置数量很多的小岛。
④ 设计时应尽量避免使交通流的分流、合流集中于一点，避免使驾驶人进行复杂的判断后才能通过。
⑤ 应使驶进交通岛的驾驶人容易知道交通岛的存在，在岛的端部及曲线部分不设置其他设施。

2) 渠化交通的主要作用

渠化交通的主要作用是保证行车安全，具体如下。

① 缩小交通流的面积。交通流的交叉面积大，使驾驶人及行人的注意力分散，容易引起交通事故，如图 8-16（a）所示。

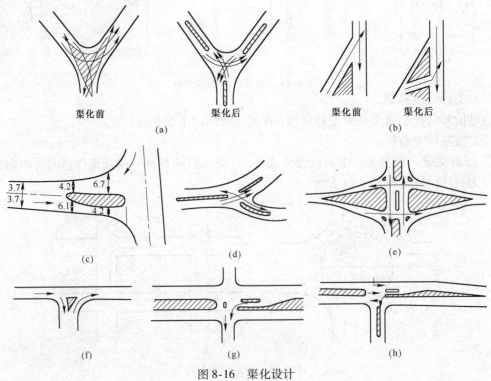

图 8-16 渠化设计

② 尽量使交通流直角相交,目的是尽可能减少交叉面积,以便使驾驶人易于判断车辆的相对位置及速度,如图 8-16(b)所示。

③ 交通流以小角度合流时,若合流角小于 15°,可利用最小速度差、最小车头间距进行合流。

④ 在交叉口处可采用缩窄进路宽度或使进路弯曲的方法以使车辆降低速度。但主要交通流应尽量避免弯曲,如图 8-16(c)、(d)所示。

⑤ 用渠化方法使交叉口内的交叉点分散,如图 8-16(e)所示。

⑥ 用渠化方法限制向禁止驶入的方向转弯,如图 8-16(f)所示。

⑦ 利用渠化方法设置转弯车辆与交叉车辆的避车部分,如图 8-16(g)所示。

⑧ 利用渠化方法,可为设置必要的交通设施安排合适的位置,如图 8-16(h)所示。

在渠化交通中,最常用的是高出路面用缘石标界的交通设施,即交通岛。交通岛一般高出路面 15~25 cm,有行人通过时为 12~15 cm。其形状为直线与圆曲线的组合图形。按其作用不同可分为方向岛、分隔岛、中心岛、安全岛,如图 8-17 所示。

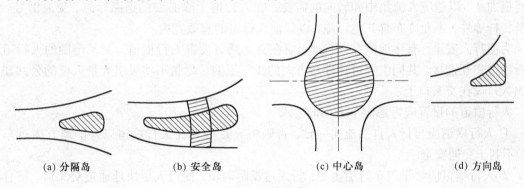

(a) 分隔岛　　(b) 安全岛　　(c) 中心岛　　(d) 方向岛

图 8-17　交通岛

方向岛又称导向岛,用以指引行车方向,它在渠化交通中起着很大作用,许多复杂的交叉口,往往只需用几个简单的方向岛,就能组织好交通,减少或消灭冲突点。方向岛还可用于约束车道,使车辆减速转弯,保证行车安全。

分隔岛是用来分隔机动车和非机动车、快速车和慢速车,以及对向行驶的车流,保证行车速度和交通安全的长条形交通岛,有时也可在路面上画线来代替分隔岛。

中心岛是设在交叉口中央,用来组织左转弯车辆和分隔对向车流的交通岛。

安全岛供行人过街时避让车辆之用。在宽阔的交通繁忙的街道上,宜在人行横道线中央设置安全岛,以保证行人过街安全。

4. 调整交通组织

对一些旧城区道路扩建有困难时,可对城市道路网综合考虑,采取改变交通路线,控制行驶方向,组织单向交通,也可以适当封闭一些主要干道上的支路,以简化交叉口交通,提高整个道路网的通行能力。

5. 采用自动控制信号系统

采用自动控制的交通信号指挥系统,提高行车速度和通行能力。

## 8.2.2　行人及非机动车交通组织

公路设计中往往不考虑行人和非机动车交通。但城市道路由于大量行人和非机动车存在，因此，合理组织行人和非机动车交通，是消除交叉口交通阻塞，保障交通安全最有效的方法。

1. 行人交通组织

在城市道路中，尤其在交叉口处，行人在此汇集、转向、过街，需考虑行人交通组织。行人交通组织的主要任务包括两个方面：一是组织行人在人行道上行走；二是组织行人在人行横道线内安全过街，从而使人、车分离，相互之间的干扰最小。

人行道通常对称布置在车行道两侧。交叉口内相邻道路的人行道互相连通，并将转角处人行道加宽，以适应人流集中和转向的需要。在人行道上除必要的道路标志、交通信号、照明及栏杆等外，不允许布置其他设施，以保证人行道的有效宽度。

为使行人安全、有序地横穿车行道，应在交叉路口设置人行横道。交叉范围的人行道和人行横道相互连接，共同组成可达任意方向的步行道网。尽量不将吸引大量人流的公共建筑的出入口设在交叉口上。

人行横道的设置应考虑以下方面的要求。

① 人行横道应与行人自然流向一致，否则将导致行人在人行横道以外的地方横过车行道，不利于交通安全。

② 人行横道应尽量与车行道垂直，行人过街距离短，使行人尽快地通过交叉口，符合行人过街的心理要求。

③ 人行横道尽量靠近交叉口，以缩小交叉口的面积，使车辆尽快通过交叉口，减少车辆在交叉口内的通行时间。

④ 人行横道设置在驾驶人容易看清的位置，标线应醒目。

⑤ 在设置信号灯控制或设置停车标志的交叉口，应在路面上标绘停车线，指明停车位置。此时人行横道一般可布置在停车线之前至少 1 m 处，如图 8-18 所示。

⑥ 人行横道的宽度与过街行人流量和行人过街时的信号显示时间有关，所以应结合每个交叉口的实际情况设置。一般应比路段人行道宽些，考虑到应便于驾驶人在远处辨认，其最小宽度为 4 m，一般最大值不超过 8 m。

⑦ 当车行道较宽时，行人一次横穿过长的距离会使过街行人思想紧张，尤其对行走迟缓的人，会感到很不安全。《城镇道路工程技术标准》规定当机动车道数大于或等于 6 条或人行横道长度大于 30 m 时，应在道路中线附近设置宽度不小于 1 m 的安全岛。

⑧ 当交叉口宽阔、人流量大、车流量大且车速高时如快速路上的交叉口，可考虑设置人行天桥或人行地道，这是行人交通组织最彻底、最有效的办法。

2. 非机动车交通组织

在交叉路口，非机动车道通常布置在机动车道和人行道之间。

在交叉口内，一般车流量下非机动车随机动车按交通规则在右侧行驶，不设分离设施。而车流量较大时，可采用分隔带（或墩）将机动车与非机动车分离行驶，减少相互干扰。上述两种情况与机动车交通组织共同考虑。

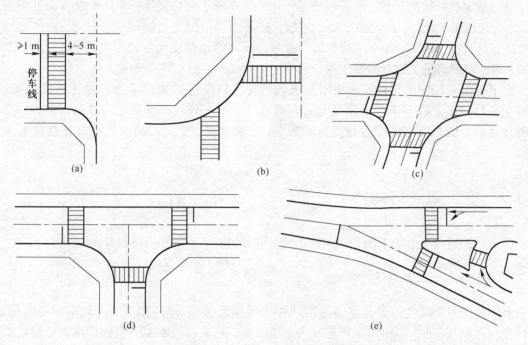

图 8-18　交叉口人行横道的布置

当车流量很大，机、非之间干扰严重时，可考虑采用立体非机动车交通组织，并与人行天桥或地道一起考虑。上下人行天桥或地道可用梯道、坡道或混合式。一般行人宜用梯道型升降方式；非机动车应采用坡道型；非机动车较多，又因地形或其他理由不能设坡道时，可用梯道带坡道的混合型升降方式。

## 8.3　交叉口车道数和通行能力

### 8.3.1　交叉口车道数

交叉口各相交道路的车道数，应根据交通控制方法、交通量、车道的通行能力及交叉处用地条件等决定。在城市道路上还应考虑大量非机动车交通存在的需要。

从渠化交通考虑，交叉口最好按车种和方向分别设置专用车道，以使左、直、右机动车和非机动车能在各自的专用车道上排列停候或行驶，避免相互干扰，提高通行能力。但在交通量较小的道路上设置过多的车道是不经济的，可考虑车道混合行驶。

在确定交叉口的车道数和车道宽度时，必须考虑到我国城市目前自行车交通日益发展的客观需要，尽可能组织机动车和非机动车分流行驶，以保证交通安全。

所设置的车道数,其通行能力的总和必须大于高峰小时交通量的要求,否则,交叉口会产生交通拥挤和阻塞的现象。

交叉口的车道数可按以下方法确定。

首先选定交叉口的形式,然后根据设计年限的高峰小时交通量和不同行驶方向的交通组成,进行交通组织设计,由此初定出车道数。按照所确定的交通组织设计方案,对初定的车道数进行通行能力验算,如车道通行能力总和小于高峰小时交通量的要求,则必须增加车道重新验算,直到满足交通量的要求为止。

由于受信号控制的影响,在相同车道数下交叉口车道的通行能力总是比路段上要小,所以交叉口的车道数不应少于路段上的车道数。为了充分发挥整条道路的通行能力,交叉口的设计通行能力应与路段通行能力相适应,一般情况,交叉口的车道数宜比路段上多设一条。

## 8.3.2 交叉口通行能力

交叉口的通行能力随不同交通组织而异,可分为有、无信号控制两类介绍。

1. 有信号控制交叉口通行能力

有信号控制交叉口的通行能力常用"停车线断面法",即已知交叉口处车道使用规定、信号显示周期及配时,以进口道停车线为基准断面,凡通过该断面的车辆即认为已通过交叉口。据此来计算通过停车线断面上不同行驶方向车道上的小时最大通过量(即该车道通过能力)。各进口车道通行能力之和即为交叉口的可能通行能力。交叉口停车线断面上不同车道的通行能力按以下公式计算。

(1) 一条直行车道通行能力:

$$N_{直} = \frac{3600}{T} \cdot \frac{T_g - \frac{v_s}{2a}}{t_s} \quad (辆/h) \tag{8-2}$$

式中:$T$——信号周期/s,一般 $T = 60 \sim 90$ s;

$T_g$——一个周期内的绿灯时间/s;

$v_s$——直行车辆通过交叉口的车速/(m/s);

$a$——平均加速度/(m/s²)。据观测,小型车为 $0.6 \sim 0.7$ m/s²,中型车为 $0.5 \sim 0.6$ m/s²,大型车为 $0.4 \sim 0.5$ m/s²;

$t_s$——直行车平均车头时距/s。据观测,车多时为 $2.2 \sim 2.3$ s,车少时为 $2.7 \sim 2.8$ s,平均 $2.5$ s,大型车为 $3.5$ s。

(2) 一条右转车道通行能力:

$$N_{右} = \frac{3600}{t_r} \quad (辆/h) \tag{8-3}$$

式中:$t_r$——右转车平均车头时距/s。

根据观测,平均 $t_r = 3.0 \sim 3.5$ s,即在无行人过街干扰时,一条右转车道通行能力最大为 $1000 \sim 1200$ 辆/h;一般过街人流量大约为 $500 \sim 600$ 辆/h;过街人流量大时降至 $300$ 辆/h。

(3) 一条左转车道通行能力。
① 有左转专用信号显示时：

$$N_{左} = \frac{3600}{T} \cdot \frac{T_1 - \frac{v_1}{2a}}{t_1} \quad (辆/h) \tag{8-4}$$

式中：$T_1$——一个周期内的左转显示时间/s；
$v_1$——左转车通过交叉口的车速/(m/s)；
$t_1$——左转车平均车头时距/s。取 $t_1 = 2.5$ s。

② 无左转专用信号显示时

a. 利用绿灯时间，当有左转专用车道而无左转信号显示时，驶入左转车道的车辆，只能利用绿灯时间内对向直行车流中出现可穿越空当实现左转。据实测，可穿越时距约为 8 s，直行车头时距约为 3.5~4 s，故穿越时距约为直行车头时距的 2 倍。假设平均两个直行车位的空当可供一辆左转车穿越，则每个周期可穿越的左转车辆 $n_1$ 最多等于一条直行车道一个周期的通行能力 $N'_{直}$ 减去每个周期实际到达的直行车 $N''_{直}$ 除以 2，即有：

$$n_1 = \frac{N'_{直} - N''_{直}}{2} \quad (辆/周期) \tag{8-5}$$

式中：$N'_{直} = \dfrac{T_g - \frac{v_s}{2a}}{t_s}$ 辆/周期，其余符号意义同前。

b. 利用黄灯时间，黄灯亮时通过车数 $n_2$ 为：

$$n_2 = \frac{T_y - \frac{v_1}{2a}}{t_1} \quad (辆/周期) \tag{8-6}$$

式中：$T_y$——每周期黄灯时间/s。其余同前。

因此，一条左转车道通行能力 $N_{左}$ 为：

$$N_{左} = \frac{3600}{T}(n_1 + n_2) \quad (辆/h) \tag{8-7}$$

(4) 一条直左混行车道通行能力。

一条车道上有直左混行时，因去向不同而相互干扰，甚至会停车，应乘以折减系数 $K$，则有：

$$N_{直左} = N_{直}\left(1 - \frac{1}{2}\beta_1\right)K \quad (辆/h) \tag{8-8}$$

式中：$\beta_1$——直左车道中左转车所占比例；
$K$——折减系数，取 $K = 0.7 \sim 0.9$。

另据观测，左转车通过时间约为直行车的 1.5 倍。

(5) 一条直右混行车道的通行能力。

一条直右混行车道的通行能力等于一条直行车道的通行能力。

(6) 一条直左右混行车道的通行能力。

一条直左右混行车道的通行能力等于一条直左混行车道的通行能力。

2. 无信号控制交叉口通行能力

无信号控制交叉口一般是指主要道路与次要道路相交时，因次要道路交通量不大，可不设交通信号控制，根据主要道路优先通行的交通规则，次要道路上的车辆必须等待主要道路上的车辆之间出现足够长的间隔时间而通过交叉口。

主要道路上的车流可视为无交叉的连续交通流，则车辆间出现的间隔服从负指数分布。但并非所有间隔都可供次要道路上车辆汇入或穿越，只有当出现的间隔大于临界间隔 α（即 50% 的驾驶人可以接受）时才有此可能。其次，当出现大的间隔时，次要道路上的第二辆及后继车辆可跟随进入交叉口，其相隔的车头时距为 β。则次要道路单向可通过的最大车辆数 $Q_{次}$ 为：

$$Q_{次} = \frac{Q_{主} e^{-q\alpha}}{1 - e^{-q\beta}} \quad （辆/h） \tag{8-9}$$

式中：$Q_{主}$——主要道路双向交通量/(辆/h)；

　　　　$q$——主要道路交通流率，$q = Q_{主}/3600$（辆/s）；

　　　　$\alpha$——主要道路临界间隔时间/s。对停车标志控制的交叉口为 6~8 s；对让路标志为 5~7 s；

　　　　$\beta$——次要道路最小车头时距/s。对停车标志为 5 s；对让路标志为 3 s。

主要道路的双向交通量 $Q_{主}$ 与次要道路最大交通量 $Q_{次}$ 之和即为无信号交叉口的可能通行能力。

在规划城市道路时，T 形和十字形平面交叉口的规划通行能力，可按《城市道路交通规划设计规范》（GB 50220—95）的规定参考采用，如表 8-2 所列。

表 8-2　平面交叉口的规划通行能力　　　　　　　单位：千辆/h

| 相交道路等级 | 交叉口形式 | | | |
| --- | --- | --- | --- | --- |
| | T 形 | | 十 字 形 | |
| | 无信号灯管理 | 有信号灯管理 | 无信号灯管理 | 有信号灯管理 |
| 主干路与主干路 | — | 3.3~3.7 | — | 4.4~5.0 |
| 主干路与次干路 | — | 2.8~3.3 | — | 3.5~4.4 |
| 次干路与次干路 | 1.9~2.2 | 2.2~2.7 | 2.5~2.8 | 2.8~3.4 |
| 次干路与支路 | 1.5~1.7 | 1.7~2.2 | 1.7~2.0 | 2.0~2.6 |
| 支路与支路 | 0.8~1.0 | — | 1.0~1.2 | — |

注：① 表中相交道路的进口道车道数：主干路为 3~4 条，次干路为 2~3 条，支路为 2 条；

　　② 通行能力按小客车计算。

## 8.4　交叉口视距与缘石半径

### 8.4.1　交叉口设计速度

交叉口设计速度是交叉口几何尺寸的设计依据。交叉口的缘石半径、交通岛、附加车道及行车视距等均取决于设计速度。而交叉口的设计速度与路段设计速度密切相关，二者速差大时会因减速过大而影响行车安全，速差小而路段车速高时仍有行车危险，对环形交叉又有用地过大和左转绕行过长等影响。

《城镇道路工程技术标准》规定：交叉口范围内设计速度应按各级道路设计速度的 0.5~

0.7 倍计算，直行车辆取大值，转弯车辆取小值。

直行车辆除受到信号灯影响及左转车、非机动车的干扰外，较为通畅。其设计速度采用路段的 0.7 倍。左转弯机动车由于受转弯半径的限制及对向直行车的干扰，车速降低较多，可取路段设计速度的 0.5 倍。右转车车速受交叉口缘石转弯半径的控制，另外无论是否设置专用右转车道，都要受到非机动车及行人过街等的干扰，需要降速，甚至停车，因此取路段行车速度的 0.5 倍。

《公路路线设计规范》规定：平面交叉范围内相交的公路设计速度，原则上应与该公路的设计速度一致。两相交公路等级相同且交通量相近时，平面交叉范围内直行车交通的设计速度可降低，但与路段设计速度之差不应大于 20 km/h。

停车横穿或左转弯的车辆，应按从设计速度减速至停车然后横穿，或按转弯半径所限定的速度左转弯。

右转弯车辆的速度，应根据被交公路在交叉范围内的直行设计速度和转弯时分流、合流的情况等因素确定。

交叉范围内的车辆变速的加速度或减速度值的规定如表 8-3 所列。

表 8-3 加、减速度值

| 相交公路 | 加速度/(m/s²) | 减速度/(m/s²) |
| --- | --- | --- |
| 主要公路 | 1.0 | 2.5 |
| 次要公路 | 1.5 | 3.0 |

## 8.4.2 交叉口视距

1. 视距三角形

为了保证交叉口上行车安全，驾驶人在进入交叉口前的一段距离内，应能看清相交道路上的行车情况，以便能及时采取措施顺利驶过交叉口或安全停车。这段必要的距离应该大于或等于停车视距 $S_T$。

由相交道路上的停车视距所构成的三角形称为视距三角形。在其范围内不能有任何阻挡驾驶人视线的障碍物，如图 8-19 所示。

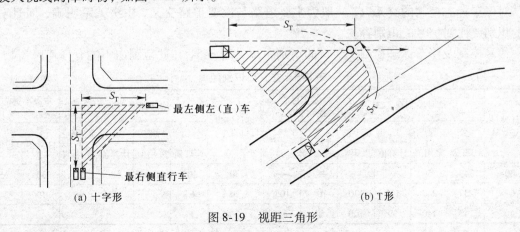

(a) 十字形　　　　　　　　　　　　(b) T形

图 8-19 视距三角形

视距三角形应以最不利的情况来绘制,绘制的方法和步骤如下。

(1) 确定停车视距 $S_T$。可用前述停车视距公式计算或根据相交道路的计算行车速度按表8-4确定。当受地形、地物条件及其他特殊情况限制时,停车视距可采用表中低限值,但必须采取设置限速标志等技术措施。

表 8-4　停车视距

| 设计速度/(km/h) | | 100 | 80 | 60 | 50 | 40 | 30 | 20 |
|---|---|---|---|---|---|---|---|---|
| 停车视距/m | 一般值 | 160 | 110 | 75 | 60 | 40 | 30 | 20 |
| | 低限值 | 120 | 75 | 55 | 45 | 30 | 25 | 15 |

(2) 找出行车最危险冲突点。不同形式交叉口的最危险冲突点的找法不尽相同。对常见十字形和T形(或Y形)交叉口的最危险冲突点可按下述方法寻找。

① 对十字形交叉口[图8-19(a)],最靠右侧第一条直行机动车道的中线与相交道路最靠中心线的第一条直行车道的中线的交点为最危险的冲突点。

② 对T形(或Y形)交叉口[图8-19(b)],直行道路最靠右侧第一条直行车道的中线与相交道路最靠中心线的一条左转车道的行车轨迹线的交点为最危险的冲突点。

(3) 从最危险的冲突点向后沿中线及行车轨迹线各量取停车视距 $S_T$。

(4) 连接停车视距末端构成视距三角形。

2. 识别距离

为保证车辆安全顺利通过交叉口,应使驾驶人在交叉口之前的一定距离能识别交叉口的存在及交通信号和交通标志等,这一距离称为识别距离。该识别距离随交通管制条件而异。

(1) 无信号控制的交叉口。

对无信号控制的交叉口,通常都是等级低、交通量小及车速不高的次要交叉口,识别距离应满足安全要求,可采用各相交道路的停车视距(表8-4)。

(2) 有信号控制的交叉口。

对有信号控制的交叉口,在车辆正常行驶条件下,识别距离为使驾驶人能看清交通信号和显示内容,能有足够时间制动减速直至停车。

(3) 停车标志控制的交叉口。

对停车标志控制的交叉口,一般为主要道路与次要道路交叉,主次关系明确,而且对标志的识别要比对信号的识别容易。

信号控制及停车标志控制交叉口的识别距离见表8-5,在此范围内不能有任何障碍物。

表 8-5　交叉口识别距离　　　　　　　　　　　　　　　　　　　　　单位:m

| 设计速度/(km/h) | 信号控制交叉口 | | | | 停车标志控制交叉口 | | 设计速度/(km/h) | 信号控制交叉口 | | | | 停车标志控制交叉口 | |
|---|---|---|---|---|---|---|---|---|---|---|---|---|---|
| | 公路 | | 城市道路 | | | | | 公路 | | 城市道路 | | | |
| | 计算值 | 采用值 | 计算值 | 采用值 | 计算值 | 采用值 | | 计算值 | 采用值 | 计算值 | 采用值 | 计算值 | 采用值 |
| 80 | 348 | 350 | — | — | — | — | 30 | 102 | 100 | 68 | 70 | 35 | 35 |
| 60 | 237 | 240 | 171 | 170 | 104 | 105 | 20 | 64 | 60 | 42 | 40 | 19 | 20 |
| 40 | 143 | 140 | 99 | 100 | 54 | 55 | | | | | | | |

### 8.4.3 交叉口转角的缘石半径

为了保证各种右转车辆能以一定速度顺利转弯,交叉口转角处的缘石或行车道边缘应做成圆曲线或多心复曲线(图 8-20、图 8-21),以符合相应车辆行驶的轨迹。一般多采用圆曲线。确定圆曲线最小半径仍然采用第 3 章推导的计算公式,即:

$$R = \frac{V^2}{127(\mu \pm i_h)}$$

式中:$R$——右转车道中心线半径/m;
　　　$V$——右转弯设计速度/(km/h);
　　　$\mu$——横向力系数,一般采用 0.15~0.20;
　　　$i_h$——交叉口右转弯处横坡度,向曲线内侧倾斜用"+",向曲线外侧倾斜用"-"。

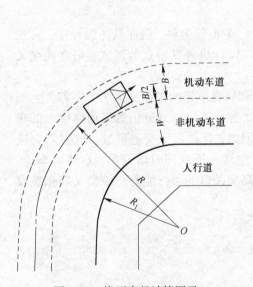
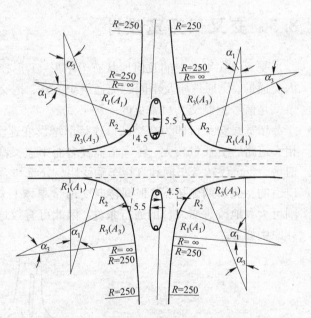

图 8-20　缘石半径计算图示　　　　图 8-21　多心复曲线缘石半径

单幅路、双幅路交叉口在未考虑机动车道加宽的情况下缘石转弯半径按下式计算:

$$R_1 = R - \left(\frac{B}{2} + W\right) \tag{8-10}$$

式中:$R_1$——缘石转角半径/m;
　　　$R$——右转车道中心线半径/m;
　　　$B$——机动车道宽度/m,一般采用 3.5 m;
　　　$W$——非机动车道宽度/m。

三幅路、四幅路交叉口的缘石转弯半径能满足非机动车行车的要求即可。因为机动车行驶轨迹半径为缘石半径加非机动车道宽度及两侧分隔带宽度,两侧分隔带留有足够宽度的断口,一般都能满足机动车转弯要求。交叉口缘石转弯最小半径如表 8-6 所列。

表 8-6 交叉口缘石转弯最小半径

| 右转弯设计速度/(km/h) | 30 | 25 | 20 | 15 |
|---|---|---|---|---|
| 交叉口缘石转弯半径/m | 33~38 | 20~25 | 10~15 | 5~10 |

值得注意的是，交叉口缘石最小半径的确定还要考虑设计车辆的最小转弯半径。表 8-7 给出了我国生产的几种主要车型的最小转弯半径。

表 8-7 汽车最小转弯半径

| 车　　种 | 大客车 | | | 载重汽车 | | 小客车 |
|---|---|---|---|---|---|---|
| 汽车型号 | 北京 BK-651（黄河） | 北京 BK-640（解放） | 北京 BK-661 通道车 | CA-10B 解放牌 | JN-150 黄河牌 | SH-760 上海 |
| 最小转弯半径/m | 11.5 | 9.5 | 11.3 | 9.2 | 8.25 | 5.6 |

## 8.5 交叉口拓宽设计

交叉口在平面上的几何形状有十字形、T 形、X 形、Y 形等多种，但在具体设计中，常根据交通量、交通性质及不同的交通组织方式，把交叉口设计成各具特点的形式，拓宽式交叉口就是信号控制交叉口常见的一种形式。

拓宽式交叉口即为在交叉口连接部增设变速车道和转弯车道的平面交叉（图 8-22）。当相交道路的交通量较大、转弯车辆较多而车速又高时，若交叉口进口道仍然采用路段上的车道数，会导致转弯车辆和直行车辆受阻，分流与合流困难，且易发生交通事故。此时若向进口道的一侧或两侧拓宽，根据转向交通量单增右转或左转车道或同时增设左、右转弯车道，则可大大地改善交叉口的通行条件，因此可有效地提高交叉口的通行能力。该交叉口拓宽设计原则如下。

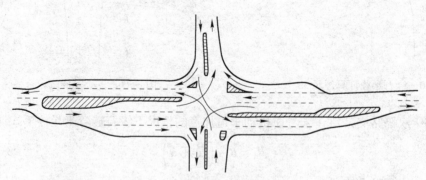

图 8-22 拓宽式交叉口

① 根据交通流量及流向，增设交叉口进口道的车道数。一般应比路段单向车道数多增加一至二条车道。拓宽的每条车道宽度，应尽量与路段保持一致。如因占地等限制，需要变窄车道宽度时，最窄不得小于 3 m，一般在 3~3.5 m 之间。

② 进、出口道的分隔带或交通标志、标线应根据渠化要求布置。

③ 穿越车流应以直角或接近直角相交，汇合和交织交通流的交叉角应尽可能小。

交叉口拓宽设计主要解决拓宽车道的设置条件、设置方法以及长度计算三个问题。

## 8.5.1 右转专用车道设置

1. 设置右转专用车道条件

《公路路线设计规范》规定应设置右转专用车道的条件：
① 平面交叉角小于60°，且右转弯交通量较大时。
② 右转交通量大，所需车速较高时。
③ 有特殊需要时。

《城镇道路工程技术标准》规定：高峰小时一个信号周期进入交叉口右转车数量多于4辆时，应增设右转专用车道。以保证右转车随到随通过，有效地改善右转车的行驶条件。

2. 右转专用车道设置方法

右转专用车道的设置方法如下：
① 在直行车道中分出一条右转专用车道。
② 加宽进口道，新增一条右转专用车道，如图8-23所示。
③ 交叉口进口道设右转专用车道时，为不影响

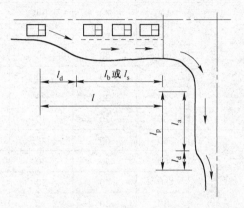

图8-23 拓宽右转车道长度

横向相交道路上的直行车流，右侧横向相交道路的出口道应加设加速车道，如图8-23所示。

3. 右转专用车道长度

进口道处右转车道的长度应以能满足右转车辆减速所需长度，同时也应保证右转车不受相邻等候车队长度的影响，出口道的加速车道应保证加速所需长度。

（1）渐变段长度 $l_d$。

渐变段的长度 $l_d$ 可按转变车辆以路段平均行驶速度 $V_A$ 行驶时，每秒横移1.0 m计算，即：

$$l_d = \frac{V_A}{3.6}B \quad (\text{m}) \tag{8-11}$$

式中：$V_A$——路段平均行驶速度/(km/h)；
$B$——右转车道宽度/m。

最小渐变段长度可按表8-8选用。

表8-8 最小渐变段长度

| 设计速度/(km/h) | 100 | 80 | 60 | 40 | 30 | 20 |
|---|---|---|---|---|---|---|
| 最小渐变段长度/m | 80 | 60 | 40 | 20 | 10 | 10 |

（2）进口道减速所需长度 $l_b$ 和出口道加速所需长度 $l_a$。

进口道减速所需长度 $l_b$ 和出口道加速所需长度 $l_a$ 可用下式计算：

$$l_b(\text{或 } l_a) = \frac{V_A^2 - V_B^2}{26a} \quad (\text{m}) \tag{8-12}$$

式中：$V_A$——减速时进口道或加速时出口道处路段平均行驶速度/(km/h)；

$V_B$——减速后的末速度或加速前的初速度/(km/h)；

$a$——减速度或加速度/(m/s$^2$)。

$l_b$ 和出口道的 $l_a$ 可采用表 8-9 所列数值。

**表 8-9　变速车道长度**

| 路别 | 设计速度 (km/h) | 平均行驶速度 (km/h) | 减速所需长度 $l_b$/m | | | 加速所需长度 $l_a$/m | | |
|---|---|---|---|---|---|---|---|---|
| | | | 到停车 | 到 20 km/h | 到 40 km/h | 从停车 | 从 20 km/h | 从 40 km/h |
| 主要道路 | 100 | 80 | 100 | 90 | 70 | 250 | 230 | 190 |
| | 80 | 60 | 60 | 50 | 30 | 140 | 120 | 80 |
| | 60 | 50 | 40 | 30 | 20 | 100 | 80 | 40 |
| | 50 | 40 | 30 | 20 | — | 60 | 50 | — |
| | 40 | 30 | 20 | 10 | — | 40 | 20 | — |
| | 30 | 20 | 10 | — | — | 20 | — | — |
| 次要道路 | 80 | 60 | 45 | 40 | 25 | 90 | 80 | 50 |
| | 60 | 50 | 30 | 20 | 10 | 65 | 55 | 25 |
| | 50 | 40 | 20 | 15 | — | 40 | 30 | — |
| | 40 | 30 | 15 | 10 | — | 25 | 15 | — |
| | 30 | 20 | 10 | — | — | 10 | — | — |

（3）等候车队长度 $l_s$。

右转车道长度应能使右转车辆从直行车道最长的等候车队的尾车后驶入拓宽的车道，其长度为：

$$l_s = n l_n \quad (\text{m}) \tag{8-13}$$

式中：$l_n$——直行等候车辆所占长度/m，一般取 6～12 m，小型车取低值，大型车取高值；

$n$——一次红灯和黄灯受阻的直行车辆数，可用下式计算：

$$n = \frac{n_v}{n_s} \cdot \frac{t_c - t_g}{t_c} \cdot \xi$$

式中：$n_v$——平均每个信号周期到达车辆数；

$n_s$——直行车道数；

$t_c$——信号周期；

$t_g$——绿灯周期；

$\xi$——每个周期到达车辆的不均匀系数。

$n$ 也可采用概率统计的方法，在预先确定保证率的情况下，计算其数值。

所以，右转车道长度 $l_r$ 为：

$$l_r = l_d + \max\{l_b, l_s\} \tag{8-14}$$

式中：$l_r$——右转车道长度/m；

$l_d$——渐变段长度/m；

$\max\{l_b, l_s\}$——减速所需长度 $l_b$ 和等候车队长度 $l_s$ 中取大值。

出口道加速车道长度 $l_p$ 为：

$$l_p = l_d + l_s \tag{8-15}$$

式中：$l_p$——出口道加速车道长度/m；
　　　$l_s$——加速所需长度/m；
　　　$l_d$——渐变段长度/m。

## 8.5.2 左转专用车道设置

1. 设置左转专用车道条件

《公路路线设计规范》规定，平面交叉除下述情况外，应设置左转专用车道：
① 不允许左转弯时。
② 道路交通量很小，通行能力有富裕时。
③ 相交道路设计速度为 40 km/h 以下，设计小时交通量小于 200 辆/h 时。

《城镇道路工程技术标准》规定：高峰时一个信号周期进入交叉口左转车数量多于 3~4 辆时，应增设左转专用车道。

2. 左转专用车道设置方法

左转专用车道的设置方法如下。
① 在直行车道中分出一条左转专用车道。
② 当设有较宽中间带（一般不小于 4.5 m）时，将道口一定长度的中间带压缩宽度，由此增辟出左转专用车道，如图 8-24（a）所示。
③ 当设有较窄中间带（宽度小于 4.5 m）时，利用中间带后宽度不够，可将道口单向或双向车道线向外侧偏移，增加不足部分宽度，如图 8-24（b）所示。

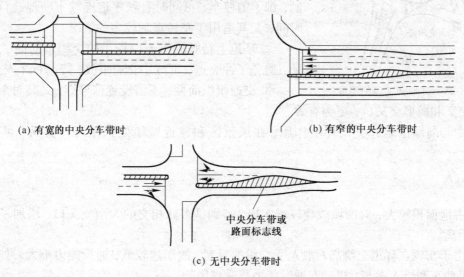

图 8-24　左转弯车道线的设置方法

④ 当相交道路不设中间带时,可通过两种途径增辟左转车道。一是向进口道的一侧或两侧扩宽,增加进口道路幅总宽度,在进口道中心线附近辟出左转车道(图 8-24(c));二是不扩宽进口道,占用靠近中心线的对向车道作为左转车道。

3. 左转专用车道长度

左转车道长度也是由渐变段长度 $l_d$、减速所需长度 $l_b$ 或等候车队长度 $l_s$ 组成,即采用式(8-14)计算。

但是,式(8-13)中的 $n$ 应为左转等候车辆数。对有信号控制的交叉口,可用概率统计的方法计算,也可用下式计算:

$$n = \frac{\text{进口道的通行能力} \times \text{左转车比例}}{\text{每小时的周期数}} \quad (\text{辆/周期})$$

## 8.6 环形交叉口设计

### 8.6.1 环形交叉口特点

环形交叉口就是在交叉口中央设置中心岛,所有进交叉口的车辆一律绕中心岛按逆时针方向行驶的交叉口,交叉口内所有的冲突点均被合流点和分流点代替。如图 8-25 所示。环形交叉口和其他平交形式相比,有一些特有的优点,但也有不少缺点限制了这种交叉形式的使用。

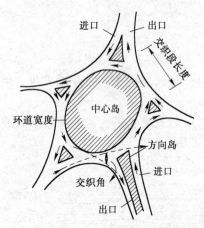

图 8-25 环形交叉口的组成

1. 优点

① 驶入交叉口的各种车辆,不论左、右转和直行车辆,都不需停车,可同时有秩序地连续不断地通行,节约时间,尤其适用于左转车辆较多的情况。

② 环道上行驶的车流以较小的交织角向同一方向行驶,避免了冲突点,可减小交通事故,提高行车安全性。

③ 交通组织简便,不需设置信号灯,尤其对 5 条以上的道路交叉和畸形交叉口,更为有效。

④ 中心岛绿化能起美化环境作用,在风景区和靠近城镇处采用环行交叉,可增加美观度。

2. 缺点

① 占地面积较大,对旧城改建较难实现,特别是多路相交的大型交叉口,增加了车辆绕岛行驶距离。

② 由于车辆在环道上绕岛行驶及受交织的限制,故车速较低,通行能力不大。如果再有大量非机动车和行人参与,机动车通行能力更受到影响。

③ 工程造价高于其他平面交叉。

## 8.6.2 环形交叉口适用条件

① 多条道路交汇及转弯交通量较大的路口。由于车流在环道上行驶的方向一致,有利于车流以较小的交织角向同一方向行驶。

② 相邻道路中心线之间的夹角宜大致相等的交叉口,以便满足最小交织长度。

③ 规划需修建立体交叉时,环形平面交叉路口可作为过渡形式,预留改建为环形立体交叉的可能性。

在下列情况下不适宜于设置环形交叉口。

① 快速路口与交通量大的主干道路口,因为环形交叉口通行能力不能适应。

② 有大量非机动车和行人的交叉口,否则非机动车和行人绕行距离较长,另一方面机动车进出交叉口困难,容易堵塞交通。

③ 斜坡较大的地形,当纵坡大于或等于3%时,不宜采用环形交叉;在桥头引道上,也不宜采用环形交叉,因为它使在引道下坡的车辆等于走小半径的反向曲线,这对行车安全很不利。

## 8.6.3 环形交叉口设计内容

1. 中心岛形状和半径

1) 中心岛形状

中心岛是环形交叉口的主要设施,其形状和尺寸应根据交通流特性、相交道路的等级和地形地物等条件确定。原则上应保证车辆能以一定速度顺利完成交织行驶,即在设计速度的情况下,进环和出环的车辆同时满足在环道上交换车道所需的交织距离的要求。

中心岛的形状有圆形、椭圆形、卵形、圆角方形和菱形等,主要取决于相交道路的等级、相交角度及地形。一般多用圆形,主次道路相交时宜采用椭圆形,交角不等的畸形交叉可采用复合曲线形。此外,结合地形、地物和交角等,也可采用其他规则或不规则几何形状的中心岛。

2) 中心岛半径

中心岛的半径应同时满足设计速度和车辆交织行驶所需的最小交织长度的要求。下面以圆形中心岛为例,介绍中心岛半径的计算方法。

(1) 按设计速度的要求。

根据设计速度的要求,中心岛半径 $R$ 仍然采用平曲线半径公式计算。其计算公式如下:

$$R = \frac{V^2}{127(\mu \pm i_h)} - \frac{b}{2} \tag{8-16}$$

式中:$R$——中心岛半径/m;

$b$——紧靠中心岛的车道宽度/m;

$\mu$——横向力系数,一般取0.14~0.18;

$i_h$——环道横坡度/%。一般采用1.5%或2%,形成超高时取"+",反超高时取"-";

$V$——环道计算行车速度/(km/h)。国外一般采用路段计算行车速度的 0.7 倍。我国实测资料：公共汽车为 0.5 倍，载重车为 0.6 倍，小客车为 0.65 倍，供设计时参考。

（2）按交织长度的要求。

交织就是两条车流汇合交换位置后又分离的过程。进环和出环的两辆车辆，在环道行驶时相互交织，交换一次车道位置所行驶的距离，称为交织长度。交织长度的大小主要取决于车辆在环道上的行驶速度，其位置大致可取进口道机动车车行道边线的延长线和环道中线交点之间的距离。当环道上设有导向岛时，取导向岛端部延长线与环道中心线交点之间的距离，如图 8-26 所示。中心岛半径必须满足两个路口之间最小交织长度的要求，否则，在环道上行驶中需要互相交织的车辆，就要停车等候，不符合环形交叉连续行驶的交通特征。参考国外有关资料，最小交织段长度为计算行车速度下 4 s 行驶的距离。由此环道上不同车速所需要的最小交织段长度如表 8-10 所列。

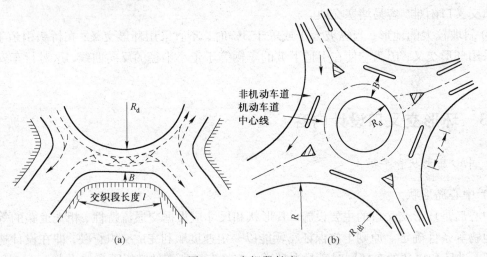

图 8-26 交织段长度

表 8-10 最小交织段长度

| 环道设计速度/(km/h) | 50 | 45 | 40 | 35 | 30 | 25 | 20 |
| --- | --- | --- | --- | --- | --- | --- | --- |
| 最小交织段长度/m | 60 | 50 | 45 | 40 | 35 | 30 | 25 |

按交织段长度所要求的中心岛半径 $R_d$，近似地按交织段长度所围成的圆周大小来推导，计算公式为：

$$R_d = \frac{n(l+B_p)}{2\pi} - \frac{B}{2} \quad (m) \tag{8-17}$$

式中：$n$——相交道路的条数；

$l$——相邻路口之间的交织段长度/m；

$B$——环道宽度/m；

$B_p$——相交道路的平均路宽/m。中心岛为圆形，交汇道路为十字正交时，$B_p = (B_1 + B_2)/2$，其中 $B_1$ 和 $B_2$ 分别为相邻路口车行道宽度。

由式（8-17）可知，交叉口相交道路的条数越多，为保证最小交织段的要求，则中心岛的半径就越大，将会大大增加交叉口的用地面积和车辆在环道上的绕行距离，这样既不经济也不合理。因此，环形交叉口的相交道路以不多于 6 条为宜。

计算中心岛半径时,对中心线夹角差别较大或多路交叉口,可以先按式(8-16)确定中心岛的半径 $R$,然后再按下式验算其交织段长度 $l$ 是否符合要求:

或
$$\left. \begin{array}{l} l = \dfrac{2\pi}{n}\left(R + \dfrac{B}{2}\right) - B_p \quad (\text{m}) \\ l = \dfrac{\pi\alpha}{180}\left(R + \dfrac{B}{2}\right) - B_p \quad (\text{m}) \end{array} \right\} \quad (8\text{-}18)$$

式中:$\alpha$——相交道路中心线的夹角/度,当夹角不等时,用最小夹角验算。

当用式(8-17)计算的 $l$ 大于最小交织段长度时,符合要求;否则,增大 $R$ 重新验算直至符合为止。根据实践经验,中心岛最小半径如表 8-11 所示,可供参考。

表 8-11 中心岛最小半径

| 环道设计速度/(km/h) | 40 | 35 | 30 | 25 | 20 |
|---|---|---|---|---|---|
| 中心岛最小半径/m | 60 | 50 | 35 | 25 | 20 |

另外还需注意,中心岛上不应布置人行道,避免行人直接穿越环道。中心岛上绿化及雕塑标志物等不得影响绕行车辆的视距。

2. 环道布置和宽度

环道的布置可根据交通流的情况布置为非机动车与机动车混合行驶或分道行驶。为保证交通安全,减少相互干扰,一般以分行为宜,可用分隔带、隔离墩或标线等分隔。非机动车道宽度应视具体情况而定,一般不小于相交道路中的最大非机动车行车道宽度,但也不宜超过 8 m。环道外侧的人行道宽度宜大于交汇道路中最宽的人行道。

环道的宽度取决于相交道路的交通量和交通组织。一般说来,靠近中心岛的一条车道作绕行之用,最靠外侧的一条车道供右转弯用,中间的 1~2 条车道供交织行驶,这样,环道上一般设计为 3~4 条车道。因为车辆在绕岛行驶时需要交织,在交织段长度小于 2 倍的最小交织段长度(考虑占地和经济性,一般不可能超过 2 倍)范围内,车辆只能顺序行驶,不可能同时出现大于 2 辆车交织。所以,不论车道数设计多少条,在交织断面上只能起到 1 条车道的作用。因此,环道的车道数一般采用 3 条为宜;如交织段长度较长时,环道车道数可布置 4 条;若相交道路的车行道较窄,也可设为 2 条车道。如果采用 3 条机动车道,每条车道宽 3.50~3.75 m,并按前述弯道加宽要求对每条车道进行加宽,当中心岛半径为 20~40 m时,则环道机动车道的宽度一般为 15~18 m。

环道的横断面形状对行车的平稳和路面的排水有很大关系,横断面的路脊线可设在交织车道的中间,也可设在机动车与非机动车的分隔带上。当环道纵坡度大于 2%,横坡度宜采用两面坡,以避免绕岛及进出岛车辆在反超高路段上行驶。如图 8-27 所示,图中虚线为路脊线,箭头指向为排水方向。显然,应在中心岛的周围设置雨水口,以保证环道内不产生积水。另外进、出环道处的横坡度宜缓一些,逐步调整同路段。

3. 交织角

交织角是进环车辆轨迹与出环车辆轨迹的平均相交角度。它以距右转机动车道的外缘 1.5 m 的两条切线交角来表示,如图 8-28 所示。

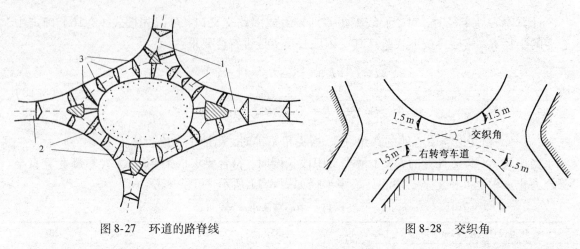

图 8-27 环道的路脊线　　　　　图 8-28 交织角

交织角的大小取决于环道的宽度和交织段长度。环道宽度越窄，交织段长度越大，则交织角越小，行车就越安全。但交织段要长，中心岛半径就要增大，占地也要增加。根据经验，交织角以控制在 20°~30°之间为宜，最大值不超过 40°。通常在交织段长度已有保证的条件下，交织角多能满足要求。

4. 环道外缘线形及进出口曲线半径

从满足右转弯车辆交通需要和工程经济方面考虑，环道外缘平面线形不宜设计成反向曲线形状，如图 8-29 中实线所示，据观测，这种形状在环道的外侧约有 20% 的路面（图 8-29 中阴影部分）无车行驶，这既不合理也不经济。实践证明，环道外缘平面线形宜采用直线圆角形或三心复曲线形状，如图 8-29 中实虚线所示。

环道进、出口的曲线半径取决于环道的设计速度。为使进环车辆的车速与环道车速相适应，一般环道进口曲线半径采用接近或小于中心岛的半径，而且各相交道路的进口曲线半径不要相差太大。为便于车辆出口时加速驶出环道，环道出口的曲线半径可较进口曲线半径大一些。

5. 环形交叉口通行能力

环形交叉口的交通流特点是所有驶入交叉口的车辆一律环绕中心岛作逆时针行驶，所有直行和左转车辆都要交织行驶，无论其车道数设置多少条，在交织段长度小于 2 倍的最小交织段长度时，其通行能力只能达到一条车道的最大理论值。现以图 8-30 所示 4 路相

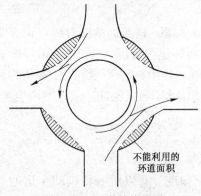

图 8-29 环道外缘线形

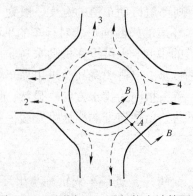

图 8-30 环形交叉口通行能力计算图式

交为例求算环形交叉口总的通行能力,计算步骤如下。

(1) 首先做如下假设:

① 进口道的左、直、右行交通量均相等,即 $N_{左1} = N_{左2} = N_{左3}$,$N_{右1} = N_{右2} = N_{右3}$,$N_{直1} = N_{直2} = N_{直3}$;

② 各个进口道的左转车、右转车和直行车流量大致相等,即 $N_{左} = N_{右} = N_{直}$。

(2) 当环道上只设一条机动车道时,通过任意交织断面 $B$—$B$ 的直、左、右车辆都必须顺序驶过 $A$ 点,则该点的通过量 $N_A$ 为:

$$N_A = N_{右1} + N_{直1} + N_{左1} + N_{直2} + N_{左2} + N_{左3} \quad (辆/h) \tag{8-19}$$

根据假设①得到:

$$N_A = N_{右} + 2N_{直} + 3N_{左}$$

再根据假设②,则:

$$N_A = 2(N_{右} + N_{直} + N_{左})$$

而整个环道的通过量 $N_{环}$ 为:

$$N_{环} = 4(N_{右} + N_{直} + N_{左})$$

则:

$$N_{环} = 2N_A \quad (辆/h) \tag{8-20}$$

(3) 当环道上的机动车道数≥2条时,其中有一条为右转车道,其余为绕岛和交织行驶车道。环形交叉口的总通过量 $N_{总}$ 为:

$$N_{总} = \sum N_{直左} + \sum N_{右} \quad (辆/h) \tag{8-21}$$

式中:$N_{直左}$——各交汇道路进口道的直行和左转车通过量/(辆/h);

$N_{右}$——各交汇道路进口道的右转车通过量/(辆/h)。

由于右转车不参与交织,则有:

$$\sum N_{直左} = 2N_A = 2 \cdot \frac{3600}{t_1} \quad (辆/h) \tag{8-22}$$

式中:$t_1$——直行和左转车辆通过交织断面的车头时距/s。

$$\sum N_{右} = N_{总} \cdot \beta_r = (\sum N_{直左} + \sum N_{右})\beta_r$$

式中:$\beta_r$——右转车辆占总交通的比例。

可解得:

$$\sum N_{右} = \sum N_{直左} \cdot \frac{\beta_r}{1-\beta_r} = \frac{7200}{t_1} \cdot \frac{\beta_r}{1-\beta_r} \quad (辆/h) \tag{8-23}$$

将式(8-22)、式(8-23)代入式(8-21)并整理,得环形交叉口的总通行能力 $N_{总}$ 为:

$$N_{总} = \frac{7200}{t_1(1-\beta_r)} \quad (辆/h) \tag{8-24}$$

(4) $N_{总}$ 的修正系数。

① 交织段长影响系数 $A$。交织段长度的大小对通过量的影响较大,据观测,如以交织段长度等于30 m(环道平均车速为17 km/h)时的通过量为1,而交织段长度等于60 m(环道平均车速为20 km/h)时的通过量为1.2,则当交织段长度在30~60 m之间的交织段长度影

系数为：

$$A = \frac{3l}{2l+30}$$

式中：$l$——交织段长度/m。

当 $l > 60$ m 时，上式计算结果只能作参考。

② 车辆分布不均影响系数 $B$。由于环道上车流的不均匀性，应考虑车辆分布不均的影响。根据经验，$B = 0.75 \sim 0.85$ 为宜。

（5）环形交叉口的可能通行能力：

$$N_{总} = \frac{7\,200}{t_l(1-\beta_r)} \cdot \frac{3l}{2l+30} \cdot B \quad （辆/h） \tag{8-25}$$

此式中的系数 $A$ 和 $B$ 是按大型车占 60%、小型车占 30%、挂车占 10% 的比例求得的。

## 8.7　交叉口立面设计

交叉口立面设计（也称竖向设计）是交叉口几何设计的内容之一。即通过调整交叉口范围道路纵坡和横坡，完成交叉口范围的各点的标高设计。由于交叉口为几条道路汇合而成，是多个不同面的结合位置，设计过程中既要考虑车辆转弯行驶的稳定，又要使交叉口的地面水迅速排除。因此交叉口的立面设计很重要。

### 8.7.1　交叉口立面设计目的与原则

交叉口立面设计的目的是满足行车平顺稳定，同时保证排水通畅，还要协调好交叉口附近建筑物的高程及地下管线、照明和绿化等问题。

交叉口立面设计的原则如下。

① 相同等级道路相交时，一般维持各自的纵坡不变，而改变它们的横坡度。

② 主要道路与次要道路相交时，主要道路的纵、横断面均维持不变，调整次要道路横坡和纵坡，以保证主要道路的交通便利。

③ 设计时至少应有一条道路的纵坡方向背离交叉口，以利于排水。如遇盆状地形，所有道路纵坡方向都倾向交叉口时，可将中心部抬起。否则在进交叉口之前设置雨水口和排水管道，以保证交叉口的排水要求。

④ 交叉口范围布置雨水口时，一条道路的雨水不应流进交叉口的人行横道，或流入另一条道路，也不能使交叉口内产生积水。所以，雨水口应设在人行横道之前或低洼处。

⑤ 交叉口范围内横坡要平缓些，一般不大于路段横坡，以利于行车。纵坡度宜不大于 2%，困难情况下应不大于 3%。

⑥ 交叉口立面设计高程应与周围建筑物的地坪高程协调一致。

### 8.7.2　交叉口立面设计基本类型

交叉口立面设计形式主要取决于相交道路的等级、交通量、横断面形状、纵坡的大小和方向及周围地形等。以十字形交叉口为例,按其所处地形及相交道路纵坡方向,可划分为如图 8-31 所示 6 类设计等高线的基本形式,并分别按相交道路的等级情况绘制,交叉口立面设计可以参考拟定。

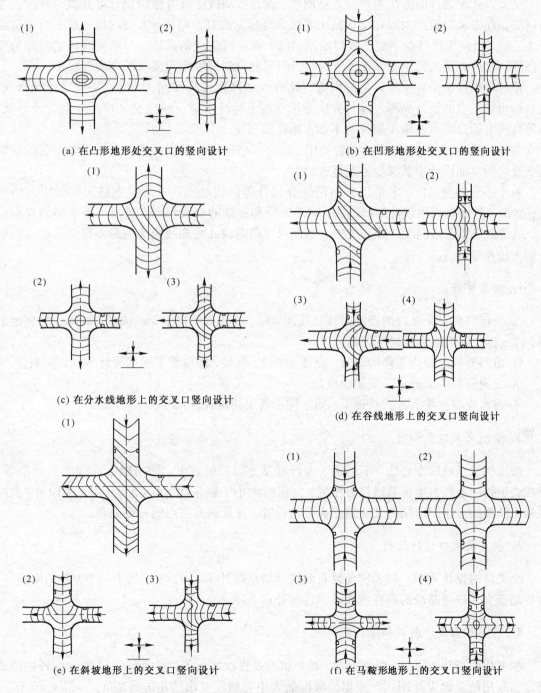

图 8-31 交叉口立面设计基本形式

## 8.7.3 交叉口立面设计方法与步骤

交叉口立面设计的方法通常有方格网法、设计等高线法及方格网设计等高线法3种。方格网法是在交叉口范围内以相交道路中心线为坐标基线打方格网，方格网线一般平行于道路中线，斜交道路应选择便于施工放样的网格线，算出网结点的高程，与地面高程之差即为施工高度。这种方法的优点是便于施工放样，但不能直观地看出交叉口的立面形状。

设计等高线法是在交叉口范围内选定路脊线和高程计算线网，勾绘交叉口设计等高线，最后标出特征点的设计高程。这种方法的优点在于能清晰地反映出交叉口的立面设计形状，但等高线上的高程点在施工放样时不如方格网法方便。

为此，通常把以上两种方法结合使用，称为方格网设计等高线法，它既可以直观地反映出交叉口的立面设计形状又能方便施工放样。

对于小型的交叉口，多采用方格网法或设计等高线法，其中混凝土路面宜采用方格网法，而沥青路面宜采用设计等高线法；对于大型和复杂的交叉口、广场及场地平整的立面设计，通常都采用方格网设计等高线法。下面以方格网设计等高线法为例来介绍交叉口立面设计的方法和步骤。

1. 收集资料

① 测量资料。交叉口的控制高程和控制坐标；收集或实测1∶500或1∶200等大比例地形图，详细标注附近地坪及建筑物高程。
② 道路资料。相交道路的等级、宽度、半径、纵坡、横坡等平纵横设计或规划资料。
③ 交通资料。交通量及交通组成。
④ 排水资料。排水方式及地下、地上排水管渠的位置和尺寸。

2. 绘制交叉口平面图

按比例绘出道路中心线、车行道、人行道及分隔带的宽度，转角缘石曲线和交通岛等。以相交道路中心线为坐标基线打方格网，方格的大小一般采用 $5 \text{ m} \times 5 \text{ m} \sim 10 \text{ m} \times 10 \text{ m}$，水泥混凝土路面的方格网应结合交叉口路面分块设置，并量测方格点的地面高程。

3. 确定交叉口设计范围

交叉口的设计范围一般为转角缘石曲线的切点以外5~10 m（相当于一个方格的距离），主要用于交叉口与路段的高程或横坡的过渡处理。

4. 确定立面设计图式和等高距

根据相交道路的等级、纵坡方向、地形情况及排水要求等，参照图8-31所示的各种图式确定需采用的立面设计图式。根据纵坡度的大小和精度要求选定等高距 $h$，一般 $h = 0.02 \sim 0.10 \text{ m}$，纵坡较大时取大值，纵坡较小时取小值。

5. 勾绘设计等高线

1) 路段设计等高线勾绘

当道路的纵坡、横断面形式及路拱横坡确定以后，可按照所需要的等高距 $h$，计算路段设计等高线的水平距离。

如图 8-32 所示，图中 $i_1$ 和 $i_3$ 分别为车行道中心线和边线的设计纵坡（通常情况下，$i_1 = i_3$）/%；$i_2$ 为车行道拱横坡度/%；$B$ 为车行道宽度/m；$h_1$ 为车行道的路拱高度/m。

中心线上相邻等高线的水平距离 $l_1$ 为：

$$l_1 = \frac{h_1}{i_1} \quad (\text{m}) \tag{8-26}$$

设置路拱以后，等高线在车行道边线上的位置沿纵向上坡方向偏移的水平距离 $l_2$ 为：

$$l_2 = h_1 \cdot \frac{1}{i_3} = \frac{B}{2} \cdot \frac{i_2}{i_3} \quad (\text{m}) \tag{8-27}$$

计算出 $l_1$ 和 $l_2$ 位置后，由 $l_1$ 定出中心线上其余等高线的位置，再由 $l_2$ 定出沿边线上相应等高线的位置，最后连接相应等高点，即得到路段设计等高线图。当路拱为抛物线时，等高线应勾绘为曲线，直线型路拱则勾绘为折线等高线。

2) 交叉口设计等高线计算和勾绘

（1）选定路脊线和控制高程。

选定路脊线时，既要考虑行车平顺，又要考虑整个交叉口的均衡美观。路脊线通常是对向行车轨迹的分界线，即车行道的中心线。对于斜交过大的 T 形交叉口，考虑到道路中心线不是对向行车轨迹的分界线，其路中心线不宜作为路脊线，应加以调整。如图 8-33 中 $AB'$ 所示，调整路脊线的起点 $A$ 一般为转角曲线切点断面处，而 $B'$ 的位置原则上应选在双向车流的中间位置。

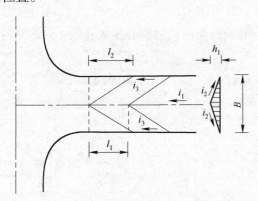

图 8-32 路段设计等高线的绘制

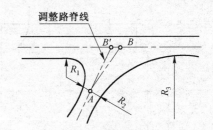

图 8-33 调整路脊线

交叉口的控制高程应以整个道路系统的规划高程为依据，并综合考虑相交道路的纵坡、交叉口周围的地形和建筑物的布置等来确定。在定控制高程时，不宜使相交道路的纵坡相差太大，一般要求差值不大于 0.5%，可能时尽量使纵坡大致相等，以利于立面设计处理。

（2）确定高程计算线网。

由于路脊线上的设计高程尚不能反映交叉口的立面形状，依靠它来勾绘交叉口的等高线比较困难，需要增加一些高程计算的辅助线，即高程计算线。高程计算线设置的依据是它所在的位置就是该断面的路拱位置，而标准的路拱横断面是与车辆行驶方向垂直的。所以，应尽量使高程计算线与路拱横断面的方向一致，即高程计算线位置应与行车方向垂直。高程计算线网主要有方格网法、圆心法、等分法和平行线法 4 种，其中等分法或圆心法高程计算线网比较符合转弯行车要求。下面对 4 种高程计算线网方法分别作简要介绍。

① 方格网法。

如图 8-34 所示，方格网法高程计算线网就是在交叉口平面图打上方格，算出各网结点的高程。

根据路脊线交叉点 $A$ 的控制高程 $h_A$，按路拱横坡可求出缘石曲线切点横断面上的 3 点高程：

$$h_G = h_A - AG \cdot i_1 \tag{8-28}$$

$$h_{E_3}(\text{或} h_{E_2}) = h_G - \frac{B}{2} \cdot i_2 \tag{8-29}$$

同理，可求得其他 3 个切点横断面在上的 3 点高程。

由 $E_3$ 或 $F_3$ 的高程可推算出车行道边线延长线交叉点 $C_3$ 的高程，如不相等取平均值，即：

$$h_{C_3} = \frac{(h_{E_3} + R \cdot i_1) + (h_{F_3} + R \cdot i_1)}{2} \tag{8-30}$$

过 $C_3$ 的 $AO_3$ 连线与转角曲线相交于 $D_3$，则 $D_3$ 点的高程为：

$$h_{D_3} = h_A - \frac{h_A - h_{C_3}}{AC_3} \cdot AD_3 \tag{8-31}$$

转角曲线 $E_3F_3$ 和路脊线 $AG$、$AN$ 上所需其他各点高程，可根据已算出的特征点高程，用补插法求得。

同理，可推算出其余所需各点的设计高程。

② 圆心法。

如图 8-35 所示，将路脊线等分为若干份，并与转角曲线的圆心连成直线（只连到转角曲线上），这些直线即为高程计算线网。

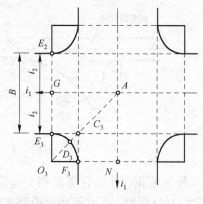

图 8-34 方格网法

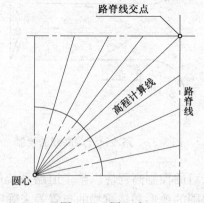

图 8-35 圆心法

③ 等分法。

如图 8-36 所示，将路脊线等分为若干份，相应的把缘石曲线也等分为相同份数，连接对应点,即得等分法高程计算线网。

④ 平行线法

如图 8-37 所示,先把路脊线的交叉点与各缘石曲线的圆心连成直线,然后按施工要求在路脊线上分若干点,过这些点做该直线的平行线交于行车道边线,即得平行线法高程计算线网。

对于主要道路与次要道路相交的情况,由于主要道路在交叉口的横坡不变,这时次要道路应在主要道路的车行道边线处衔接,路脊线的交点 $A$ 应移到主要道路车行道边线的 $A'$ 处,如图 8-38 所示。此时,无论采用哪一种高程计算线网,都必须以位移后的交点 $A'$ 为准。

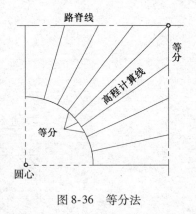

图 8-36 等分法

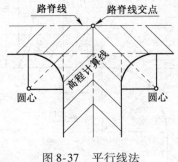

图 8-37 平行线法

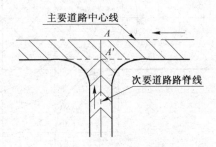

图 8-38 路脊线交叉点位移

(3) 勾绘和调整等高线。

把各等高点连接起来,就得初步的设计等高线图。对疏密不匀的等高线可进行适当调整,使坡度变化均匀。然后检查各方向坡度是否满足行车和排水要求,否则再进行调整,直到设计等高线图满足行车平顺和路面排水通畅的要求。最后合理地布置雨水口的位置和高程。

3) 计算高程计算线上的高程

高程计算线确定以后,就可按路拱坡度及等高距的要求算出高程计算线上的高程,应注意的是,这时的路拱坡度需根据高程计算线两端的高差形成,一般为单向坡度。

6. 计算设计高程

根据设计等高线图,用内插法求出方格点上的设计高程。与原地面高程的差值即为施工高度。

**例 8-1** 已知某正交的十字形交叉口位于斜坡地形上。相交道路车行道的中心线及边线的纵坡 $i_1$、$i_3$ 均为 3%,路拱横坡 $i_2$ 为 2%,车行道宽度 $B$ 为 15 m,转角曲线半径 $R$ 为 10 m。交叉口控制高程为 2.05 m,若等高距 $h$ 采用 0.10 m,试绘制交叉口的立面设计图。

**解** 本例题立面设计方法是采用方格网设计等高线法,立面设计图式采用图 8-31(e)中(1)的形式(图 8-39),主要步骤如下。

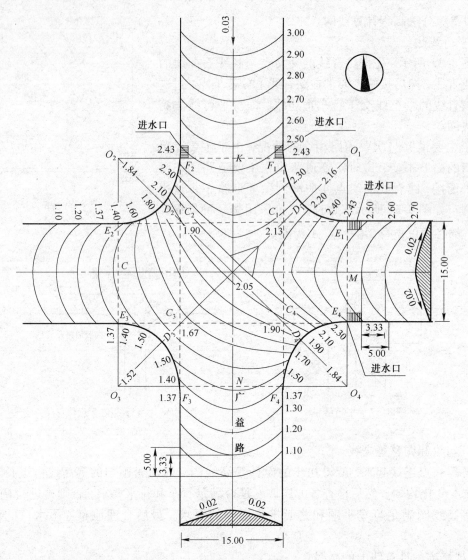

图 8-39 交叉口立面设计示例

（1）路段上设计等高线绘制。

$$l_1 = \frac{h}{i_1} = \frac{0.01}{0.03} = 3.33 \text{ m}$$

$$l_2 = \frac{B}{2} \cdot \frac{i_2}{i_3} = \frac{15}{2} \times \frac{0.02}{0.03} = 5.00 \text{ m}$$

（2）交叉口上设计等高线和绘制。

① 根据交叉口控制高程标算 $F_3$、$N$、$F_4$ 三点高程：

$$h_N = h_A - A_N \cdot i_1 = 2.05 - 17.5 \times 0.03 = 1.52 \text{ m}$$

$$h_{F_3} = h_{F_4} = h_N - (B/2) \times i_2 = 1.52 - (15/2) \times 0.02 = 1.37 \text{ m}$$

同理，可求得其余道口切点横断面的三点高程分别为：

$$h_M = 2.58 \text{ m} \qquad h_{E_4} = h_{E_1} = 2.43 \text{ m}$$

# 第8章 道路平面交叉口设计

$$h_K = 2.58 \text{ m} \qquad h_{F_1} = h_{F_2} = 2.43 \text{ m}$$
$$h_G = 1.52 \text{ m} \qquad h_{E_2} = h_{E_3} = 1.37 \text{ m}$$

② 根据 $A$、$F_4$、$E_4$ 点高程，求 $C_4$、$D_4$ 等点的设计高程：

$$h_{C_4} = \frac{(h_{F_4} + R \cdot i_1) + (h_{E_4} - R \cdot i_1)}{2} = \frac{(1.37 + 10 \times 0.03) + (2.43 - 10 \times 0.03)}{2} = 1.90 \text{ m}$$

$$h_{D_4} = h_A - \frac{h_A - h_{C_4}}{AC_4} \cdot AD_4$$

$$= 2.05 - \frac{2.05 - 1.90}{\sqrt{7.5^2 + 7.5^2}} \times (\sqrt{(7.5 + 10)^2 + (7.5 + 10)^2} - 10) = 1.84 \text{ m}$$

同理，可得：

$$h_{C_1} = 2.13 \text{ m} \qquad h_{C_2} = 1.90 \text{ m} \qquad h_{C_3} = 1.67 \text{ m}$$
$$h_{D_1} = 2.16 \text{ m} \qquad h_{D_2} = 1.84 \text{ m} \qquad h_{D_3} = 1.52 \text{ m}$$

③ 根据 $F_4$、$D_4$、$E_4$ 点高程，求转角曲线上各等高点的高程。本例采用平均分配法确定。$F_4D_4$ 及 $D_4E_4$ 的弧长为：

$$L = \frac{1}{8} \times 2\pi R = \frac{1}{8} \times 2 \times \pi \times 10 = 7.85 \text{ m}$$

$F_4D_4$ 间应有设计等高线为 $\frac{1.84 - 1.37}{0.10} \approx 5$ 根

等高线的平均间距为 $\frac{7.85}{5} = 1.57$ m

$F_4D_4$ 间应有设计等高线为 $\frac{2.43 - 1.84}{0.10} \approx 6$ 根

等高线的平均间距为 $\frac{7.85}{6} = 1.31$ m

$F_3D_3$ 及 $D_3E_3$ 间应有设计等高线为 $\frac{1.52 - 1.37}{0.10} \approx 2$ 根

等高线的平均间距为 $\frac{7.85}{2} = 3.93$ m

$F_2D_2$ 及 $D_2E_2$ 分别与 $D_4E_4$ 及 $F_4D_4$ 相同。

$E_1D_1$ 及 $D_1F_1$ 间应有设计等高线为 $\frac{2.42 + 2.16}{0.10} \approx 3$ 根

等高线的平均间距为 $\frac{7.85}{3} = 2.62$ m

④ 根据 $A$、$M$、$K$、$G$、$N$ 各点高程，可分别求出路脊线 $AM$、$AK$、$AG$、$AN$ 上的等高点。对路脊线上的高程点位置，也可以根据待定等高线高程、$A$ 点高程及纵坡 $i_1$ 来确定。比如南端高程为1.70 m的等高点距 $A$ 点在路脊线上的距离为：

$$(2.05 - 1.70)/0.03 = 11.67 \text{ m}$$

⑤ 按所选定的立面设计图式，将对应等高点连接起来，即得初步立面设计图。

⑥ 根据交叉口等高线中间应疏一些、边缘应密一些，且疏与密过渡应均匀的原则，对初定立面设计图进行调整，即得图8-39所示的交叉口立面设计图。图8-40～图8-42为交叉口设计实例。

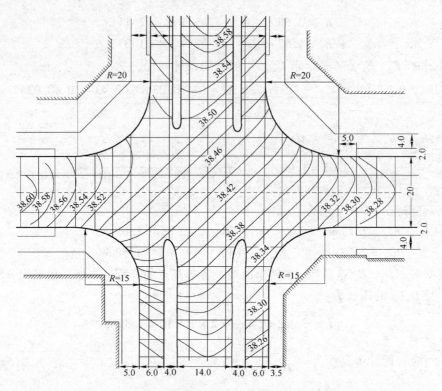

图 8-40 沥青路面交叉口竖向设计示例

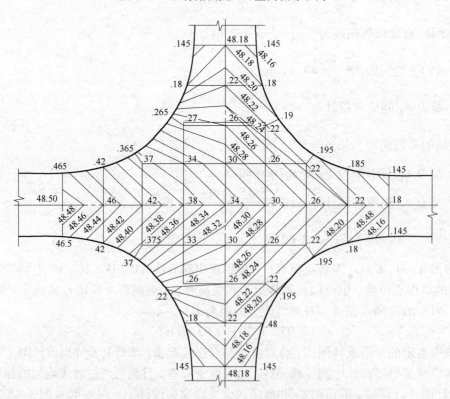

图 8-41 水泥混凝土路面交叉口竖向设计示例（十字形交叉）

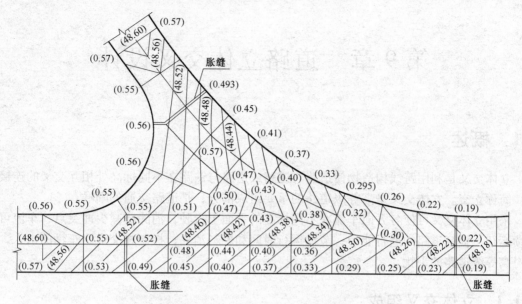

图 8-42　水泥混凝土路面交叉口竖向设计示例（Y 形交叉）

# 第 9 章　道路立体交叉设计

## 9.1　概述

立体交叉是利用跨线构造物使道路与道路或道路与铁路在不同标高处相互交叉的连接方式，简称立交。立体交叉是高等级道路的重要组成部分，是道路交通的咽喉。

采用立体交叉可使各方向车流在不同标高的平面上行驶，消除或减少冲突点；车流可以连续运行，提高道路的通行能力；节约运行时间和燃料消耗；控制相交道路车辆的出入，减少对高等级道路的干扰。

### 9.1.1　立体交叉组成

立体交叉组成，如图 9-1 所示。

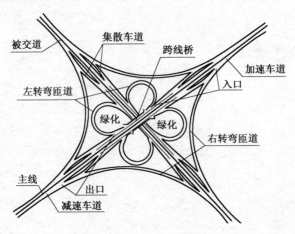

图 9-1　立体交叉的组成

1. 跨线构造物

跨线构造物是立体交叉实现车流空间分离的主体构造物，包括设在地面上的跨线桥（上跨式）或设在地面下的地道（下穿式）。

2. 正线

正线是组成立体交叉的主体，指相交道路，包括主要道路（简称主线）和次要道路（简称次线或被交道）。

3. 匝道

匝道是立体交叉的重要组成部分，指供转弯车辆上下相交道路的连接道，包括左转弯匝道和右转弯匝道。

4. 出口与入口

转弯车辆由正线驶出进入匝道的道口为出口,由匝道驶入正线的道口为入口。

5. 变速车道

为适应车辆变速行驶的需要,在正线外侧的出、入口附近设置的附加车道称为变速车道,包括减速车道和加速车道。出口端为减速车道,入口端为加速车道。

6. 辅助车道

在正线的分、合流附近,为维持正线的车道数平衡和保持正线的基本车道数而在正线外侧增加的附加车道称为辅助车道。

7. 集散车道

为了减少车流进出高等级道路的交织和出、入口数量,可在立体交叉范围内正线的一侧或两侧设置的与其平行且分离的专用道路称为集散车道。

8. 绿化地带

在立体交叉范围内,由匝道与正线或匝道与匝道之间所围成的封闭区域,一般采用绿化栽植,也可以布设排水管渠、照明杆柱等设施。

立体交叉的范围,一般是指各相交道路变速车道渐变段顶点以内所包含的正线和匝道的全部区域。

除以上主要组成部分外,还包括立体交叉范围内的排水系统、照明设备及交通工程设施等。对于城市道路立交,还应包括人行道、非机动车道和各种管线设施等。对于收费立交,还应包括收费站、收费广场和服务设施等。

## 9.1.2 立体交叉设置条件

1. 根据相交道路的等级

高速公路与高速公路、铁路、各类道路交叉,必须采用立体交叉;一级公路与其他公路交叉应尽量采用立体交叉;城市快速路与快速路、铁路交叉必须采用立体交叉;快速路与主干路交叉应采用立体交叉;大城市机场路与一般路相交可采用立体交叉。

2. 根据交通量的需要

我国《城镇道路工程技术标准》规定:主干路和主干路相交的路口,当进入路口的现况交通量超过 4 000~6 000(辆/h)(当量小客车),相交道路为四车道以上,且对平面交叉口采取改善措施、调整交通组织均难收效时,可设置立体交叉。

3. 考虑地形条件

结合修建跨河桥，城市主干路跨河桥的两端，可以根据需要扩建桥梁边孔，修建主干路与滨河路的立体交叉。

4. 设置条件

道路与铁路的交叉符合下列条件时采用立体交叉。
① 当地形条件困难，采用平面交叉危及行车安全。
② 城市主干路、次干路与铁路交叉，在道路交通高峰时间内，经常发生一次封闭时间超过 15 min。
③ 修建铁路与道路立交时，可根据需要同时修建与铁路平行而又距离较近的道路与主干路的立体交叉。

## 9.1.3 公路立交与城市道路立交主要区别

对于公路立交和城市道路立交，它们的作用、主要组成部分和设计方法是基本相同的，但由于受地形、地物、用地及收费制等条件的影响，使得两者之间又有一些区别。了解它们之间的区别，对于指导立体交叉的规划与设计具有非常重要的意义。概括起来，公路立交与城市道路立交的区别主要表现在以下几个方面。

① 公路立交一般为收费立交，可供选择的形式较少；而城市道路立交一般不收费，可供选择的形式较多，可结合场地条件充分发挥设计者的主观想象力，在满足交通功能的前提下，设计出新颖、美观的立体交叉形式。

② 公路立交一般不考虑行人和非机动车交通，形式简单，跨线构造物单一；而城市道路立交因受行人和非机动车的影响，一般形式复杂，跨线构造物较多。

③ 公路立交匝道的计算行车速度较大，线形标准高，占地面积较大；而城市道路立交匝道的计算行车速度相对较小，线形指标低，占地面积较小。

④ 公路立交一般间距大，立交之间相互干扰较小；而城市道路立交的间距较小，匝道不易布置，指路标志设置困难，立交之间相互影响较大。

⑤ 城市道路立交受地上、地下各种建筑物和管线的影响较大，拆迁量较大；而公路立交受这方面的影响较小，拆迁量也小。

⑥ 城市道路立交用地限制较严，往往采用非标准型立交；而公路立交用地限制较松，多采用标准型立交。

⑦ 城市道路立交比公路立交更重视美观要求，常作为一种城市景观来设计。结构上要求简洁、轻巧、线条连续，外观上要求新颖、美观、飘逸，并与周围环境协调统一。

⑧ 城市道路立交施工时一般场地较小，施工难度较大，并要考虑维持原有交通问题；而公路立交施工时一般场地不受限制，交通组织也较方便。

⑨ 城市道路立交比公路立交排水系统更为复杂。城市道路立交多为地下管渠排水，并与城市整体排水系统连接；而公路立交多采用地上明沟排水，与天然沟渠连接。

⑩ 城市道路立交比公路立交更重视绿化。公路立交绿化一般注重对通过立交车辆的引

导作用；而城市道路立交则更注重对立交的美化，使之成为城市的象征或景观之一。

## 9.2 立体交叉类型与适用条件

### 9.2.1 按结构物形式分类

1. 上跨式立交

用跨线桥从相交道路上方跨过的交叉方式，多用于乡村、市郊或附近有高大建筑物处。这种立交施工方便，造价低，排水容易处理，其缺点是占地大，纵坡大，引道长，高架桥影响视线和市容。

2. 下穿式立交

用地道从相交道路下方穿过的交叉方式，多用于用地较紧的市区。这种立交正线低于地表面，占地较小，构造物对视线和周围景观影响较小，其缺点是排水困难，施工难度大，养护费用高。

### 9.2.2 按交通功能分类

1. 分离式立交

分离式立交仅设一座跨线构造物，使相交道路空间分离，是上、下道路无匝道连接的交叉方式。这种立体交叉结构简单，占地少，造价低，但相交道路的车辆不能转弯行使。一般适用于主要道路与铁路、主要道路与次要道路之间的交叉，如图9-2所示。

2. 互通式立交

互通式立交不仅设跨线构造物使相交道路空间分离，而且上、下道路有匝道连接，以供转弯车辆上下相交道路的交叉方式。这种立体交叉相交道路的车辆能转

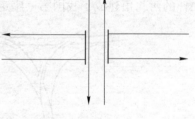

图9-2 分离式立交

弯行驶，全部或部分消除了冲突点，各方向行车干扰较小，但结构复杂，占地多，造价高。一般适用于主要道路与主要道路、主要道路与次要道路之间的交叉。

分离式立交形式一般比较简单，以下介绍的立体交叉主要侧重于互通式立交。公路上的互通式立交，一般按几何形状分为T形、Y形、十字形三种，城市道路上的互通式立交，一般按交通流线的交叉情况和道路互通的完善程度分为完全互通式、不完全互通式和环形三种。下面以公路上常见的几种互通式立交进行阐述。

1) T形交叉

T形交叉即三路交叉，代表形式为喇叭形，如图9-3所示。喇叭形按车辆沿环形匝道的

出入方式又分为 A 型和 B 型两种，沿环形匝道驶入正线为 A 型，沿环形匝道驶出正线为 B 型。环形匝道因车辆迂回而多行驶了一些路程，因此，转向交通量小的匝道宜采用环形匝道。实际应用中，A 型环形匝道通常采用单圆曲线，且匝道上跨正线；B 型环形匝道常常采用水滴形或卵形曲线，且匝道下穿正线。喇叭形立交属于完全互通式立交，一般适用于高等级公路与一般公路之间的交叉，也适用于高等级公路与高等级公路之间的交叉。因喇叭形立交具有只设一处跨线构造物、便于集中收费管理的优点而在公路设计中被广泛地采用。四路交叉根据转向交通量及地形条件也通常采用喇叭形立交或双喇叭形立交。

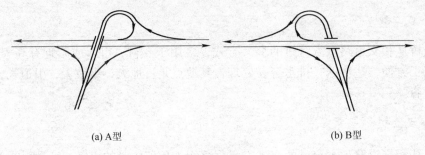

(a) A型　　　　　　　　　　　　　(b) B型

图 9-3　喇叭形立交

2) Y 形交叉

Y 形交叉也是一种三路交叉，代表形式包括定向 Y 形和半定向 Y 形（也称半定向 T 形）两种，如图 9-4 所示。定向 Y 形是用直接匝道连接构成的，需要把正线往返车道分开得相当远。半定向 Y 形是用不完全直接匝道代替一部分直接匝道连接构成的，但正线车道不必分开很远。图 9-4 中所示的定向 Y 形和半定向 Y 形都是把两层构造物分设在三处，占地面积较大，也可将三层构造物设在一处，但正线和匝道的纵坡难以处理。Y 形交叉属于完全互通式立交，无交织点，行车安全，方向明确，路线短捷，通行能力大，但构造物多，造价较高，一般适用于高等级公路之间的交叉，尤其是高速公路之间的交叉。1984 年北京市在北二环的西北角建成了我国第一座定向 Y 形立交。

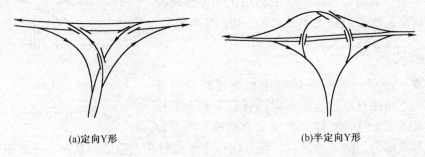

(a) 定向Y形　　　　　　　　　　　(b) 半定向Y形

图 9-4　Y 形立交

3) 十字形交叉（或 X 形交叉）

十字形交叉即四路交叉，包括菱形、半苜蓿叶形、苜蓿叶形、定向形，四路交叉的环形也属于十字形交叉。其中菱形、半苜蓿叶形因匝道与被交道路存在平面交叉，故这两种立交属于不完全互通式立交，如图 9-5 (a)、(b) 所示。这两种形式的立交能保证主线直行车辆的快速畅通，形式简单，仅设一处跨线构造物，占地和工程量较小。但需设多处收费站，不便于集中管理，且平面交叉的存在影响了通行能力和行车安全，一般适用于高等级公路与一般公路之间的交叉。1955年武汉市修建江汉一桥时，利用桥头边孔建成了我国第一座半苜蓿叶形立交。

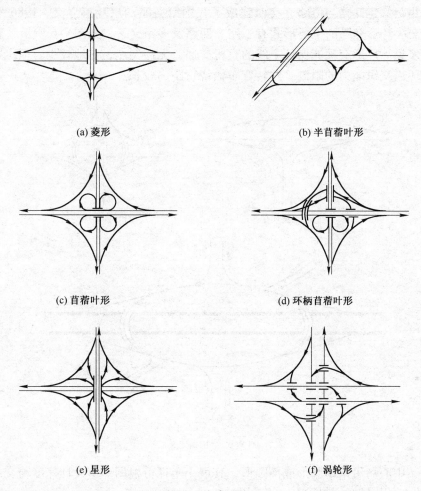

图9-5 十字形交叉

苜蓿叶形是高等级公路与高等级公路之间的交叉形式，一般适用于左转弯车辆都较少的情况，城市的外围环线上采用较为适合，如图9-5（c）所示。这种形式的立交虽然只设一处跨线构造物，但在相邻的两个环形匝道之间存在交织区段，实用效果并不好，因而通常需要设置集散车道（图9-1），或采用苜蓿叶的其他演变形式，如环柄苜蓿叶形［见图9-5（d）］。苜蓿叶形与环柄苜蓿叶形都属于完全互通式立交。1973年北京市在西二环上的复兴门建成了我国第一座长条苜蓿叶形立交。

定向形也是高等级公路与高等级公路之间的交叉形式，特别适用于郊外高速公路与高速公路之间的交叉。此处的定向并不一定指所有的匝道都是直接连接的形式，而是把不完全直接连接匝道包含在内，一并称为定向形。定向形的左转弯匝道一般用比较缓的曲线设计，转向明确，通行能力大，其构造物数量与层次要比三路交叉多得多，因而工程造价巨大。主要形式有四层式星形、定向涡轮形，如图9-5（e）、（f）所示。定向形属于完全互通式立交。

4）环形交叉

环形交叉一般适用于高等级公路与一般公路之间的交叉，城市道路采用较多。1964年广州市在大北路修建铁路与道路立交时建成了我国第一座两层环形立交，1986年又改建成三层环形立交。环形交叉的主要形式有三路、四路及多路交叉，如图9-6所示，其中四路环形交叉较为多见。环形交叉能保证主线的直行交通，无冲突点，占地较少。但次要道路的通行能力受到环道交织能力的限制，左转弯车辆绕行距离较长。

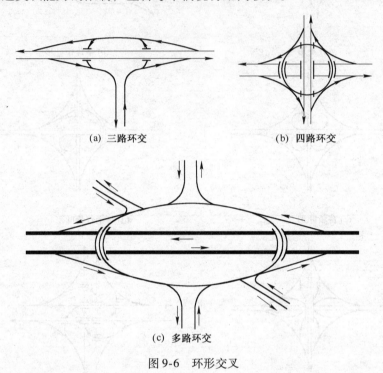

图9-6 环形交叉

环形交叉中心岛可采用圆形或椭圆形，其最小半径可根据环道设计速度与交织长度的要求，按表9-1选用（路面横坡以1.5%计）。

表9-1 环形交叉中心岛最小半径

| 环道设计速度/(km/h) | 40 | 35 | 30 | 25 | 20 |
| --- | --- | --- | --- | --- | --- |
| 中心岛最小半径/m | 55~60 | 40~50 | 30~35 | 20~25 | 10~15 |

## 9.3 立体交叉布置规划与形式选择

### 9.3.1 立体交叉布置规划

**1. 立交位置选定**

立交位置的选定，应以现有道路网或已批准的规划为依据。一般应选择在地势平坦开阔、地质良好、拆迁较少及相交道路均具有较高的平、纵线形指标处。通常情况下，应综合考虑交通、社会、自然等条件，按下列标准选定立交的位置。

① 相交道路的性质。如主要道路与其他道路相交或接近的地点应设置立交。

② 相交道路的任务。主要道路与通往重要港口、机场、车站和游览胜地的道路相交处应设置立交。

③ 相交道路的交通量。城市道路规定进入主干路交叉口的交通量达到 4 000~6 000 辆/h，相交道路为四车道以上，且对平面交叉口采取改善措施和调整交通组织均难以奏效时可采用立交。公路未作具体规定。

④ 社会条件。在人口超过 3 万的城市近郊，或影响范围内人口达到 5 万~10 万的地点应设置立交。

⑤ 地形条件。当地形条件适宜修建立交时可采用，如高填方路段与其他道路交叉处、较高的桥头引道与滨河路交叉处等。

⑥ 经济条件。修建立交的年平均投资费用应小于平面交叉的年经济损失总额，否则是不合理的。

2. 立交的间距

立交的间距主要取决于拟建道路所在区域道路网的交通密度，确定互通式立交间距时，主要应考虑以下影响因素。

① 能均匀地分散交通。相邻立交之间应保持合适的间距。间距过大会使交通联系不便，间距过小则又影响高等级道路功能的发挥，且使建设投资增加。

② 能满足交织路段长度的要求。相邻立交之间应有足够的交织路段，以便在相邻立交出、入口之间设置足够的加、减速车道。

③ 能满足交通标志和信号设置需要。相邻立交之间应保证足够的距离，在此路段内设置一系列交通标志和信号，以便连续不断地告诉驾驶人下一个立交出口的到来。

④ 能满足驾驶人操作顺适的要求。相邻立交之间的距离如果过近，特别是在城市道路上，因立交的平面连续变化，纵断面起伏频繁，对车辆运行和驾驶人操作均不利。

对互通式立交的标准间距，公路与城市道路不尽相同。公路上，在大城市、重要工业区周围为 5~10 km，一般地区为 15~25 km，最大间距不超过 30 km，最小间距不应小于 4 km。最小间距应满足车辆交织和变速、设置标志等方面的需要。当间距超过 30 km 时，应在适当位置设置 U 形转弯设施，以供误行车辆和公路维修、救援等车辆掉头之用。城市道路上互通式立交的间距一般比公路上小，但最小间距按干道计算行车速度为 80 km/h、60 km/h、50 km/h 和 40 km/h，分别采用 1 000 m、900 m、800 m 和 700 m。

## 9.3.2 立体交叉形式选择

立交形式选择的目的，是为了提供行车效率高，安全舒适，适应设计交通量和计算行车速度，满足车辆转弯需要，并与环境相协调。立交形式选择是否合理，不仅影响立交本身的功能，如通行能力、行车安全和工程经济等，而且对地区整体规划、地方交通能力的发挥以及市容环境等方面都有密切的关系。

1. 影响立体交叉形式选择的因素

影响立体交叉形式选择的因素很多，归纳起来可概括为道路、交通、环境及自然条件，具体内容如图 9-7 所示。

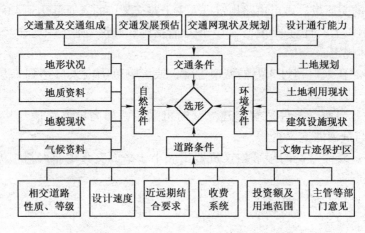

图 9-7 影响立体交叉形式选择的基本因素

2. 立体交叉形式选择的基本原则

立交形式的选择，应根据道路、交通条件，结合自然、环境条件综合考虑而定，并遵循下列基本原则。

① 立交的形式主要取决于相交道路的性质、任务和远景交通量等，确保行车安全畅通和车流的连续。相交道路等级高时应采用完全互通式立交；交通量大、计算行车速度高的行车方向要求线形标准高、路线短捷、纵坡平缓；车辆组成复杂时，如机动车、非机动车混行，要考虑个别交通特性的需要，如爬坡。在城市道路上，若使机动车、非机动车交通量都很大的车流分离行驶，可采用三层或四层式立交。如 1978 年北京市建成的机动车与非机动车完全分离行驶的建国门三层式立交，1983 年广州市建成的机动车与非机动车完全分离行驶的区庄四层式立交。

② 选择立交的形式应与所在地的自然条件和环境条件相适应，要充分考虑区域规划、地形地质条件、可能提供的用地范围、文物古迹保护区、周围建筑物及设施分布现状等。在满足交通要求的前提下综合分析研究，力求合理利用地形、工程营运经济、与环境相协调、造型美观、结构新颖合理。

③ 选择立交的形式应全面考虑近、远期结合，既要考虑近期交通要求，减少投资费用，又要考虑远期交通发展需要改建提高的可能。如双喇叭互通、全苜蓿叶互通的分期修建，应考虑前期工程在后期工程中得到充分的利用。

④ 选择立交的形式应从实际出发，有利施工、养护和排水，尽量采用新技术、新工艺、新结构，以提高质量、缩短工期和降低成本。

⑤ 选择立交的形式和总体布置要全面安排，分清主次，考虑平面线形指标和竖向标高的要求。如铁路与道路相交，常以铁路上跨为宜，可减小净空高度；高等级公路与其他道路相交，原则上高等级公路不变或少变，其他道路抬高或降低；城市立交以非机动车道不变或

少变为原则，有利于行人及自行车通行。

⑥ 选择立交的形式应与定位相结合。立交的形式随所在地的自然条件和环境条件而异，通常先定位后选形，并使选形与定位结合考虑。

⑦ 选择立交的形式应考虑收费制式问题，根据转弯交通量的大小确定连接线的象限及其具体位置。

**3. 立体交叉形式选择的步骤和要点**

1）确定立交基本形式

首先选择立交的总体布局，如上跨式或下穿式，完全互通式、不完全互通式或交织式，二层式、三层式或四层式，机动车与非机动车是分离行驶还是混合行驶，是否考虑行人交通，是否收费等。在此基础上进一步选择立交的基本形式，如喇叭形、菱形、Y形或其他组合形式等。

根据影响立交形式选择的主要因素，可供参考表9-2所示的常用立交形式的选择条件（相交道路按6车道计，交通量为当量小客车，即pcu）。

表9-2 常用立交形式选择

| 项 目<br>立交形式 | 设计速度/(km/h) | | | 交叉口总通行能力/(辆/h) | 占地面积/hm² | 适 用 条 件 |
| --- | --- | --- | --- | --- | --- | --- |
| | 直行 | 左转 | 右转 | | | |
| 定向形立交 | 80~100 | 70~80 | 70~80 | 13 000~15 000 | 8.5~12.5 | 1. 高等级公路相互交叉<br>2. 高等级公路与市郊快速路交叉 |
| 苜蓿叶形立交 | 60~80 | 30~40 | 30~40 | 9 000~13 000 | 7.0~9.0 | 1. 高等级公路相互交叉<br>2. 高等级公路与快速路、主干路相交<br>3. 用地允许的市区主要交叉口 |
| 部分苜蓿叶形立交 | 30~80 | 25~35 | 30~40 | 6 000~8 000 | 3.5~5.0 | 1. 高等级公路与快速路、主干路相交<br>2. 苜蓿叶形立交的前期工程 |
| 菱形立交 | 30~80 | 25~35 | 25~35 | 5 000~7 000 | 2.5~3.5 | 1. 高等级公路与次要道路相交<br>2. 快速路与主干路相交 |
| 三、四层环形立交 | 60~80 | 25~35 | 25~35 | 7 000~10 000 | 4.0~4.5 | 1. 快速路相互交叉<br>2. 市区交叉口<br>3. 高等级公路与次要道路相交 |
| 喇叭形立交 | 60~80 | 30~40 | 30~40 | 6 000~8 000 | 3.5~4.5 | 1. 高等级公路与快速路相交<br>2. 高等级公路相互交叉<br>3. 用地允许的市区交叉口 |
| 三路环形立交 | 60~80 | 25~35 | 25~35 | 5 000~7 000 | 2.5~3.0 | 1. 高等级公路相互交叉<br>2. 市区T形、Y形交叉口 |
| 三路子叶形立交 | 60~80 | 25~35 | 25~35 | 5 000~7 000 | 3.0~4.0 | 1. 高等级公路相互交叉<br>2. 苜蓿叶形立交的前期工程 |
| 三路定向形立交 | 80~100 | 70~80 | 70~80 | 8 000~11 000 | 6.0~7.0 | 1. 高等级公路相互交叉<br>2. 地形适宜的双向分离式道路相交 |

注：相交道路按6车道计，交通量为当量小客车。

对公路立交，在确定基本形式时，应根据各方向的交通量，结合地形、地物、当地交通条件综合考虑而定，并注意以下几点。

① 直行和转弯交通量均大，相交公路的计算行车速度较高并要求用较高的速度集散时，可采用定向形或半定向形立交。

② 相交公路等级相差较大，且转弯交通量不大时，可采用菱形、半苜蓿叶形或喇叭形立交。

③ 不设收费站的高速公路、一级公路相交时，可采用全苜蓿叶形立交。但其规模和用地较大，在无专用集散车道的情况下易出现交通阻塞和事故，应慎重选用。苜蓿叶形立交的环形匝道以单车道为宜，若交通量接近或大于单车道通行能力时，则应采用定向匝道。

④ 半苜蓿叶形有两个相隔很近的平面交叉，对次要道路直行交通不利。当各向转弯交通量相差悬殊时，应在适当象限内布置匝道，将冲突影响减至最低程度。

⑤ 高等级公路与一般公路相交且不设收费站时，应优先采用菱形立交。若设收费站而主要道路转弯交通量较小时，允许匝道上存在平面交叉。

2）立交几何形状及结构的选择

立交的几何形状及结构对行车速度、运行时间、行车视距、视野范围、服务水平及通行能力等影响较大。在选定基本形式的基础上，通过仔细研究，对立交的总体结构进行安排和匝道布置，如跨线构造物的布置，出、入口的布置，匝道布置象限，内、外匝道采用整体式路基或分离式路基，匝道的平、纵、横几何形状及尺寸的选择等。

3）立交方案比较

立交形式多样、技术复杂、占地面积大、造价高，经过多方案的技术、经济比较，选择合理的立交形式和适当的规模，以选出满足交通功能的要求、适合现场条件、工程量小、投资省的立交方案。对于复杂的大型立交，还应制作模型或立体图进行检查比较。通过立交方案综合评价，可以在技术上、经济上寻求最合理的立交形式，使立交在道路网中发挥更大的社会效益和经济效益。立交方案评价的方法较多，通常采用的方法有综合评价法、分项评价法、技术经济比较法、经济比值法、环境协调与造型比较法等。下面简要介绍综合评价法与技术经济比较法两种方法。

(1) 综合评价法。

综合评价法是对建立的综合评价指标体系，借助运筹学的层次分析法或模糊数学的方法或二者结合使用，通过各影响因素权重的计算和综合分析比较，以寻求整体最优或较优的立交方案，作为决策的依据。综合评价法是一个多目标、多层次的决策分析过程。

建立一个合理、实用和科学的综合评价指标体系，对评价结果的全面性、公正性及可靠性至关重要。图 9-8 为立交方案综合评价指标体系之一，它是一个三级梯阶结构，方案评价是由下而上逐级进行，将低一级评判结果作为高一级评判的输入，直到最终得到结果。

权重是各因素之间相对重要程度的反映。为使权重取值科学，不过分偏差，通常采用系统工程中的德尔菲（Delphi）法，即发放专家调查表。该表应有选择地向专家发放，收回后还应作正态分布的假设检验，以保证调查质量。

在多目标决策过程中，各因素是相互影响的，有些因素很难量化，有的甚至是不可量化的，因此各因素之间就不能直接判断其影响程度，从而得到决策结果。为能统一比较，需要把有量纲或无量纲的各指标换算成 0、1 之间的实数，称为评价指标的量化处理。对定量的指标（如匝道长度、通行能力等）通过计算直接或间接得到；对定性的指标（如社会反映、

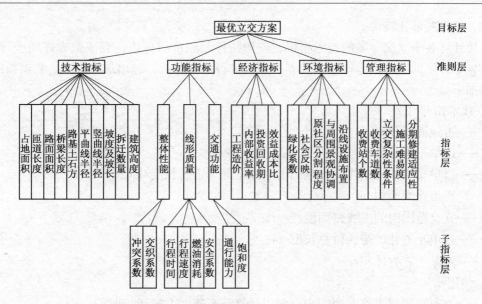

图 9-8　立体交叉方案综合评价指标体系

分期修建适应性等）很难计算获得，可用模糊数学的方法得到。

例如，某公路立交拟订了菱形和半苜蓿叶形两个方案，均不收费，匝道为单车道匝道，先确定各项指标的权重系数，然后计算各项指标的综合重要度，再计算各项指标的分项评分，列成表9-3格式进行计算。评价结果表明，方案一优于方案二。

表 9-3　综合评价法计算

| 比较项目 | | 综合重要度 | 方 案 一 菱形立交 | | 方 案 二 半苜蓿叶形立交 | |
|---|---|---|---|---|---|---|
| | | | 隶属度 | 分项评价值 | 隶属度 | 分项评价值 |
| 技术指标 (0.2) | 匝道长度 (0.3) | 0.06 | 0.08 | 0.048 | 0.60 | 0.036 |
| | 路基土石方数量 (0.2) | 0.04 | 0.75 | 0.045 | 0.63 | 0.038 |
| | 路面面积 (0.2) | 0.04 | 0.78 | 0.047 | 0.50 | 0.030 |
| | 平曲线半径 (0.3) | 0.06 | 0.60 | 0.036 | 0.75 | 0.045 |
| 功能指标 (0.4) | 整体性能 (0.3) 冲突系数 (0.5) | 0.06 | 0.60 | 0.036 | 0.80 | 0.048 |
| | 交织系数 (0.5) | 0.02 | 0.65 | 0.039 | 0.90 | 0.054 |
| | 线形质量 (0.4) 行程时间 (0.13) | 0.02 | 0.70 | 0.042 | 0.60 | 0.036 |
| | 行驶速度 (0.20) | 0.03 | 0.60 | 0.036 | 0.65 | 0.039 |
| | 燃油消耗 (0.06) | 0.01 | 0.70 | 0.042 | 0.72 | 0.043 |
| | 安全系数 (0.61) | 0.10 | 0.60 | 0.036 | 0.75 | 0.045 |
| | 交通功能 (0.3) 通行能力 (0.5) | 0.06 | 0.72 | 0.043 | 0.81 | 0.048 |
| | 饱和度 (0.5) | 0.06 | 0.70 | 0.042 | 0.75 | 0.045 |
| 经济指标 (0.4) | 工程造价 (0.3) | 0.12 | 0.83 | 0.050 | 0.62 | 0.037 |
| | 内部收益率 (0.3) | 0.12 | 0.85 | 0.051 | 0.62 | 0.037 |
| | 投资回收期 (0.2) | 0.08 | 0.86 | 0.051 | 0.3 | 0.037 |
| | 效益成本比 (0.2) | 0.08 | 0.85 | 0.051 | 0.67 | 0.040 |
| 综合评价值 | | 1.00 | 0.70 | | 0.66 | |

（2）技术经济比较法。

直接计算各个立交方案的技术指标、使用指标及经济指标值，列成数表逐项进行对比，通过对各个方案的造价、运输费用和养护费用进行综合分析，选出最佳方案。各项指标的具体内容如下。

① 技术指标

$F$——占地面积/$hm^2$；

$L_1$——以单车道计的匝道总长度/km；

$L$——以单车道计的立体交叉范围内主线全部车道总长度/km；

$S_1$——匝道路面面积/$m^2$；

$S$——立交范围内的主线路面面积/$m^2$；

$L_0$——以单车道计的跨线桥总长度/m；

$W$——路基土石方体积/$m^3$。

② 使用指标

$T_左$——汽车在相邻道路上两固定点间以计算行车速度左转运行时间/s；

$T_右$——汽车在相邻道路上两固定点间以计算行车速度右转运行时间/s；

$t_左$——汽车在相邻道路上两固定点间以最佳车速左转运行时间/s；

$t_右$——汽车在相邻道路上两固定点间以最佳车速右转运行时间/s。

③ 经济指标

$C$——立交范围内的路基、路面及跨线构造物等的总造价/万元；

$A$——立交一年的养护费用/万元；

$B$——立交一年的运输费用/万元。

例如，某公路立交拟订了3个方案，在相同的设计标准下进行方案比较，见表9-4。比较结果表明，方案三虽然造价高，但使用指标好，养护和运输费用低，可作为推荐方案。

表9-4 技术经济比较法立体交叉方案比较

| | 比较指标 | 单位 | 方案一 苜蓿叶形立交 | 方案二 环形立交 | 方案三 定向形立交 |
|---|---|---|---|---|---|
| 技术指标 | 占地面积 $F$ | $hm^2$ | 51.9 | 8.5 | 8.1 |
| | 匝道总长度 $L_1$ | km | 5.8 | 2.03 | 2.74 |
| | 主线车道长度 $L$ | km | 14.6 | 5.84 | 6.37 |
| | 匝道路面面积 $S_1$ | $m^2$ | 18 850 | 6 600 | 8 900 |
| | 主线路面面积 $S$ | $m^2$ | 49 720 | 19 940 | 2 160 |
| | 跨线桥总长度 $L_0$ | m | 184 | 516 | 1 044 |
| | 路基土石方 $W$ | $m^3$ | 179 840 | 211 810 | 210 320 |
| 使用指标 | 左转运行时间 $T_左$ | s | 150 | 106 | 81 |
| | 右转运行时间 $T_右$ | s | 74 | 80 | 79 |
| | $T_左 + T_右$ | s | 224 | 186 | 160 |
| | 最佳左转运行时间 $t_左$ | s | 229 | 173 | 136 |
| | 最佳右转运行时间 $t_右$ | s | 115 | 134 | 133 |
| | $t_左 + t_右$ | s | 344 | 307 | 269 |

续表

| 比较指标 | | 单位 | 方案一<br>苜蓿叶立交 | 方案二<br>环形立交 | 方案三<br>定向形立交 |
|---|---|---|---|---|---|
| 经济指标 | 总造价 $C$ | 万元 | 5 861 | 6 416 | 7 038 |
| | 每年养护费用 $A$ | 万元 | 295 | 271 | 277 |
| | 每年运输费用 $B$ | 万元 | 2 095 | 1 890 | 1 750 |
| | $A+B$ | 万元 | 2 390 | 2 161 | 2 027 |
| 比较结果 | | | | | 推荐 |

## 9.3.3 立体交叉设计资料

在立体交叉设计之前，应通过实地勘测、调查收集下列所需设计资料。

① 自然资料。测绘立交范围的 1:500~1:2 000 地形图，详细标注建筑物的建筑线、种类、层高、地上及地下各种杆柱和管线；调查并收集用地发展规划、水文、地质、土壤、气候资料；收集附近的国家控制点和水准点等。

② 交通资料。收集各转弯及直行交通量，交通组成；推算远景交通量；绘制交通量流量流向图；调查非机动车和行人流量等。

③ 道路资料。调查相交道路的等级、平纵面线形、横断面形式和尺寸；相交角度、控制坐标和高程；路面类型及厚度；确定净空高度、设计荷载、设计速度及平纵横指标等。

④ 排水资料。收集立交所在区域的排水制度、现状和规划；各管渠位置、埋深和尺寸。

⑤ 文书资料。收集设计任务书，上级主管部门的具体要求、意见及有关文件等。

⑥ 其他资料。调查取土、弃土和材料来源；施工单位、季节、工期和交通组织与安全。

## 9.3.4 立体交叉设计步骤

立交的设计包括规划、可行性研究、初步设计到施工图设计的全过程。一般按以下步骤进行。

① 初拟方案。根据交通量分布和地形、地物条件，在地形图或其上覆盖的透明纸上勾绘出各种可能的立体交叉方案。

② 确定比较方案。对初拟方案进行分析，应考虑线形是否顺适，转弯半径能否满足规定要求，各层间可否跨越，拆迁是否合理，一般选 2~4 个比较方案。

③ 确定推荐方案。在地形图上按比例绘出各比较方案，完成初步平纵设计、桥跨方案和概略工程量计算，作出各方案比较表，全面比较后确定 1~2 个推荐方案。

④ 确定采用方案。对推荐方案视需要作出模型或透视图，征询有关方面意见，最后定出采用方案。应权衡造价、近期与远期的关系，也可采用分期修建的立交方案。

⑤ 详细测量。对采用方案实地放线并详细测量，进一步收集详细设计所需的全部资料。

⑥ 施工图设计。完成全部施工图和工程预算。

以上①~④步为初步设计阶段，当可选方案较少或简单明了时可酌减步骤，⑤~⑥步为施工图设计阶段。

## 9.4 匝道设计

匝道是专供相交道路转弯车辆行驶的连接道，由出口、入口及其间的匝道路段三部分组成，是互通式立交必不可少的重要组成部分。匝道设计的合理与否，直接关系到立交的功能发挥、营运经济及行车安全等，因此，匝道的合理布置及采用合适的线形非常重要。

### 9.4.1 匝道分类

1. 按功能分类

按匝道的功能及其与相交道路的关系分类，可分为如下几类。

1）右转弯匝道

车辆从正线右侧驶出后直接右转约 90°，到相交道路的右侧驶入，一般不设跨线构造物，如图 9-9 所示。根据立交的形式和用地条件，右转弯匝道可以布设为单（复）曲线、反向曲线、平行线或斜线 4 种。右转弯匝道属右出右进的直接式匝道，其特点是形式简单，车辆运行方便，直捷顺当，行车安全。

2）左转弯匝道

车辆须转约 90°~270°越过对向车道，除环形左转弯匝道外，至少需要一座跨线构造物。按匝道与相交道路的关系，左转弯匝道又可分为直接式、半直接式和间接式 3 种基本形式。

（1）直接式。

直接式又称定向式或左出左进式，如图 9-10 所示，左转弯车辆直接从正线左侧驶出，到相交道路的左侧驶入。直接式左转弯匝道的优点是匝道长度最短，可降低营运费用；没有反向迂回运行，自然顺畅；可适应较高车速，通行能力较大。缺点是跨线构造物较多，单行跨线桥二层式两座或三层式一座；相交道路的双向行车之间需有足够间距；对重型车和慢速车左侧高速驶出困难，左侧高速驶入困难且不安全。

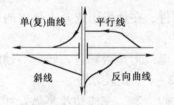

图 9-9　右转弯匝道

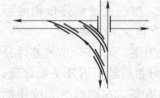

图 9-10　左出左进式左转弯匝道

因定向式左转弯匝道存在左出和左进的问题，且与我国右侧行驶规则不相适应，所以除左转弯交通量很大外，一般不采用。图 9-10 中两种形式可视经济性、线形指标及用地等比较选用。

（2）半直接式。

半直接式又称半定向式匝道，按车辆由相交道路的进出方式可分为 3 种基本形式。

① 左出右进式。如图 9-11 所示，左转弯车辆从正线左侧直接驶出后左转弯，到相交道

路时由右侧驶入。与定向式匝道相比，右进改变了左进的缺点，车辆驶入方便，但仍然存在左出的问题；匝道上车辆略绕行，驶出道路双向车道间需有足够间距；对应图 9-11 所示三种情况，需设二层式单行桥和双向跨线桥各一座，或三层式双向桥一座，或二层式单行桥一座。

② 右出左进式。如图 9-12 所示，左转弯车辆从正线右侧右转驶出后左转弯，到相交道路后直接由左侧驶入。这种形式改善了左出的缺点，车辆驶出方便，但左进仍然存在；驶入道路双向车道之间需有足够间距。其余特征与左出右进式相同。

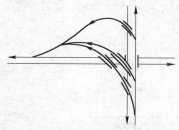

图 9-11 左出右进式左转弯匝道

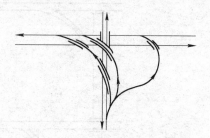

图 9-12 右出左进式左转弯匝道

③ 右出右进式。如图 9-13 所示，左转弯车辆都是从正线右侧右转弯驶出和驶入，在匝道上左转改变方向。右出右进式是常用的左转弯匝道形式，完全消除了左出左进的缺点，行车安全，但匝道绕行最长，构造物最多。图 9-13 中 5 种形式应视地形、地物及线形等条件而定。

（3）间接式。

间接式又称环形式，左转弯车辆先驶过正线跨线构造物，然后向右回转约 270°达到左转的目的，在行车道的右侧驶入，如图 9-14 所示。这种形式的特点是右出右进，行车安全；不需设构造物；造价最低；匝道平纵面线形指标差；占地较大；车速和通行能力低；左转绕行较长。

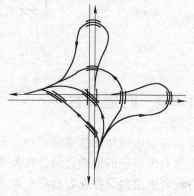

图 9-13 右出右进式左转弯匝道

环形匝道为苜蓿叶和喇叭形立交的标准组成部分。图 9-14（a）为常用基本形式，当苜蓿叶形立交为了改善交织而设置集散道路时，可用其余 3 种形式。

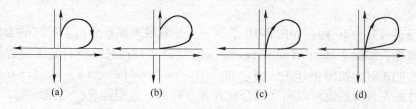

图 9-14 环形式左转弯匝道

2. 按车道数分类

按匝道横断面车道数分类，可分为如下 4 种。

① 单向单车道匝道。如图 9-15（a）所示，无论右转弯匝道还是左转弯匝道，当转弯交通量比较小而未超过单车道匝道的设计通行能力时都可以采用。

② 单向双车道匝道。如图 9-15（b）所示，两个车道之间可以采用画线分隔，适用于转弯交通量超过单车道匝道设计通行能力的情况。

③ 双向双车道匝道。如图 9-15（c）所示，两个方向的车道之间采用画线分隔，交通运行安全性差，适用于转弯交通量小于单车道匝道的设计通行能力，且用地较紧的情况。

④ 对向分离双车道匝道。如图 9-15（d）所示，两个方向的车道之间采用中央分隔带隔离，适用于转弯交通量满足单车道匝道的设计通行能力，且用地允许的情况。

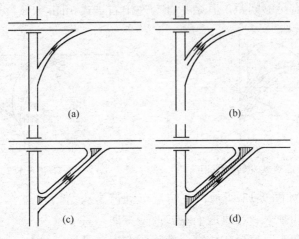

图 9-15　按匝道横断面车道数分类

## 9.4.2　匝道特性

在上述匝道的基本形式中，对右转弯匝道在不设跨线构造物的前提下是定型的，几乎都采用右出右进的形式，只是在使用中视场地限制条件改变匝道的线形而已，若某一象限未设右转弯匝道而又存在右转弯车辆行驶时，相交道路上会出现平面交叉口。

而左转弯匝道的基本形式变化多端，各种左转弯匝道可以单独使用或相互组合使用，形成许多对称或不对称的、不同类型的立体交叉。进一步观察左转弯匝道的基本形式，它们具有如下特性。

1. 对称性

左转弯匝道可分为 10 种，如图 9-16 所示。从外观图形观察分析，可归纳为两类：一类为自身斜轴对称，如图 9-16 中（a）、（f）、（g）、（j）4 种；另一类自身无对称轴，但可分为相互轴对称的 3 对，如图 9-16 中（b）和（d）、（c）和（e）、（h）和（i）6 种。由这两类不同对称性的左转弯匝道可以相互组合成许多对称的、造型美观的立交形式。

2. 独立性

每一种左转弯匝道都具有单独使用的特性。一座立交的所有左转弯方向只采用一种左转弯匝道形式，可以组合成完全对称的立交，如全苜蓿叶形、涡轮形等立交。当不设收费立交各左转弯方向交通量相差不大，且地形、地物等条件限制不严的情况下，一座立交的所有左转弯方向可独立采用一种左转弯匝道形式布设。

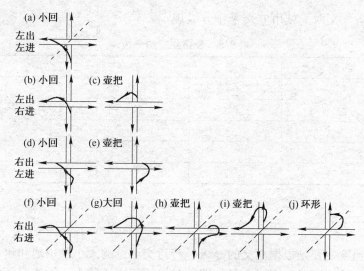

图 9-16　10 种左转弯匝道的基本形式

**3. 组合性**

各种基本形式的左转弯匝道，可以相互组合成许多斜轴对称或半轴对称的立交，或组合成完全不对称的立交。具体应用时可根据交通量及地形、地物限制条件，采用一种或几种左转弯匝道形式布设。

**4. 可达性**

任何一个方向左转弯的车辆，均可在所有象限内完成左转弯运行。如图 9-13 所示，可在四个象限内布置左转弯匝道。如果某一左转弯方向需要左转的车辆受到某一象限地形或地物限制而不能设左转弯匝道时，可在其余象限实现该方向左转弯匝道的布设。

**5. 局域性**

任何一个方向左转弯的车辆，均可在部分象限内完成左转弯运行。一座立交的所有左转弯匝道可以在一个象限集中布置，也可以分别在两个或三个象限内布置。

## 9.4.3　匝道设计依据

匝道的设计主要以立体交叉的等级与设计速度、设计交通量与通行能力等为依据。立交的等级是确定匝道设计速度的主要依据，匝道的设计速度和设计交通量是确定匝道平、纵面线形指标和匝道横断面几何尺寸的主要依据，而匝道的通行能力则是检验匝道适应交通的能力。

**1. 立体交叉等级**

公路立交根据相交道路的等级划分为 3 级，如表 9-5 所列。表中括号内等级适用于该立交建成使用后第 10 年的年平均日交通量不小于 10 000 辆的情况，或交通量虽小于此值，但因特殊需要而设置立交时。城市立交未作分级规定。

表 9-5　公路立交的分级

| 互通式立交分级 | 高速公路 | 一级公路 | 二级公路 | 三级公路 | 四级公路 |
|---|---|---|---|---|---|
| 高速公路 | 一 | 二（一） | 三（二） | 三 | 三 |
| 一级公路 | 二（一） | 三（二） | （三） | （三） | （三） |
| 二级公路 | 三（二） | （三） | — | — | — |
| 三级公路 | 三 | （三） | — | — | — |
| 四级公路 | 三 | （三） | — | — | — |

**2. 设计速度**

匝道的设计速度主要是根据立交的等级、转弯交通量的大小及用地和建设费用等条件选定。如果匝道的设计速度能和正线一样，即使是采用相交道路中不同速度较低者，车辆运行也是顺畅的。但是，由于地形、用地和建设费用等限制，匝道的设计速度通常都低于正线，但降低不得过大，以免车辆在离开或进入正线时产生急剧的减速或加速，导致行车危险和不顺畅。期望值以接近主线平均行驶速度为宜。当受用地或其他条件限制时，匝道设计速度可适当降低，一般为正线设计速度的 50%~70%。

公路立交和城市道路立交匝道设计速度的规定分别见表 9-6 和表 9-7。

表 9-6　互通式立体交叉匝道设计速度

| 匝道形式 | | 直连式 | 半直连式 | 环形匝道 |
|---|---|---|---|---|
| 匝道设计速度 /(km/h) | 枢纽互通式立体交叉 | 50~80 | 40~80 | 40 |
| | 一般互通式立体交叉 | 40~60 | 40~60 | 30~40 |

表 9-7　城市道路立交匝道设计速度　　　　单位：km/h

| 相交道路设计速度 | 主线设计速度 | | | | |
|---|---|---|---|---|---|
| | 120 | 80 | 60 | 50 | 40 |
| 80 | 60~40 | 50~40 | — | — | — |
| 60 | 50~40 | 45~35 | 40~30 | — | — |
| 50 | — | 40~30 | 35~25 | 30~20 | — |
| 40 | — | — | 30~20 | 30~20 | 25~20 |

选用匝道设计速度时应注意以下几点。

1）满足最佳车速要求

匝道采用较主线低的车速不一定意味着会降低立交的通行能力，因为车速高时由于制动距离增加而使车头间距变大，使通行能力降低。所以，为确保行车安全及通行能力要求，并考虑占地及行车条件，匝道设计速度宜接近最大通行能力时的车速，即最佳车速 $V_k$。简化计算公式为：

$$V_k = \sqrt{\frac{L+L_0}{C}} \quad (\text{m/s}) \tag{9-1}$$

式中：$L$——车长/m；

$L_0$——安全距离/m，一般取 5~10 m；

$C$——制动系数/$(s^2/m)$，一般取 $0.15~0.30\ s^2/m$。

最佳车速 $V_k$ 一般为 40~50 km/h。

2）按匝道的不同形式选用

同一座立交各条匝道的设计速度应当不同，原则上应根据匝道的形式选用。右转弯匝道宜采用上限或中间值；定向式左转弯匝道宜采用上限或接近上限值；半定向式宜采用中间或接近中间值；环形式宜采用下限值。

3）适应出、入口行驶状态需要

驶出匝道分流端的设计速度不能小于主线设计速度的 50%~60%；驶入匝道与加速车道连接处的设计速度应保证车辆驶至加速车道末端的速度能达到主线的 70%；接近收费站或次要道路的匝道末端，设计速度可酌情降低。

4）考虑匝道的交通组织

对向无分隔带的匝道应取同一设计速度；对向独立的匝道根据交通量的不同可分别选用不同的设计速度。

3. 设计交通量

匝道的设计交通量是指远景设计年限的交通量。立交的设计年限一般与主要道路的设计年限相同，为 15~20 年。

匝道设计交通量是确定匝道类型、设计速度、车道数、几何形状、不完全互通式或完全互通式及是否分期修建等的基本依据。设计交通量主要是根据相交道路设计年限的年平均日交通量，结合交通调查资料推算出各转弯方向的交通量而得到。

如果推算出的各转弯方向交通量为年平均日交通量，则按下式计算设计小时交通量：

$$DHV = AADT \times K \tag{9-2}$$

式中：DHV——各转弯行驶方向的单向设计小时交通量/(辆/h)；

AADT——各转弯行驶方向的单向年平均日交通量/(辆/d)；

$K$——高峰小时系数，一般应通过实际调查确定。我国目前尚未针对高速公路运行进行调查，参考对一般公路的研究，$K$ 值大约在 0.095~0.135 之间。

4. 通行能力

1）匝道的通行能力

匝道的通行能力取决于匝道本身的通行能力和出、入口处的通行能力，以三者之中较小者作为采用值。通常情况下，匝道出口和入口处的通行能力与匝道本身通行能力相比甚小，故匝道的通行能力主要受匝道出口或入口处通行能力的控制，并受正线的通行能力、车道数、设计交通量等影响。出、入口处的通行能力可按如下 6 种情况计算，每种情况当有两个公式计算时，采用两式计算结果的较小者。

① 单车道匝道驶入单向双车道正线，如图 9-17（a）所示。

$$\left.\begin{array}{l} C_r = 1.13C_D - 154 - 0.39C_f \\ C_r = 2C_D - C_f \end{array}\right\} \tag{9-3}$$

式中：$C_r$——出口或入口处的通行能力/(辆/h)；
$C_D$——正线每一车道设计通行能力/(辆/h)；
$C_f$——正线单向合计交通量/(辆/h)。

② 单车道匝道驶出单向双车道正线，如图9-17（b）所示。
$$C_r = 1.02C_D - 317 - 0.66C_f \quad (9-4)$$

③ 单车道匝道驶入单向三车道正线，如图9-17（c）所示。
$$\left. \begin{array}{l} C_r = C_D + 120 - 0.244C_f \\ C_r = 3C_D - C_f \end{array} \right\} \quad (9-5)$$

④ 单车道匝道驶出单向三车道正线，如图9-17（d）所示。
$$C_r = 2.11C_D - 203 - 0.488C_f \quad (9-6)$$

⑤ 双车道匝道驶入单向三车道正线，如图9-17（e）所示。
$$\left. \begin{array}{l} C_r = 1.739C_D + 357 - 0.499C_f \\ C_r = 3C_D - C_f \end{array} \right\} \quad (9-7)$$

⑥ 双车道匝道驶出单向三车道正线，如图9-17（f）所示。
$$C_r = 1.76C_D + 279 - 0.062C_f \quad (9-8)$$

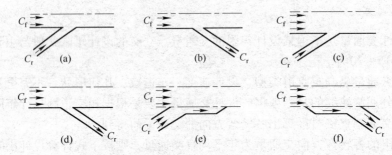

图9-17 匝道出、入口通行能力计算图示

2）匝道本身的通行能力

一条匝道本身的设计通行能力计算方法与正线相同。日本对单车道匝道的设计通行能力规定如下：

计算行车速度50 km/h以下，1 200辆/h；

特殊情况（大于60 km/h等），1 500辆/h。

以上数值可按大型车的混入率进行折减，折减率见表9-8。

表9-8 大型车混入后通行能力折减率

| 大型车混入率/% | 10 | 20 | 30 | 40 | 50 | 60 |
|---|---|---|---|---|---|---|
| 通行能力折减率/% | 88 | 81 | 77 | 74 | 72 | 71 |

当匝道为双车道时，若入口与出口能够容纳两排车进入正线或离开正线时，可采用上述数值的2倍。

3）交织路段的通行能力

交织是互通式立交中常用的交通组织方式之一。如环形立交、半苜蓿叶或全苜蓿叶形立交本身就存在交织运行。另外，为消除冲突点，常在匝道上为交叉车流设置一段公共匝道，形成交织路段。交织路段的通行能力主要与交织路段长度、行车速度、交织路段的交通量及车道数等有关。

大交通量的交织运行，往往导致严重的行车干扰和车速的降低。对于给定长度的交织路段，在交织运行不产生拥挤的情况下，其最大通过交通量有一定的极限。这个极限交通量视交织运行中的车流运行特性、交织路段长度和交织路段车道数而定。交织路段通行能力的确定，因缺乏实测数值，研究较少，其值可参考美国《公路通行能力手册》提供的曲线求得，如图 9-18 所示。

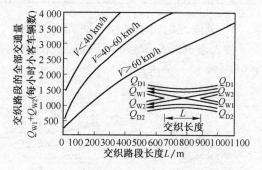

图 9-18 交织路段长度与交通量的关系

## 9.4.4 匝道线形设计标准

1. 匝道平面线形

1) 平曲线半径

平曲线半径直接影响到匝道的形式、用地、规模、造价及行车的安全性和舒适性。匝道圆曲线最小半径计算公式与第 3 章公式相同。最小半径的大小取决于匝道的计算行车速度，同时应考虑经济性、安全性和舒适性。表 9-9 为公路立交匝道圆曲线最小半径，通常应选用大于一般值的半径和较小的超高横坡，当受地形条件或其他特殊情况限制时，方可采用极限最小半径值。城市立交可参考采用。

表 9-9 匝道圆曲线最小半径

| 匝道设计速度/(km/h) | | 80 | 70 | 60 | 50 | 40 | 35 | 30 |
|---|---|---|---|---|---|---|---|---|
| 圆曲线最小半径/m | 一般值 | 280 | 210 | 150 | 100 | 60 | 40 | 30 |
| | 极限值 | 230 | 175 | 120 | 80 | 50 | 35 | 25 |

对环形匝道的圆曲线半径除满足上述规定外，还应有足够的长度以保证曲率的缓和过渡及上下线的展线长度要求。近似可按下式计算：

$$R_{\min} \geqslant \frac{57.3H}{ai} \quad (\text{m}) \tag{9-9}$$

式中：$H$——上下线要求的最小高差/m；

$a$——匝道的转角/度；

$i$——匝道的设计纵坡度/%。

2) 回旋线参数

匝道及其端部曲率变化较大处均应设置缓和曲线。缓和曲线应采用回旋线，其参数以 $A \leqslant 1.5R$ 为宜，并不小于表 9-10 所列数值。反向曲线的两个回旋线参数宜相等，不相等时其比值应小于 1.5。回旋线长度应同时满足超高过渡的需要。

表 9-10  匝道回旋线参数

| 匝道设计速度/(km/h) | 80 | 70 | 60 | 50 | 40 | 35 | 30 |
|---|---|---|---|---|---|---|---|
| 回旋线参数 A/m | 140 | 100 | 70 | 50 | 35 | 30 | 20 |

3）分流点的曲率半径与回旋线参数

驶入匝道的分流点应具有较大的曲率半径，并使曲率变化适应行驶速度的变化，如图 9-19 所示。分流点的曲率半径与回旋线参数规定如表 9-11 所列。

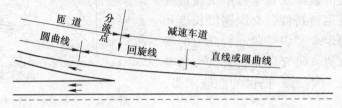

图 9-19  正线分流点曲率过渡

表 9-11  分流点的曲率半径与回旋线参数

| 正线设计速度/(km/h) | 分流点的行车速度/(km/h) | 分流点的最小曲率半径/m | 回旋线参数 A/m | |
|---|---|---|---|---|
| | | | 一般值 | 低限值 |
| 120 | 80 | 400 | 160 | 140 |
| | 60 | 250 | 90 | 70 |
| 100 | 55 | 200 | 70 | 60 |
| 80 | 50 | 170 | 60 | 50 |
| 60 | ≤40 | 100 | 50 | 40 |

2. 匝道纵断面线形

1）最大纵坡与最小纵坡

匝道因受相交道路高程的限制，为节省用地和减少拆迁，并考虑匝道上的车速较低，故匝道纵坡一般比正线纵坡大。公路立交各种匝道设计速度所对应的最大纵坡规定如表 9-12 所列。匝道最小纵坡应满足纵向排水要求，一般不应小于 0.5%，特殊情况不应小于 0.3%。城市道路立交引道和匝道最大纵坡不应大于表 9-13 的规定。若机动车与非机动车混行时，考虑非机动车的行车要求，其纵坡不宜大于 3%。

表 9-12  公路立交匝道的最大纵坡

| 匝道设计速度/(km/h) | | | 80、70 | 60、50 | 40、35、30 |
|---|---|---|---|---|---|
| 最大纵坡/% | 出口 | 上坡 | 3 | 4 | 5 |
| | | 下坡 | 3 | 3 | 4 |
| | 入口 | 上坡 | 3 | 3 | 4 |
| | | 下坡 | 3 | 4 | 5 |

表 9-13  城市道路立交匝道的最大纵坡

| 匝道设计速度/(km/h) | | 80 | 70 | 60 | ≤40 |
|---|---|---|---|---|---|
| 最大纵坡/% | 冰冻地区 | 4 | 5 | 5 | 6（6.5） |
| | 非冰冻地区 | 4 | 4 | 4 | 4 |

2）竖曲线半径

各种设计速度对应的竖曲线最小半径及最小长度见表9-14。

表9-14 匝道竖曲线的最小半径及最小长度

| 匝道设计速度/(km/h) | | | 80 | 70 | 60 | 50 | 40 | 35 | 30 |
|---|---|---|---|---|---|---|---|---|---|
| 竖曲线最小半径/m | 凸形 | 一般值 | 4 500 | 3 500 | 2 000 | 1 600 | 900 | 700 | 500 |
| | | 极限值 | 3 000 | 2 000 | 1 400 | 800 | 450 | 350 | 250 |
| | 凹形 | 一般值 | 3 000 | 2 000 | 1 500 | 1 400 | 900 | 700 | 400 |
| | | 极限值 | 2 000 | 1 500 | 1 000 | 700 | 450 | 350 | 300 |
| 竖曲线最小长度/m | | 一般值 | 100 | 90 | 70 | 60 | 40 | 35 | 30 |
| | | 极限值 | 75 | 60 | 50 | 40 | 35 | 30 | 25 |

3. 匝道横断面及加宽

1）横断面

匝道横断面由行车道、路缘带、硬路肩和土路肩（城市道路不设）组成，对向分离双车道匝道还包括中央分隔带。匝道横断面布置形式如图9-20所示。

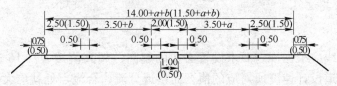

图9-20 匝道横断面形式（尺寸单位：m）

匝道各组成部分的宽度：公路立交行车道宽度一般用3.5 m，城市立交机动车、非机动车混行的匝道，非机动车车道宽度应视交通量而定。中央分隔带的宽度为1.0 m（设刚性护栏时可为0.6 m），路缘带宽度为0.5 m。土路肩宽度为0.75 m或0.5 m。单车道匝道右侧应设硬路肩，其宽度包括路缘带为2.5 m，特殊困难时取1.5 m，左侧硬路肩宽为1.0 m；双车道匝道当交通量较小，通行能力有较大富裕时可不设硬路肩而保留路缘带。

2）圆曲线加宽值

当单向单车道匝道圆曲线半径小于72 m、单向双车道或对向双车道匝道圆曲线半径小于47 m时应设置加宽。匝道圆曲线的加宽值，应根据圆曲线半径按表9-15采用。

表9-15 匝道圆曲线的加宽值

| 单向单车道匝道 | | 单向双车道或对向双车道匝道 | |
|---|---|---|---|
| 圆曲线半径/m | 加宽值/m | 圆曲线半径/m | 加宽值/m |
| [15, 21) | 2.75 | [15, 21) | 3.75 |
| [21, 23) | 2.50 | [21, 22) | 3.25 |
| [23, 25) | 2.25 | [22, 23) | 3.00 |
| [25, 27) | 2.00 | [23, 24) | 2.75 |
| [27, 29) | 1.75 | [24, 25) | 2.50 |
| [29, 32) | 1.50 | [25, 26) | 2.25 |

续表

| 单向单车道匝道 | | 单向双车道或对向双车道匝道 | |
|---|---|---|---|
| 圆曲线半径/m | 加宽值/m | 圆曲线半径/m | 加宽值/m |
| [32, 36) | 1.25 | [26, 27) | 2.00 |
| [36, 42) | 1.00 | [27, 29) | 1.75 |
| [42, 48) | 0.75 | [29, 31) | 1.50 |
| [48, 58) | 0.50 | [31, 33) | 1.25 |
| [58, 72) | 0.25 | [33, 36) | 1.00 |
| [72, +∞) | 0 | [36, 39) | 0.75 |
| | | [39, 43) | 0.50 |
| | | [43, 47) | 0.25 |
| | | [47, +∞) | 0 |

曲线加宽的过渡可按照正线加宽过渡的方式进行，但通常采用线性加宽方式，即在加宽缓和段全长范围内按直线比例加宽。当匝道路段为桥梁、挡土墙或对路容有一定要求的路段时可采用高次抛物线过渡。

4. 匝道超高及其过渡

1）超高值

匝道上的圆曲线应根据规定要求设置必要的超高，超高值按表9-16选用。收费站附近的超高值应小于匝道设计速度所对应的值，而接近分流、合流点处就应大一些。当圆曲线半径大于表9-17所列值时，可不设超高。

表9-16 匝道圆曲线的超高

| 匝道设计速度/(km/h) | 80 | 70 | 60 | 50 | 40 | 35 | 30 | 超高/% |
|---|---|---|---|---|---|---|---|---|
| 圆曲线半径/m | <280 | <210 | <140 | <90 | <50 | <40 | — | 10 |
| | 280~330 | 210~250 | 140~180 | 90~120 | 50~70 | 40~50 | — | 9 |
| | 330~380 | 250~300 | 180~220 | 120~160 | 70~90 | 50~60 | 30~40 | 8 |
| | 380~450 | 300~350 | 220~270 | 160~200 | 90~130 | 60~90 | 40~60 | 7 |
| | 450~540 | 350~430 | 270~330 | 200~240 | 130~160 | 90~110 | 60~80 | 6 |
| | 540~670 | 430~550 | 330~420 | 240~310 | 160~210 | 110~140 | 80~110 | 5 |
| | 670~870 | 550~700 | 420~560 | 310~410 | 210~280 | 140~220 | 110~150 | 4 |
| | 870~1 240 | 700~1 000 | 560~800 | 410~590 | 280~400 | 220~280 | 150~220 | 3 |
| | >1 240 | >1 000 | >800 | >590 | >400 | >280 | >220 | 2 |

表 9-17 保持正常路拱的圆曲线半径  单位：m

| 路拱坡度/% | 匝道设计速度/(km/h) | | | | | | |
|---|---|---|---|---|---|---|---|
| | 80 | 70 | 60 | 50 | 40 | 35 | 30 |
| 2.0 | 3 500 | 2 600 | 2 000 | 1 300 | 800 | 650 | 500 |

2）超高过渡段

匝道上直线与圆曲线间或两超高不同的圆曲线间应设置超高过渡段，其长度应根据设计速度、横断面类型、旋转轴的位置及超高渐变率等因素确定。超高过渡段长度计算公式与正线相同。匝道超高渐变率规定见表 9-18。

横坡处于水平状态下的最小渐变率应符合表 9-19 的规定。

表 9-18 匝道超高渐变率

| 断面类型及旋转轴位置<br>匝道设计速度/(km/h) | 单向单车道 | | 单向双车道及<br>非分离式对向双车道 | |
|---|---|---|---|---|
| | 路面边缘 | 中心线 | 路面边缘 | 中心线 |
| 80 | 1/200 | 1/250 | 1/150 | 1/200 |
| 60 | 1/150 | 1/225 | 1/125 | 1/175 |
| 50 | 1/125 | 1/200 | 1/100 | 1/150 |
| ≤40 | 1/100 | 1/150 | 1/100 | 1/150 |

表 9-19 匝道最小超高渐变率

| 匝道横断面类型<br>旋转轴位置 | | 单向单车道 | 单向双车道及<br>非分离式对向双车道 |
|---|---|---|---|
| | 行车道中心线 | 1/800 | 1/500 |
| | 路面边缘 | 1/500 | 1/300 |

3）超高设置方式

匝道超高方式与正线类似，即根据实际条件以行车道中心线旋转或以中央分隔带边缘旋转。

① 有缓和曲线时，超高过渡在缓和曲线的全长或部分范围内进行。

② 对低等级道路的匝道上无缓和曲线时，可将所需过渡段长度的 1/3~1/2 插入圆曲线，其余设在直线上。

③ 两圆曲线径相连接时，可将过渡段的各半分别置于两圆曲线上。

4）分流、合流点附近匝道的超高及过渡

① 直接式出口或入口处，当正线是直线或者是与匝道同向的曲线时，变速车道在楔形端之前采用与正线相同的横坡；当正线是与匝道反向的曲线且正线超高小于 3% 时，在达到变速车道宽度的那一点之前采用与正线相同的超高，其后至楔形端之间先变为向外倾斜 2% 的横坡，楔形端之后采用与匝道所需超高相对应的渐变率进行过渡；当正线是与匝道反向的曲线且正线超高大于 3% 时，匝道的超高横坡在楔形端处向外倾斜 1%，但在楔形端处横坡代数差最大应小于 8%，其过渡方法同上。

② 平行式出口或入口处，当正线是直线或者是与匝道同向的曲线时，变速车道在楔形

端之前采用与正线相同的横坡；当正线是与匝道反向的曲线且正线超高小于3%时，匝道曲线起点 $K_A$ 之前采用与正线相同的超高，起点 $K_A$ 到楔形端之间先变为向外倾斜2%的横坡，楔形端之后采用与匝道所需超高相对应的渐变率进行过渡；当正线是与匝道反向的曲线且正线超高大于3%时，超高过渡方法与直接式出口或入口处的相应部分相同。

5. 匝道视距

1）停车视距

单向单车道匝道只需考虑停车视距；单向双车道分快、慢车道行驶，超车时车辆开尾灯转到左侧车道上行驶，也只需考虑停车视距而无需考虑超车视距；对向双车道匝道一般应设中间隔离设施，也不存在会车和超车问题；但对向双车道匝道无分隔带时应考虑会车视距和超车视距。匝道停车视距见表9-20，积雪冰冻地区应大于括号内的数值。

表9-20 匝道停车视距

| 匝道设计速度/(km/h) | 80 | 70 | 60 | 50 | 40 | 35 | 30 |
|---|---|---|---|---|---|---|---|
| 停车视距/m | 110<br>(135) | 95<br>(20) | 75<br>(100) | 65<br>(70) | 40<br>(45) | 35 | 30 |

2）识别视距

分流点之间正线上的识别视距应大于1.25倍的正线停车视距，有条件时宜按表9-21所列数值选用。

表9-21 识别视距

| 正线设计速度/(km/h) | 120 | 100 | 80 | 60 |
|---|---|---|---|---|
| 识别视距/m | 350~460 | 290~380 | 230~300 | 170~240 |

## 9.4.5 匝道线形设计

1. 平面线形设计

匝道的平面线形设计，应根据立交的重要程度、地形、用地条件及匝道的布设形式等因素确定，保证车辆能连续、安全地运行，力求达到工程及运营经济。

1）一般要求

① 汽车在匝道上的行驶速度是由高到低再到高逐渐变化的过程，匝道平曲线的曲率变化应与这种行车逐渐变化的行驶速度相适应。

② 匝道平面线形应与其交通量相适应，转向交通量大的匝道，通行能力较大，行车速度要求高一些，平面线形应采用较高技术指标，行车路径应尽量短捷。

③ 出口匝道的平面线形技术指标应高于入口匝道。

④ 分、合流处应具有良好的平面线形和通视条件。

⑤ 在满足交通条件、场地条件和技术指标的前提下，尽量减少拆迁和占地面积。

⑥ 当匝道上设有收费站时，应考虑收费站的用地及其平曲线半径要求。

## 2）平面线形

匝道平面线形要素仍然是直线、圆曲线及缓和曲线，但由于匝道通常较短，难以争取到较长直线，故多以曲线为主。

对右转弯匝道及直接式左转弯匝道，可采用单圆曲线或多圆复曲线。若用多圆复曲线时，相邻半径之比应满足规范要求，并使两端连接出、入口的圆曲线采用较大半径（且出口半径应大于入口半径），中间圆曲线半径可小一些。否则会使车辆多次减速和加速运行，且在中间路段过早加速，到驶入匝道时易失去控制。

对半直接式左转弯匝道，其平面线形可由反向曲线与单曲线或复曲线组成。反向曲线之间最好不设直线段而以缓和曲线相连形成 S 形曲线，并满足 S 形曲线的有关要求。

对环形左转弯匝道，最简单的是采用单圆曲线，设计简便，但与匝道上车速的变化不适应。最好采用曲率半径由大到小再到大的水滴形或卵形曲线，可满足车速变化要求，但设计计算比较复杂。另外，考虑减少占地和工程造价，环形匝道通常采用一般最小半径。

### 2. 匝道纵断面线形设计

1）一般要求

① 匝道及其同正线相连接的部位，其纵面线形应尽可能地连续，避免线形的突变。

② 匝道上应尽可能采用较缓的纵坡，以保证行车的舒适与安全。特别是加速上坡匝道和减速下坡匝道应采用较缓的纵坡，严禁采用等于或接近于最大纵坡值。

③ 匝道及端部纵坡变化处应采用较大半径的竖曲线，以保证足够的停车视距。分流、合流点及其附近的竖曲线，除应满足停车视距的要求外，还应能看见前方道路的路况。

2）纵面线形

匝道纵面线形多受其两端相连接正线的纵坡大小及坡向限制，当匝道跨越正线或匝道时，还受跨线处高程的控制。右转弯匝道纵面线形常由一个以上竖曲线组合而成，但纵坡较小，起伏不大，竖曲线半径较大。左转弯匝道一般由反向或同向竖曲线组成，反向竖曲线的上端多为凸形，下端多为凹形，中间宜插入直坡段，也可直接连接；同向竖曲线宜加大半径，连成一个竖曲线或复合竖曲线。

纵坡设计应尽量平缓，最好一次起伏，避免多次变坡。出口处竖曲线半径应尽可能大一些，以便误行或其他原因要倒车时不致造成危险或引起阻塞。入口附近的纵面线形必须有同正线一致的平行区段，以看清正线上的交通状况而安全驶入。

### 3. 匝道平、纵线形组合设计

匝道平、纵线形组合设计的基本要求是使匝道立体线形平顺无扭曲，视野开阔，行车安全舒适，视觉美观，并与周围环境协调。设计时应注意以下一些问题。

① 较陡的或纵坡变化的路段不宜设置小半径平曲线，因为合成坡度可能过大，不利行车，驾驶人既要换挡又要转方向盘，操作困难，而且路容扭曲不美观。陡而长的下坡匝道底部接连小半径平曲线时行车更加危险。

② 小半径平曲线和小半径竖曲线不宜相互重叠，以免道路外观扭曲。如果重叠不可避免，平曲线和竖曲线的半径大小应相互配合均衡。根据经验，平曲线半径小于 1 000 m 时，竖曲线半径宜为平曲线半径的 10～20 倍。

③ 缓和曲线也不宜与小半径竖曲线重叠，因为车辆在缓和曲线上行驶，驾驶人要不断转方向盘，在竖曲线上行驶要换挡，同时操作，容易引起事故。

④ 当凸形竖曲线和平曲线重叠时，应将竖曲线全部设置在平曲线之内。因为上坡车辆一般要到凸形竖曲线顶点才有较远的视距，如果还未到达顶点，或到达顶点后不远就要转弯，尤其是转小弯或者是反向弯，会来不及转方向盘，造成事故。夜间行车灯光照不到路上，更不安全。

⑤ 凹形竖曲线底部也不宜设置平曲线起点或反向曲线的拐点，这时视距一般无问题，而问题是发生在下坡的汽车会高速转弯而发生事故，汽车上坡时驾驶人会将坡度估计过大而进行不必要的换挡。同样，夜间行车灯光照射距离短，不安全。

⑥ 在出口处，若是越过凸形竖曲线以下坡驶入匝道时，坡顶之后的平曲线不应突然出现在驾驶人眼前，应将凸形竖曲线加长以增大视距，使驾驶人能及早发现平曲线的起点和方向，并有足够的安全运行时间。在入口处，若由匝道上坡驶入道口时，应将连接道口的匝道（一般长度至少 60 m）纵断面与邻近正线基本一致，以使驾驶人能对正线前后一目了然。

## 9.5 端部设计

端部是指匝道两端分别与正线或匝道相连接的道口，它包括出、入口、变速车道及辅助车道等。两端的道口和中间部分匝道共同组成一条完整的匝道。从主要道路出入的道口都应是自由流畅式，而次要道路上的道口有时则是信号控制的平交口。端部设计的一般原则是：出入顺适、安全，线形与正线或匝道协调一致；出、入口应视认方便；正线与匝道间应能相互通视。

### 9.5.1 出口与入口设计

1. 正线出、入口

一般情况下正线出、入口应设在正线行车道的外侧，出口位置应易于识别，一般设在跨线构造物之前。若在其后时，应与构造物保持 150 m 以上的距离为宜。为便于车辆减速，出口最好位于上坡路段。入口最好位于下坡路段，以利于重型车辆加速，并在匝道汇入正线之前保持正线 100 m 和匝道 60 m 的三角形区域内通视无阻，如图 9-21 所示。

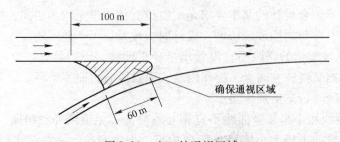

图 9-21 入口处通视区域

正线与匝道分流处,为给误行车辆提供返回的余地,行车道边缘应加宽一定偏置值,加宽后正线和匝道的路面边缘用圆弧连接,并用路面标线引导行驶方向,如图9-22所示。

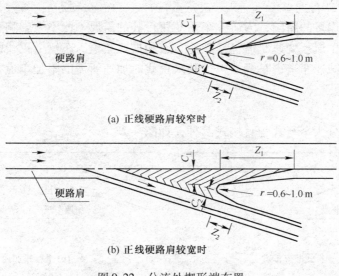

图 9-22 分流处楔形端布置

偏置值和楔形端半径规定见表9-22。楔形端端部后的过渡长度 $Z_1$ 和 $Z_2$ 可按表9-23的渐变率计算。当正线硬路肩宽度能满足停车宽度(≥3.0 m)要求时,偏置宽度可采用该硬路肩宽度,渐变段部分硬路肩应铺成与正线行车道结构相同的路面。此外,正线相互分岔也应设一定的偏置值,通常为1.80 m。

表 9-22 分流点处偏置值与楔形端半径

| 分流方向 | 正线偏置值 $C_1$/m | 匝道偏置值 $C_2$/m | 楔形端半径 $r$/m |
| --- | --- | --- | --- |
| 驶离正线 | ≥3.0 | 0.6~1.0 | 0.6~1.0 |
| 正线相互分岔 | 1.80 | | 0.6~1.0 |

表 9-23 分流点处楔形端的渐变率

| 正线设计速度/(km/h) | 120 | 100 | 80 | 60 | ≤40 |
| --- | --- | --- | --- | --- | --- |
| 渐变率 | 1/12 | 1/11 | 1/10 | 1/8 | 1/7 |

**2. 互通式立交的平面交叉口**

互通式立交在次要道路或匝道上可设置平面交叉口。这种平交口往往决定整个立体交叉的通行能力、服务水平和交通安全,设计时应予以充分重视。

在选定互通式立交形式时,应考虑所含平面交叉的必要性与合理性。设计中应将匝道布置在合适的象限内,使冲突点减至尽可能少的程度。对平面交叉应根据交通量、交通组成和行驶速度等作出合理布置,并设置必要的标志、标线、分隔带、交通岛、变速车道、转弯车道等。行人与非机动车交通对平面交叉影响很大,必要时应采取专用车道、渠化或立交等措施,与机动车分离行驶。互通式立交中的平面交叉设计应符合前面章节有关要求及规定。

## 9.5.2 变速车道设计

在匝道与正线连接的路段，为适应车辆变速行驶的需要，而不致影响正线交通所设置的附加车道称为变速车道。变速车道包括减速车道和加速车道，车辆由正线驶入匝道时减速所需的附加车道称为减速车道；车辆从匝道驶入正线时加速所需的附加车道称为加速车道。

1. 变速车道形式

变速车道一般分为平行式与直接式两种，如图 9-23 所示。

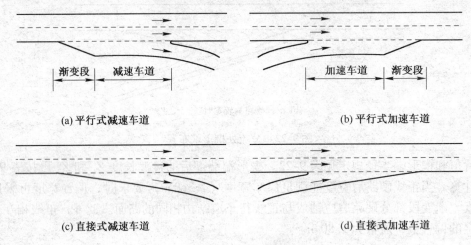

图 9-23 变速车道形式

1) 平行式

平行式变速车道是在正线外侧平行增设的一条附加车道。其特点是车道划分明确，行车容易辨认，但车辆行驶轨迹呈反向曲线，对行车不利。加速车道原则上采用平行式，因为加速车道较长，平行式容易布置，设计简单。但当正线交通量较小而设计车速较高时，加速车道也可采用直接式。

2) 直接式

不设平行路段，由正线斜向渐变加宽，形成一条与匝道连接的附加车道。其特点是线形平顺与行车轨迹吻合，对行车有利，但起点不易识别。减速车道原则上采用直接式，但当减速车道较长或鼻端附近用地受限制时可考虑采用平行式。当变速车道为双车道时，加、减速车道均应采用直接式，且应在正线的外侧增设辅助车道，以维持车道数的平衡。

2. 变速车道横断面

变速车道横断面的组成与单车道匝道基本相同，由行车道、路肩和路缘带组成，各组成部分宽度如图 9-24 所示。城市道路可不设右路肩，但应保留路缘带。

3. 变速车道长度

变速车道的长度为加速或减速车道长度与渐变段长度之和，如图 9-25 所示。

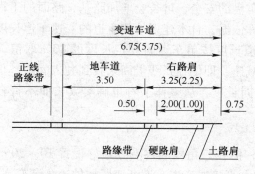

图 9-24 变速车道宽度（尺寸单位：m）

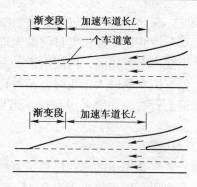

图 9-25 变速车道长度

1) 加、减速车道长度

加、减速车道长度是指渐变段车道宽度达到一个车道宽度的位置与分流或合流端之间的距离。其计算公式为：

$$L = \frac{V_1^2 - V_2^2}{25.92a} \quad (\text{m}) \tag{9-10}$$

式中：$V_1$——正线平均行驶速度/(km/h)；

$V_2$——匝道平均行驶速度/(km/h)；

$a$——汽车平均加（减）速度/(m/s$^2$)，加速时 $a = 0.8 \sim 1.2$ m/s$^2$；减速时 $a = 2 \sim 3$ m/s$^2$。

对于公路立体交叉，变速车道长度应按正线计算行车速度采用大于表 9-24 所列数值，并根据正线纵坡大小，按表 9-25 系数进行修正。

表 9-24 公路立交变速车道长度与出、入口渐变率

| 正线设计速度/(km/h) | | 120 | 100 | 80 | 60 |
|---|---|---|---|---|---|
| 减速车道长度/m | 单车道 | 145 | 125 | 110 | 95 |
| | 双车道 | 225 | 190 | 170 | 140 |
| 加速车道长度/m | 单车道 | 230 | 200 | 180 | 155 |
| | 双车道 | 400 | 350 | 310 | 270 |
| 渐变段长度/m | 单车道 | 90 | 80 | 70 | 60 |
| 渐变率 | 出口 单车道 | 1/25 | 1/22.5 | 1/20 | 1/17.5 |
| | 双车道 | 1/22.5 | 1/20 | 1/17.5 | 1/15 |
| | 入口 单车道 双车道 | 1/45 | 1/40 | 1/37.5 | 1/35 |

表 9-25 坡道上变速车道长度的修正系数

| 正线平均坡度 $i$/% | $0 < i \leq 2$ | $2 < i \leq 3$ | $3 < i \leq 4$ | $4 < i \leq 6$ |
|---|---|---|---|---|
| 下坡减速车道修正系数 | 1.0 | 1.1 | 1.2 | 1.3 |
| 上坡减速车道修正系数 | 1.0 | 1.2 | 1.3 | 1.4 |

变速车道长度的选用，除应符合以上规定的最小长度要求外，还应结合正线和匝道的计算行车速度、交通量、大型车所占比例等对变速车道进行验算，按实际情况确定合理的变速

车道长度。变速车道长度过短,会影响正线车辆的安全,过长会增加路基、路面的工程量。

但双车道变速车道长度目前尚无理论计算依据,日本建议外侧匝道的变速车道长度与单车道匝道变速车道相同,内侧匝道的变速车道长度按单车道时规定长度的 80% 取值。这是因为内侧车道车辆进入正线时有某种程度的减速,即使在正线上尚未找到驶入间隙,仍可在外侧车道上行驶,如果采用与单车道匝道相同长度,从整体上看也确实太长而不符合实际情况。

2)渐变段

平行式变速车道的渐变段可按直线过渡,但在三角段起终点处最好设置 10~20 m 长的圆弧,渐变段长度不应小于表 9-24 所列数值。直接式变速车道渐变段按外边缘渐变率控制,也可以按直线过渡,出口端和入口端渐变率见表 9-24 规定。

城市立交加、减速车道长度可按正线及匝道计算行车速度,采用大于表 9-26 和表 9-27 所列数值,平行式变速车道渐变段不应小于表 9-28 所列数值,直接式变速车道渐变段按外边缘斜率控制:出口端 1/15~1/20,入口端 1/30。

表 9-26　城市道路立交减速车道长度　　　　　　　　　　　　单位:m

| 匝道设计速度/(km/h)　正线设计速度/(km/h) | 60 | 50 | 45 | 40 | 35 | 30 | 25 | 20 |
|---|---|---|---|---|---|---|---|---|
| 120 | 110 | 130 | 140 | 145 | — | — | — | — |
| 80 | — | 70 | 80 | 85 | 90 | 95 | — | — |
| 60 | — | — | 50 | 60 | 65 | 70 | 75 | 80 |
| 50 | — | — | — | — | 45 | 50 | 55 | 60 |
| 40 | — | — | — | — | — | — | 35 | 40 |

表 9-27　城市道路立交加速车道长度　　　　　　　　　　　　单位:m

| 匝道设计速度/(km/h)　正线设计速度/(km/h) | 60 | 50 | 45 | 40 | 35 | 30 | 25 | 20 |
|---|---|---|---|---|---|---|---|---|
| 120 | 240 | 270 | 300 | 330 | — | — | — | — |
| 80 | — | 180 | 200 | 210 | 220 | 230 | — | — |
| 60 | — | — | 150 | 180 | 190 | 200 | 210 | 220 |
| 50 | — | — | — | — | 80 | 100 | 110 | 120 |
| 40 | — | — | — | — | — | — | 50 | 60 |

表 9-28　城市道路立交平行式变速车道渐变段长度　　　　　　单位:m

| 正线设计速度/(km/h) | 120 | 80 | 60 | 50 | 40 |
|---|---|---|---|---|---|
| 渐变段长度/m | 80 | 60 | 50 | 45 | 35 |

4. 正线为曲线时变速车道的线形

1)平行式变速车道

因平行式变速车道与正线平曲线的曲率半径接近,故平行式变速车道可采用与正线相同的曲率半径。

当平行式变速车道与匝道同向时,可采用卵形回旋线或复合形回旋线连接;当正线圆曲线半径 $R > 1500$ m 时,可视为 $R \approx \infty$ 而直接作为回旋线的起点。

当平行式变速车道与匝道反向时,可采用 S 形回旋线连接;当正线圆曲线半径 $R > 2\,000$ m 时,可视为 $R \approx \infty$ 而直接作为回旋线的起点。

2) 直接式变速车道

直接式变速车道可采用与正线相同的曲率半径。当正线位于回旋线范围内时,变速车道也可采用同一参数的回旋线。但出、入口处正线车道的中心线与变速车道中心线之间的分离或收敛程度应符合表 9-24 出、入口渐变率的规定。

## 9.5.3 辅助车道

在高等级道路的全长或较长路段内,必须保持一定基本车道数。同时在正线与匝道的分、合流处必须保持车道数的平衡,二者之间是通过辅助车道来协调的。

1. 基本车道数

基本车道数是指一条道路或其某一区段内,根据交通量和通行能力的要求所必需的一定数量的车道数。基本车道数在相当长的路段内不应变动,不因通过互通式立交而改变基本车道数,目的是防止因修建立体交叉而可能形成瓶颈或导致不必要的浪费。

2. 车道平衡原则

正线的车流量必然会因分、合流的存在而发生变化,分流减少,合流增大。为适应这种车流量的变化,保证车流畅通和工程经济,在分、合流处的车道数应保持平衡(图 9-26)。

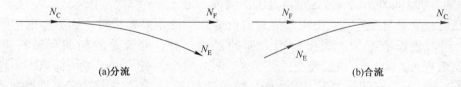

图 9-26 分、合流处车道数的平衡

车道平衡的原则为:

① 两条车流合流以后正线上的车道数应不少于合流前交汇道路上所有车道数总和减 1;
② 正线上车道数应不少于分流以后分叉道路的所有车道数总和减 1;
③ 正线上的车道数每次减少不应多于 1 条。

为检验车道数是否平衡,分、合流处的车道数应按下式进行计算:

$$N_C \geqslant N_F + N_E - 1 \tag{9-11}$$

式中:$N_C$——分流前或合流后的正线车道数;
$N_F$——分流后或合流前的正线车道数;
$N_E$——匝道的车道数。

3. 辅助车道

在分、合流处,既要保持车道数平衡,又要保持基本车道数,如果二者发生矛盾时,可通过在分流点前与合流点后的正线上增设辅助车道的办法来解决,如图 9-27 所示。

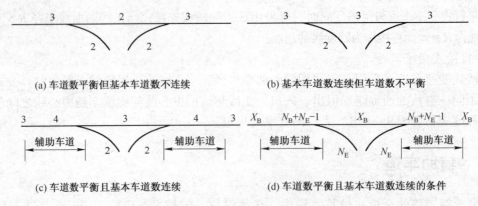

(a) 车道数平衡但基本车道数不连续　　(b) 基本车道数连续但车道数不平衡

(c) 车道数平衡且基本车道数连续　　(d) 车道数平衡且基本车道数连续的条件

图 9-27　分、合流处车道数的平衡与辅助车道

在基本车道数连续的条件下，一般单车道匝道也能满足车道数平衡的要求；而设置双车道匝道时车道数不平衡，应在分、合流处增设辅助车道。为使车辆行驶通畅，辅助车道需要一定的有效长度。在确定辅助车道长度时，一般认为有以下两种情况。

① 互通式立交与互通式立交或其他交通设施之间的距离较短时，辅助车道就连接起来，并被作为交织区间来运用。因此，互通式立交与互通式立交或其他交通设施之间的距离应保证必要的交织长度。必须是从一个分、合流端到另一个分、合流端之间的绝对最小长度为 360 m，标准最小长度为 600 m，如图 9-28（a）所示。

另外，当前一个互通式立交加速车道的末端至下一个互通式立交减速车道起点之间的距离小于 500 m 时，必须设辅助车道将两者连接起来。当交通量较大，交织运行比例较高，即使此间距达 2 000 m 时，也应考虑设置连续的辅助车道。

② 互通式立交与互通式立交或其他交通设施之间的距离较长时，就不能把辅助车道连接起来，同时也没有必要。根据运用方面的经验，分、合流处的辅助车道长度最小为 600 m，最理想为 1 000 m，就能使交通流畅通。特别是分流处，由于确认标志、心理上的准备、车道移行、反应时间等关系，需要较长的辅助车道。一般规定辅助车道长度在分流端为 1 000 m，最小为 600 m；在合流端为 600 m，如图 9-28（b）所示。

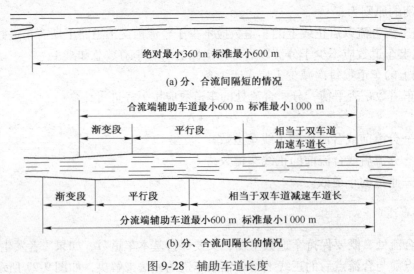

(a) 分、合流间隔短的情况

(b) 分、合流间隔长的情况

图 9-28　辅助车道长度

## 9.6 立体交叉其他设计

### 9.6.1 收费站和收费广场

**1. 收费道路上立交布置**

收费道路上的立交或需单独收费的立交应按收费立交设计。前述均为不收费立交，除三路立交外，若要收费则需 2~4 个收费站，而每个收费站都是昼夜工作，需要的收费人员、管理费、收费机和住所等费用很高。一般应尽量减少收费站的个数，力求管理方便，设备集中，不干扰主线交通。一座立交以设一个收费站为宜，这样收费与不收费立交的形式区别较大。

1）收费道路设置立交方法

设置方法是在距相交道路交叉点适当距离处另设一条连接线，两端与相交道路交叉处各设一个三路立交或平交，如图 9-29 所示，使所有转弯车辆都集中经由连接线，这样，只需在连接线上设置一个收费站即可。

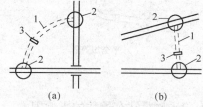

图 9-29 收费道路设置立交方法
1-连接线；2-三路立交；3-收费站

2）连接线设置原则

① 连接线可设在任一象限，主要取决于地形和地物的限制，同时考虑交通量的大小，以设在右转交通量较大的象限为宜。

② 连接线的位置和长度应满足两端三路立交的加、减速长度需要。

3）连接线两端交叉形式

① 平面交叉口。适用于该端与次要道路连接，可采用平面交叉的任何一种形式。

② 子叶式立交。适用于该端与交通量较小的一般道路连接。

③ 喇叭形立交。适用于该端与主要道路或一般道路连接。

④ Y 形立交。适用于该端与交通量大的高速道路或一侧距离受到河流、铁路、建筑物等限制的其他道路连接。

4）常用收费立交形式

① 三路收费立交。多采用喇叭形、Y 形及子叶式立交，只需一个设在支线上的收费站。

② 四路收费立交。常用形式如图 9-30 所示，四路收费立交需设 1~2 个收费站。

**2. 收费站**

1）收费种类

收费站是用来对通过的车辆或行人收取通行费用的设施。收费站一般有两种：一种是直接设在主线上，也称为路障式，多用于主线收费路段的出、入口处；另一种是设在互通匝道或连接线上，一般用于互通式立交，以控制相交道路上的车辆进、出主线的收费。一般应尽量减少收费站的个数，以不超过 1 个为宜，便于设备集中、管理方便。

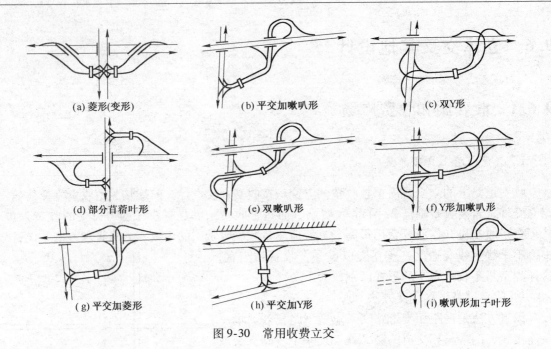

图 9-30 常用收费立交

2）收费站车道数的影响因素

收费站车道数的影响因素主要有交通量、服务时间和服务水平。

(1) 交通量。

按设计小时交通量（DHV）计，一般采用第 30 位高峰小时交通量比较合适，可由年平均日交通量（AADT）按下式计算：

$$DHV = AADT \times K \times D \tag{9-12}$$

式中，$K$、$D$ 意义及取值同前。

(2) 服务时间。

服务时间指车辆进出收费站所用时间，以秒计。时间越短，服务效果越好，通行能力就越强。一般来讲，区间收费的入口服务时间为 6 s，出口服务时间为 14 s；统一收费服务时间为 8 s；其他情况在调查后确定。

(3) 服务水平。

用各车道平均等待的车辆数表示，一般以等待车辆 1.0 辆为宜。服务水平与检测手段有关，在一定交通量条件下，平均等待车辆越少，其服务水平越高。当然，所需收费车道数也就越多。

3）收费站车道数的确定

在某一服务水平下，单位时间内通过每一个收费口的车辆是随机的，用每秒钟的通过量表示，称为交通强度。也就是说，在某一服务水平下，交通强度的分布是不均匀的，服从泊松分布规律。同样，服务时间也服从指数分布规律。这样，利用数学上的等待或者排队理论，就可以计算出在某一车道数 $k$ 和每一车道平均等待车辆数 $q/k$（$q$ 为各个车道等待车辆总数），以及每一车道交通强度 $u$ 值，见表 9-29。

由此可见，在相同服务水平下，车道数越多，每一车道的交通强度越高，利用这个表就可以算出收费站需要的车道数。

根据以上三个因素，当 $K = 0.12$，$D = 0.60$，服务时间入口原则上定为 6 s，出口 14 s，以及服务水平平均等待车辆为 1.0 辆时，出、入口所需车道数可参考表 9-30 采用。当服务水平和平均等待车辆数为其他数值时，应参照有关资料另行计算。

表 9-29 每一车道交通强度 $u$ 值

| 车道数 $K$ | 平均等待车辆数(辆/车道) 0.5 | 1.0 | 1.5 | 2.0 | 3.0 | 4.0 | 5.0 | 10.0 |
| --- | --- | --- | --- | --- | --- | --- | --- | --- |
| 1 | 0.500 | 0.618 | 0.686 | 0.732 | 0.791 | 0.828 | 0.854 | 0.916 |
| 2 | 0.657 | 0.755 | 0.806 | 0.839 | 0.879 | 0.903 | 0.919 | 0.955 |
| 3 | 0.734 | 0.816 | 0.858 | 0.884 | 0.914 | 0.932 | 0.944 | 0.970 |
| 4 | 0.781 | 0.852 | 0.887 | 0.909 | 0.933 | 0.948 | 0.957 | 0.977 |
| 5 | 0.812 | 0.876 | 0.906 | 0.924 | 0.945 | 0.957 | 0.965 | 0.981 |
| 6 | 0.835 | 0.893 | 0.919 | 0.935 | 0.954 | 0.964 | 0.970 | 0.984 |
| 7 | 0.853 | 0.905 | 0.929 | 0.944 | 0.960 | 0.969 | 0.974 | 0.986 |
| 8 | 0.867 | 0.915 | 0.937 | 0.950 | 0.964 | 0.972 | 0.977 | 0.988 |
| 9 | 0.878 | 0.923 | 0.943 | 0.955 | 0.968 | 0.975 | 0.980 | 0.989 |
| 10 | 0.888 | 0.929 | 0.948 | 0.959 | 0.971 | 0.978 | 0.982 | 0.990 |

表 9-30 收费站出、入口车道数

| 等待车辆 | AADT(DHV) | 1 000 (72) | 2 000 (144) | 3 000 (216) | 4 000 (288) | 5 000 (360) | 10 000 (720) | 15 000 (1 080) | 20 000 (1 440) | 25 000 (1 800) |
| --- | --- | --- | --- | --- | --- | --- | --- | --- | --- | --- |
| 0.5 | 入口 | 1 | 1 | 2 | 2 | 2 | 3 | 3 | 4 | 4 |
|  | 出口 | 1 | 2 | 2 | 2 | 3 | 4 | 6 | 7 | 9 |
| 1.0 | 入口 | 1 | 1 | 1 | 1 | 2 | 2 | 3 | 4 | 4 |
|  | 出口 | 1 | 2 | 2 | 2 | 2 | 4 | 5 | 7 | 8 |
| 1.5 | 入口 | 1 | 1 | 1 | 1 | 1 | 2 | 3 | 3 | 4 |
|  | 出口 | 1 | 1 | 2 | 2 | 2 | 4 | 5 | 7 | 8 |
| 2.0 | 入口 | 1 | 1 | 1 | 1 | 1 | 2 | 3 | 3 | 4 |
|  | 出口 | 1 | 1 | 1 | 2 | 2 | 4 | 5 | 6 | 8 |

3. 收费广场设计要点

1) 线形标准

由于收费是在车辆完全停止状态下办理的，因而收费站位置要便于停车和确认，尽量不要设在小半径平曲线上与凹形竖曲线的底部。收费广场设在主线上时，平曲线与竖曲线应与互通式立交的主线线形标准一致；设在匝道或连接线上时，其平曲线半径不得小于 200 m，竖曲线半径应大于 800 m。收费广场中心线前后至少各 50 m 内纵坡应小于 2%，当受地形及其他条件限制时不得大于 3%。收费广场的横坡为 1.5%~2.0%。

2) 平面布置

收费广场的平面布置如图 9-31 所示。图中 $L/S = 3$；$l = 5~20$ m，一般采用 10 m。收费岛前后应铺筑水泥混凝土路面，以提供较大的摩阻系数和抗剪切变形能力，适应出、入车辆频繁的制

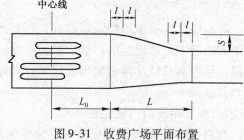

图 9-31 收费广场平面布置

动、停车、启动之用。其长度 $L_0$ 对匝道收费为 20～25 m，主线收费为 40～50 m，双向付款取低限，单向付款取高限。从收费广场向标准路基宽度过渡，应采用圆滑的反向曲线或抛物线渐变，以使车辆能圆滑地行驶。从收费广场中心线至匝道分岔点的距离不得小于 75 m，至被交叉道路平交点的距离不应小于 150 m，不能满足时，应在被交道路上增设停留车道。

3）收费岛

由于车辆在收费车道上是减速停车然后启动慢行的，故收费岛间车道宽度采用 3.0～3.2 m 即可。但行驶方向右侧的超宽车道应是无棚开敞的，其宽度为 3.5～4.0 m，以供大型车辆通过之用。收费岛宽度 2.0～2.2 m，长度 20～25 m，设计时应根据所采用的收费设备情况具体确定。收费岛应具有一定高度并将端部收敛成楔形。收费岛上设置的收费室每侧应较收费岛缩进 0.25 m，作为车辆通过的安全净空宽度，端部应有醒目的标记，如图 9-32 所示。收费室上面应设天棚以遮阳挡雨。对交通特别繁忙、收费车道多的收费站，应设置供收费人员上、下岗位的专用地下通道或天桥。

图 9-32 收费车道的建筑限界

## 9.6.2 景观设计要点

立交景观设计的目的是使立交造型美观、视认性好，起到引导驾驶人视线、保证行车安全及可观赏的作用。景观设计包括立交桥的建筑艺术造型及立交范围内的坡面修饰和绿化栽植，公路立交多侧重于坡面修饰，而城市道路立交则侧重于绿化栽植。

**1. 立交桥建筑艺术造型**

立交桥不仅是道路的交通枢纽，而且也是重要的建筑艺术品，不仅与道路其他组成部分及沿线建筑物构成一个总体风格，同时也有自己的特色和独创性。立交桥的美感取决于它的建筑艺术特性及与周围环境的协调。

立交桥的建筑艺术，取决于设计者与建造者的技巧、才能、风格和艺术造诣。灵活地运用匀称、节奏、比例、风格、色彩、对比及富有建筑艺术情调的其他手法，设计者可以创造出功能上先进、技术上合理、经济上节约并能与艺术完美和谐相结合的结构物。

一般地，立交桥的总体形式与周围建筑物的协调是相当复杂的，必要时可对桥跨结构和桥墩的形式及表面风格进行建筑艺术的细部处理，以便与其他建筑的风格相协调。

**2. 坡面修饰**

坡面修饰是将匝道包围区域（包括环形匝道内和三角地带内区域）的边坡修饰成规则、圆滑和接近于自然地形的形状。坡面修饰应满足坡顶圆滑、坡面规则和坡脚顺适的要求。坡面修饰原则上只修饰匝道包围的区域，其外侧应以满足通视条件、保持坡面规则为原则进行适当修整。

1）填方路段的边坡处理

在路堤边坡坡顶适当范围内应修整棱角成圆滑形状，边坡高度在接近坡脚时应逐渐变缓，使其整齐、美观。此外，也可以利用等高线图来复查边坡修筑的景观效果。

2) 挖方路段的边坡处理

立体交叉处于挖方路段时，应特别注意保证视距的要求，必要时应后退挖方坡脚设视距台，挖除匝道包围区域内的高地，曲线内侧若有障碍物阻挡视线时应予清除。挖方边坡坡顶和坡脚，一般宜用圆弧修整坡角成圆滑形状，以开阔视野，减少压迫感。

3. 绿化栽植

立交的绿化栽植除了美化环境、点缀城市外，还可以减轻机动车排气污染，防止汽车前灯眩光。图 9-33 为立交绿化栽植示意图，主要包括以下内容。

1) 指示栽植

采用高、大独乔木，设在环形匝道和三角地带内，用来为驾驶人指示位置的栽植。

2) 缓冲栽植

采用灌木，设在桥台和车辆分流地方，用来缩小视野，间接引导驾驶人降低车速，或在车辆因分流不及而失控时，缓和冲击、减轻事故损失的栽植。跨线桥墩台前的灌木丛绿化栽植可缓减撞墩事故的损失。

3) 诱导栽植

采用小乔木，设在变速车道及匝道平曲线外侧，用来为驾驶人预告道路线形的变化，引导驾驶人视线的栽植。匝道平曲线内侧一般不宜栽植乔木和高灌木，以防阻碍驾驶人的视线。

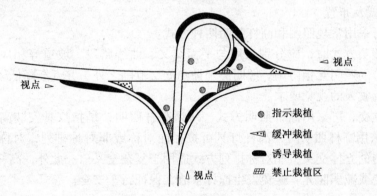

图 9-33 立交绿化栽植示意图

4) 禁止栽植区

在互通的各合流处，为保障驾驶人的视线通畅，使车辆安全合流，不能种植树木，但可以种植高度在 0.8 m 以下的草丛或花丛。

立体交叉范围内的其他空地可种花植草、栽植低矮灌木，城市道路立交也可根据不同季节摆放不同种类的盆花。

## 9.6.3 立体交叉辅助设施设计要点

1. 立交范围排水设计

立交范围内的排水，应根据交叉处的地形条件、水文条件和排水现状等情况，结合相交道路的排水要求，统一进行设计，以构成完整的排水系统。对于上跨式立交，一般只考虑地面水和路面水的排除，对于下穿式立交，当地下水位较高时，除考虑地面水和路面水的排除外，还要考虑地下水的排除。

1) 桥上排水

当桥上纵坡大于2%、桥长小于50 m时，雨水可流至桥头从引道上排出，桥上不必设专门的泄水管道。当桥上纵坡大于2%且桥长大于50 m时，宜在桥上每隔12~15 m设置一道泄水管，若桥上纵坡小于2%，间隔可适当减少。泄水管可沿行车道两侧对称或交错排列，并沿桥墩设置完善的落水管道，将雨水引至地面排水系统，防止漫流污染桥墩。

2) 桥下排水

对于桥下的地面水，宜采用自流排除。当不能自流排除时，可修蓄水池进行调蓄排水，或设泵站排水。立交桥下的路面应有一定的纵坡，一般最小纵坡为0.3%，以利于桥下地面水能流至最低点，集中排入设置的雨水口。

2. 立交范围照明设施

照明是立交的重要设施之一，其主要作用是保证立交在傍晚和夜间有一个良好的视觉条件，使车辆和行人的通行方便与安全。

1) 照明设计要求

照度均匀、视野清晰、照度标准应高于路段。

2) 照明方式及布置

照明方式可采用常规照明和高杆照明两种方式。

采用常规照明方式时，应分别采用与平面交叉、曲线路段、坡道等相应的布灯方法解决，使各个部分的照明互相协调。照明应延伸到立交范围之外，并逐渐降低亮度，形成过渡照明，以适应驾驶人的视觉要求。

对于大型立交，可采用高杆照明方式。所谓高杆照明，是指灯具安装高度大于或等于20 m的照明。采用高杆照明时，高杆灯具可按径向对称或非对称排列，对称排列方式适用于道路布置紧凑的立体交叉，非对称排列方式适用于复杂交叉口。此外，高杆灯位置应满足布光要求，避免或减弱眩光，避免发生撞杆事故，保证行车安全。

3. 立交范围防眩设施

防眩设施是为了保证夜间行车安全，防止驾驶人感受对面来车前灯眩目而设置的防护设施，多用于四车道以上的高等级道路，一般设置在中央分隔带上，尤其是在高架桥、填土路段。

1) 防眩设施种类

(1) 植树。

中央分隔带的宽度满足植树需要时，可采用植树作为防眩设施。按日本经验，分隔带宽度需大于3 m，一般用整形式栽植，间距6 m（种3棵，树冠宽1.2 m）或2 m（种1棵，树冠宽0.6 m），树高1.5 m。灌木丛也具有遮光防眩作用。

(2) 防眩栅（网）。

防眩栅系以条状板材两端固定于横梁上，排列如百叶状，板条面倾斜迎向行车方向。根据有关试验测定，以与道路成45°角时遮光效果最好。防眩网系以金属薄板切拉成具有菱形格的网片，四周固定于边框上。设于分隔带一侧时应考虑保证视距，并考虑两侧行车道的高度、超高的影响等。

2）防眩设施材料

防眩板构件可采用钢材、塑料或其他不易变形的材料，并满足下列要求：

① 防眩板构件的钢材性能应符合国家现行普通碳素钢的技术规定。

② 用塑料制作防眩板构件时，应选用在自然条件下不易老化、不易褪色和不易变形的高分子合成材料。

4. 交通标志和交通标线

立交设计应能为车辆行驶提供明确的线路诱导和必要的交通信息。否则，会使驾驶人无所适从，感到茫然，极易引起迷路现象和错路行驶，甚至导致交通事故。特别是大型复杂的立交，更应合理设置交通标志和标线，以保证车辆安全、快速通过。

1）交通标志

交通标志是立交不可缺少的安全导向设施，主要包括指路标志、指示标志、禁令标志和警告标志。标志的设置地点应在驾驶人容易看到、能准确判读的醒目地点，且应不妨碍交通、不影响视线及便于维修。标志的设置距离应能起到预告、提示和指引的作用，并设置在立交之前适当位置。如立交的出口标志，公路立交须在2 km、城市道路立交在1 km之前就要设置预告标志，然后在500 m、100 m处设置提示标志，到达出口时应设置指示标志，引导车辆驶离主线。再如警告标志应设置在距路口、危险及应注意地点有一定距离的位置，即保持一定的前置距离，以便驾驶人能有足够的时间保证车辆在标志前及时减速直到停车。

2）交通标线

交通标线是立交交通安全设施的组成部分，主要是用漆类涂料涂绘各种线形的方法，表达指示、警告、禁令及指路的内容，其作用是对车辆及行人交通进行管理，保障安全。交通标线包括路面标线、突起路标和立面标记等，常与交通标志等设施配合使用。

路面标线形式有行车道中心线、行车道边缘线、车道分界线、停止线、人行横道线、减速让行线、导流标线、行车道宽度渐变段标线、出入口标线、导向箭头及路面文字或图形标记等。凸起路标是固定于路面上凸起的标记块，应做成定向反射型。立面标记可设在跨线桥的墩柱或侧墙端面上，地道洞口或安全岛等壁面上。

交通标志和标线的具体做法应符合现行道路交通标志和标线标准规范的规定。

## 9.7 道路与铁路、乡村道路及管线交叉

### 9.7.1 道路与铁路交叉

道路与铁路交叉不存在互通问题，所以无需设置连接道，形式简单。道路与铁路交叉分为平面交叉（又称道口）和立体交叉两种。

1. 设置条件与位置选择

1) 设置条件

一般根据道路等级与性质、道路与铁路的交通量及道口封闭延误损失等因素确定是平面交叉还是立体交叉。

高速公路、一级公路与铁路交叉时，必须设置立体交叉。高速铁路、准高速铁路和路段旅客列车设计行车速度为 140 km/h 的铁路与公路相交叉时，必须设置立体交叉。其他各级道路与铁路交叉，符合下列情况之一者，应设置立体交叉。

① 铁路与二级公路相交叉时。
② 路段旅客列车设计行车速度为 120 km/h 的铁路与公路相交叉时。
③ 由于铁路调车作业对公路上行驶车辆会造成严重延误时。
④ 受地形等条件限制，采用平面交叉会危及行车安全时。

2) 位置选择

① 应选在铁路轨线最少的地段。
② 道路、铁路路线以直线为宜，并尽量正交，当必须斜交时，交叉角应大于45°。
③ 尽量利用高路堤或深路堑作为立交。
④ 不应设在铁路站场、道岔等范围内。

2. 道路与铁路立体交叉设计要点

道路与铁路立交形式有道路上跨和下穿两种，应根据总体规划，并考虑瞭望条件、地下设施、地形、地质、水文、环境、施工等因素综合比较后确定。

1) 平面要求

立交范围平面线形及与桥头直线距离应分别符合道路与铁路路线设计的要求，并以直线为宜；可不考虑道路超车视距要求；道路引道范围内不得另有平面交叉。

2) 纵面要求

道路上跨时，其桥上和引道纵坡应符合道路有关规定。道路下穿时，纵坡不宜大于4%；当非机动车多时不得大于3%；当机动车、非机动车分离行驶时，二者可在不同高程上。

3) 横断面要求

无论道路上跨或下穿，行车道宽度都不应缩减；人行道宽度可视人流量而定，但每侧不应小于1.5 m。各组成部分宽度发生变更时应在引道上设置过渡段，其外边缘渐变率为1/15~1/30。

4) 净空要求

道路上跨时，跨线桥的孔径应根据地形、地质情况和桥下净空要求等确定。桥下净空高度应符合铁路净空限界有关规定。

当道路下穿时，铁路跨线桥下净空的宽度应包括该道路横断面的所有组成部分。净高应符合道路有关规定，并预留路面改建高度。

5) 路基路面要求

道路的路面应铺筑次高级以上路面。下穿的道路应考虑地面水、地下水、毛细水和冰冻作用对路基强度和稳定性的影响，并采取相应措施。

6）排水要求

立交范围内的排水设计，应对铁路的排水系统和道路的排水系统进行综合考虑，合理设置。道路下穿时排水要求与互通式立交相同。

7）交通管理要求

道路与铁路立体交叉处，应根据交通管理规定设置必要的标志、标线、栏杆等。

## 9.7.2　道路与乡村道路交叉

乡村道路泛指位于村镇之间供机动车、非机动车及行人通行的非等级道路。乡村道路分为机动车通行道路和非机动车与行人通行道路两类，其中前一类又可分为通行汽车道路和通行农机的机耕道路两种。与乡村道路交叉主要是对公路而言，城市道路一般不存在与其交叉。

1. 交叉间距

各级公路与乡村道路交叉，其规模、间距应对地方道路现状和规划及经济发展进行认真调查后确定。设计时应充分考虑沿线土地开发、群众生产和生活需要，兼顾交叉对公路通行能力、服务水平和投资的影响，确定合适的标准和间距。

高等级公路与乡村道路交叉时，其间距应根据路线总体设计而定。必要时合并相邻乡村道路，减少交叉数量。在乡村道路密集地区，当公路交通量较大时，可采取设置分隔带和辅道等必要措施，减少交叉的数量及隔离非机动车交通，提高公路的通行能力和服务水平。

2. 交叉形式

高速公路、一级公路与乡村道路交叉时，必须设置通道或天桥；二、三、四级公路与乡村道路交叉时，应设置平面交叉。地形条件有利或公路交通量大时宜设置通道或天桥。

3. 立体交叉

1）交叉方式

交叉方式应根据地形及公路纵断面设计等情况而定。平原地区一般以乡村道路下穿（又称通道）公路为宜；丘陵和山区则应利用有利地形，合理确定上跨或下穿方式。当条件适宜时，也可利用平时无水或流量很小的桥涵作通道，并作相应的工程处理。

2）横断面及净空

乡村道路横断面宽度、组成和净空应根据通行种类和实际需要确定。

当乡村道路通行汽车或农机时，交叉处路基宽度应根据交通量和农机类型而采用四级公路的单车道或双车道路基宽度。通道或跨线桥净宽按 4 m 或 6 m 选用，且应考虑排水设施所需宽度。汽车通道的净高不得小于 3.2 m；机耕通道不得小于 2.7 m。当乡村道路仅通行非机动车和行人时，通道或跨线桥净宽不得小于 4 m，通道净高不小于 2.2 m。无论通行何种交通，乡村道路上跨公路时，桥下净宽和净高应符合公路有关规定。

3）排水与标志

交叉处排水应通畅，当以下挖方式修建通道时，应使纵断面最低处高于地下水位 0.5 m，并使暴雨时的积水能向低洼处或河流排泄，以免通道积水。公路与乡村道路交叉处应设置必要的交通标志，较长的通道应考虑设置采光设施。

## 9.7.3 道路与管线交叉

按照管线的性质和用途，管线可分为管道和电缆两大类。管道主要有给水管、污水管、雨水管、燃气管、暖气管、输油管等；电缆包括电力线、电信线、无轨电车及地铁电力线等。根据管线的布设位置，可有地下埋设和空中架设两种。一般管道都铺设在地下，称为地下管线；而多数电缆是架设在地面杆柱上，称为地上杆线，但也有少数电缆埋设在地下。道路与管线应尽量正交，必须斜交时交角不宜小于45°，不得已时应不小于30°。

### 1. 道路与地上杆线交叉

为确保行车安全和架空电缆的正常使用，地上杆线须按行业规范合理布置，并满足最小净空高度要求，道路与各种地上杆线交叉时，架空线与路面的最小净空高度见表9-31规定。

表9-31 架空线与路面的最小净空高度

| 杆线名称 | 电信线 | 照明电线 | 无轨电车线 | 电力线/kV | | | | | |
|---|---|---|---|---|---|---|---|---|---|
| | | | | 配电线 | | 送电线 | | | |
| | | | | <1 | 1~10 | 35~110 | 154~220 | 330 | 500 |
| 最小净空高度/m | 5.5 | 5.5 | 6.0 | 6.0 | 7.0 | 7.0 | 8.0 | 9.0 | 14.0 |

### 2. 道路与地下管线交叉

道路与地下管线交叉时，应以地下管网规划为依据，并应近远期结合，对各种管线综合考虑，合理确定其位置与高程。

在重要平面交叉、立体交叉、广场或水泥混凝土等刚性路面下，应预埋过街管或预留沟，其结构强度应满足道路施工荷载和路面行车荷载的要求。

（1）埋式电缆。

埋式电缆有电力和电信电缆两种。对埋式电力电缆应该用管道保护，管顶到路面基底的深度应不小于1.0 m。对埋式电信电缆，二级以上公路应用管道保护，管顶到路面基底的深度一般不小于1.0 m，受限制时应不小于0.8 m；三、四级公路不需管道保护，缆顶到路面基底不小于0.8 m，受限制时应不小于0.7 m。埋式电缆距排水沟外缘应不小于1.0 m。

（2）地下管道。

地下管道有石油管道和天然气管道两种。道路与地下管道交叉时，管顶距路面宽度不小于1.0 m，距排水沟底不小于0.5 m。冰冻地区管道应埋设在冰冻线以下。当然，石油管道和天然气管道也可铺设在地上。

# 第 10 章 城市道路公用设施设计

按道路的性质和道路使用者的各种需要，在道路上需设置相应的公用设施。道路公用设施的种类很多，包括交通安全及管理设施和服务设施等。道路公用设施是保证行车安全、方便人民生活和保护环境的重要措施。因此，在道路设计中应予以足够的重视。

## 10.1 公共交通站点布设

城市公共交通站点分为终点站、枢纽站和中间停靠站。

合理规划布置站点需要对客流的流量、流向进行调查分析。有些站点通过使用，发现问题，应予以改善调整。

终点站的布置要注意安排掉头的场地，还要考虑部分车辆停歇和加水、清洁、保养及小修工作的用地。

枢纽站一般设有几条公交线路，上、下车和换车的乘客多，其布置应注意保护乘客、行人和车辆的安全，尽量不让换车乘客穿越车行道且步行距离最短。

中间停靠站是沿线公共汽车旅客安全上、下车的一种道路设施，主要指公交车辆中途停靠的位置。停靠站主要布置在客流集散地点，如火车站、码头、大型商场、重要机关、大专院校和干道交叉口附近等地。具体布设时应考虑以下问题。

### 10.1.1 停靠站间距

若停靠站间距较小，道路上过多地设站，增加乘客的乘车时间，车辆速度不高，且频繁制动、启动，轮胎与燃料消耗大；如果停靠站间距过大，虽然车辆运行速度提高，乘客的乘车时间减少，但增加了乘客的步行时间，于乘客不便。公交车辆中途停靠站比较合理的间距，通常市区以 500~800 m 左右为宜；郊区为 1 000 m 左右。在交叉口附近设站时，为了不影响外交叉口的交通组织和通行能力，一般应离开交叉口 50 m 左右。交通量较小的道路，站位距交叉口不得小于 30 m。

### 10.1.2 停靠站台布置方式

停靠站台在道路平面上的布置方式主要有沿人行道边设置和沿行车道分隔带上设置两种。

1. 沿人行道边设置

这种布置方式构造简单，一般只需在人行道上辟出一段用地作为站台，以供乘客候车上、下即可，如图 10-1 所示。站台高度以 30 cm 为宜，并避免有杆柱阻碍，以方便乘客上、

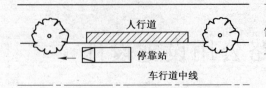

图 10-1　沿人行道边设置的停靠站

下车。这种布置方式对乘客上、下车最安全，但停靠的车辆对非机动车交通影响较大，多适用于单幅式道路。

2. 沿车道分隔带设置

这种布置方式，停靠的公交车辆对非机动车影响较小，但上、下车乘客需横穿非机动车道，影响非机动车道的交通。适用于三幅式道路，如图 10-2（a）所示。采用这种方式，布置站台的分隔带宽度应不小于 2 m，站台长度视停靠的车辆数而定。

当分隔带较宽时（≥4 m），可以将一段绿带宽度改为路面，作港湾式停靠站，以减少停靠车辆所占的车道宽度，保证正线上的交通畅通，如图 10-2（b）所示。港湾的宽度和长度根据停靠车辆类型而定，一般以能容纳两辆车为宜。这种做法对机动车道较窄的路段尤为适用。

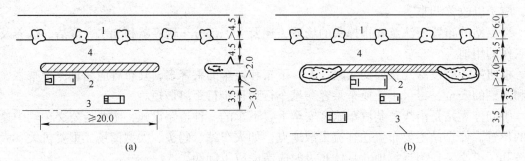

图 10-2　沿行车道边设置的停靠站（尺寸单位：m）
1－人行道；2－停靠站；3－路中线；4－非机动车道

## 10.2　停车场设计

城市公共停车场可分为外来机动车停车场、市内机动车停车场和自行车停车场三类。

### 10.2.1　汽车停车场设计

1. 停车场布局和规模

合理规划停车场的分布地点，一般应考虑以下几个方面。

① 为了减轻外地进城车辆对市区交通的压力，应在城区边缘地带设置专用停车场，如进、出城的几个主要方向的道路附近。

② 对外交通枢纽所在地应设置停车场，如车场、码头、机场等。

③ 在人流大量集中的大型公共建筑物附近，如大型体育馆、剧场、大型商场附近。

整个城市的停车场总面积可按下式计算：

$$F = Ana \qquad (10\text{-}1)$$

式中：$F$——停车需要的总面积；

$A$——城市内汽车总数；

$n$——使用停车场汽车的百分比；

$a$——每一辆汽车占用的面积，与车辆类型的停车方式有关。

**2. 停车场设计原则**

① 停车场的设置应符合城市规划与道路交通组织的要求，同时还应便于各种不同性质的车辆使用。

② 公用停车场在全市尽量均衡分布，专用停车场应紧靠使用单位布置。

③ 停车场出、入口宜分开设置。重要建筑物前的停车场的出、入口应设置在次要干道上，若设在主要干道旁，应尽量远离交叉口。出、入口宽度在 $7\sim10$ m 之间。

④ 为保证车辆在停车场内不发生滑溜和满足场地排水要求，在平原区，场内纵坡一般在 $0.3\%\sim0.5\%$ 之间；在山区或丘陵区可根据实际情况而定。

⑤ 停车场内交通路线必须明确，宜采用单向行驶路线，避免互相交叉，并应与进、出口方向一致。

**3. 设计步骤**

1）选定设计车辆

停车场应以高峰时所占比重大的车型作为设计车型，可不考虑车辆尺寸的变化。

设计车辆划分为 5 种类型：微型汽车、小型汽车、中型汽车、普通汽车、铰接车，其外形尺寸如表 10-1 所列。

表 10-1 设计车辆外形尺寸

| 设计车型 | 总长/m | 总宽/m | 总高/m |
| --- | --- | --- | --- |
| 微型汽车 | 3.2 | 1.6 | 1.8 |
| 小型汽车 | 5.0 | 1.8 | 1.6 |
| 中型汽车 | 8.7 | 2.5 | 4.0 |
| 普通汽车 | 12.0 | 2.5 | 4.0 |
| 铰接车 | 18.0 | 2.5 | 4.0 |

注：微型汽车包括微型客货车、机动三轮车；中型汽车包括中型客车、旅游车和装载 4 t 以下的货车；其他同"设计车辆"。

2）选定车辆停放方式

停车场内车辆的停放方式，对于停车面积的计算、车位的组合及停车场的计算等都有关系。

车辆的停放方式按汽车纵轴线与通道的夹角关系可分为三种类型：平行式、垂直式和斜放式。

（1）平行式。

车辆平行于通道方向停放，如图 10-3 所示，这种方式所需停车带较窄，驶出车辆方便、迅速，但占地较长。

（2）垂直式。

车辆垂直于通道方向停放，如图 10-4 所示，这种方式单位长度内停放的车辆数较多，用地紧凑，但停车带占地较宽，进出停车时需要倒车一次，要求通道至少有两个车道宽。

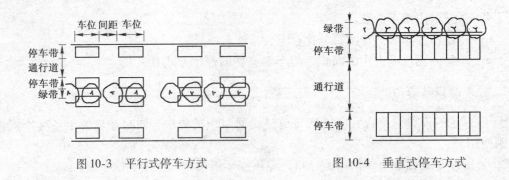

图 10-3　平行式停车方式　　　　图 10-4　垂直式停车方式

（3）斜放式。

车辆与通道成角度停放，一般按 30°、45°、60°三种角度停放，如图 10-5 所示，因停放不易排列整齐，且占地面积不经济，故较少采用。

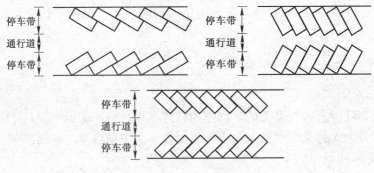

图 10-5　斜放式停车方式

3）确定停车带和通道宽度

停车带和通道是停车场的主要组成部分，其宽度确定主要应考虑以下因素。

① 设计车型，如车长、车宽和车门宽等。

② 车辆的最小转弯半径。

③ 停车方式和车辆之间的安全净距。

④ 驾驶人的驾驶熟练程度等。

宽度的具体确定多采用调查与车辆试验相结合的方法进行。

4）确定单位停车面积

单位停车面积即停入一辆汽车所需的用地面积，它与车辆尺寸和停放方式、通道的条数、车辆集散要求及绿化面积等因素有关。

① 平行于通道停放时 [图 10-6（a）]，单位停车面积 $A_1$ 可按下式计算：

$$A_1 = (L+C_1)(B+0.5) + (L+C_1) \times \frac{S_1}{2} \quad (\text{m}^2) \tag{10-2}$$

② 垂直于通道停放时，单位停车面积 $A_2$ 可按下式计算：

$$A_2 = (L+0.5)(B+C_2) + (B+C_2) \times \frac{S_2}{2} \quad (\text{m}^2) \tag{10-3}$$

上两式中：$L$——车身长度，m；

$B$——车身宽度，m；

$C_1$——平行停放时两车前后之间的净距,m;
$C_2$——垂直停放时两车前后之间的净距,m;
$S_1$——平行式停车通道宽度,m;
$S_2$——垂直式停车通道宽度,m。

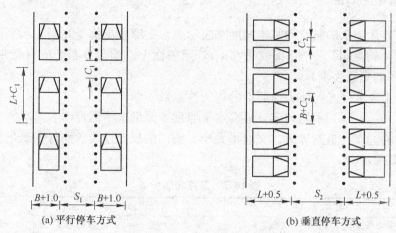

图 10-6 单位停车面积计算图

此外,停车场的设计还应综合考虑场内路面结构、绿化、排水,以及根据不同性质的停车场设置相应的附属设施。

## 10.2.2 自行车停车场设计

在自行车大量聚集的地点,如体育场、电影院、公园、风景点等处均应设置自行车停车场,并尽量利用人流较少的街巷或附近空地,避免占用人行道。

由于自行车体积小,使用灵活,对停车场地的设置和大小要求比较自由,布置设计也较简单。设计时可按每辆占地(包括通道)$1.4 \sim 1.8 \ m^2$ 计算。停放方式多为垂直停放和成角度斜放,按场地条件可分单排和双排两种排列。其中垂直设支架固定的形式为常见的停放方式,如图 10-7 所示。

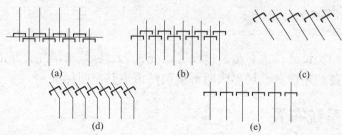

图 10-7 自行车停放方式

自行车停车场出、入口的宽度,一般至少有 $2.5 \sim 3.5 \ m$。以保证每个出、入口能满足一对相向车辆进、出时的需要。

对于公路,为了方便旅客和保障行车安全,应在适当地点设置停车场。在车站、渡口、食宿站、服务区、游览区、城镇附近等处,应各负其责,自行设置各自的停车设施,不得占用车行道。

## 10.3 道路照明设计

### 10.3.1 照明标准

照明标准通常用水平照度和不均匀度来表示。水平照度是指受光面为水平面的照度，照度的单位是 lx（勒克司），一个 lx 就是在 $1\ m^2$ 照射面上，均匀分布 1 lm（流明）的光通量（引起视觉作用的光通强度）。

不均匀度是表示受光物体表面照度的均匀性系数，即

$$不均匀度 = 最高水平照度 \div 最低水平照度$$

照明标准的选取与道路等级、交通量大小、路面的反光性质、路灯的悬吊方式及高度有关，如表10-2所列。

表 10-2　道路照明标准

| 道路类别 | 照明水平 | | 均匀度 | | 眩光限制 |
|---|---|---|---|---|---|
| | 平均亮度 $L_a$ / $(cd/m^2)$ | 平均照度 $E_a$ / lx | 亮度均匀度 $L_{min}/L_a$ | 照度均匀度 $E_{min}/E_a$ | |
| 快速路 | 1.5 | 20 | 0.40 | 0.40 | 严禁采用非截光型灯具 |
| 主干路 | 1.0 | 15 | 0.35 | 0.35 | 严禁采用非截光型灯具 |
| 次干路 | 0.5 | 8 | 0.35 | 0.35 | 不宜采用非截光型灯具 |
| 支路 | 0.3 | 5 | 0.30 | 0.30 | 不宜采用非截光型灯具 |

注：① 表中所列的平均亮度（照度）为维持值。新安装灯具，路面初始亮度（照度）值应比表中数值高30%~50%；
② 表中所列亮度（照度）值，均为机动车车行道上的数值。三幅路、四幅路中非机动车车行道上的亮度（照度）值，可采用机动车车行道上亮度（照度）值的1/2。
③ 表中平均照度值适用于沥青路面。对于水泥混凝土路面，可降低30%。
④ 表中各项数值适用于干燥路面。
⑤ 通向大型公共建筑（如体育场、展览馆、大型剧场等）的主要道路、市中心或商业区中心的道路、大型交通枢纽等处的照明可采用主干路的标准。
⑥ $L_{min}$——最小亮度/$(cd/m^2)$。
　　$L_a$——平均亮度/$(cd/m^2)$。
　　$E_{min}$——最小照度/lx。
　　$E_a$——平均照度/lx。

公路一般不作照明设计，主要是通过设置反光标志、标线来增加公路的视线诱导性。在运输特别繁忙和重要的路段，其局部照明可参照城市道路照明标准。

### 10.3.2 照明系统布置

照明布局应尽量发挥照明器的配光特性，以取得较高的路面亮度、满意的均匀度，并注意尽量限制产生眩光。

1. 平面布置

1）照明器在道路上的布置

① 沿道路两侧对称布置，如图10-8（a）所示，适用于宽度超过20 m，行人和车辆多

的道路上，一般可获得良好的路面亮度。

② 沿道路两侧交错布置，如图 10-8（b）所示，适用于宽度超过 20 m 的主要道路上。这种布置无论在照度及均匀性方面，都比较理想。

③ 沿道路中心线布置，如图 10-8（c）所示，适用于道路两侧行道树分叉点较低、遮光较严重的街道。这种布置经济简单、照度比较均匀，但易产生眩光，维修麻烦。

④ 沿道路单侧布置，如图 10-8（d）所示，一般适用于宽度在 15 m 以下的道路上。其特点是经济简单，但照度不均匀。

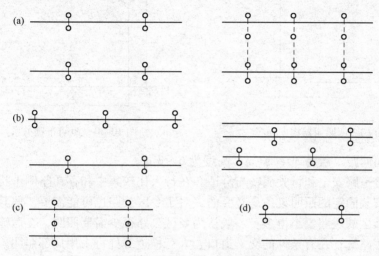

图 10-8　道路照明一般布置方式

⑤ 弯道上布置照明器，在曲线外侧或两侧对称布置。在曲线半径小的弯道上应缩短灯距。

⑥ 坡道上照明器的布置要适当缩小间距。

2）照明器在交叉口的布置

① T 形交叉口，照明器多安在道路尽头对面，既有效地照明交叉口，又有利于驾驶人识别道路。十字形交叉口照明器通常安在交叉口前进方向右侧。

② 铁路平交口，照明器安在前进方向右侧。

2. 横向布置

照明器一般布置在人行道的绿带或分隔带的边上，灯杆竖立在侧石外 0.5～1.0 m 处。照明器通过支架悬臂挑出在道路的上空，悬挑长度为 2～4 m，如图 10-9 所示。

3. 照明器安装高度和纵向间距

照明器的安装高度 $h$、纵向间距 $L$ 和配光特性三者间的关系见式（10-4），如图 10-10 所示。

$$E_A = \frac{I_\alpha \cos\alpha}{r^2} = \frac{I_\alpha \cos^3\alpha}{h^2} \tag{10-4}$$

式中：$E_A$——路面上任意点 $A$ 的水平照度/lx；

$I_\alpha$——光源 $O$ 在 $\alpha$ 方向的发光强度；

$r$——$O$ 至 $A$ 点的距离/m;
$h$——光源 $O$ 的高度/m;
$\alpha$——$O$ 至 $A$ 的连线与路面垂直方向的夹角/(°)。

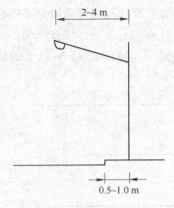
图10-9 照明器横向布置

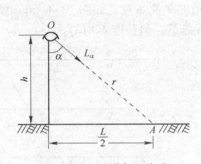
图10-10 照明布置关系

照明器纵向间距一般为 30~50 m,高度为 6~8 m。

照明影响着道路安全和行驶流畅与舒适。在行人比较集中和存在路侧干扰及交叉干扰的市区和郊区,安装固定的照明设备是必要的。对于乡区公路也可能需要,但其需要程度较城市街道和靠近市区的道路要小得多。一般认为乡区公路很少需要照明,在运输特别繁忙和重要路段,可配置路灯;在有条件的交叉道口、人行横道等处可采用局部照明。一般情况由车辆本身的车灯照明。

## 10.4 道路绿化

### 10.4.1 道路绿化作用

道路绿化,对保持生态平衡、保护美化环境等都有重要的意义和作用。

对公路交通而言,道路绿化既能稳固路基、美化路容、诱导视线、增加乘客的舒适感和安全感,又能积累木材增加收益。积雪、风沙地区还能起防雪、防沙作用。

城市道路绿化是整个城市点、线、面整体绿化的重要组成部分,除了具有改善城市环境和美化城市街景的作用外,还可以起到城市备用地带的作用;绿带下埋设管线,可减少管线维修对路面破坏造成的损失。

### 10.4.2 道路绿化布置

1. 公路绿化

公路两侧种植行道树是公路绿化的常见方式。但要注意以下问题:
① 在公路路肩上不得植树。
② 在交叉口范围内和弯道内侧种树,必须不妨碍行车视距的要求。

③ 市郊、风景区、疗养区等路段应尽量选用常绿树种栽植风景林。

④ 行道树和风景林经过农田或经济作物区时，可植在护坡道或路堤边坡上，以减少占地。

公路绿化常用树种应根据气候、土壤、防污染要求等因素进行选择，要满足绿化设计功能的要求；要具有较强的抗污染和净化空气的功能；要具有苗期生长快、根系发枝性好、能迅速稳定边坡的能力；要易繁殖、移植和管理，抗病虫害能力强；要具有良好的景观效果，能与附近的植被和景观协调。

公路绿化设计按功能分为保护环境绿化和改善环境绿化两类。

① 保护环境绿化主要通过绿化栽植以降噪、防尘、保持水土、稳定边坡。它包括防护栽植、防污栽植、护坡栽植。

② 改善环境绿化是通过绿化栽植以改善视觉环境，增进行车安全。它包括诱导栽植、过渡栽植、防眩栽植、缓冲栽植、遮蔽栽植、标示栽植及隔离栽植等。

2. 城市道路绿化

城市道路绿化应因地制宜地将乔木、灌木、草皮、花卉等组合成各种绿化形式。绿化种植一般需要的宽度见表10-3。

表10-3　绿化种植宽度

| 植物种类 | 宽度/m | 植物种类 | 宽度/m |
| --- | --- | --- | --- |
| 低灌丛 | 0.8 | 单行乔木 | 1.25~2.0 |
| 中灌丛 | 1.0 | 双行乔木 | 平列2.5~5.0，错列2.0~4.0 |
| 高灌丛 | 1.2 | 草皮与花卉 | 1.0~1.5 |

绿带宽度占道路总宽度的比例，从我国一些城市的实际绿化情况看：40 m以上干道中绿化带占道路总宽度的27%左右，在40 m以下道路中绿化带占道路总宽度的28%左右。

1) 人行道绿化

人行道较窄时，用方形、圆形树穴绿化，可以避免占用较大的交通面积。

树穴的最小尺寸应以单行乔木种植生长为准，一般不小于1.25 m×1.25 m或宽与长之比为1:2的长方形，其宽度大于或等于1.2 m，或直径大于或等于1.5 m。

为了保证车辆在车行道上行驶时，驾驶人的视线不被绿化遮挡，在人行道上的绿化种植必须保证一定的株距，一般取4~5倍的树冠直径。

在道路两侧人行道上的布置，通常采用对称式布置，限于条件时，也可错开布置或只在一侧种植。

若人行道有足够宽度时，可设置绿带。绿带宽度一般每侧1.5~4.5 m，长度50~100 m。

2) 分车绿带

分车带的宽度，因道路而异，没有固定尺寸。一般分车带上种乔木时，要求宽度不小于2.5 m；若宽度大于6 m，可种两行乔木和花灌木；宽度小于2 m时，只能种草皮和灌木。

## 10.5　人行天桥和人行地道布设

城市的交通规划，除了解决机动车辆的安全快速行驶外，还要解决过街人流、自行车与机动车流的相互干扰问题。尤其是人行交通较集中的交叉路口，修建人行立交桥是人车分离、保护过街行人和车流畅通的最安全措施。

### 10.5.1　人行天桥和人行地道布设地点

人行天桥宜建在交通量大，行人或自行车需要横过行车带的地段或交叉口上。在城市商业网点集中的地段，建造人行天桥既方便群众也易于诱导人们自觉上桥过街。

在某些城市的旧城区商业街道，虽然人流多，但道路较窄，机动车辆少，在这种情况下，则不一定要建造人行天桥。因为建造人行天桥对改善交通收益不大，行人反而感到不便。

人行地道作为城市公用设施，在使用和美观上较好。但是，工程和维修费用较高，因此，在下列情况下，可考虑修建人行地道。

① 重要建筑物及风景区附近，修人行天桥会破坏风景或城市美观。
② 横跨的行人特别多的站前道路等。
③ 修建人行地道比修人行天桥在工程费用和施工方法上有利。
④ 有障碍物影响，修建人行天桥需显著提高桥下净空时。

总之，选择人行天桥或人行地道时，要充分考虑设置地点的交通状况、道路状况以及费用等问题。

### 10.5.2　人行天桥和人行地道设计

#### 1. 人行天桥设计

人行天桥的桥宽和人行地道的宽度主要取决于高峰小时的人流量和设计通行能力。设计时人行天桥和人行地道的通行能力按 2 000 ~ 2 300 人/(h·m) 计算。此外还应考虑到桥宽与道路宽度、交叉口大小比例协调。我国已建的人行天桥和人行地道的宽度一般在 3.0 ~ 5.0 m 之间。

#### 2. 阶梯设计

由于人流通过桥梯的速度低于通过桥面的速度，因此，人行天桥的通行能力往往受桥梯宽度的影响。为了使人流通过桥梯和桥面的速度一致，一般桥梯宽度应略大于桥面宽度。梯宽可根据人流量、通行能力按 1 800 人/(h·m) 计算决定。桥梯布置和结构应同建桥点景观协调。

桥梯步级的宽度和高度之和等于 45 cm 左右为好，一般常用步级宽为 30 cm，高 15 cm，或宽为 28 cm，高为 16 cm。

在用地紧张的情况下，也可采用螺旋梯。

#### 3. 人行天桥净空

为满足大型集装箱车和无轨电车行驶，最小净空为 5 m。

#### 4. 行人护栏设置

为了引导行人上桥过街，避免穿越桥底，需沿街在桥梯两边 50 ~ 100 m 设置高栏杆，形式以采用 1.1 ~ 1.2 m 竖杆为宜。

# 第11章 城市道路雨水排水系统设计

## 11.1 概述

### 11.1.1 城市排水系统制度

为了保证车辆和行人的正常交通,改善城市卫生条件,以及避免路面的过早损坏,要求迅速将地面雨雪水排除,因此城市道路排水是城市道路的一个组成部分。

城市道路排水也是城市排水系统的一部分。为了保障生产和人民生活,城市中除需要排除雨雪水外,尚有工业废水和生活污水。由于废污水和雨水的水质不同,可分别组织不同的管道系统来排除。

排水系统的制度分为合流制和分流制。

1. 合流制

将污水和雨水用同一管道排除的称为合流制排水系统。过去我国很多旧城市大都采用合流制,污水未经处理直接排入天然水体。这是由于历史原因造成的。随着工业的高速发展,生活污水量和工业废水量急剧增加,这样的合流制对环境卫生往往造成严重危害。为了保护环境,需将混流的污雨水流经污水处理厂处理后,再行排放。

2. 分流制

将雨水和污水分别设置管道系统排除,称为分流制排水系统,如图11-1所示。其中汇集和处理生活污水或工业废水的系统称为污水排除系统;汇集和排泄雨水的系统,称为雨水排除系统。分流制排水系统又可分为两种情况:一种情况是分别设置污水和雨水管道系统;另一种情况是只有污水管道系统,不设雨水暗管,雨水沿着地面、街道边沟和明渠泄入天然水体。

采用分流制有利于环境卫生的保护,有利于污水的综合利用,便于从废水中回收有用物质,可以做到清浊分流,降低需要处理的废水量。

合流制与分流制的选择,应根据当地的自然条件、环境保护要求、污水利用情况、原有排水设施、水质、水量、地形、气候和水体等条件,从全局出发,通过技术经济比较,综合考虑确定。新建的排

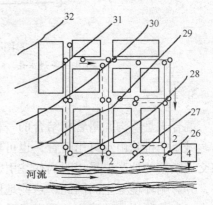

图11-1 分流制排水系统示意图
1-雨水管道;2-污水管理;
3-检查井;4-污水处理厂

水系统一般采用分流制,同一城镇的不同地区可以采用不同的排水制度。

合理地选择排水体制,是城市排水系统规划中一个十分重要的问题,它关系到整个排水系统是否实用,能否满足环保要求,同时也影响排水工程的总投资和运营费用。

### 11.1.2 城市道路雨水排水系统类型

城市道路雨水排水系统,根据构造特点,可分为明式、暗式和混合式3种。

1. 明式

公路和一般乡镇道路采用明沟排水,在街坊出入口、人行横道处增设一些盖板、涵管等构造物。明沟可设在路面的两边或一边,也可在车行道的中间。当道路处于农田区时,边沟要处理好与农田排灌的关系。

明沟的排水断面尺寸,可按照汇水面积经水力计算确定。一般也可根据当地实际经验来安排。明沟通常采用梯形断面,底宽至少0.3 m,边坡视土质及护面材料而不同,用砖石铺砌或混凝土块护面时,一般1:0.5~1:1的边坡。有些城市也有采用石砌或砖砌和上面加盖板的矩形明沟。

2. 暗式

暗式主要包括街沟、雨水口、连管、干管、检查井、出水口等部分。道路上及其相邻地区的地面水依靠道路设计的纵横坡度,流向行车道两侧的街沟,然后顺街沟的纵坡流入沿街沟设置的雨水口,再由地下的连管通到干管,排入附近河流或其他水体中去,如图11-2所示。

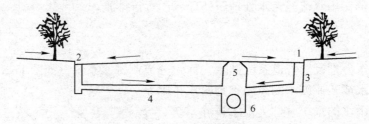

图11-2 暗式排水示意图
1-街沟;2-进水孔;3-雨水口;4-连管;5-检查井;6-雨水干管

3. 混合式

混合式是明沟和暗管相结合的一种形式。

城市中排除雨水可用暗管,也可用明沟。采用明沟可以降低造价。但在建筑物密度较高和交通频繁的地区,采用明沟往往引起生产、生活和交通不便,桥涵费用增加,占用土地较多,并影响环境卫生。因此,这些地区应采用暗式系统。而在城镇的郊区或其他建筑物密度较小,交通稀少的地区应首先考虑采用明沟。

## 11.2 雨水排水系统及其构造物布设

### 11.2.1 雨水管道布置

城市道路的雨水管线应平行于道路的中心线或规划红线。雨水干管一般设置在街道中间或一侧,并宜设在快车道以外,当道路红线宽度大于 60 m 时,可考虑沿街道两侧作双线布置。

由于雨水管道施工及检修对道路交通干扰很大,因此,雨水干管应尽可能不布置在主要交通干道的行车道下,而宜直接埋设在绿化带或较宽的人行道下,并注意与行道树、杆柱、侧石等保持一定的横向距离。此外,雨水管线还应尽可能避免或减少与河流、铁路及其他城市地下管线的交叉,避免造成施工困难;必须交叉时,应尽量正交,并保证相互之间有一定的竖向间隙。雨水管道离开房屋及其他管道的最小距离见表 11-1。

表 11-1 雨水管道与其他管道(构筑物)的最小净距

| 名称 | | 水平净距/m | 垂直净距/m | 名称 | 水平净距/m | 垂直净距/m |
|---|---|---|---|---|---|---|
| 建筑物 | | 见注③ | | 乔木 | 见注⑤ | |
| 给水管 | | 见注④ | 0.15 | 地上柱杆(中心) | 1.5 | |
| 排水管 | | 1.5 | 0.15 | 道路侧石边缘 | 1.5 | |
| | | | | 铁路 | 见注⑥ | |
| 燃气管 | 低压 | 1.0 | | 电车路轨 | 2.0 | |
| | 中压 | 1.5 | 0.15 | 架空管架基础 | 2.0 | |
| | 高压 | 2.0 | | 油管 | 1.5 | |
| | 特高压 | 5.0 | | 压缩空气管 | 1.5 | 0.15 |
| 热力管沟 | | 1.5 | 0.15 | 氧气管 | 1.5 | 0.25 |
| 电力电缆 | | 1.0 | 0.5 | 乙炔管 | 1.5 | 0.25 |
| | | | | 电车电缆 | | 0.55 |
| 通信电缆 | | 1.0 | 直埋 0.5 穿管 0.15 | 明渠渠底 涵洞基础底 | | 0.5 0.15 |

注:① 表列数字除注明外,水平净距均指外壁净距,垂直净距指下面管道的外顶与上面管道基础底间净距。
② 采取充分措施(如结构措施)后,表列数字可以减少。
③ 与建筑物水平净距:管道埋深浅于建筑物基础时,一般不小于 2.5 m(压力管不小于 5.0 m);管道埋深深于建筑物基础时,按计算确定,但不小于 3.0 m。
④ 与给水管水平净距:给水管管径小于或等于 200 mm 时,不小于 1.5 m;给水管管径大于 200 mm 时,不小于 3 m,与生活给水管道交叉时,污水管道、合流管道在生活给水管道下面的垂直净距不应小于 0.4 m。当不能避免在生活给水管道上面穿越时,必须予以巩固。加固长度不应小于生活给水管道的外径加 4 m。
⑤ 与乔木中心距离不小于 1.5 m;如遇现状高大乔木时,则不小于 2.0 m。
⑥ 穿越铁路时应尽量垂直通过。沿单行铁路敷设时应距路堤坡脚或路堑坡顶不小于 5 m。

雨水管与其他管线发生平交时其他管线一般可用倒虹管的办法。如雨水管和污水管相交,一般将污水管用倒虹管穿过雨水管的下方。

如果污水管的管径较小,也可在交汇处加建窨井,将污水管改用生铁管穿越而过。当雨水管与给水管相交时,可以把给水管向上做成弯头,用铁管穿过雨水窨井(图 11-3)。

由于雨水在管道内是靠本身重力而流动的,所以雨水管道应由上游向下游倾斜。雨水管的纵断面设计应尽量与街道地形相适应,即管道纵坡尽可能与街道纵坡取得一致。这样,不致使管道埋设过深,可节省土方量。因此在城市道路纵断面设计时,应考虑雨水的排除问题,为排除雨水创造条件。另外,路面上汇集的雨水往往带有尘土、沙、煤屑等物,易于在管道内沉淀,因此要求管道内雨水宜有较高的流速,以防止或减少沉淀,其设计流速常采用

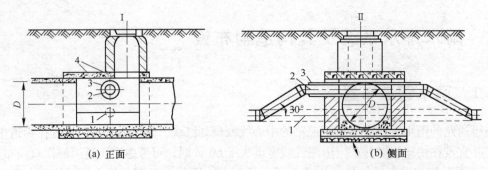

图 11-3 雨水管和给水管线相交（上穿式）
1-未搬迁前给水管位置；2-搬迁后给水管位置；3-钢套管；4-钢筋混凝土盖板

自清流速，一般为 0.75 m/s，这就要求雨水管的最小纵坡不得太小，一般不小于 0.3%。为了满足管中雨水流速不超过管壁受力安全的要求，对雨水管的最大纵坡也要加以控制。通常道路纵坡大于 4% 时，为了不使雨水管纵坡过大，需分段设置跌水井。

管道的埋设深度，对整个管道系统的造价和施工影响很大，管道越深则造价越高，施工越困难，所以管道埋深不宜过大。管道最大允许埋深，根据技术经济指标及施工方法决定，一般在干燥土壤中，管道最大埋深不超过 7~8 m，地下水位较高，可能产生流沙的地区不超过 4~5 m。

雨水管的最小埋深等于管直径与管道上面的最小覆土深度之和。最小覆土深度（见图 11-4），一般根据雨水管可能承受的外部荷载、管材强度，当地冻深及临街建筑内排水支管的连接要求坡度等，结合实际经验确定。在车行道下，管顶最小覆土深度一般不小于 0.7 m。在管道保证不受外部荷载损坏时，最小覆土深度可适当减小。至于北方冰冻地区，则要依靠防冻要求来确定覆土深度。

不同直径的管子在检查井内衔接时，应使上下游管段的管顶等高，称为管顶平接，这样可以避免在上游形成回水，如图 11-5 所示。

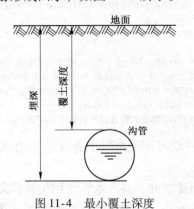

图 11-4 最小覆土深度

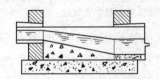

图 11-5 管顶平接

## 11.2.2 雨水口和检查井位置

### 1. 雨水口

雨水口是在雨水管道或合流管道上收集雨水的构筑物。地面上、街道上的雨水首先进入雨水口，再经过连接管流入雨水管道。雨水口一般设在街区内、广场上、街道交叉口和街道边沟的一定距离处，以防止雨水漫过道路或造成道路及低洼地区积水，妨碍交通。

雨水口的布设数量，应按汇水面积所产生的流量及雨水口的进水能力确定。在纵断面凹处、街道低洼点、汇水点及人行横道线上游，应设置雨水口，雨水口应避免设在临街建筑物的门口、停车站、分水点及其他地下管道顶上。

1) 雨水口布设形式

雨水口的布设形式、应根据不同的道路横断面形式合理布置。目前国内常见形式有以下几种。

（1）单幅式。

布置两排雨水口（图11-6）。

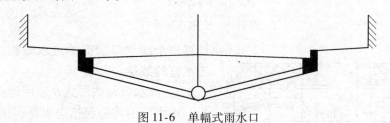

图 11-6　单幅式雨水口

（2）双幅式。

布置两排或四排雨水口（图11-7）。

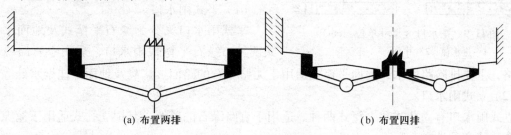

(a) 布置两排　　　　(b) 布置四排

图 11-7　双幅式雨水口

（3）三幅式。

布置两排至六排雨水口，又分为 A 型和 B 型两种（图11-8）。

2) 雨水口泄水能力

雨水口的泄水能力按下式计算：

$$Q = \omega C \sqrt{2ghk} \tag{11-1}$$

式中：$Q$——雨水口排泄的流量/($m^3$/s)；

$\omega$——雨水口进水面积/$m^2$；

$C$——孔口系数，圆角孔用 0.8，方角孔用 0.6；

$g$——重力加速度，$g = 9.80 \text{ m/s}^2$；

$h$——雨水口上允许储存的水深/m，一般认为街沟的水深不宜大于侧石高度的 2/3，一般采用 $h = 0.02 \sim 0.06$ m；

$k$——孔口阻塞系数，一般 $k = \dfrac{2}{3}$。

由式（11-1）知：当由降雨强度算出需要排泄的流量，并规定了允许积水深度后就可

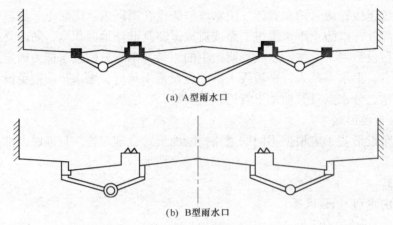

图 11-8 三幅式雨水口

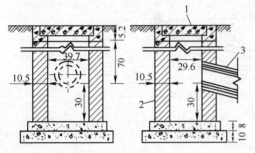

图 11-9 雨水口（尺寸单位：cm）
1—进水箅；2—井身；3—连接管

计算每个雨水口所需的进水面积，从而决定了进水箅的数量。

3）雨水口构造形式及适用地点

雨水口的构造包括进水箅、井身和连接管3部分（图11-9）。根据进水箅布置的不同，雨水口可分为平式、立式和联合式3种。

(1) 平式雨水口。

平式雨水口又分为缘石平箅式及地面平箅式两种。缘石平箅式雨水口，适用于有路缘石的道路，主要排除路面水；地面平箅式适用于无路缘石的路面、广场及地面低洼聚水处等。

(2) 立式雨水口。

立式雨水口有立孔式和立箅式两种。适用于有路缘石的道路，其中立孔式适用于箅隙容易被杂物堵塞的地方。

(3) 联合式雨水口。

联合式雨水口在水平和垂直方向上均有雨水箅子。宜用于径流集中且有杂物堵塞处。

4）雨水口布设

雨水口设计包括雨水口的平面布置、结构形式、间距、竖向高程等设计。其中最重要的是雨水口的布置。这里重点讨论雨水口的平面布置。其布设方法步骤如下。

① 确定街沟纵断面上低洼积水点和交叉口竖向规划上必需的雨水口。如街道上排水的汇合点、凹竖曲线的低洼处等，均应设置雨水口。

② 根据道路纵横坡度、街道宽度、路面种类、周围建筑地形及排水情况，选择雨水口形式及布设方式。

③ 根据当地暴雨强度、雨水口的排水能力等因素，确定雨水口的数量、位置与间距。间距一般为30～80 m。纵坡较大时，水的流速大，不能充分进入雨水口即行越过；纵坡过小时，往往形成积水，此时均应适当缩小雨水口的间距，减小的数值由计算确定。

④ 在交叉口处应根据路面雨水径流情况及方向布置雨水口。

⑤ 雨水口的连接，必要时可以串联，一般不超过两个。雨水口连管最小管径为

200 mm,坡度不小于1%,长度不超过25 m,覆土高度不小于0.7 m。

⑥ 雨水口高程布置。立式雨水口,应使雨水口圈框低于两侧路面3 cm,篦面比雨水口圈框再低1 cm(联合式雨水口相同);平式雨水口,应使雨水圈框低于附近路面3~5 cm,并使周围地面坡向雨水口。雨水口井的深度不宜大于1 m,冰冻地区,应对雨水口及其基础采取防冻胀措施。在泥沙量较大的地区,可根据需要设置沉泥槽。

2. 检查井

为了对管道进行检查和疏通,管道系统上必须设置检查井;同时检查井还起连接沟管的作用(图11-10)。相邻两个检查井之间的管道应在同一直线上,便于检查和疏通操作。检查井一般设置在管道容易沉积污物及经常需要检查的地方,如管道改变方向处、改变坡度处、改变高程处、改变断面处和交汇处、跌水处,以及直线管段上每隔一定距离,都应布设检查井。检查井在直线段上最大间距根据《城市排水设计规范》规定按表11-2采用。

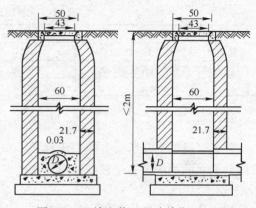

图11-10 检查井(尺寸单位:cm)

表11-2 雨水管道检查井最大间距

| 管径或暗渠净高/mm | 最大间距/m |
| --- | --- |
| <700 | 75 |
| 700~1 500 | 125 |
| >1 500 | 200 |

## 11.3 雨水管渠设计流量计算

雨水管渠的设计流量一般按下式计算:

$$Q = q\psi F \tag{11-2}$$

式中:$Q$——雨水设计流量/(L/s);
$q$——设计暴雨强度/[L/(s·hm$^2$)];
$\psi$——径流系数;
$F$——流域汇水面积/hm$^2$。

采用式(11-2)计算时应注意,在流域内当有生产废水和生活污水排入雨水管渠时及有上游的雨水管渠内的雨水流入设计管段时,都应将其计算在内。

上式中参数$\psi$、$F$、$q$的确定方法如下。

1. 径流系数$\psi$

某时段内的径流量(流入雨水管渠的雨水)与同一时段全部降雨量的比值,称为径流系数。影响径流系数的因素很多,主要包括排水地区的地面性质和地面覆盖。在城市排水地区,经常遇到不同种类的地面,所以排水地区的平均径流系数应按加权平均法计算,其计算

公式如下:

$$\psi = \frac{\psi_1 F_1 + \psi_2 F_2 + \cdots + \psi_n F_n}{F_1 + F_2 + \cdots + F_n} \tag{11-3}$$

式中： $\psi$——排水地区的加权平均径流系数；

$F_1, F_2, \cdots, F_n$——排水地区各种地面面积/$hm^2$；

$\psi_1, \psi_2, \cdots, \psi_n$——相应各种地面的径流系数，可按表11-3采用。

表 11-3　不同地面的径流系数 $\psi$ 值

| 地面种类 | $\psi$ 值 | 地面种类 | $\psi$ 值 |
|---|---|---|---|
| 各种屋面、水泥混凝土和沥青路面 | 0.90 | 干砌砖石路面 | 0.4 |
| 大块石路面和沥青表面处治路面 | 0.60 | 非铺砌的土地面 | 0.30 |
| 级配碎石路面 | 0.45 | 公园或草地 | 0.15 |

2. 汇水面积 $F$

每条管道都有它所服务的汇水面积，单位以公顷（$hm^2$）计（$1\ hm^2 = 10^4\ m^2$）。各设计管段的汇水面积的区界是根据地形地物决定的。计算汇水面积时，除街坊面积外还包括街道面积。

当地势平坦、街坊、四周的道路都有沟管时，可用各街角的分角线划分汇水面积，各汇水面积内的雨水分别流入相邻的雨水沟管（图11-11）。

当地势向一边倾斜时，则街坊的雨水流入低侧街道下的管道内（图11-12）。一般不需要把街坊划分成几块面积，但大街坊的两边如都有雨水管道时，也可考虑使雨水流入街坊两侧的管道。

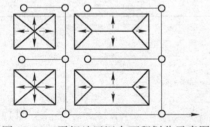

图 11-11　平坦地区汇水面积划分示意图

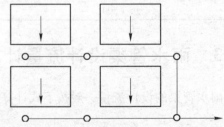

图 11-12　地形倾斜汇水面积划分示意图

3. 设计暴雨强度 $q$

设计暴雨强度 $q$ 一般是根据长期（10年以上）的自动雨量记录资料进行计算的。因为雨量的大小是以暴雨强度 $i$ 表示，其单位为 mm/min。把暴雨强度 $i$ 的单位换算成设计暴雨强度 $q$，单位为 L/(s·$hm^2$)，则

$$q = \frac{1 \times 10\,000 \times 10\,000}{10\,000 \times 60} \cdot i = 167i \quad [\text{L/(s·}hm^2)] \tag{11-4}$$

根据长期雨量记录资料的统计分析，可以推求暴雨强度、降雨历时和设计重现期的关系式，即

$$i = \frac{A}{(t+b)^n}$$

其中：

$$A = A_1(1 + C\lg T)$$

故
$$i = \frac{A_1(1 + C\lg T)}{(t+b)^n} \quad (\text{mm/min}) \tag{11-5}$$

则
$$q = 167i = \frac{167A_1(1 + C\lg T)}{(t+b)^n} \quad (\text{L/(s}\cdot\text{hm}^2)) \tag{11-6}$$

式中：　　$i$——暴雨强度/(mm/min)；

　　　　　$q$——设计暴雨强度/[L(s·hm²)]；

　　　　　$t$——降雨历时/min；

　　　　　$T$——设计重现期/a；

$A_1$、$C$、$n$、$b$——参数，根据统计方法计算确定，取决于当地的气象。

我国幅员辽阔，各地气候条件不一，暴雨强度计算公式不一，现将部分城市的暴雨强度公式列出，见表 11-4，供参考使用。

表 11-4　我国若干城市暴雨强度公式

| 城市名称 | 暴雨强度公式 $q$/[L/(s·hm²)] | $q_{20}$/[L/(s·hm²)] | 资料年数/a | 城市名称 | 暴雨强度公式 $q$/[L/(s·hm²)] | $q_{20}$/[L/(s·hm²)] | 资料年数/a |
|---|---|---|---|---|---|---|---|
| 北京 | $q = \dfrac{2111(1 + 0.85\lg T)}{(t+8)^{0.70}}$ | 206 | 20 | 南京 | $q = \dfrac{167(46.17 + 41.66\lg T)}{t + 33 + 9\lg T - 0.4}$ | 156 | 20 |
| 上海 | $q = \dfrac{167 \times 33.2(T^{0.3} - 0.42)}{(t + 10 + 7\lg T)^{0.82 + 0.07\lg T}}$ | 198 | 41 | 济南 | $q = \dfrac{4700(1 + 0.753\lg T)}{(t + 17.5)^{0.898}}$ | 180 | 5 |
| 天津 | $q = \dfrac{2334 T^{0.52}}{(t + 2 + 4.5T^{0.65})^{0.8}}$ | 170 | 14 | 杭州 | $q = \dfrac{1008(1 + 0.73\lg T)}{t^{0.541}}$ | 199.5 | 6 |
| 广州 | $q = \dfrac{1195(1 + 0.622\lg T)}{t^{0.523}}$ | 249 | 9 | 南昌 | $q = \dfrac{1215(1 + 0.854\lg T)}{t^{0.80}}$ | 201 | 5 |
| 汉口 | $q = \dfrac{784(1 + 0.83\lg T)}{t^{0.0507}}$ | 172 | 6 | 长春 | $q = \dfrac{883(1 + 0.68\lg T)}{t^{0.604}}$ | 145 | 9 |
| 长沙 | $q = \dfrac{776(1 + 0.75\lg T)}{t^{0.527}}$ | 160 | 6 | 丹东 | $q = \dfrac{3950(1 + 0.78\lg T)}{(t + 19)^{0.815}}$ | 200 | 8 |
| 太原 | $q = \dfrac{817(1 + 0.755\lg T)}{t^{0.667}}$ | 110.5 | 7 | 大连 | $q = \dfrac{617(1 + 0.81\lg T)}{t^{0.486}}$ | 144 | 8 |
| 南宁 | $q = \dfrac{10500(1 + 0.707\lg T)}{t + 21.1T^{0.119}}$ | 249 | 21 | 哈尔滨 | $q = \dfrac{6500(1 + 0.34\lg T)}{(t + 15)^{0.5}}$ | 155 | 10 |
| 贵阳 | $q = \dfrac{167 \times 11.3(1 + 0.707\lg T)}{(t + 9.35T^{0.31})^{0.695}}$ | 173 | 17 | 齐齐哈尔 | $q = \dfrac{684(1 + 1.13\lg T)}{t^{0.636}}$ | 102 | 10 |
| 昆明 | $q = \dfrac{700(1 + 0.775\lg T)}{t^{0.498}}$ | 159 | 10 | 福州 | $q = \dfrac{934(1 + 0.55\lg T)}{t^{0.542}}$ | 184 | 8 |
| 成都 | $q = \dfrac{167 \times 16.8(1 + 0.803\lg T)}{(t + 12.8T^{0.231})^{0.768}}$ | 192 | 17 | 厦门 | $q = \dfrac{850(1 + 0.745\lg T)}{t^{0.514}}$ | 182 | 7 |
| 重庆 | $q = \dfrac{167 \times 16.9(1 + 0.775\lg T)}{(t + 12.8T^{0.076})^{0.77}}$ | 190 | 8 | 郑州 | $q = \dfrac{767(1 + 1.04\lg T)}{t^{0.522}}$ | 161 | 5 |
| 银川 | $q = \dfrac{242(1 + 0.83\lg T)}{t^{0.477}}$ | 58 | 6 | 塔城 | $q = \dfrac{750(1 + 1.1\lg T)}{t^{0.85}}$ | 59 | 5 |
| 宝鸡 | $q = \dfrac{342(1 + 0.95\lg T)}{t^{0.46}}$ | 86.3 | 5 | 天水 | $q = \dfrac{458(1 + 0.745\lg T)}{t^{0.552}}$ | 93 | 7 |

注：$q_{20}$——重现期为 1 年，降雨历时为 20 min 的暴雨强度，[L/(s·hm²)]；

　　$T$——设计重现期,a；

　　$t$——设计降雨历时,min。

由式（11-5）、式（11-6）可以看出，当参数 $A$、$C$、$n$、$b$ 已确定时，暴雨强度 $i$ 或 $q$ 取决于设计重现期 $T$ 和设计降雨历时 $t$，现对这些因素进行讨论。

(1) 设计重现期 $T$。

设计重现期是指在一个较长的统计期限内，设计暴雨强度的降雨重新出现一次的平均时间间隔，单位为年。设计重现期越大，相应某重现期的暴雨强度的降雨出现的频率越小，则设计暴雨强度也越大，所要求的雨水管管径也要随之增大；反之，则减小。若设计重现期选得过大将造成雨水管管径过大，造价高，虽使用安全但长时间管道内并不满流，因而不经济；相反，若设计重现期选得小则雨水管将经常溢流，造成道路积水，影响正常交通。所以在设计时应恰当地选择设计重现期。

设计重现期的选择，应结合汇水地区的性质、地形特点、汇水面积大小和 $q_{20}$ 值等因素来确定。在一个排水系统内，一般宜采用同一设计重现期，城市道路雨水管道的设计重现期为 0.50~3.0 年，重要地区或城市主干道可适当提高设计重现期。

在同一排水系统中，也可以采用不同的设计重现期，此时可按表 11-5 选用。

表 11-5　设计重现期　　　　　　　　　　　　　　　单位：年

| $q_{20}/[L/(s \cdot hm^2)]$ | ≤100 | | | 101~150 | | | 151~200 | | |
|---|---|---|---|---|---|---|---|---|---|
| 地区性质 | 居民区 | | 工厂、广场、干道 | 居民区 | | 工厂、广场、干道 | 居民区 | | 工厂、广场、干道 |
| 汇水面积/hm² | 平坦地形 | 沿溪谷线 | | 平坦地形 | 沿溪谷线 | | 平坦地形 | 沿溪谷线 | |
| ≤20 | 0.33 | 0.33 | 0.5 | 0.33 | 0.33 | 0.5 | 0.33 | 0.5 | 1 |
| 21~50 | 0.33 | 0.33 | 0.5 | 0.33 | 0.5 | 1 | 0.5 | 1 | 2 |
| 51~100 | 0.33 | 0.5 | 1.0 | 0.5 | 1.0 | 2 | 1 | 2 | 2~3 |

注：① 平坦地形指地面坡度小于 0.003 时，坡度大于 0.003 时，设计重现期，可提高一级选用；
　　② 在丘陵地区、盆地和主要干道和短期积水能引起较严重损失的地区（如重要工厂区、主要仓库区等），宜根据实际情况，可适当提高设计重现期。

(2) 设计降雨历时 $t$。

设计暴雨所取的某一连续时段称为设计降雨历时，单位以分（min）计。

雨水管渠的设计降雨历时，应采用管渠中形成最大径流量所需的时间。那么，降暴雨经历多长时间管渠内的流量才是最大的呢？管渠的流量主要受暴雨强度 $q$ 和汇水面积 $F$ 的影响，而降雨历时同时影响着这两个因素。降雨历时 $t$ 越小，$q$ 越大，而 $F$ 却越小。当降雨刚开始时，只有邻近雨水口很小面积的雨水才流到雨水口，随着降雨的继续，降雨历时逐渐增大，越来越多的地面上的雨水流到雨水口，即汇水面积 $F$ 也在逐渐增大。实践证明，在一般条件下，当汇水面积上的雨水还没有全部集中到设计管段内时，降雨强度 $q$ 随降雨历时减小的影响，不如汇水面积随降雨历时增加的影响大。当降雨历时超过了全部汇水面积的集水时间后，汇水面积不再增加，而暴雨强度 $q$ 却还会随降雨历时的增加而减小。所以，可以认为，在一次降暴雨过程中只有在汇水面积达到最大时，即汇水面积中最远点的雨水流到设计管渠断面时，管渠内的流量才是最大的。

设计降雨历时包括地面汇流时间和管渠内流行时间两部分。一般可按下式计算：

$$t = t_1 + mt_2 \tag{11-7}$$

式中：$t_1$——地面汇流时间，min，与流域面积大小、地面种类、坡度、覆盖情况等有关，一般 $t_1 = 5 \sim 15$ min；

$t_2$——雨水在管渠内流行时间，min，$t_2 = \dfrac{L}{60v}$。$L$ 为计算管段长度/m，$v$ 为设计管渠内雨水的流速，m/s；

$m$——延缓系数，明渠：$m = 1.2$；暗管：$m = 2$。

## 11.4 雨水管渠水力计算

雨水管渠的水力计算，主要是根据已求得的设计流量，计算确定雨水管的管径和明渠的断面尺寸或校核管渠坡度和流速，从而定出各管道的管底标高和埋设深度，以便于施工。

雨水管渠水力计算的基本公式如下：

$$Q = \omega v \tag{11-8}$$

式中：$Q$——流量/(m³/s)；

$\omega$——水流有效面积/m²；

$v$——流速/(m/s)，其值为：

$$v = C\sqrt{Ri} \tag{11-9}$$

式中：$i$——水力坡降或管渠底坡，$i = \dfrac{h}{l}$ 即管段的起点和终点的高差（$h$）与该段长度（$l$）之比；

$R$——水力半径/m，其值为：

$$R = \dfrac{\omega}{\chi} \tag{11-10}$$

$\chi$——湿周/m；

$C$——流速系数，$C = \dfrac{1}{n} R^{\frac{1}{6}}$

$n$ 为粗糙系数，$n$ 值见表 11-6。

表 11-6 管渠粗糙系数 $n$

| 管渠类别 | $n$ 值 | 管渠类别 | $n$ 值 | 管渠类别 | $n$ 值 |
|---|---|---|---|---|---|
| 陶土管 | 0.013 | 钢管 | 0.012 | 干砌片石渠道 | 0.025 ~ 0.030 |
| 混凝土和钢筋混凝土管 | 0.013 ~ 0.014 | 水泥砂浆抹面渠道 | 0.013 ~ 0.014 | 土明渠（包括带草皮） | 0.025 ~ 0.030 |
| 石棉水泥管 | 0.012 | 浆砌砖渠道 | 0.015 | 木槽 | 0.012 ~ 0.014 |
| 铸铁管 | 0.013 | 浆砌片石渠道 | 0.017 | | |

对于排水管道采用的材料一般为混凝土、钢筋混凝土和铸铁，$n = 0.013 \sim 0.014$，计算时通常采用 $n = 0.013$。

在进行水力计算时，常用下列基本公式：

流量 $$Q = \dfrac{1}{n} \cdot \omega \cdot R^{\frac{2}{3}} i^{\frac{1}{2}} \quad (\text{m}^3/\text{s}) \tag{11-11}$$

流速 $$v = \frac{1}{n} \cdot R^{\frac{2}{3}} i^{\frac{1}{2}} \quad (\text{m/s}) \tag{11-12}$$

管道直径（满流） $$D = \sqrt{\frac{4Q}{\pi v}} \quad (\text{m}) \tag{11-13}$$

管道满流时 $$\omega = \frac{\pi D^2}{4} \tag{11-14}$$

梯形断面 $$\omega = (b + mh_0)h_0 \tag{11-15}$$

式中：$b$——渠道底宽/m；

$m$——边坡系数；

$h_0$——正常水深/m。

水力半径 $R$ 管道满流时 $$R = \frac{D}{4}$$

梯形断面 $$R = \frac{(b + mh_0)h_0}{b + 2h_0\sqrt{1 + m^2}} \tag{11-16}$$

式中符号同前。

**例 11-1** 已知某设计管段的设计流量 $Q = 367.8$ L/s，管底纵坡 $i = 0.002$，$n = 0.013$（满管），求管道直径 $D$ 和设计流速 $v$。

**解**：管道满流时 $\omega = \frac{\pi}{4}D^2$

水力半径 $R = \frac{D}{4}$

由 $Q = \frac{1}{n}\omega R^{\frac{2}{3}} i^{\frac{1}{2}}$ 得

$$367.8 \times 10^{-3} = \frac{1}{0.013} \cdot \frac{3.142}{4} \cdot D^2 \left(\frac{D}{4}\right)^{\frac{2}{3}} \sqrt{0.002}$$

解得：$D = 0.669$ m $\approx 700$ mm

$$v = \frac{1}{n} R^{\frac{2}{3}} i^{\frac{1}{2}} = \frac{1}{0.013}\left(\frac{0.7}{4}\right)^{\frac{2}{3}} \sqrt{0.002} = 1.076 \text{ m/s}$$

在管道设计中，为了减轻大量的计算工作，可按上述计算公式，绘制成计算诺模图。设计时可根据设计流量 $Q$、设计纵坡值 $i$，直接从图中查出管径 $D$ 及设计流速 $v$。

## 11.5 雨水管道设计

### 11.5.1 雨水管道布置基本原则

雨水管道的总体布置，要根据城市总体规划、居住区的详细规划，结合地形、现状、道路网规划来确定，力求做到工程经济合理，管网疏密恰当，并避免埋深过大或过小，坡度过陡或过缓。一般应着重考虑以下问题。

1. 充分利用地形，分区就近排入水体

规划雨水管道时，尽量利用自然地形坡度，以最短的距离，重力流排入附近的池塘、河流、湖泊或郊区灌溉系统。只有当水体位置较远，且地形平坦或地形不利的情况下，才需要考虑设置水泵站，当天然水体的水位高于管道出口时，可以设置出口泵站，这时要尽可能使经泵站排泄的雨水量减少到最低限度，以节约泵站设施的投资。

2. 雨水干管应沿排水地区低处布置

在地形起伏较大的地区，雨水干管应结合主要道路走向沿山谷低处布置，两侧斜坡地可借支管连接。具体布置时，应先根据地形划分地面水径流的分水岭线，然后在相邻分水线之间，分别沿谷线低处布置。

3. 合理选择和布置出水口

出水口结合地形、水体具体情况可以分散或适当集中布置，如图 11-13 所示。管道通向池塘和河流的出水口的构造比较简单，造价不高时，宜考虑分散布置。若河流水位变化很大，管道出水口离常水位很远时，出水口的建筑费用就很大，此时不宜采用过多的出水口，宜适当集中选择合适位置。

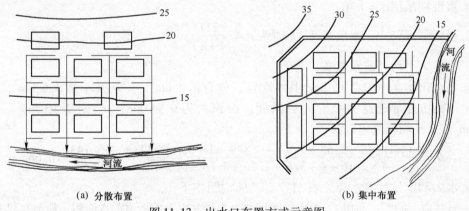

图 11-13　出水口布置方式示意图

## 11.5.2　雨水管道设计步骤

① 在 1∶2 000 ~ 1∶5 000 并绘有规划总图的地形图上，划分排水流域，规划雨水管道路线，确定水流方向。

② 划分各段管道的汇水面积，并确定水流方向。将计算面积及各段管道的长度，填写在图中。各支管汇水面积之和应等于该干管所服务的总汇水面积。

③ 依地形图的等高线，确定各设计管段起讫点的地面高程；确定沿干管的控制点的高程，准备进行水力计算。

④ 按整个区域的地面性质求出径流系数。

⑤ 依道路、广场、建筑街坊的面积大小、地面种类、坡度、覆盖情况，以及街坊内部的排水系统等因素，计算起讫点地面集水时间。

⑥ 根据区域性质、泄水面积、$q_{20}$值、地形，以及漫溢后的损失大小等因素，确定设计重现期。

⑦ 确定暴雨强度公式，并绘制单位径流量与汇水时间关系图。

⑧ 确定设计流量。进行水力计算，确定管道断面尺寸、纵断面坡度，并绘制纵断面图。

⑨ 编写必要的设计和施工说明。

### 11.5.3 雨水管道设计与计算示例

依据下列各项资料，进行管渠设计。

① 设图 11-14 为干道及两侧街坊、广场、公园等排水管道的主干管道设计平面图。

② 管渠的粗糙率 $n$：暗管 $n = 0.013$（满管），明渠 $n = 0.025$。

③ 明渠设计边坡系数 $m = 1.5$。

④ 管道起点埋深大于 1.5 m。

⑤ 河道正常水位高程 45.5 m。

设计步骤如下。

（1）按设计步骤，先定出干管流向，汇水面积，管道布置等。

（2）管道开始汇流时间，由于街坊内部有排水系统，经估算，取 15 min。

（3）重现期采用 $T = 1$ 年。

（4）暴雨强度公式，本地区 $T = 1$ 时为 $q = \dfrac{2111}{(t+8)^{0.7}}$。

（5）求该区平均径流系数 $\psi$。

已知每个街坊区面积 2.16 hm² 共 4 个区，体育馆 4 hm²，广场及车站 3.6 hm²，主干道 3.64 hm²，街坊外部道路为级配碎石路面，面积共为 0.94 hm²，公园 2.16 hm²，总面积 22.98 hm²。总平均径流系数为：

$$\psi = \frac{(4 \times 1.578 + 2.55 + 2.94 + 0.849 + 2.069 + 0.423)}{(4 \times 2.16 + 4 + 3.6 + 2.16 + 3.64 + 0.94)} = \frac{15.143}{22.98} \approx 0.66$$

（6）水力和流量计算，详见表 11-7。具体说明如下：

① 1 号井以上的汇水面积 $F_1$ 为街坊面积加上 1 号井以上的街道汇水面积，$F_1 = 2.37$ hm²。

汇流时间：$t = 15$ min

设计重现期：$T = 1$ 年

计算暴雨强度：$q = \dfrac{2111}{(15+8)^{0.7}} = 235.1$ L/(s·hm²)

平均径流系数：$\psi = 0.66$

设计流量：$Q = q\psi F = 235.1 \times 0.66 \times 2.37 = 367.8$ L/s

由 1 号井至 2 号井管底设计纵坡 $i = 0.002$，经计算得管径 $D = 700$ mm，设计流速 $v = 1.076$ m/s（当然从诺模图上查得 $D$ 和 $v$ 更方便）。管内底进口设计高程为 46.56，出口设计高程为 46.44。管内流行时间 $t_2 = \dfrac{L}{60v} = \dfrac{60}{60 \times 1.076} = 0.93$ min。

② 2 号井从以上的汇水面积 $F_2 = F_1 + 2.0 + 0.42 = 4.79$ hm²（增加体育馆面积的一半再加上街道汇水面积）。

河流时间 $t = 15 + 2t_2 = 16.86$ s

设计流量 $Q = q\psi F = \dfrac{2111}{(16.86+8)^{0.7}} \times 0.66 \times 4.79 = 222.7$ L/(s·hm²)

由 2 号井至 3 号井管底纵坡 $i = 0.002$，计算得设计管径 $D = 900$ mm，设计流速 $v = 1.273$ m/s。管内底进口设计高程为 46.34 m，出口设计高程为 46.22 m。

其余各分段的计算方法同上，以此类推。

③ 如图 11-14 所示，由 10 号井至 11 号井，此段改为明渠排水，其累积汇水面积 $F = 22.98$ hm²，聚积时间 $t = 28.94$ s，降雨强度 $q = \dfrac{2111}{(28.94+8)^{0.7}} = 168.7$ L/(s·hm²)，平均径流系数 $\psi = 0.66$，设计流量 $Q = q\psi F = 168.7 \times 0.66 \times 22.98 = 2559.4$ L/s = 2.56 m³/s。

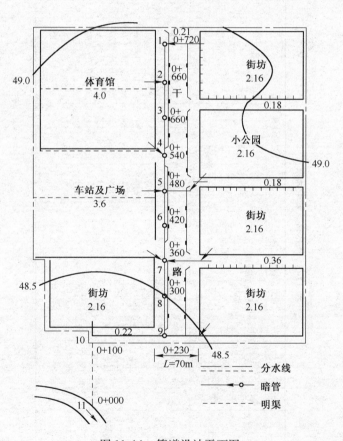

图 11-14 管道设计平面图

设明渠底宽 $b = 1$ m，边坡系数 $m = 1.5$；$i = 0.002$，粗糙率 $n = 0.025$，按式（11-11）、式（11-12）、式（11-15）和式（11-16）计算得：设计水深 $h = 0.93$ m $= 930$ mm。

设计流速 $v = \dfrac{Q}{W} = \dfrac{2.56}{(b \times h + h^2 m)} = \dfrac{2.56}{(0.93 \times 1 + 0.93^2 \times 1.5)} = 1.15$ m/s

出口河道正常水位为 45.50 m，所以渠底设计高程：进口为 44.78 m；出口为 44.56 m，计算成果列入表 11-7。

表 11-7 雨水自流管渠计算

| 名称 | 检查井号 | | 街道 | | | | | 排水面积 | | | 设计重现期 /年 | 设计降雨历时 /min | | 设计流量计算 | | | | | | 管渠 | | | | 附注 |
|---|---|---|---|---|---|---|---|---|---|---|---|---|---|---|---|---|---|---|---|---|---|---|---|---|
| | 起迄 | | 长度 /m | 起点桩号 | 起点路面高程 /m | 高差 /m | 坡度 /‰ | 分段面积 $F_i$ /hm² | 累积面积 $F=\sum F_i$ /hm² | | 汇流时间 | 管内流行时间或渠内流行时间 | 降雨强度 $q$ /[L/(s·hm²)] | 径流系数 $\bar{\psi}$ | $q\bar{\psi}$ | 流量 $Q=q\bar{\psi}F$ /(L/s) | 直径 $D$ 或高 $H$ 宽 $B$ /mm | 坡度 /‰ | 流速 /(m/s) | 管渠流量 /(L/s) | 管沟底高差 /m | 管渠内底高程 /m | | 起点覆土深度 /m | |
| | 起 | 迄 | | | | | | | | | | | | | | | | | | | | 上端 | 下端 | | |
| 1 | 2 | 3 | 4 | 5 | 6 | 7 | 8 | 9 | 10 | 11 | 12 | 13 | 14 | 15 | 16 | 17 | 18 | 19 | 20 | 21 | 22 | 23 | 24 | 25 | 26 |
| 干管 | 1 | 2 | 60 | 0+720 | 48.90 | 0.06 | 1 | 2.37 | 2.37 | 1 | 15.00 | 1.86 | 235.1 | 0.66 | 155.2 | 367.8 | $D=700$ | 2 | 1.076 | 414.1 | 0.12 | 46.62 | 46.50 | 1.58 | |
| | 2 | 3 | 60 | 0+660 | 48.84 | 0.06 | 1 | 2.42 | 4.79 | 1 | 16.86 | 1.57 | 222.7 | 0.66 | 147.0 | 703.9 | $D=900$ | 2 | 1.273 | 809.8 | 0.12 | 46.30 | 46.18 | 1.64 | |
| | 3 | 4 | 60 | 0+600 | 48.78 | 0.06 | 1 | 0.42 | 5.21 | 1 | 18.43 | 1.57 | 213.3 | 0.66 | 140.7 | 733.5 | $D=900$ | 2 | 1.273 | 809.8 | 0.12 | 46.18 | 46.06 | 1.70 | |
| | 4 | 5 | 60 | 0+540 | 48.72 | 0.06 | 1 | 2.42 | 7.63 | 1 | 20.00 | 1.47 | 204.9 | 0.66 | 135.2 | 1031.7 | $D=1000$ | 2 | 1.365 | 1072.1 | 0.12 | 45.96 | 45.84 | 1.76 | |
| | 5 | 6 | 60 | 0+480 | 48.66 | 0.06 | 1 | 4.54 | 12.17 | 1 | 21.47 | 1.30 | 197.7 | 0.66 | 130.5 | 1587.7 | $D=1200$ | 2 | 1.542 | 1744.0 | 0.12 | 45.64 | 45.52 | 1.82 | |
| 管 | 6 | 7 | 60 | 0+420 | 48.60 | 0.06 | 1 | 0.42 | 12.59 | 1 | 22.77 | 1.30 | 191.8 | 0.66 | 126.6 | 1593.6 | $D=1200$ | 2 | 1.542 | 1744.0 | 0.12 | 45.52 | 45.40 | 1.88 | |
| | 7 | 8 | 60 | 0+360 | 48.54 | 0.06 | 1 | 4.94 | 17.53 | 1 | 24.07 | 1.23 | 186.3 | 0.66 | 125.0 | 2155.5 | $D=1300$ | 2 | 1.626 | 2158.2 | 0.12 | 45.30 | 45.18 | 1.94 | |
| | 8 | 9 | 60 | 0+300 | 48.48 | 0.06 | 1 | 0.20 | 17.95 | 1 | 25.30 | 1.44 | 181.5 | 0.66 | 119.8 | 2149.7 | $D=1300$ | 2 | 1.626 | 2158.2 | 0.14 | 45.18 | 45.04 | 2.00 | |
| | 9 | 10 | 70 | 0+230 | 48.41 | 0.07 | 1 | 2.65 | 20.60 | 1 | 26.44 | 2.20 | 176.2 | 0.66 | 116.3 | 2395.1 | $D=1300$ | 2.5 | 1.818 | 2413.1 | 0.30 | 45.04 | 44.74 | 2.07 | |
| | 10 | 11 | 120 | 0+110 | 48.29 | 0.12 | 1 | 2.38 | 22.98 | 1 | 28.94 | | 168.7 | 0.66 | 111.4 | 2559.4 | $H=930$ $B=1000$ | 2 | 1.15 | 2561.0 | 0.22 | 44.74 | 44.52 | 2.62 | |

# 第 12 章　小桥涵勘测

## 12.1　概述

### 12.1.1　小桥涵作用及划分

1. 小桥涵作用

公路跨越沟谷、溪沟、河流、人工渠道及排除路基内侧边沟水流时，常常需要修建各种横向排水构造物。小桥涵是最常见的小型排水构造物。有时跨越其他路线或障碍，也需修建小桥涵。

就单个而言，小桥涵工程量较小，费用低。但对一条公路来说，因小桥涵遍布全线，数量多，其工程量占很大的比重。一般平原区每公里有 1~3 道，山区有 3~5 道。据已建成公路统计，小桥涵的工程投资约占公路总投资的 15%~20%，其投资总额为大、中桥的 2~4 倍。由此可见，小桥涵的设计是否合理，对于整条公路的造价和使用质量都有很大的影响，起着十分重要的作用。同时，小桥涵的设计还与农田水利灌溉有着密切的关系。

2. 小桥涵划分

根据交通部发布的《公路工程技术标准》（JTG B01—2014）的规定，小桥和涵洞按其多孔跨径总长 $L$ 和单孔跨径 $L_0$ 两项指标来划分，如表 12-1 所列。

表 12-1　小桥和涵洞按孔径分类

| 划分指标<br>名　称 | 多孔跨径总长 $L/m$ | 单孔跨径 $L_0/m$ |
|---|---|---|
| 小桥 | $8 \leq L \leq 30$ | $5 \leq L_0 < 20$ |
| 涵洞 | — | $L_0 < 5$ |

表 12-1 中 $L_0$ 为单孔跨径指标准跨径。对于梁式桥、板式桥涵为两桥墩中心线或台背前缘间的距离；对于拱式桥涵、箱涵则以净跨径为准。小桥涵的标准跨径为：0.75 m、1.0 m、1.25 m、1.5 m、2.0 m、2.5 m、3.0 m、4.0 m、5.0 m、6.0 m、8.0 m、10.0 m、13.0 m、16.0 m。$L$ 为多孔跨径总长，仅是划分桥涵的指标，对于梁式桥、板式桥涵为多孔标准跨径的总长；对于拱式桥涵为两岸桥台内起拱线间的距离；对于其他形式桥梁则为桥面系车道长度。

对于圆管涵及箱涵不论管径或孔径大小、孔数多少，均称为涵洞。

## 12.1.2 小桥涵设计原则

小桥涵是公路构造物的重要组成部分之一。小桥涵设计应与所在公路的等级、使用任务、性质和将来的发展需要相适应，应遵循适用、经济、安全和美观的原则进行设计。

1. 适用

小桥涵设计必须满足交通运输、排水的基本功能。在满足基本功能的同时，还应综合考虑农田水利、农田灌溉、桥涵下通航、通车、行人的要求。靠近城市、村镇的桥涵还应结合各有关方面的要求，考虑综合利用。

小桥涵要有足够的承载力，能保证行车的畅通、舒适和安全，既满足当前的需要，又照顾今后的发展。小桥涵要有足够的排洪能力，以使桥下水流畅通，不影响路基和周围的安全。

2. 经济

在满足适用的条件下，桥涵设计要体现经济上的合理性。桥涵类型选择要尽量因地制宜、就地取材和便于施工、养护，要进行技术经济比较，力求做到优选、优化，以达到用料省、工日少、造价低并且养护费用少的目的。桥涵结构设计应尽量标准化、定型化，多采用装配式，积极采用新结构、新材料、新工艺，要有利于施工机械化、工厂化，以求得最大的经济效益。

3. 安全

确保工程安全是土木工程设计的基本要求。设计的桥涵构造物，应具有足够的强度和稳定性，以使在车辆和自然力的作用下，牢固、可靠，确保正常使用。桥面系设计应保证车辆行驶畅通和安全。

4. 美观

在适用、经济、安全的前提下，桥涵应尽可能具有优美的造型，并与周围的环境相协调。桥梁的轮廓形状，涵洞的孔径尺寸比例、洞口的结构形式的选择，都应在不过分增加工程费用的条件下，力求达到美观、协调的要求。

## 12.1.3 小桥涵设计要求

1. 行车要求

在设有小桥涵的路段，桥涵与路基共同承受车辆行驶的荷载，构成行车部分。因此，小桥涵的设计首先应满足行车安全、快速、舒适和经济的要求。设计必须满足《公路工程技术标准》规定的桥涵净空、路基宽度、线形标准、设计荷载等的要求，并使桥涵构件和结构物在制造、运输、安装和使用过程中具有足够的强度、刚度、稳定性和耐久性。

## 2. 排水要求

小桥涵的布设必须保证桥涵下水流的畅通，使路线通过地区不因公路修建而造成流水宣泄不畅、水毁、积水淹没、严重冲刷等现象，影响路基稳定或造成损害农业等水害。

排水要求主要通过保证桥涵下有足够的净空尺寸来实现。桥涵下的净空尺寸应满足以下两个要求。

① 保证桥涵下一定设计频率洪水流量的安全宣泄。《公路工程技术标准》规定，永久性小桥涵设计洪水频率如表12-2所列。

表12-2　小桥涵设计洪水频率

| 构造物名称 | 公路等级 | | | |
| --- | --- | --- | --- | --- |
|  | 高速公路、一级公路 | 二级公路 | 三级公路 | 四级公路 |
| 小桥 | 1/100 | 1/50 | 1/25 | 1/25 |
| 涵洞及小型排水构造物 | 1/100 | 1/50 | 1/25 | 不作规定 |

对于三、四级公路，在交通允许有限度中断时，允许修建漫水桥和过水路面，其设计洪水频率应根据允许阻断交通时间暂久和对上下游农田、村镇的影响及泥沙淤塞桥孔、上游河床的淤高等因素确定。

② 根据不同结构类型的要求，限制桥涵下洪水位的高度，使桥涵下有足够的净空高度，以保证结构物能安全、正常使用。桥涵下净空高度如表12-3、表12-4所列。

表12-3　非通航河流桥下净空

| 桥梁的部位 | 高出计算水位/m | 高出最高流冰面/m |
| --- | --- | --- |
| 梁底 | 0.50 | 0.75 |
| 支撑垫石顶面 | 0.25 | 0.50 |
| 拱脚 | 0.25 | 0.25 |

注：① 无铰拱的拱脚可被设计洪水淹没，但不宜超过拱圈高度的2/3，且拱顶底面至计算水位的净高不得小于1.0 m；
② 计算水位即设计水位加壅水和浪高。

表12-4　无压力式涵洞顶点至最高流水面的净高

| 涵洞类型<br>进口净高（或内径）$h$/m | 圆管涵 | 拱涵 | 箱涵 |
| --- | --- | --- | --- |
| ≤3 | ≥$h/4$ | ≥$h/4$ | ≥$h/6$ |
| >3 | ≥0.5 m | ≥0.75 m | ≥0.5 m |

当河流中有形成流冰阻塞的危险或有漂浮物通过时，桥下净空应视具体情况确定，对于

有淤积的河流,桥下净空应适当加高。

3. 其他要求

1) 通航净空要求

跨越通航(或放筏)河流的小桥,除满足上述桥下净空高度外,还应满足桥下通航净空的要求。

2) 通行净空要求

当桥下需通行火车、汽车、自行车、行人、牲畜时,应满足必要的通行净空尺寸。

公路与铁路、公路立体交叉时,立交桥下应保证所跨越铁路、公路建筑界限规定的净空尺寸。当农村道路从公路下面穿越时,其净空尺寸可根据当地通行的车辆和交叉情况而定,净空一般不小于 2.5 m,净宽一般不小于 3.5 m。

## 12.1.4 小桥涵测设任务、内容及步骤

1. 测设任务

小桥涵勘测设计包括小桥涵外业勘测和内业设计两大部分。通过对公路所跨越的沟谷、河流进行气象、水文、地形、地质及施工条件进行勘探和调查,并进行桥(涵)位测量,收集有关的外业资料,再结合公路的要求,通过内业设计,完成公路设计文件,编制规定的桥涵设计图表资料,为小桥涵概、预算编制和施工提供依据。

2. 测设内容及步骤

小桥涵勘测设计是公路勘测设计的一个重要组成部分,不同的公路测设阶段在步骤和内容上有不同的要求。在施工图设计阶段,小桥涵勘测设计的步骤和内容如下。

1) 小桥涵外业勘测

① 资料收集及勘测准备。

② 小桥涵结构类型选择。

③ 小桥涵位置选择。

④ 拟建小桥涵址处测量。

⑤ 小桥涵址调查,包括水文、地貌、地质、气象、建筑材料供源及原有桥涵和水利设施等的调查。

2) 小桥涵内业设计

① 设计流量与孔径计算。

② 小桥涵主要尺寸拟定。

③ 施工图绘制。

④ 工程数量计算及表格编制。

⑤ 施工图预算编制。

## 12.2 小桥涵类型及选择

### 12.2.1 小桥涵分类

1. 按构造形式分类

小桥涵按构造形式可分为管涵（通常用圆管涵）、盖板涵、板桥（又有空心板和实心板之分）、梁桥、拱涵、拱桥、箱涵等类型。各类不同形式涵洞又可由不同材料构成多种类型的涵洞或小桥。由于各类涵洞的构造及力学性能不同，在跨径尺寸上有很大的差异，常见的涵洞及小桥适用的跨径如表 12-5 所列。

表 12-5 不同构造形式涵洞及小桥适用跨径

| 构造形式 | 适用的跨径（或直径）/cm | 构造形式 | 适用的跨径（或直径）/cm |
|---|---|---|---|
| 圆管涵 | 50、75、100、125、150、200 | 拱涵 | 100、150、200、250、300、400 |
| 盖板涵 | 50、75、100、125、150、200、250、300、400 | 箱涵 | 200、250、300、400、500 |
| 板桥、拱桥 | 500、600、800、1 000、1 300、1 600 | | |

注：① 跨径 50 cm 的涵洞仅用于农田灌溉区；
② 石盖板涵的跨径仅为 50 cm、75 cm、100 cm、125 cm。

2. 按建筑材料分类

1）木桥涵

木桥涵是以木材为主要承重结构建造的桥涵，一般为临时性结构物，较少采用。

2）石桥涵

石桥涵是以石料为主要承重结构建造的桥涵，这是公路上常见的桥涵类型。

石桥涵按力学性能不同又有石盖板涵、石拱涵、石拱桥等类型；按构成桥涵的砌体有无砂浆分为浆砌和干砌之分。

3）混凝土桥涵

混凝土桥涵是以混凝土为主要承重结构建造的桥涵。按力学性能不同，混凝土桥涵又有四铰管涵、混凝土圆管涵、混凝土盖板涵、混凝土拱涵、双曲拱桥之分。

砖、石料和混凝土材料在工程结构物中以承受压力为主，统称圬工材料，由这些材料组成的桥涵称为圬工桥涵。

4）钢筋混凝土桥涵

钢筋混凝土桥涵是以钢筋混凝土为主要承重结构建造的桥涵。由于钢筋混凝土材料坚固耐用、力学性能好，是高等级公路上常采用的结构类型。

钢筋混凝土桥涵按力学性能不同又有钢筋混凝土管涵、钢筋混凝土板涵、钢筋混凝土板梁桥、钢筋混凝土箱涵、钢筋混凝土拱涵、钢筋混凝土拱桥、钢筋混凝土双曲拱桥等类型。

5）其他材料组成的涵洞

除以上 4 种桥涵外，涵洞由于孔径小，有时也可以采用其他材料建造，如砖、陶瓷、铸铁、钢波纹管、石灰三合土等。这类涵洞有砖涵、陶瓷管涵、波纹管涵、石灰三合土涵。这类涵洞除特殊情况外，一般很少采用。

3. 按填土高度和孔数分类

涵洞按洞顶填土高度不同可分为明涵和暗涵两类，如图 12-1 所示。

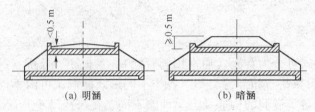

图 12-1 涵洞按填土高度分类

1）明涵

当涵洞洞顶填土高度小于 0.5 m 时称为明涵。通常在低填方和挖方路段时采用。

2）暗涵

当涵洞洞顶填土高度大于或等于 0.5 m 时称为暗涵。通常在高填方路段采用。

桥涵按跨沟谷的孔数分又有单孔、双孔及多孔之分，如图 12-2 所示。

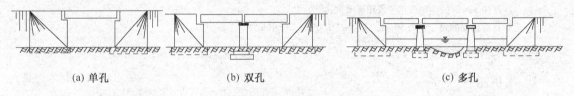

图 12-2 桥涵按孔数分类

4. 按水力性质分类

水流通过涵洞的水流深度不同，直接影响涵洞过水的水力状态，从而产生不同涵洞水力计算的图式。因此，按涵洞过水的水力性质不同，涵洞可分为无压力式、半压力式和压力式三种，如图 12-3 所示。

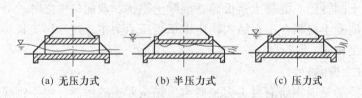

图 12-3 按水力性质分类

1）无压力式涵洞

涵洞入口水流深度小于洞口高度，并在洞身全长范围内水面都不触及洞顶，洞内具有自由水面称为无压力式涵洞。

2）半压力式涵洞

涵洞入口水流深度大于洞口高度，水流充满洞口，但在洞身全长范围内（进水口处除外）都具有自由水面称为半压力式涵洞。

3）压力式涵洞

涵洞入口水深大于洞口高度，并在洞身全长范围内都充满水流且无自由水面称为压力式涵洞。

5. 按洞身形式分类

① 进口不抬高及抬高的形式，如图12-4（a）、（b）所示。
② 平置式，如图12-4（c）所示，洞身呈台阶布置形式，基础平置，又称为阶梯涵。
③ 斜置式，如图12-4（d）所示，洞身呈斜坡布置，基础斜置。

平置式和斜置式涵洞统称为斜坡涵洞。

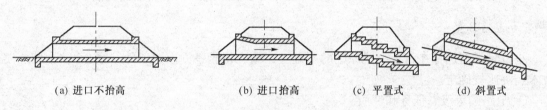

(a) 进口不抬高  (b) 进口抬高  (c) 平置式  (d) 斜置式

图12-4 涵洞按洞身形式分类

6. 按洞身平面布置分类

按洞身平面布置，小桥涵有正交桥（涵）、斜交桥（涵）及曲线桥（涵）等类型，如图12-5所示。

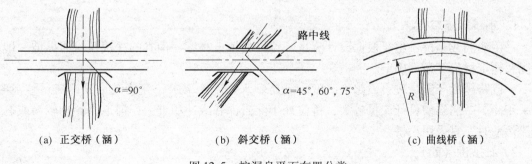

(a) 正交桥（涵）  (b) 斜交桥（涵）  (c) 曲线桥（涵）

图12-5 按洞身平面布置分类

7. 按适用功能分类

按适用功能，小桥涵可分为排洪涵（桥）、灌溉涵（桥）和交通涵（桥）三类。交通涵（桥）又有人行地道（通道）、人行天桥和立交桥之分。

## 12.2.2 小桥涵类型选择

**1. 选型原则**

① 小桥涵类型决定了小桥涵的功能、造价和使用年限,选型时应根据所在公路的使用任务、性质和将来发展的需要,按照适用、经济、环保、安全和美观的总原则合理确定桥涵类型。

② 小桥涵类型选择应符合因地制宜、就地取材和便于施工、养护的原则。一条公路上的桥涵类型应尽量一致,尽可能采用统一的标准形式,以利于施工。

③ 桥涵类型选择应考虑农田排灌的需要。靠近村镇、城市、铁路及水利设施的桥涵,应结合有关方面的要求,适当考虑综合利用,相互配合。

④ 桥涵的类型应与公路的等级、性质及使用年限相适应,以满足其功能要求。

**2. 选型因素**

小桥涵类型选择在符合上述原则的基础上,结合桥涵各方面的条件,综合以下因素,经技术经济比较确定。

① 道路的等级、任务和性质。
② 桥涵处地形、地质、水文和水力条件。
③ 工程费用和造价。
④ 当地筑路材料情况。
⑤ 施工期限和施工条件。
⑥ 养护维修条件。

**3. 各类小桥涵特点及选用条件**

1) 小桥和涵洞选择

采用涵洞或小桥,主要根据设计流量、路堤的填土高度、沟谷的深浅及河床纵坡、地基情况及建筑材料等条件确定。

一般跨越常年流量较小,路堤高度能满足壅水高度的要求,并能满足设计流量宣泄时,宜采用涵洞。当沟槽设计流量较大,桥位处于陡岩深谷或冲积堆上,河道漂浮物较多或有泥石流运动时,宜采用小桥。

2) 石拱桥(涵)

石拱桥(涵)是山区公路常采用的一种类型。其主要特点是:① 能充分利用天然石料,不需钢材,只需少量水泥,因而造价低,工程费用少;② 施工技术简单,专用设备少,适于群众建桥;③ 结构坚固,自重及超载潜力大,使用寿命长。与板式桥(涵)相比,由于拱式结构需要较大的建筑高度;不能进行工厂预制现场装配;遭受破坏后难于修复;施工时占用劳力较多,工期较长及对地基要求较高等缺点,因而在使用范围上受到限制。

石拱桥(涵)通常适用于盛产石料的地区,设计流量一般大于 $10 \text{ m}^3/\text{s}$,路堤填土高度在 2~2.5 m 以上,跨径等于或大于 2 m,地基条件较好。

3）石盖板涵

石盖板涵除了具有石拱涵能就地取材、结构坚固等特点外，还具有建筑高度较小，对地基条件要求不高、施工简便、易于修复等特点。但由于其力学性能较差，因而一般仅适用于跨径小于 2 m，设计流量通常在 10 $m^3/s$ 以下的小型涵洞。

4）钢筋混凝土板桥（涵）

钢筋混凝土板桥（涵）是无石料地区常采用的一种类型，其主要特点是：① 建筑高度较小，不受填土高度限制；② 能采用工厂预制，现场装配，施工简便迅速；③ 为简支结构，对地基条件要求不高；④ 遭受破坏后易于修复。但由于需用水泥、钢筋等材料，一般造价较高。通常适用于石料短缺、填土高度受限制及公路等级较高的情况。由于这类桥涵用钢材较多，在缺乏钢材的情况下，应尽量采用其他类型。

钢筋混凝土桥（涵）按施工方法的不同还可有预制装配和就地浇筑之分。装配式桥（涵）能在工厂预制，再运至现场安装，具有施工不受气候条件影响、工期短、节省模板等优点，适用于桥涵分布集中并有运输及吊装条件的公路。就地浇筑的桥涵，整体性好，施工不需运输及吊装设备、施工简便，适用于分散或改建的单个桥涵，以及不具备运输及吊装条件的公路。

5）钢筋混凝土圆管涵

钢筋混凝土圆管涵也是一种在缺石料地区常采用的涵洞，其主要特点是：力学性能好，对地基的适应性较强，构造简单，不需墩台，圬工数量少，施工方便，适于工厂预制，便于装配运输，工期较短。受预制吊装条件的限制，一般孔径较小，为 0.5～2.0 m，宣泄设计流量在 10 $m^3/s$ 以下。圆管涵一般采用单孔比较经济，多孔时一般不宜超过三孔。

6）钢筋混凝土箱涵

箱涵是一种闭合式的钢筋混凝土薄壁结构。多用于无石料地区，其主要特点是整体性能好、对地基适应性较强，但用钢量多、造价高，一般多用现场浇筑施工，施工难度较大。通常适于软地基情况。由于箱涵整体性好，结构坚固，跨度尺寸适中，常用于高速公路人行通道。

7）双曲拱桥

双曲拱桥可"化整为零"进行施工，因而结构轻，圬工省；只用少量的钢材和木料，造价较低；同时它还具有施工快、工期短、利于装配施工等特点。在无石料地区的地方性小桥可考虑采用这种类型。

8）各类桥涵单孔和多孔的选择

小桥涵的孔数主要根据设计流量大小、建筑高度、地基情况等条件综合考虑确定。一般情况下，宜采用单孔。因为在相同的宣泄条件下，单孔比多孔要经济得多，且挖基工作量及水下挖基工作量都较小。多孔小桥涵通常是在建筑高度受限制无法采用单孔，或因修建单孔跨径过大而不经济且河床中有良好的修建桥（涵）墩的地基条件时才采用。

9）各类涵洞按建筑材料、水力性质及构造形式不同，其适用性及优缺点汇总于表 12-6、表 12-7、表 12-8，可供选型时参考。

表 12-6　不同材料涵洞适用性和优缺点

| 种类 | | 适用性 | 优缺点 |
|---|---|---|---|
| 常用 | 石涵 | 产石地区，可做成石盖板涵、石拱涵 | 节省钢筋、水泥，经久耐用、造价、养护费用低 |
| | 混凝土涵 | 可现场浇筑或预制成拱涵、圆管涵和小跨径盖板涵 | 节省钢筋，便于预制，但损坏后修理和养护较困难 |
| | 钢筋混凝土涵 | 用于管涵、盖板涵、拱涵；软土地基上可用箱涵 | 涵身坚固，经久耐用，养护费用少。管涵、盖板涵安装运输便利，但耗钢量较多，预制工序多，造价较高 |
| | 砖涵 | 用于平原或缺少石料地区，可做成砖拱涵，有时做成砖管涵 | 便于就地取材，但强度较低；当水流含碱量大时或冰冻地区易损坏 |
| 其他 | 陶瓷管涵 | 陶、瓷产地，定型烧制 | 强度较高，运输、安装时易碎；造价高，跨径小 |
| | 铸铁管涵 | 工厂化生产的金属定型产品 | 强度很高，但长期受水影响易锈蚀；造价高，跨径小 |
| | 钢波纹管涵 | 小跨径暗涵 | 力学性能好，但施工管节接头不易处理，易锈蚀；造价高，跨径小 |
| | 石灰三合土涵 | 可做成石灰三合土篾管涵或拱涵 | 强度较低，造价低；但水流冲刷极易损坏 |

表 12-7　不同水力性质涵洞分类

| 水力性质 | 外观描述 | 适用性 |
|---|---|---|
| 无压力式 | 进口水流深度小于洞口高度，水流受侧向束挟，进口后不远处形成收缩断面。下游水面不影响水流出口。水流流经全涵保持自由水面 | 要求涵顶高出水面，涵前不允许壅水或壅水不高 |
| 半压力式 | 水流充满进口，呈有压状态，但进口不远的收缩断面及以后的其余部分均为自由水面，呈无压状态 | 全涵净高相等，涵前允许一定的壅高，且略高于涵进口净高 |
| 有压力式 | 涵前壅水较高，全涵内充满水流，无自由水面。一般出口被下游水面淹没，但升压式进水口（流线型），且涵底纵坡小于摩阻坡度时，出口不被下游水面淹没 | 深沟高路堤，不危害上游农田、房屋的前提下，涵前允许较高壅水 |
| 倒虹吸管 | 进出水口设置竖井，水流充满全部涵身 | 横穿路线的沟渠水面高程基本同于或略于路基高程 |

表 12-8　各种构造形式涵洞适用性和优缺点

| 构造形式 | 适用性 | 优缺点 |
|---|---|---|
| 管涵 | 有足够填土高度的小跨径暗涵 | 对基础的适应性及受力性能较好，不需墩台，圬工数量少，造价低 |
| 盖板涵 | 要求过水面积较大时，低路堤上的明涵或一般路堤的暗涵 | 构造较简单，维修容易。跨径较小时用石盖板；跨径较大时用钢筋混凝土盖板 |
| 拱涵 | 跨越深沟或高路堤时设置。山区石料资源丰富，可用石拱涵 | 跨径较大，承载潜力较大。但自重引起的恒载也较大，施工工序较繁多 |
| 箱涵 | 软土地基时设置，人行道通常采用 | 整体性强，但用钢量多，造价高，施工较困难 |

## 12.3 小桥涵勘测

### 12.3.1 勘测主要内容及准备工作

1. 主要内容

小桥涵勘测是小桥涵测设的前阶段工作，通过外业测量、调查为桥涵设计及水文、水力计算提供必要的资料和数据。

1）初测阶段

根据我国相关规范规定，公路初步测量阶段小桥涵勘测的工作内容包括：收集有关资料，拟定桥涵位置、结构类型、孔径、附属工程的基本尺寸，初步设计工程量等。一般的涵洞，可不作外业测量，但小桥及复杂的涵洞，需进行必要的测量。

2）定测阶段

定测阶段小桥涵勘测工作应在初测的基础上，进行详细调查、测量和分析计算，确定小桥涵位置、孔径、墩台高度、结构类型、基础埋置深度，以及必要的附属工程。定测阶段小桥涵测设的主要工作内容有：拟建小桥（涵洞）址处和形态断面处的测量和水文勘测；工作地质和地貌调查；气象尤其是洪水期暴雨资料收集；建筑材料的供源调查；原有桥涵构造物和水利设施的情况；当地对拟建小桥涵的要求等。

2. 准备工作

1）仪具准备

小桥涵外业勘测主要使用地形测量、水文测验、地质调查等方面的有关仪器和工具，随收集资料的内容和桥涵大小及复杂程度不同，仪器工具的种类和数量也有所不同，常用的仪具有：经纬仪、花杆、皮尺、手水准、罗盘仪、地质锤等。

2）资料收集

进行外业勘测前首先应进行下列资料的收集工作。

（1）地形图。

一般应收集比例尺为 1:10 000～1:50 000 的沿线地形图；若路线已初测，可收集 1:2 000～1:5 000 的路线地形图。地形图的范围和精度，以能获得汇水区流域面积、主河沟纵横坡等资料为原则。

（2）水文资料。

应向当地水文站、水利和防汛部门收集水文资料，包括：各种频率的年洪峰流量及相应的洪水位标高；桥涵附近的坝、闸、渠等水利设施的修建情况和水文资料，以便考虑对桥（涵）位选择、孔径确定、类型选择、基础埋深、沟槽加固等的影响。

（3）气象资料。

收集当地气象站、雨量站的气象资料，包括年、月平均降雨量；暴雨密度和持续时间；气温情况；主导风向和风力等。

(4) 地质资料。

向当地有关部门收集地质特征资料和区域地质图及土壤资料。地质特征资料主要包括：岩石种类及其分布、层理、节理、风化情况；地形地貌；土质类别；地下水、植被及分布情况等资料。北方地区还应了解当地土壤冰冻层厚度。

(5) 其他资料。

对于改建公路，还需收集有关原路测设、施工及竣工资料，了解工程的使用、养护、水毁等情况，征询对桥涵工程改建设计的意见等。

## 12.3.2 小桥涵位置选择

1. 选择位置的原则

小桥涵位置选择恰当与否，直接关系到路基的稳定、桥涵的使用功能及工程造价的高低。因而选择好小桥涵位置，是小桥涵设计的重要步骤。小桥涵择位时应遵循以下原则。

① 小桥涵位置应服从路线走向。由于单个小桥涵的工程数量不大，因而小桥涵位置一般是在路线走向基本确定的情况下来选择的。只有在特殊情况下（如路线遇大洼深沟，路线与河沟斜交太大等情况）才进一步权衡利弊，在不降低路线标准的条件下局部调整路线，使之在比较好的桥涵位通过。

② 小桥涵址应布设在地质条件良好、河床稳定的河段。

③ 小桥涵址应选择在水文、水力条件较好的河段。不因小桥涵位设置不当而造成排洪不畅、冲毁路基、积水淹田或使农业灌溉和正常交通受到影响。

小桥涵位置和轴线方向确定，要满足设计流量的宣泄，使水流畅通，做到"进口要顺、水流要稳"，不发生斜流、漩涡等现象，以免冲毁洞口、堤坝或农田。

④ 位置选择要综合考虑各种因素并进行技术经济比较，使桥涵工程量（包括桥涵主体及一切附属工程）最小，以减少工程造价和养护费用。

小桥涵位置选择主要解决设置地点及具体定位两个问题。

2. 小桥涵设置地点

沿路线在哪些地方需要设小桥涵，这是选择位置的首要问题。一般情况下，应在下列位置考虑设置小桥或涵洞。

1) 天然河沟与路线相交处

凡路线与明显沟形的干沟、小溪、河流相交时，当路线上游汇水面积大于 $0.1\ km^2$ 时，原则上应设一道小桥或涵洞。

2) 农田灌溉渠与路线相交处

路线经过农业区、跨越水渠、堰塘或水库的排水渠及通过大片梯田影响农田灌溉时应考虑设置涵洞。

3) 路基边沟排水渠

在山区公路的山坡线，为排除路基挖方内侧边沟流水，应考虑设置涵洞。其间距一般不大于 200～400 m；在干旱山区，间距不大于 400～500 m。

4）与其他路线交叉处

当路线与铁路、公路、大车路、人行路、农村机耕道及重要管线交叉,如采用立体交叉,且路线又从其上方通过时,应考虑设置相应的小桥或涵洞。

5）其他设涵情况

① 在平原区,路线通过较长的低洼地带及泥沼地带,为保证路基稳定,避免排水不畅及长期积水的情况,在地面具有天然纵坡的地方设置多道涵洞。如无灌溉和其他需要,涵洞间距一般是 1～2 km。

② 平原区路线穿过天然积水洼地,也应考虑设置数道涵洞,以沟通路基两侧水位,平衡水压。

③ 路线紧靠村镇通过,要特别注意设涵,以排除村镇内地面汇流水。

④ 山区岩层破碎及坍方地段,雨季时经常有地下水从路基边坡冒出,为使路基边坡稳定,及时疏干地下水,应配合路基病害整治设置涵洞。

3. 小桥位置确定

小桥定位主要是确定小桥的中心桩号、桥轴线方向及跨河沟时路中线位置。由于小桥工程数量较涵洞大,择位时可以允许路线稍有摆动。因此,在确定小桥位置时,应结合路线经过河流的水文、地形、地质、土壤等条件与路线布置综合考虑。在测设中,通常是桥涵组与选线组人员协同选定桥位。在不过分增加土石方数量和路线长度,不降低路线标准情况下,适当考虑和照顾小桥位的需要,选择有利的跨河桥位。择位时要综合考虑以下条件。

① 桥梁纵轴线应尽可能与洪水主流方向垂直。如不能正交时,应使墩台轴线与水流方向平行,以减少水流对桥墩台、路基边坡的冲刷,如图 12-6 所示。

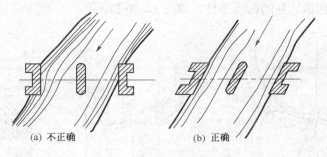

图 12-6 斜交桥位

② 桥位最好选在河道顺直、水流平稳河段,以减少水流对桥台的冲刷,也可减少墩台基础及河岸防护加固工程数量。

当路线遇河湾时,最好把桥位选择在河湾上游,如图 12-7 中桥位方案Ⅰ。限于路线和地形影响不能在上游跨河时,也可在河湾下游。但应尽量远离河湾,一般最好设在河流宽度的 1～1.5 倍以外,如图 12-7 桥位Ⅲ。桥位应避免设在河湾上,即图 12-7 桥位Ⅱ应避免采用。

③ 桥位应选择在河床地质良好、地基承载力较大的河段。尽量避免在岩溶、滑坡、泥

沼、盐渍土及其他地质不良地段通过。为减少墩台基础费用，桥位最好选在河床两岸有基岩外露或覆盖层较浅的地点。桥位处如系土质河床，应尽量避免在淤泥沉积地段设置。

④ 桥位宜选择在河流狭窄、河滩较窄较高、岔流少的河段跨河，这样可缩短桥长，减少工程数量。在河流有沙洲、河汊汇合口等水流紊乱的河段，应避免设桥。当路线必须通过两河沟或支流汇合口时，应从其汇合口处下游离汇合口 1.5~2.0 倍河宽以外的范围跨过，如图 12-8 所示。

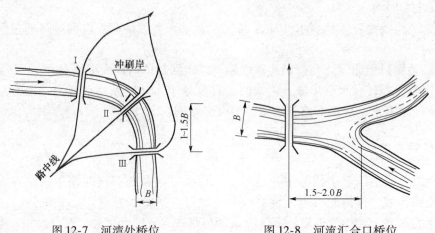

图 12-7　河湾处桥位　　　　　图 12-8　河流汇合口桥位

⑤ 沿溪线跨越支沟时，桥位应尽量选在受大河壅水倒灌影响范围以外，如图 12-9 所示。

⑥ 桥位选择应尽量使两岸桥头土石方较少，利于路线衔接，并避开两岸不良地质地段。

⑦ 沿溪线路线与桥位布置要密切配合。在可能条件下应利用河湾、S 形河段及适当斜交的办法跨河，以创造较好的线形条件，如图 12-10 所示。

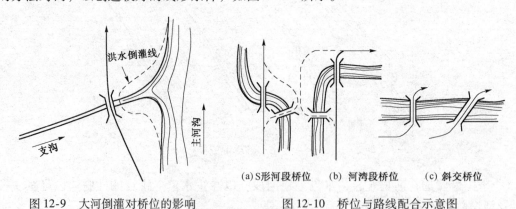

图 12-9　大河倒灌对桥位的影响　　　　图 12-10　桥位与路线配合示意图

**4. 涵洞位置确定**

涵洞定位，通常是沿着已确定路线方向前后移动，选择一个合理而又经济的位置。根据不同地形情况，选择涵洞位置时要注意以下几点。

1) 平原区涵位

(1) 沟心设涵。

平原区涵位通常设于河沟中心，一般与路线方向正交，并使其进水口对准上游沟心。

(2) 适当改沟。

在河沟十分弯曲地段，为使水流畅通，可采用裁弯取直或改移河沟的办法设正交涵，如图 12-11 所示。移位后的涵洞，上游一般应有 1.5 倍河槽宽度的直沟段长度。避免因改沟合并占用农田，破坏现有的耕作和排水系统。

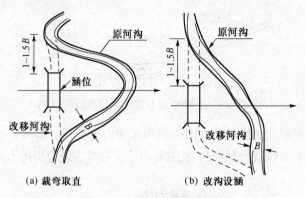

图 12-11　平原区改沟设涵

(3) 注意设农田灌溉涵洞。

当路线与农田排水沟渠相交时，应注意设置农田灌溉涵洞，避免设涵后对下游出口处农田产生不利冲刷，防止上游水位壅高造成积水淹没农田村庄。

2) 山岭及丘陵区涵位

(1) 顺沟设涵。

山区河沟坡陡水急、洪水猛、历时短，冲刷及水毁比较严重，因此，涵位布置应尽量符合水流方向，顺沟设置。一般不宜改沟设涵，强求正交。

(2) 改沟设涵。

只有当河沟比较宽浅，沟底纵坡平缓，水流较小时才考虑改沟设涵。改沟时要注意做好引水及防护工程，注意对下游农田的影响。

在经常有水流的河沟上，采用裁弯取直的办法改沟设涵，还具有可在干土中开挖基坑及取直后沟底增高可缩短涵洞长度的优点。当河沟支叉较多，水流紊乱时，可采用改沟整流做正交涵的办法，如图 12-12 所示。

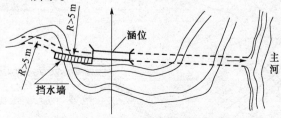

图 12-12　改沟整流正交设涵

位于河沟纵坡较陡,流量较大,表土易被冲刷,而且改沟后所设排水沟纵坡平缓,易被冲积土淤塞,以及位于黄土区的河沟不得改沟合并。

3) 路基排水涵

涵位选择应与路基排水系统密切配合。布设涵位时,可结合路线平、纵面设计图,选择以下位置设置路基排水涵洞。

① 路线纵坡由下坡变成上坡的凹形竖曲线处,为排除内侧边沟水流,一般应考虑设边沟排水涵,如图 12-13 所示。

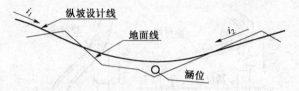

图 12-13　下坡变成上坡凹形竖曲线处设涵

② 纵断面纵坡由陡坡变为缓坡时,内侧边沟水流由急变缓,容易产生水跃和泥沙沉积,不利于排水。若在近距离内无其他涵洞时,在变坡点附近应考虑设边沟排水涵,如图 12-14 所示。

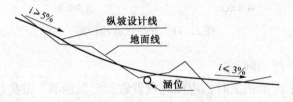

图 12-14　纵坡陡缓变坡处设涵

③ 陡坡急弯处。当路线的偏角较大(大于90°),平曲线半径较小,路线进入弯道前的纵坡又大于4%的陡坡时,边沟水流直接顶冲路基内侧,在暴雨期甚至水流溢出边沟漫过路基,直接影响路基稳定及行车安全。在弯道起(止)点附近,应考虑设边沟排水涵,如图 12-15 所示。

④ 在路基挖方边坡上,设有截水沟的地段,截水沟出口处应设置排水涵洞,如图 12-16 所示,以免截水沟水流顺边沟流程过长,冲刷路基和路面。

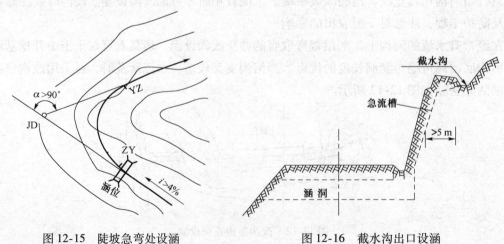

图 12-15　陡坡急弯处设涵　　　　图 12-16　截水沟出口设涵

4) 岸坡设涵

当河沟边坡稳定、土壤密实（一般多为石质或不透水的亚黏土）、河沟又很深时，可考虑将涵位从沟底移至岸坡上，以缩短涵洞长度（图 12-17）。岸坡设涵时应注意做好上下游的引水沟、截水坝及防护加固工程，避免水顺老沟冲毁路堤或农田。为排除地表积水，在原沟底面宜做片石盲沟，然后填筑路堤。

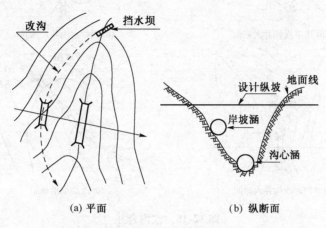

图 12-17 岸坡设涵

5) 改沟合并

当两条溪沟相距很近（一般山区在 100 m 以下；丘陵区在 200 m 以下），汇水区面积又很小（一般为 $0.03 \sim 0.05$ km$^2$），河沟纵坡小于 3%，且水流速度不大，含沙量较小时，经过经济比较，可考虑改沟合并以减少涵洞数量。改沟合并要注意开挖排水沟或加深、加宽边沟；并做好旧河沟的堵塞、截水墙及路基加固工程。

若改沟合并后，使河沟产生过大冲刷或淤积，以至影响路基稳定，或改沟工程过大不经济时，都不宜改沟合并设涵。改沟时，引水沟断面一般要经过水力计算来决定。由于水沟易于淤塞，一般断面宁可偏大些。引水沟距路基边坡应尽量远些。改沟方式应结合改沟条件灵活处理，如有条件，在河沟上游远离桥涵处挖沟引水则更为合适。

改沟合并有如图 12-18 所示几种方式。

① 路线跨越丘陵地区的山脊线，在凹形竖曲线处可有开挖排水沟而不设涵洞的方案（图 12-19），但应注意设涵与挖沟方案的比较。

② 当必须在河湾处设涵时，涵位应设在水流较集中的一侧，以利水流通过。

③ 涵洞位置应尽量避免布置在可能错动的断层、崩坍、滑坡及岩溶发育等不良地质路段。当无法避免时，宜选择设置在岩层破碎较轻、地质稳定或坡积层较薄的路段。

6) 斜交涵位布置

为确保涵下水流顺畅，山区涵洞宜顺沟设置斜交涵位，不宜强求正交，下述条件宜布置斜交涵。

① 在流速或流量较大的前提下，当河沟水流方向与路线不垂直时，为了使水流畅通，避免形成较严重的涡流现象，减轻对农田、路堤和小桥涵洞口及基础的冲刷，宜斜交

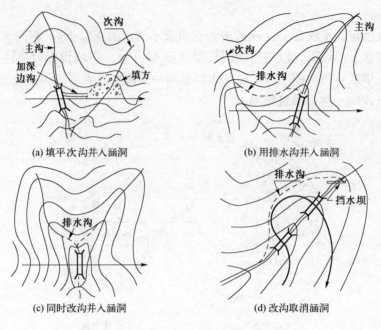

图 12-18 改沟合并

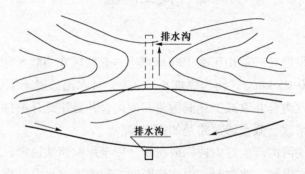

图 12-19 用排水沟代替涵洞

布置。

② 当河沟水流方向与路线不垂直，需设多孔涵洞时，为了避免因采用正交涵洞水流方向不顺，孔（洞）内水流分布不均匀，泥沙沉积，淤塞部分孔（洞）口和孔（洞）身，可采用斜交布置。

③ 当深窄河沟两岸横向坡度较大，河沟水流与路线不垂直时，为了避免采用正交桥涵引起改沟土石方及防护工程量过大，此时宜将涵洞斜交布置。

设置斜交小桥涵时，应先实测出河沟水流与路线的夹角，然后根据标准图中常用的夹角 $\alpha$（75°，60°，45°）相近地选用。

当实地水流方向与路线夹角小于 45°很多时，一般不宜采用 45°以下夹角的斜交小桥涵。可在河沟上下游分别采取改沟、加设导流和调治构造物等方法，增大水流方向与路线相交的夹角。

## 12.3.3 小桥涵测量

**1. 小桥涵测量目的**

小桥涵测量包括桥涵位中桩测量、断面测量及桥涵位平面图测量三项内容。其目的是：①通过测量实地定出涵位，核对桥涵位是否恰当，布设是否合理，并钉出桥涵位中心桩；②与路线测量密切配合，及时提供路线设计所必需的资料，如重要桥涵处的控制高程、桥涵位选择对路线的要求等；③通过测量为桥涵内业设计提供断面、地面高程及设计所需的其他有关资料。

**2. 桥涵位中桩钉设**

根据已定的路线线位、桥涵位置选择的要求及水流流向，即可在实地选择涵位，确定桥涵中心桩。直线上的桥涵，可直接用花杆穿线（或用经纬仪穿线）的方法确定中心桩位置，并量距确定中心桩桩号。在圆曲线或缓和曲线上的桥涵，通常利用离桥涵最近已敷设的中桩位置，用直接丈量的方法，再实地确定桥涵中心桩的桩号，并计算出曲线长 $l$，即可用切线支距法（或偏角法）敷设涵位。切线支距值可用下式计算。

1）单圆曲线（图 12-20）

$$x = R\sin \alpha \tag{12-1}$$

$$y = R - R\cos \alpha \tag{12-2}$$

$$\alpha = \frac{l}{R} \cdot \frac{180°}{\pi} \tag{12-3}$$

式中：$x$、$y$——所求涵位中心桩的切线支距/m；

$R$——圆曲线半径/m；

$l$——涵位中心桩至圆曲线起（终）点的曲线长度/m；

$\alpha$——曲线长 $l$ 对应的中心角。

2）基本型曲线（图 12-21）

（1）涵位中心桩在缓和曲线上。

$$x = l - \frac{l^5}{40R^2 l_s^2} \tag{12-4}$$

$$y = \frac{l^3}{6Rl_s} \tag{12-5}$$

（2）涵位中心桩在圆曲线上。

$$x_1 = R\sin\alpha_1 + m \tag{12-6}$$

$$y_1 = R(1 - \cos\alpha_1) + \Delta R \tag{12-7}$$

式中：$x_1$、$y_1$——涵位在圆曲线上时的切线支距/m；

$m$——切垂距/m，按下式计算：

$$m = \frac{l_s}{2} - \frac{l_s^3}{240R^2}$$

$\Delta R$——圆曲线内移值，按下式计算：

$$\Delta R = \frac{l_s^2}{24R}$$

$\alpha_1$——涵位处半径方向与 $y$ 轴的夹角，按下式计算：

$$\alpha_1 = \frac{l - l_s}{R} \cdot \frac{180°}{\pi} + \beta_0$$

式中：$l_s$——缓和曲线长/m；

$R$——圆曲线半径/m；

$\beta_0$——缓和曲线角，按下式计算：

$$\beta_0 = \frac{l_s}{2R}$$

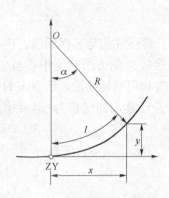

图 12-20　单圆曲线上的涵位

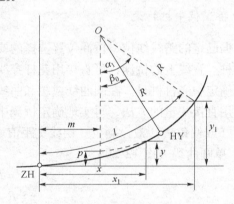

图 12-21　基本型曲线上的涵位

钉设桥涵位中桩后，即可用经纬仪或带角圆盘测出桥涵轴线与路线的夹角，确定涵轴线方向及设置正交涵或斜交涵。

桥涵位中心地面高程，可用水平仪或带角手水平仪用比高法测定。

3. 桥涵址断面测量

由于小桥和涵洞设计时布图要求不同，因而对河沟断面测量的要求也不相同。

1）小桥

一般沿路线方向（即河沟的横断面方向）按上、中、下三个部位施测断面，如图 12-22 所示。

测量范围一般至最高洪水位泛滥线以上或河岸两侧以外 20 m。测量方法一般可用水平仪配合皮尺施测。施测时要注意把上、下游断面与路中断面联系起来，用比高法测出上、下游断面中心处的地面高程，以便将三个断面套绘在一个图上，当河床顺直、比降不大时，可只测下游断面。

横断面图上，除绘制地面线外，还要注明中心桩号、测时水位、调查洪水位及设计水位、土壤类别等。若有地质土壤试坑或钻孔柱状图也应绘于图上。小桥河沟断面图如图 12-23 所示，比例尺根据河沟宽度采用 1∶50～1∶200。

2）涵洞

由于涵洞布图一般仅作一个纵剖面图，因而断面测量只在涵中心处测一个河沟纵断面。

测量范围应根据涵洞长度（或中心填土高度）而定。一般上、下游各测 15~20 m 即可。

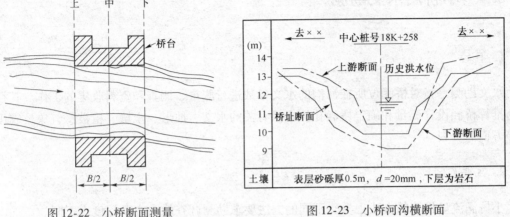

图 12-22 小桥断面测量　　　　图 12-23 小桥河沟横断面

### 4. 桥涵位地形测量

1) 桥涵址示意图

一般的涵洞可不作详细的测量，涵址处的地形图也不需绘制，但为了便于在设计中了解或回忆涵址附近的地物、地形和地貌特征，可绘制涵址平面示意图。示意图内容包括路线、河沟、附近建筑物的相对位置；涵位的路线里程桩号；历史洪水位泛滥范围；原地面（含河沟底）主要特征点的高程等。

2) 桥涵址地形图

当小桥涵址地形比较复杂，上下游改挖河沟范围较大，布设小桥涵及其附属工程困难时，应测绘桥涵址地形图。地形图测量比例尺为 1∶200~1∶500，其等高距采用 0.5 m，测绘范围应能满足小桥涵涵身、进出口及调治构造物的设计需要。一般情况下，最小的测绘长度为：上游约是跨径总长的 2 倍，下游约是跨径总长的 1 倍以上并超过铺砌加固长度；顺路线方向为历史最高洪水位以上 0.5 m 或洪水泛滥线水平距离 10 m 以外。对于分叉河流、宽滩河流、冲积漫流、泥石流地区及改沟地段，可视设计需要增加测绘范围。

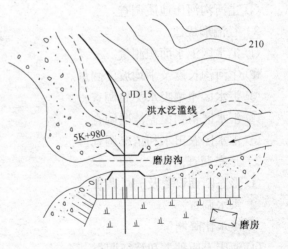

图 12-24 桥涵址地形图

桥涵址地形图（图 12-24）示出的内容，除了同平面示意图要求以外，还须绘出原地面的等高线，设计频率洪水泛滥线；设计并绘出小桥涵平面位置及调治构造物位置，有时还有改沟设计位置等。对于扩建或改建的小桥涵工点地形图的测绘范围可酌情予以缩小，但测绘内容还需增加原有小桥涵墩台、进出口及铺砌的位置和高程等。

## 12.3.4 小桥涵水文勘测

1. 目的

水文勘测是指对桥涵位所在河沟的水文参数进行测量、调查和资料收集的工作。其目的是为推算桥涵设计流量和确定桥涵孔径提供有关的水文、地形、土壤、植被、气象及农田水利等方面的资料。

2. 主要内容

小桥涵流量推算的方法很多，不同的方法要求勘测调查的内容及深度也不同。

当不需作水文、水力计算时，小桥涵水文勘测仅作一般的水文调查。通过现场实地调查，了解拟建桥涵、汇水区大小、沟槽情况、水流情况、河床纵坡、地表植物覆盖及土壤情况、洪水位情况等。并作扼要的现场记录，以供确定桥涵孔径尺寸之用。

当需作水文、水力计算时，根据采用的不同计算方法，勘测的主要内容如下。

1）暴雨推理法
① 汇水区汇水面积测量。
② 主河沟长度及平均坡度测量。
③ 土壤植被种类调查。
④ 主河沟河床地质调查。

2）径流形成法
① 汇水区汇水面积测量。
② 主河沟长度及平均坡度测量。
③ 汇水区土壤吸水类属调查。
④ 汇水区植物覆盖情况调查。
⑤ 汇水区农田水利情况调查。

3）形态调查法
① 形态断面设置及测量调查。
② 洪水调查。
③ 洪水比降测量。
④ 河床土质种类和特征调查。

4）直接类比法
① 洪水位调查。
② 原有桥涵调查。
③ 河床土质种类及特征调查。

## 12.3.5 小桥涵工程地质调查

1. 调查目的及主要内容

1) 目的

小桥涵地质调查是小桥涵野外勘测的主要内容之一,其目的是通过调查和勘探,了解桥涵地基的承载能力、地质构造和地下水情况及其对桥涵构造物稳定性的影响,为小桥涵位确定和基础设计提供资料,以保证桥涵构造物的稳定。

2) 主要内容

小桥涵地质调查的主要内容有:地基土壤名称、颜色、所含成分、密实程度、含水干湿与可塑状态;地下水情况;岩层走向、倾角、风化程度及桥涵位处的地质构造、对小桥涵有影响的地质现象等。

调查的范围一般是沿路线向为桥涵址处的河沟床和两岸谷地或阶地,沿沟向为桥涵址的上下游各 50~100 m。当地质情况复杂时,可增大调查范围。调查的详细内容如表 12-9 所列。

表 12-9 地质地貌一般调查内容

| 桥涵址所在处 | 土 质 地 基 | 岩 质 地 基 |
|---|---|---|
| 平原微丘 | (1) 表土的颗粒组成与类别;<br>(2) 表土的密实程度和含水情况;<br>(3) 有无松软地层和特殊土,若存在,判别形态及成因,明确其分布范围,包括位置与厚度;<br>(4) 地下水的蕴藏情况及补给、径流和排泄条件 | (1) 岩石的工程特征和岩层的层次组合情况;<br>(2) 岩石的风化程度与风化层厚度 |
| 山岭重丘 | 除了以上调查内容之外:<br>(1) 堆积层的成因类型,组成物质成分、结构和胶结情况;<br>(2) 有无下伏基岩,基岩的岩性特征,基岩面的位置和产状等;<br>(3) 山坡土体的稳定性和有无不良地质条件,如泥石流、多年冻土、湿陷性黄土等 | 除了以上调查内容之外:<br>(1) 地形地貌特征和有无不良地质现象,如岩堆、岩溶、崩坍等;<br>(2) 地质构造形态与路线、桥涵的关系;<br>(3) 软弱夹层和软弱结构面的性质,其发育程度和分布规律及影响;<br>(4) 人工边坡和自然山坡的坡度值及其现状 |
| 河沟 | (1) 河流的性质和发育状况,河段水力特征,以及冲刷或淤积变化情况;<br>(2) 河岸有无崩坍、滑移及其他不稳定状态;<br>(3) 当河岸设置防护时,对下游和对岸的影响;<br>(4) 改移河(沟)道给下游带来的影响及其影响程度 | |

2. 勘测方法

小桥涵工程地质的勘探是以调查为主,挖(钻)探为辅。

1) 工程地质调查

调查方法一般采用目测和访问相结合的方法。调查时应利用所收集的各种有关地质资料,当桥涵附近有已成的防护及排水工程时,应对其基底土壤、基础类型、埋置深度、冲刷深度及使用状况进行调查，为拟定桥涵基础设计参考。

2）挖（钻）探

当工程规模较大，地质条件比较复杂，用目测方法又难以查明情况时，可辅以挖探、钎探或钻探。

地质和地形条件较简单的小桥涵，原则上一座桥涵只设置一个勘探点。在地层结构基本一致地区的多座小桥涵，可作代表性的勘探。对于地质条件复杂、跨径较大的小桥或较长的涵洞，勘探点不应少于2个。挖（钻）孔位置一般布置在桥涵中心桩处，第二孔位一般布置在出口处。探孔深度一般不小于预定基底高程以下1~2 m。

挖（钻）探应有现场原始记录，必要时可抽取典型土样、水样进行试验或化验。地质条件复杂的小桥涵需有地质说明记录，必要时应绘制桥涵址的工程地质纵断面，并另附地质勘探与试验资料，其中包括土石分类情况及承载力数据等。小桥涵工程地质纵断面图如图12-25所示。图上应注明挖（钻）孔位置、取土层的高程，并按标准规定的图例和要求绘制地质剖面图。

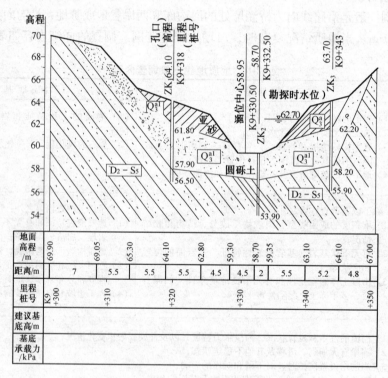

图 12-25 工程地质纵断面图

## 12.3.6 小桥涵综合调查

1. 建筑材料调查

建筑材料调查的目的是为了经济合理地选择桥涵的结构类型，贯彻就地取材的原则。一般采取调查与实地勘查相结合的方法进行。调查的主要内容有：工程材料的产地（能价购的成品和可利用的旧石料等)、蕴藏量、质量、规格、运输条件和运距等。

2. 原有桥涵调查

在改建公路上，应对原有桥涵进行调查，以便对原有桥涵提出改建或利用的方案。在新建公路上也应对桥涵上、下游附近原有桥涵进行调查，以便用直接类比法来确定新建桥涵的设计流量及孔径。

调查的主要项目有：

① 原有桥涵的结构类型、洞口式样、加固类型及各部分主要尺寸等。
② 修建年月及使用情况，包括损毁及修复情况。
③ 桥涵孔径及长度，与路线的相对位置，并判定可利用的部分及承载能力。
④ 调查洪水时桥涵前的水头高度和下游河沟的天然水深，并判别相应的洪水频率。
⑤ 当原有构造物与新建桥涵距离较远时，则应勘测二者之汇水面积、主河沟长度及地形地貌、地质等的差别情况。

3. 其他调查

这类调查项目是视具体情况需要做的一些补充调查，其主要内容如下。

① 灌溉渠道调查主要向当地农林、水利部门调查渠道最大设计流量、灌溉面积、渠道断面、渠底高程、比降、渠道粗糙系数等，以便确定桥涵类型、孔径和加固措施。调查时还应征求当地对跨越渠道桥涵的意见。对于非正式规划渠道，无上述资料时，可进行实测和调查获得。
② 当桥涵下兼做行人、牲畜、大车、汽车或船的通道时，则需调查有关跨径、净空及位置的要求。
③ 桥涵濒临大河时，应对大河倒灌、大河每年及 25 年、50 年一遇的洪水位标高进行调查。
④ 调查山洪暴发时有无泥沙、石块、柴草、竹木等沿河沟冲下，并查明其数量、尺寸及产生原因。
⑤ 小桥涵附近如有水文站、气象站等，应视需要收集有关气温、雨量、风力、冰冻及地震资料。

# 第 13 章　公路野外勘测与设计技术

## 13.1　公路野外勘测设计技术

### 13.1.1　概述

公路野外勘测的最终目的就是把工程师构思、设计的路线放在实地,并为公路的设计提供可靠的测量和调查资料。而随着现代测量技术的不断发展,特别是数字技术、信息技术及测量设备的发展,使得公路勘测的方法和手段发生了革命性的变化,一些传统性的勘测程序和专业分工也相应地发生了改变,并由于专业的相互交叉、渗透,要求从事公路勘测的人员具有较高的综合知识和素质。本章主要根据现行的《公路勘测规范》中规定的勘测内容,对公路勘测初测和定测的测量、调查等野外工作的有关作业的基本知识进行介绍。

### 13.1.2　目的和任务

公路野外勘测的总体目的就是把研究的路线走向方案通过适当的勘测放在实地,并取得相关的设计资料。根据《公路工程基本建设项目设计文件编制办法》的规定,公路工程基本建设项目一般采用两阶段设计,即初步设计和施工图设计;对于技术简单、方案明确的小型建设项目,可采用一阶段设计,即一阶段施工图设计;技术复杂的项目或项目中的特殊工程,必要时可采用三阶段设计,即初步设计、技术设计及施工图设计。因此,相应的勘测也分为初测、定测、一次定测,三阶段的技术设计及三阶段施工图设计采用定测或补充定测。

1. 初测目的和任务

初测应根据批准的《工程项目可行性研究报告》及其审查意见所确定的修建原则、标准及路线的基本走向方案,进行实地勘测和调查,包括平面控制测量、高程、地形、桥涵、隧道、路线交叉等测量工作,并要收集调查沿线相关的地方规划、政府意见、环保要求及筑路材料、占用土地、概(预)算资料等。并根据测量的资料进行纸上定线和相关的内业工作,初步确定采用的路线方案,为编制初步设计提供所需的基础资料。

2. 定测目的和任务

定测应根据批准的初步设计及审查意见所确定的方案,结合地形、地物、地貌、气候、水文及地质等自然条件和社会人文、生态、景观、文物等环境,通过现场测量进行优化,再实地放线定桩确定人工构造物的位置。其主要工作的内容包括路线中线、高程、横断面、桥涵、隧道、支挡结构、路基、路线交叉等工程的测量和资料调查及相关的内业工作,为施工图设计提供详细可靠的资料。

## 13.1.3 野外测量记录和标志

1. 测量记录

测量记录是勘察设计的原始资料之一，并必须遵守下列规定。

① 应按规定的内容（包括简图）要求在现场记录清楚，不得事后补记，记录字迹要清楚、整齐，不得擦改、转抄。

② 现场发现看错或记错而需改正观测数字时，应用横道线整齐划去原记录的错误数字或文字，重新记录正确的数字或文字。如测站发生错误，应划去该页，另页记录，并在划去页中加注说明。

③ 记录本应分类编号，并编写记录本目录，注明上承下接册序及页号。标准记录簿中所规定的项目，应逐项记录齐全，说明及草图要精练、准确。

④ 采用电子手簿记录时可按现行的《测量电子记录基本规定》执行，并应打印输出与手簿相同的内容及计算结果附于记录簿中。

⑤ 每天工作开始及终了，须注明日期、天气情况。记录、计算、复核者均应签名。

⑥ 发现错误和疑问，应及时查明纠正，记录内容未经复核不得使用。

⑦ 所有记录、成果资料，必须整理完整。

2. 测量标志

1）符号

测量使用的符号，可采用英文（包括国家标准或国际通用）字母或汉语拼音（包括国家标准或国际通用）字母。当该项目需引进外资或为国际招标项目时，应采用英文字母；为国内招标时，可采用汉语拼音。一条公路宜采用一种符号。公路测量符号按《公路勘测规范》中的规定执行。

2）桩志

桩志是各设计阶段及施工的测量依据，凡用于控制测量的 GPS 点、三角点、导线点、水准点等，应采用永久性的水泥混凝土桩，或凿刻在稳固岩石或永久建筑物上的永久性标志，并绘制固定位置草图。其他如路线控制桩、一般构造物控制桩等，可采用规定长度的木桩，必要时应采用水泥砂浆固定。一般性的路线中桩则可采用一定规格的木质或竹质板桩。

## 13.1.4 初测野外勘测

1. 准备工作

1）勘测人力及设备的准备

应根据项目规模的大小，组织好勘测队伍，特别要针对项目的野外勘测涉及的专业设置专业组长及相关专业人员；对需几个勘测队伍会同工作的路段，应设立精干的勘测指挥机构，以统一全线的勘测原则和勘测口径。

勘测设备包括测量、地质勘探、试验、测量记录本、交通工具等。勘测队伍进入野外现场前，所有的设备都要按规定进行检校和维修，以保证设备的完好和精度。

2）技术准备

初测工作开始前，应认真研究有关资料、文件，拟订工作计划。收集和掌握下列基本资料。

① 各种比例尺地形图（通常是根据路线所在区域，到测绘局等相关部门购买1:50 000～1:10 000 的地形图）、航测相片、国家及有关部门设置的三角点、导线点、水准点等资料。

② 收集沿线自然地理概况、地质、水文、气象、地震基本烈度等资料。

③ 收集沿线农林、水利、铁路、公路、航运、城建、电力、通信、文物、环保等部门与项目有关的规划、设计规定及科研成果等资料。

④ 对改建公路除上述资料外，还应收集原有公路的测设、施工、养护、路况等档案资料。

⑤ 收集并理解上阶段设计文件（可行性研究报告）及相关的审查和批复意见。

根据收集的各种资料，在室内进行方案研究，主要是在工程（或上阶段工作）推荐的路线基本走向方案、技术标准的基础上，通过1:10 000（或1:5 000）或航测相片上的各种方案的拟订，提出需要野外勘测的方案（含比较线）及需重点现场落实的问题。

2. 现场踏勘

现场踏勘是勘测前不可缺少的工作程序。

现场踏勘应进一步对准备阶段所收集的各种资料进行现场核对，特别是沿线的地物变化和路网分布等应在现场作必要的调查；应根据不同地形特点，进行路线的总体规划和布设，尤其要注意重点工程，如桥梁、隧道、大型互通立交等位置和设置条件等；应通过现场踏勘对室内研究的路线方案进行调整或修正，确定有价值的初测方案。

现场踏勘原则上由项目负责人和专业组长组成踏勘小组，并应邀请沿线地方派员参加。

3. 平面控制测量

1）一般规定

(1) 公路平面控制测量，包括路线、桥梁、隧道及其他大型建筑物的平面控制测量。初测阶段如没有特殊的要求，原则上只进行路线的平面控制测量。

(2) 路线平面控制网是公路平面控制测量的主控制网，沿线各种工点平面控制网将联系于主控制网上，主控制网宜全线贯通，统一平差。

(3) 平面控制网的建立，可采用全球定位系统（GPS）测量和导线测量等方法，控制等级依次为四等和一、二、三级导线。

(4) 平面控制网坐标系的确定，宜满足测区内投影长度变形值不大于 2.5 cm/km。根据测区所处地理位置和平均高程，可按下列方法选择坐标系：

① 当投影变形值不大于 2.5 cm/km 时，采用高斯正形投影 3°带平面直角坐标系。

② 当投影变形值大于 2.5 cm/km 时，可采用投影于抵偿高程面上的高斯正形投影任意

带平面直角坐标系。

③ 二级或二级以下公路可采用假定坐标系。

(5) 采用 GPS 测量平面控制网时,应符合《公路全球定位系统(GPS)测量规范》的规定。

2) 导线测量技术要求

(1) 导线测量技术要求应符合表 13-1 的规定。

(2) 导线点应尽量布设成直伸形状分布于路线两侧,相邻边长不宜相差过大(相邻边长之比不大于 3 为宜)。

(3) 当导线平均边长较短时,应控制导线边数。当导线长度小于表 13-1 规定长度的 1/3 时,导线全长的绝对闭合差不应大于 13 cm;如果点位中误差要求为 20 cm 时,不应大于 52 cm。

表 13-1  导线测量技术要求

| 等级 | 附和导线长度/km | 平均边长/km | 每边测距中误差/mm | 测角中误差/(″) | 导线全长相对闭合差 | 方位角闭合差/(″) | 测回数 | | |
|---|---|---|---|---|---|---|---|---|---|
| | | | | | | | $DJ_1$ | $DJ_2$ | $DJ_6$ |
| 四等 | 20 | 1.0 | 13 | 2.5 | 1/35 000 | $\pm 5\sqrt{n}$ | 4 | 6 | — |
| 一级 | 10 | 0.5 | 17 | 5.0 | 1/15 000 | $\pm 10\sqrt{n}$ | — | 2 | 4 |
| 二级 | 6 | 0.3 | 30 | 8.0 | 1/10 000 | $\pm 16\sqrt{n}$ | — | 1 | 3 |
| 三级 | — | — | — | 20.0 | 1/2 000 | $\pm 30\sqrt{n}$ | — | 1 | 2 |

注:表中 $n$ 为测站数。

3) 路线平面控制网设计

在国家高等级点稀少的测区,平面控制可分为两级,首级控制一般采用 GPS 测量方法,每 5 km 左右布设一对相互通视的 GPS 四等点,然后在此基础上发展公路一级导线。

导线点位置的选择应符合下列条件:① 相邻导线点必须通视,且点位能长期保存;② 便于加密、扩展和寻找;③ 观测视线超越(或旁离)障碍物 1.3 m 以上;④ 导线点分布于路中心线两侧的距离应控制在 50~300 m 范围,同时应便于测角、测距及地形测量的定测放线;⑤ 应考虑桥梁、隧道等大型构造物布设控制网的要求,在大型构造物两侧应分别布设一对导线点。

4) 水平角观测

(1) 水平角观测用仪器。

水平角观测应采用不低于 $DJ_6$ 型的经纬仪。使用前应对照准部旋转轴、光学测微器、水平轴、光学对点器等的各项指标进行检验。

(2) 水平角方向观测的作业要求。

① 水平角观测方向数不多于 3 个时可不归零,各测回应均匀地分配在度盘和测微器的不同位置上。

② 水平角方向观测应在通视良好、成像清晰稳定时进行,全部测回应在一个时间段内完成。

③ 观测过程中,气泡中心位置不得超过 1 格;气泡偏离接近 1 格时,应在测绘时重新

整置仪器。

④ 在观测过程中，两倍照准仪差（$2c$）的绝对值，$DJ_1$ 型经纬仪不得大于 $20''$；$DJ_2$ 型不得大于 $30''$。

⑤ 当方向数超过 6 个时，可分两组观测，每组方向数应大致相等，且包括两个共同方向（其中 1 个为共同零方向），其共同方向之间的角值互差应不超过本等级测角中误差的 2 倍。

⑥ 当观测方向超过 3 个，在观测过程中某些方向的目标不清晰时，可以先放弃，待清晰时补测。一测回中放弃的方向数不得超过应观测方向数的 1/3，放弃方向补测时，应在原基本测回测完后进行，可只联测零方向。如全部基本测回测完，有的方向一直没有观测过，对这些方向的观测应按分组观测处理。

（3）水平角观测的各项限差要求如表 13-2 所列。

表 13-2 水平角方向观测法的各项限差

| 等　级 | 经纬仪型号 | 光学测微器两次重合读数差/($''$) | 半测回归零差/($''$) | 一测回中两倍照准差（$2c$）较差/($''$) | 同一方向各测回间较差/($''$) |
|---|---|---|---|---|---|
| 四等及以上 | $DJ_1$ | 1 | 6 | 9 | 6 |
| | $DJ_2$ | 3 | 8 | 13 | 3 |
| 一级及以下 | $DJ_2$ | — | 12 | 18 | 12 |
| | $DJ_6$ | — | 18 | — | 24 |

注：当观测方向的垂直角超过 ±3° 时，该方向的 $2c$ 较差可按同一观测时段内相邻测回进行比较。

4. 高程控制测量

1）一般规定

① 公路高程系统，宜采用 1985 年国家高程基准。同一条公路应采用同一个高程系统，不能采用同一系统时，应给定高程系统的转换关系。独立工程或三级以下的公路联测有困难时，可采用假定高程。

② 公路高程测量一般采用四、五等水准测量。在进行水准测量确有困难的山岭地带以及沼泽、水网地区，可用光电测距三角高程测量代替。

2）水准测量精度

水准测量的精度要求应符合表 13-3 规定。

表 13-3 水准测量的精度要求

| 等　级 | 每千米高差中数中误差/mm | | 往返较差、附和或环线闭合差/mm | | 检测已测测段高差之差/mm |
|---|---|---|---|---|---|
| | 偶然中误差 $M_\Delta$ | 全中误差 $M_W$ | 平原微丘区 | 山岭重丘区 | |
| 四等 | ±5 | ±10 | $±20\sqrt{L}$ | $±6\sqrt{n}$ 或 $±25\sqrt{L}$ | $±\sqrt{L_i}$ |
| 五等 | ±8 | ±16 | $±30\sqrt{L}$ | $±\sqrt{L}$ | $±\sqrt{L_i}$ |

注：计算往返较差时，$L$ 为水准点间的路线长度/km；计算附和或环线闭合差时，$L$ 为附和或环线的路线长度/km；$n$ 为测站数；$L_i$ 为检测测段长度/km。

3）水准点布设

水准路线宜设于路中心线两侧 50～300 m 范围内。水准点间距约 1 km；大桥、隧道、及其他大型构造物两端应增设水准点。

4）水准观测方法及其技术要求

水准观测方法及其技术要求见《公路勘测规范》。

5）光电测距三角高程

① 应采用一定数量的高一级水准点作为三角高程测量的起算点。

② 视距长度不得大于1 km，垂直角不得超过15°。高程导线长度不得超过相应等级的水准路线长度。

其主要技术要求应符合表13-4。

表13-4 三角高程测量技术要求

| 等级 | 仪器 | 测距边测回数 | 垂直角测回数 | | 指标差较差/(″) | 垂直角较差/(″) | 对向观测高差较差/mm | 附和或环线闭合差/mm |
|---|---|---|---|---|---|---|---|---|
| | | | 三丝法 | 中丝法 | | | | |
| 四等 | $DJ_2$ | 往返各1 | — | 3 | ≤7 | ≤7 | $40\sqrt{D}$ | $20\sqrt{D}$ |
| 五等 | $DJ_2$ | 1 | 1 | 2 | ≤10 | ≤10 | $60\sqrt{D}$ | $30\sqrt{D}$ |

6）跨河水准测量

当水准测量路线跨越江河湖海、山谷、洼地等，视线长度超过200 m时，应根据跨河宽度和仪器设备等情况，选用相应等级的光电测距三角高程测量或跨河水准测量方法进行观测。

5. 地形测量

1）一般规定

① 测图比例尺应符合《公路工程基本建设项目设计文件编制办法》的规定。

② 基本等高距平原微丘区0.5~2.0 m，山岭重丘区1.0~2.0 m。

③ 地形图图式应符合国家测绘局制定的现行图式标准，对图式中没有规定符号的地物、地貌，可另做补充规定。

④ 测绘方法可选用航空摄影测量、经纬仪配平板仪、全站仪机助法、GPS实时动态差分定位技术（RTK）等方法。

⑤ 地形图精度应符合表13-5的规定。

表13-5 地形图精度指标

| 图上地物点位置中误差/mm | | 等高线高程中误差/m | | | |
|---|---|---|---|---|---|
| 主要地物 | 一般地物 | 平原区 | 微丘区 | 山岭区 | 重丘区 |
| ±0.6 | ±0.8 | $H_d/3$ | $H_d/2$ | $2H_d/3$ | $H_d$ |

注：$H_d$ 为基本等高距。

⑥ 图幅接边误差不应超过规定值的$2\sqrt{2}$倍。

⑦ 图中高程注记点应均匀分布，每平方分米10~20个。

2）实测地形图

① 图根平面控制主要技术指标：导线相对闭合差≤1/2 000；方位角闭合差≤$\pm\sqrt{60}″$；

支导线边数小于或等于4；图解交会方向数大于或等于3。

② 高程路线应起闭于高级水准点。

③ 山顶、鞍部、山脊、山脚、谷底、谷口、沟底、沟口、凹地、台地、河川湖池岸旁、水涯线上及其他地形变换处，均应测高程注记点。

④ 地形图应标示居民地、独立地物、管线及境界、公路、水系、植被等各项地物、地貌要素及各类控制点、地理名称等，并突出公路规划、设计、建设、管理等各项要素。

⑤ 等高线从零米起算，每隔4根首曲线应绘一根计曲线，山顶、鞍部、凹地加绘示坡线。测绘植被应按其经济价值和面积大小适当取舍。

3）航测地形图

① 根据项目建议书、工程可行性研究的方案，宜在1:50 000地形图上进行航带设计，进行航空摄影。

② 航带分区的划分应以路线方案的平面线形变化和纵面地形高差变化为依据确定，在满足航空摄影范围要求的基础上，优先选用单航带形式布设航摄分区。

③ 航外相片控制点的布设，应在每张相片范围内布设4个平高点，平高控制点的点位目标应同时满足平高和高程控制点对点位目标的要求。

④ 相片调绘通常采用隔号相片，调绘范围应根据测图范围来确定。

⑤ 电算加密相片控制点，加密的像控点对于相邻图根点的平面点位中误差和高程中误差应符合《公路摄影测量规范》的相关规定。

⑥ 图幅设计按公路带状分幅。图幅采用正方形，其基本规格为500 mm × 500 mm或500 mm × 400 mm，图幅编号一律沿公路路线自起点开始顺序编号，序号前应冠以工程名称。

⑦ 内业测图或制作正射影像地形图。

4）数字地面模型及其数据采集

① 公路数字地面模型包括原始地面数据获取、数据处理、数据管理、构筑地表模型和DTM数字地面模型成果应用等。地面数据模型应能根据公路设计及CAD的要求完成任意点或断面的地面高程计算，等高线生成及路线带状平面图、地形透视图作业等。

② 原始地面数据的采集以摄影测量方式为宜，也可通过原有地形图数字化、野外地面实测或利用已有地形图数据库数据等手段获取。

6. 控制性中桩测量

控制性中桩主要是指需重点控制的地段或工点敷设的中桩，如大桥、隧道进出口、互通立体交叉、公路铁路立交、高压线交叉、重要通道、河堤、水库、淹没区、滞洪区等位置。

初测控制性中桩的放桩应从导线点引出，放桩精度同导线测量精度；一般要求大、中桥桥位轴线、隧道轴线、路基高填深挖、互通式立体交叉、分离式立体交叉等处各放出1~2个控制桩并测量桩位高程（特大桥按需要增加，对淹没区、滞洪区，根据范围的大小确定放桩的数量），以便测量河床断面、隧道洞口，布置钻孔和地质资料调查等。

7. 路基、路面及排水勘测与调查

1）一般要求

公路所处不同的地理区域，其自然条件对工程的影响因素也不尽相同。《公路自然区划标准》（JTJ 003—86）将我国公路自然区划分为 3 个等级，各自然区划均列出了气候、地形、地质等特征和公路工程的自然特点、常见的公路病害及路基、路面设计的技术要求，是路基、路面及排水等设计的重要依据。因此，为了保证路基、路面及排水设计的合理、可靠，在初勘与调查中应收集以下基本资料。

① 沿线地形、地貌、地质构造、地震基本烈度、水文及水文地质等特征。

② 沿线气象资料，包括气温、风速、风向、降水量、日照期、年蒸发量、无霜期、冰冻期及冻结深度、积雪期及积雪厚度，以及风吹雪和风吹沙对路基、路面的影响。

③ 沿线水系分布基本特征、相互关系及对路基、路面的影响。

④ 沿线农田水利设施的现状、特点、发展规划，农田表土的性质及厚度等对路基、路面的影响。

⑤ 路线所在地区的公路自然区划及其特征。

2）路基勘测与调查

① 一般路基的勘测应重点对以下内容进行调查：沿线地表积水、地表径流、地下水的水位、流量、流速、流向、移动规律、季节性变化及其对路基、路面稳定性的影响；高填、深挖路基的位置、地形地貌特征及山体的稳定性；原有公路路基及附近工程开挖边坡坡度、高度及自然山坡的现状；路线附近既有工程的现状；路线所经地区植被的主要种类及茂密程度等。

② 对特殊地质、不良地质路段路基的勘测还应确定特殊地质、不良地质路段的位置、特征、地形地貌生成原因、性质、发展规律、影响范围及对路基、路面的影响；软土、膨胀土等特殊岩土及含水量高的黏土应确定其埋藏深度、土质及颗粒组成、含水量、液限、塑限等指标；特殊地质、不良地质和特殊岩土地段应进行地质勘探。

3）排水与防护工程勘测与调查

（1）排水调查。

应重点调查沿线水系的分布及相互关系，地表水、地下水、裂隙水等的位置、流量、流向，拟定设置排水沟（渠）的形式、进出水口的位置、排水沟渠的加固措施。

公路通过农田、洼地，应调查地表的积水深度、积水时间，拟定路基排水和加固措施。

收集路面设计重现期内降雨量及强度资料，拟定路面排水措施。

（2）防护工程调查。

应重点调查山坡主体的稳定性，坡面、坡脚受水流冲刷及地下水出露情况；山坡坡面变形特征（包括坡面滑移、剥落、坍塌等）；防护构造物设置位置、形式和长度等。

根据设计要求进行地质勘探，查明基底地质条件。

4）路面调查

① 核定可行性研究报告的交通量及其组成，必要时进行详细的轴载及其交通组成调查，为路面设计提供可靠依据。

② 根据地质水文调查资料，分析确定各路段土的类型及其干湿状态。

③ 收集已有道路的设计、施工、养护等有关资料，进行各种路面结构类型下的营运与养护费用调查，以便作出路面经济技术比较，为方案比选提供依据。

④ 收集有关气象、气候等资料，分析对路面可能产生不良影响的因素，研究防范措施。

⑤ 对当地常用路面材料进行产地产量、开采运输条件、价格等调查。

8. 桥涵勘测与调查

1）小桥涵勘测与调查

① 小桥涵的勘测与调查，应按要求收集资料，并实地调查和研究该地区域排水体系、农田排灌、地形、地质、水文及路基路面综合排水系统，合理拟定小桥涵位置。充分利用地形图圈绘汇水面积，通过现场核对进行修正、补充，然后计算流量，确定孔径和形式。

② 采用纸上定线确定线位，并拟定小桥涵交角、结构类型、孔径、涵长、进出口形式等，并应进行现场核对。

2）大、中桥勘测与调查

① 大、中桥勘测前的资料收集工作除应按要求收集资料外，还应根据桥梁的特点收集水文、气象、流水、流冰、通航等桥位设计的有关资料。

② 大、中桥的现场踏勘工作，可与路线一起进行。应认真研究工程可行性研究报告的相应部分，对河流概况、工程地质、水文、气象、地震烈度、桥位选择、桥型方案进行认真研究。

③ 大、中桥桥位选择应注意农田水利、环境保护及其他部门发展规划的影响与关系，并应征求地方政府和有关单位的意见。桥位原则上应服从路线走向和线形要求，但要路、桥综合考虑，既要考虑线形的舒顺，还要考虑桥梁设计、施工的复杂性、工程造价和通航等特殊要求。

3）桥位平面控制测量

桥位平面控制测量，一是控制桥位地形，为选择桥位和桥位设计服务；二是控制桥轴线，为施工图设计和施工放样服务。初测阶段原则上与路线同步进行路线控制测量，桥轴线控制测量在定测阶段再按相关规定和技术要求进行。

独立大桥工程，初测阶段可先作地形控制测量，定测阶段再作桥轴线控制测量；桥位单一时，也可一次进行桥轴线控制测量，定测时只进行复查和补充测量。

4）桥位高程控制测量

① 大桥的高程控制测量应随路线水准测量布设；独立大桥的高程控制测量，应同国家或路线水准点联测。

② 桥位高程控制测量的等级与精度应符合高程控制测量的有关规定。

③ 桥位高程控制测量等级高于国家或路线水准测量等级时，应保持其本身的精度。

④ 水准点应在两岸各设置 1~2 个；河宽小于 100 m 的桥梁可只在一岸设置一个，桥头接线部分宜每隔 1 km 设置一个。

⑤ 跨越大河（水面宽大于 200 m）的水准测量，应符合跨河水准测量的规定。

5）桥位地形测量

① 桥位地形测量范围，上游为桥长的 2~3 倍，下游为桥长的 1~2 倍，顺桥轴线应测至两岸历史最高洪水位或设计水位以上 2 m 或洪水泛滥线以外 50 m，且应能满足桥梁孔径、桥头引道和调治构造物的设计需要。

② 桥位地形图除应符合地形测量的有关规定外，还应包括桥轴线、路线平面控制点、引道接线、水文断面、洪水调查点、历史最高洪水泛滥线、测时流向、航标和船筏走行线、

桥梁和建筑物平面布置等内容。

6）桥轴纵断面和引道测量

① 桥轴纵断面与引道的测量，应与路线接线部分一次完成。

② 桥轴纵断面的测绘范围应测至两岸路线设计高程以上；当河滩过宽、洪水漫流时，必须满足设计桥梁孔径、桥头引道、调治构造物的需要。地表起伏较大、地质复杂的桥址，应在桥轴线上、下游各 6~20 m 测辅助纵断面，并在墩台基础范围内增测辅助横断面。

9. 隧道勘测及调查

隧道勘测应结合公路等级、地形、地质、水文、气象、地震等条件，并考虑施工、营运等条件，进行多方案的技术、经济比较，以确定隧道的位置。

1）自然地理、环境调查

自然地理概况包括地形、地质、水文、气象、地震等既有资料的收集与调查。

环境调查包括隧道所在地场地环境、生态环境及隧道修建、营运可能对环境的影响的调查。

2）隧道平面控制测量

隧道平面控制测量，初测阶段原则上与路线同步进行路线控制测量。中、长、特长隧道的平面控制测量在定测阶段再按相关规定和技术要求进行。

独立隧道工程，初测阶段可先作地形控制测量，定测阶段再作洞口平面控制测量；隧位单一时，也可一次性进行平面控制测量，定测时只进行复查和补充测量。

3）隧道高程控制测量

① 隧道的高程系统应随路线水准测量布设。独立隧道的控制测量应同国家或路线水准点联测。

② 隧道高程测量的等级与精度应符合高程控制测量的规定。

4）隧道地形测量

隧道地形测量范围，横向应为中线两侧各 200 m 左右，当辅助工程需要或地质情况复杂时，可适当增宽；纵向为估计挖方零点以外不小于 200 m，分离式隧道应测至整体式路基汇合点以外。

5）弃渣场地的勘测与调查

弃渣场地的勘测与洞渣的利用除应符合《公路环境保护设计规范》的规定外，还应调查：

① 场地容量及弃渣运输条件。

② 场地的生态环境及地下水径流条件。

③ 场地附近各种设施情况及应采取的安全措施。

10. 路线交叉勘测与调查

1）一般要求

（1）公路与公路交叉。

应调查被交叉公路的名称、交叉位置、地名及里程、修建时间、公路等级及其在路网中的作用；被交叉公路的技术标准、交叉角度、纵坡坡度、路基宽度、路面宽度、路面结构类型及厚度、排水和防护工程情况；补充调查被交叉公路近期交通量、交通组成，以及今后的转向车流交通量、交通组成及被交叉公路的发展规划。

（2）公路与铁路交叉。

调查铁路名称、等级、轨道数、运行情况、交叉位置地名、公路与铁路交叉处里程；铁路的技术标准、发展规划和可能的交叉形式。

（3）公路与乡村道路交叉。

调查被交叉道路的性质、路基宽度、路面宽度、路面结构、排水条件、交通量及发展规划；拟定的交叉位置、形式、交叉角度和采用的技术标准。

（4）公路与管线交叉。

调查管线与公路交叉的位置、长度、交叉角度、悬空高度或埋置深度；管线的种类、型号、规格、用途、编号、敷设时间。

（5）其他。

各种交叉的位置、交叉形式、技术标准、被交叉道路改移方案等均应征求地方政府或主管部门的意见。

2）互通式立体交叉、分离式立体交叉及复杂的平面交叉

应实地放出交叉桩，测量交叉桩号、交叉角度、地面高程或铁路轨顶高程，测绘比例尺为 $1:500 \sim 1:2\,000$ 的地形图。

11. 沿线设施勘测与调查

1）一般要求

（1）管理及养护设施勘测与调查。

其包括管理及养护设施的位置和规模、管理机构所管理的项目和内容。

（2）安全设施勘测与调查。

其包括沿线地区性冰冻、雾障、积沙、积雪等小气候的位置和季节性特点；沿线的急弯、陡坡、傍山险峻、视距不良等行车安全事故易发地段，设置警告标志、禁令标志的位置；行政区划界、城市、村镇、大型企业、厂矿、医院、学校、路线交叉口等需设置地名牌、指示标志、指路标志的位置。

拟定需设置公路轮廓标、隔离设施、防眩、照明设施及护栏、护柱、护墙等安全设施的地段或位置及相应的形式和种类。

（3）服务区勘测与调查。

其包括服务区的设置位置和规模；服务区所提供的服务项目和内容。

（4）管理、服务、养护等设施的其他调查。

其包括管理、服务、养护设施等测绘比例尺为 $1:500 \sim 1:2\,000$ 的地形图；管理、服务、养护等设施的用电量、供电位置、电路接入方式、电荷等级、电流质量。

管理、服务、养护设施的生活、生产所需物资供应，抢险车辆出入的联络道路及其附属工程调查。

管理机构、服务设施、养护设施等区域内地表的土质条件，适宜种植的树种、草种等。

2）控制放桩

停车区、服务区若采用分离式应分别在主线两停车区或服务区用地范围内适当位置布设 $1 \sim 2$ 个控制桩，控制桩应从导线引出，放桩精度同导线测量精度要求。

3）高程测量

停车区、服务区、收费所等沿线设施附近应在适当位置增设 1~2 个水准点，水准点高程系统、设置方法、高程测量精度等同路线上的水准点。

4）地形测量

停车区、服务区地形图测绘范围应满足各种建（构）筑物、出入道路、园林、环保设施、服务道路等工程项目规划的需要，图内应详细绘出沟渠、河道、水库、湖泊、陡坎、水面线、植被、田地和原有建筑物等地形、地貌特征，在地形、地貌有较大变化的地方适当加密测点。

12. 环境保护勘测与调查

1）一般要求

应调查和核实本项目《环境影响评价报告书》所提出的沿线环境影响敏感点，并根据《公路环境保护设计规范》拟定相应防治对策，并对《环境影响评价报告书》进行认真的核对和补充调查，以确定环保工程项目与内容。

环保工程方案确定后，对沿线的环保工程，都应进行相应的调查和必要的勘测。

2）环境保护调查与勘测内容

环保工程方案确定后，对沿线的环保工程，都应进行相应的调查和必要的勘测以确定环保设计方案、具体位置和规模，以满足设计要求。

① 沿线及互通立交区，服务区及取、弃土区等的绿化方案，以及树种、适应性、产地等。

② 公路建设中因挖损、塌陷、压占、取土、弃土造成的水土流失、侵占河道等情况；建筑垃圾、工业废渣、废弃物的地点、范围、数量及处理方案等。

③ 噪声源至建筑物的距离、高程、地形、植被、风向等；设置声屏障的种类与类型、范围、长度、规模等。

④ 由于修建公路切割了原有的田间道路、排灌系统及地上其他设施，需恢复修建的内容和数量。

⑤ 施工和营运中的废水、油污水、服务区的排污水等的排放方案及相应的工程。

⑥ 公路沿线景观及需遮蔽的工程。

13. 其他勘测与调查

1）沿线筑路材料调查

沿线勘测与调查包括砂、石、黏土、石灰、砖瓦、粉煤灰、水及其他路用材料。

① 向当地主管部门调查各种材料产、供、销有关规定，确定由厂、场供应或自采加工生产。由厂、场供应时，应调查生产规模与生产能力、材料品质、供应地点、距路距离、运输方式、材料价格。自采加工材料料场调查，应调查料场位置、材料品质、储藏量、成料率；料场覆盖层厚度、种类、开采范围和开采方式与开采季节。

② 自采加工材料料场，应作必要的勘探，调查料场的水文地质条件、产状条件和地质条件，地下水深度；各种材料均应取样试验。料场占地、便道占地及覆盖层废土的堆置场地及其处理办法；料场取料后，对环境的影响及处理措施的调查。

大型料场应测绘（1:1 000～1:5 000）地形图及纵、横断面图。

2）占用土地调查

应按《公路工程技术标准》规定的设计用地界线范围内的用地进行调查。由于各级地方政府都有一些规定，因此，调查内容除按《中华人民共和国土地管理法》外，还应按地方政府的有关规定进行。

公路占地，包括公路工程用地、管理服务设施用地、安置用地和施工用地，应按设计的用地范围，以行政区为单位进行土地的种类、数量、所有人或单位、常种作物和产量调查。

3）拆迁建筑物、构筑物调查

① 所有建筑物、构筑物的位置与路线的关系应准确，以确定是否需拆迁，必要时，应进行路线中线放线，测量路线距建筑物的距离、建筑物的尺寸等。并调查需要拆迁的各类建筑物、构筑物的位置、结构状况和数量，同时应取得单位或使用人的同意。

② 与铁路、公路、水利、电力、电信各种管道等的干扰，应在现场测定准确位置及与公路的关系和干扰的情况，并会同主管部门现场查看，协商处理方案。

4）临时工程调查

临时工程包括施工道路、施工场地、房屋、电力、电信等。

① 调查沿线可供利用的已有公路、桥梁和应修建的施工便桥、便道等的位置及长度。

② 调查沿线施工场地，包括预制场、拌和场、施工单位住地等场地，以及可供施工利用的房屋。

③ 调查沿线电力、电信线路情况并向有关部门了解路线附近的原有电力、电信设施和架设公路临时电力、电信线路的可能性，并估计其长度。

④ 概（预）算资料调查

概（预）算资料调查，应符合现行《公路基本建设工程概算、预算编制办法》的有关规定进行。

14. 工程地质勘察

沿线工程地质勘察以《公路工程地质勘察规程》为主要依据。

15. 内业工作内容

（1）逐日复核、检查外业原始记录资料，如有差错、遗漏，必须及时纠正或弥补；对于向其他部门收集资料，应根据测设需要，检查、分析其是否齐全、可靠和适用，做到正确取用。

（2）整理外业资料。

（3）进行纸上定线或移线及局部方案比选。

（4）初步拟订各种构造物设计方案并综合检查定线成果。

（5）编制勘测报告及有关图表制作与汇总。

（6）综合检查、协调路线设计与有关专业及结构物布设的合理性，并进行现场核对。

16. 初测成果主要内容

以下各项内容可根据公路的等级及规模适当增减。

1）初测验收汇报资料（说明书）
2）路线部分
① 路线平面地形图；
② 路线纵断面图；
③ 重点地段路线概略透视图；
④ 导线联测图；
⑤ 水准测量闭合差图；
⑥ 工程地质平、纵面图；
⑦ 导线测量及放线测量记录；
⑧ 水准测量记录；
⑨ 导线、水准平差计算书；
⑩ 导线点、水准点表及固定记录；
⑪ 直线曲线转角表。
3）路基、路面部分
① 路基标准横断面图及一般设计图；
② 特殊路基防护设计图；
③ 路面结构方案图；
④ 特殊路基控制性地质横断面图；
⑤ 大型构筑物工点资料；
⑥ 工程地质调查记录；
⑦ 取土、弃土调查记录；
⑧ 筑路材料调查记录；
⑨ 原有道路路基、路面调查记录；
⑩ 采取土样记录；
⑪ 土工试验记录。
4）桥涵、隧道部分
① 大桥及特殊中桥桥位平面图；
② 大桥及特殊中桥桥型比较方案图；
③ 隧道平面地形图；
④ 隧道方案平面图（有比较方案时）；
⑤ 桥梁一览表；
⑥ 涵洞一览表；
⑦ 隧道一览表及隧道建筑界限及净空断面图；
⑧ 水文分析资料；
⑨ 大、中桥测量记录；
⑩ 小桥涵调查记录；
⑪ 隧道测量记录；
⑫ 原有桥涵构造物调查记录；
⑬ 水文、气象、地质、地震调查记录资料。

5) 路线交叉及其他工程
① 互通式立交平面方案图；
② 互通式立交跨线桥桥型比较方案图；
③ 分离式立交平纵面图；
④ 分离式立交跨线桥桥型布置图；
⑤ 通道调查记录；
⑥ 其他交叉调查记录；
⑦ 路线交叉一览表；
⑧ 有关沿线设施（交通工程）及其他工程调查记录。

6) 经济调查
① 拆迁电力、电信调查记录；
② 拆迁房屋及其他建筑物调查记录；
③ 占用土地调查记录；
④ 材料来源及单价调查记录；
⑤ 运输方式及单价调查记录；
⑥ 施工条件调查记录。

7) 其他
各项工程调查与地方的协议、会议纪要、文件、规划等资料。

## 13.1.5 定测野外勘测

**1. 准备工作**

准备工作包括资料收集、方案研究和现场核查，是定测前的重要环节，其目的是弄清初步设计的意图和沿线的变化情况，以便进一步优化线形及构造物的设计方案，保证定测工作的质量。

1）收集资料

定测阶段应收集工程可行性研究报告及有关文件、初步设计文件及审批意见、初测的有关记录，计算及设计的资料，并检查核实初步设计阶段所收集的资料。

2）现场核查

在定测阶段通常进行现场核查的内容如下。
① 初测控制桩的保存情况。
② 沿线地形、地貌及地物的变化情况。
③ 初设路线的走向、控制点及桥隧、立交等工程方案情况。
④ 局部改移和调整方案的意见。

**2. 路线放线**

（1）平面控制点是放线的依据，必须满足放线的要求，应检查初步设计阶段设置的测量控制点，如有丢失不能满足放线要求时，应增设或补设。

（2）平面控制点的坐标精度是放线质量的保证，应对原有测量控制点进行检测，其成果与初测成果的较差在限差以内时，采用原成果作为放线的依据；超出限差时，应予重测。对新增或补设的测量控制点，应予联测。检测、重测与联测的技术要求，必须符合初测控制测量的规定。

（3）根据批复的初步设计方案，结合现场地形、地物条件进一步优化、调整与完善线形、线位及构造物位置，确定定测路线，并重新进行纸上定线成果的计算与复核。

（4）实地放线。根据测量控制点和纸上定线计算成果，可采用极坐标法、拨角法、支距法、直接定交点法放线。高速公路、一级公路应采用极坐标法放线；二、三、四级公路可采用拨角法、支距法或直接定交点法放线。

① 采用极坐标法放线时，可以一次放出路线控制桩和所有的整桩与加桩，也可只放出控制桩，再另行加密。两种方法可依据仪器及分组情况而定。

② 路线控制桩在直线段上时一般至少有2个，且桩距不应超过500 m，在平曲线和缓和曲线上时桩距一般不超过300 m。曲线上必须放出 ZH、HY、QZ、YH、HZ 各要素的控制点。相邻两控制桩之间要通视，以便后续工作的顺利进行。

③ 放线前，对路线所有计算资料，包括坐标、方位角、距离、曲线要素及桩号进行认真复核。并计算出待放点坐标，控制点与待放点的方位角、距离等资料。临时增加的待放点，可现场计算。计算坐标、距离取位至毫米，方位角取位至 0.1″。

④ 放出的控制桩应读数2次，二次点位差不得大于2 cm。置镜点至测点间的距离一般不宜长于500 m 和短于50 m。

⑤ 转移测站后，应对上一测站所放桩核放 1~2 个桩点，以资校核。

⑥ 当发现定测中线与纸上定线有明显出入或与原设计意图不符，应现场核查并查明原因，对现场发现可通过调整改善线形、提高标准，有明显的效益时，应及时提出改善意见或就地改善，并将现场改善情况及实测资料及时通知其他各组。

3. 中桩测量

1）一般规定

（1）中桩测量，可采用极坐标法、链距法，条件受限制时亦可配合基线法、交会法测定路线中桩。

（2）高速公路、一级公路应采用极坐标法，二、三、四级公路宜尽量采用极坐标法，条件受限制时，也可采用链距法。链距法宜采用经纬仪对方向，用钢卷尺或竹尺量距。

（3）平曲线上的中桩，宜采用极坐标法、支距法和偏角法铺设。若采用支距法或偏角法，当圆曲线长度大于500 m 时，宜用辅助切线或增设控制桩分段测定。

2）中桩钉设

（1）根据路线控制桩和纸上定线资料钉设中桩，中线上必须钉设路线起终点桩、公里桩、百米桩、平曲线要素桩（如 ZH、HY、QZ、YH、HZ 点等）。桥梁轴线控制桩、断链桩、互通立交交叉点桩等，桩号标注至厘米。

（2）在路线纵、横断面地形显著变化点、地质变化点、路线与一般公路、大车道、管线、河岸、水渠等交叉处，拆迁建筑物处，耕地分界点，市、县行政区划分界及人工构造物等处，均应设置加桩。

（3）中桩间距：直线上一般为 20~25 m；曲线上，当曲线半径大于 60 m 时，中桩间距

20 m，当曲线半径为 30～60 m 时，桩距为 10 m。各桩间的水平距离与桩位较差不超过1/2 000。

（4）由路线控制桩放出的公里桩、百米桩和加桩的桩位其限差规定为：
① 纵向限差为山岭区 ±1/2 000 ±0.1 m。
② 横向限差为山岭区 ±0.10 m。

（5）平曲线采用偏角法定设中桩时，应自行闭合校对，或与曲线控制桩闭合校对；并须丈量中桩的间距进行核对。

（6）平曲线闭合限差规定如下：
① 纵向闭合限差为山岭区 ±1/1 000 m。
② 横向闭合限差为山岭区 ±0.10 m。

4. 高程测量

① 高程测量应对初测水准点逐一进行检测，符合精度要求的采用初测成果。当需补设、增设、迁移水准点，均应与邻近水准点进行联测，其精度要求同初测规定。

② 如确认初测水准点高程有误，应经过不少于 3 次往返观测予以更正。

③ 初测水准点距中线的距离应控制在 50～200 m 范围内，否则应补设或迁移水准点，使其满足施工要求。在桥梁、隧道、立体交叉的两端应按要求补设水准点。

④ 中桩高程测量时，应测量中线上所有桩志的高程，并起闭于水准点，其允许误差：高速公路、一级公路为 $±30\sqrt{L}$ mm；二级及二级以下公路为 $±50\sqrt{L}$ mm。中桩高程可观测一次，读数取位至厘米。

⑤ 中桩高程检测限差：高速公路、一级公路为 ±5 cm；二级及二级以下公路为 ±10 cm。

⑥ 中桩高程应为测量桩志处的地面高程。对沿线需要特殊控制的建筑物、管线、铁路轨顶等，应按规定测出其高程，其检测限差为 ±2 cm。相对高差悬殊的少数中桩高程，可采用三角高程测量或单程支线水准测量。

5. 横断面测量

① 横断面测量，高速公路、一级公路应采用水准仪–皮尺法、横断面仪法、全站仪法或经纬仪视距法；二级及二级以下公路可采用手水准皮尺法和抬杆法。

② 横断面测量应逐桩施测，施测方向直线段应与路线中线垂直，曲线段应与测点的切线方向垂直。

③ 横断面测量精度应能正确反映出地形变化，并标注出测量范围内的河流水位、河底、渠道、道路、建筑物等。

④ 横断面测绘宽度应满足路基防护、排水设计及公路用地界的要求，测量前应根据初步设计的路基填挖高度逐段确定。在路基设计时若发现横断面宽度不能满足设计要求时，应到实地进行补测，不得随意延长地面线。

⑤ 高速公路、一级公路的分离式路基和二、三、四级公路的回头曲线路段，应尽可能测出连通上、下路线横断面，并标注相关关系。

⑥ 横断面图应尽量现场点绘，并进行现场核对。若采用测记法，在室内点绘横断面图后，必须到现场进行核对。

⑦ 横断面中的高程、距离的读数取位至 0.1 m，检测限差应符合表 13-6 的规定。

表 13-6　横断面检测限差　　　　　　　　　　　　　　　　　单位：m

| 路　　线 | 距　　离 | 高　　程 |
| --- | --- | --- |
| 高速公路、一级公路 | $\pm(L/100+0.1)$ | $\pm(h/100+L/200+0.1)$ |
| 二级及以下公路 | $\pm(L/50+0.1)$ | $\pm(h/50+L/100+0.1)$ |

注：$L$ 为测点至中桩的水平距离/m；$h$ 为测点至中桩的高差/m。

6. 地形测量

① 原则上尽可能利用初测地形图，并对初测地形图进行现场核对。如有明显错误的地段或由于地形、地貌、地质发生重大改变的地段，或因改线而偏出图幅时，应予以调绘和补测地形图。

② 地形图的补测，宜在导线点或有坐标的其他固定点上进行。局部地区地物变动不大时，可利用位置准确的地物点调绘修正；地物变动太多、范围较大、情况复杂时，应补设图根点，再行补测。

③ 补测或重测地形图的技术要求和精度，应符合初测地形测量的规定。

7. 路基、路面及排水勘测与调查

1）一般要求

定测阶段的路基、路面及排水勘测与调查工作，应在初设方案的基础上，进一步核实、补充和深化，并作必要的实地勘测，为施工图设计提供依据。

2）支挡、防护工程勘测与调查

① 路基应根据路线纵坡及路线横断面设计，进行支挡工程的补充调查，根据路基设计标高，现场拟定支挡工程的起讫点位置、长度。测量支挡工程纵断面及起讫点和变化点的横断面。

② 拟定路基各类防护地段的起讫桩号，防护范围和结构类型，并应根据地形、地质、气候等条件，本着根除病害、保护路基、就地取材、节约投资的原则，确定路基的防护措施。条件许可时，应尽可能采用绿色植物防护。

③ 挖方路基边坡的坡度，应根据地质条件确定。对于深挖路堑，应采用钻探、物探等综合勘查手段，查明地层构造和岩土成分，并绘制地质横剖面，以便对高边坡作出稳定性评价及支护方案设计。

④ 对初设所拟订的防护加固方案进行核对，当确定设置防护加固工程时，应现场测定其位置，并进行起讫点及变化点的横断面测量。对需设置综合防护工程的路段，应视设计需要进行平面图测量。

3）沿河路基及改移原有道路、河道、水渠的勘测与调查

① 调查核实沿河路段的水文计算资料。核查河道断面，研究河道能否压缩及压缩河床后对上、下游及对河岸有何不利的影响。

② 水库路基，应调查核实水库类型、等级、设计洪水频率及水库的设计水位、高水位、低水位、回水位和校核水位，以及水库淹没范围、浪高等，并对水库大坝等进行高程联测。

③ 对设置调治构造物的地段,应根据平面图上定出的调治构造物位置进行实地铺设,定出轴线,测绘调治构造物的纵断面和坝头、坝身、坝根的横断面。

④ 改河工程应根据布置图所定轴线,实地铺设改河起终点与改河轴线中桩,并测定中桩高程及横断面。对改河工程应慎重对待,必须进行相应的水文水力计算,采取相应的处置措施。

⑤ 改移主线横断面范围内的原有道路、水渠,应在主线横断面设计图中示出。在主线横断面范围以外者,应有平、纵、横资料,并收集原有道路等级、路基路面宽度和水渠尺寸、加固形式等资料。

4) 路基路面排水

① 路基排水应核实初测资料和初设方案,并对核实的方案作补充调查,拟定各类排水沟及设施的位置、长度、形式与尺寸。

② 需做特殊设计的排水工程,应测量其纵、横断面,并根据设计需要测绘平面图。

③ 路基路面排水,应根据初设方案,结合路线纵坡设计,逐段核查、落实和布设边沟、排水沟、截水沟及各种排水管道、急流槽等结构物的设置位置及其尺寸。

④ 对通过鱼塘、排(灌)渠路段应使公路排水系统自成体系,以保护水资源。

5) 路基取土、弃土勘测与调查

① 在初测和初设方案的基础上,核实和补充调查土源性质,是否符合路用标准,是否需要改良处理。同时应查明覆盖层厚度、地下水情况,确定取土坑范围、深度,估算可取土数量。运输方式、运输便道及其长度、临时工程等。

② 弃土调查应落实弃土堆(场)的位置,根据废方数量及地形地貌确定堆砌高度、范围的大小及水土防护措施。

③ 对大型取土坑、弃土堆应进行实地纵、横断面测量和设计,线外取土坑及弃土堆应测绘地形平面图,比例尺1:1 000~1:2 000。同时,应进行必要的工程地质调查及勘探试验工作。

6) 路面调查

① 根据沿线水文地质及工程地质条件,分析确定各路段的土质的干湿类型。

② 调查已有道路的路面结构类型、厚度、使用效果等。特别要调查初步设计所选路面结构在当地设计、施工、养护使用情况及适用条件,为施工图提供依据。

③ 进一步收集气象、地质、水文等资料,分析路面常见病害的形成机理,拟定防治措施。

8. 桥涵构造物勘测

1) 小桥涵勘测

(1) 应根据批准的初步设计文件所确定的原则和方案,在初测资料的基础上,进行详细的调查、勘测、分析和补充,确定小桥涵的位置、孔径、墩台高度、结构类型、基础形式及埋置深度和必要的附属工程等,为施工图设计提供所需资料。

(2) 小桥涵的布设,应与路线平、纵面和路线排水系统相配合,同时注意附属工程的设置,保证水流顺畅。在山岭、丘陵地区应尽量避免强行改沟合并。平原区和河网地区,除在明显沟渠处设置小桥涵外,沿线排洪桥涵不宜过稀,并应保持原河网排灌系统的完整性;并结合公路用途、排水沟的设置综合考虑,避免路基两侧取土坑或排水沟的标高低于桥涵入口标高,造成水流宣泄不畅。

(3)小桥涵水文调查和测量,应对设计流量计算所需资料进行补充调查,并进行形态断面、河床比降、特征水位和汇水面积等内容的测量工作。小桥涵河床比降测量,一般上游测100~200 m,下游测50~100 m。

(4)小桥涵沿路线中线方向的断面测量,应与路中线测量同步完成,并注意适当加密中桩、实测沟渠与路线的交角。地形复杂的小桥涵,应在路线中线两侧或河床两侧各施测一个或几个断面,其测量范围和精度应能满足涵底纵坡和进、出水口设计、布置桥孔、调治防护工程、计算开挖土石方数量等的需要。

(5)小桥涵位于地质、地形复杂,布置小桥涵及其附属构造物困难或兼有改河、改道工程及环境协调等综合处理要求地段时,应绘1:500~1:2 000工点地形图。改河工程应按布设要求进行纵、横断面测量,并相应测量原河道相应范围内的河床纵坡和河床横断面。

(6)改建公路利用原有小桥涵的勘测调查要求,应符合初测有关的规定。

2)大、中桥测量

(1)定测阶段大、中桥的勘测工作,应根据批准的初步设计方案和审批意见,在初测的基础上进行详细调查、测量和分析计算,对初步设计的有关资料进行补充验证,解决初步设计留待定测解决的问题,为施工图设计和编制工程预算提供可靠资料。

(2)桥位平面控制测量。桥位平面控制测量主要用来确定桥轴线的位置和方向。桥位平面控制网应有足够的精度。

① 桥位平面控制测量等级,应根据初设的桥长,按符合初测平面控制测量规定,并同时应满足表13-7桥轴线相对中误差的要求。对特殊的桥梁结构,应根据结构特点,确定桥轴线控制测量等级与精度。

表13-7 桥轴线相对中误差

| 测量等级 | 桥轴线相对中误差 |
| --- | --- |
| 二等 | 1/130 000 |
| 三等 | 1/70 000 |
| 四等 | 1/40 000 |
| 一级 | 1/20 000 |
| 二级 | 1/10 000 |

② 桥位平面控制测量,宜采用大地四边形、双大地四边形、边角网或导线网。测量方法与要求应符合初测平面控制测量的规定。

③ 在桥轴线方向上,每岸应设置1~2个桥轴线控制桩;桥位桩应设于土质坚实,稳定可靠,不被淹没和冲刷、地势较高、通视良好处。一般应设混凝土方桩,山区有岩石露头处,可利用坚固的岩石设置,荒漠戈壁、森林、人烟稀少地区也可设置木质方桩。

④ 初测阶段已按上述规定与要求进行了控制测量时,应补充下列工作:

检查和校核初测阶段的勘测资料和成果，各项精度和要求应符合平面控制测量的规定；现场逐一检查平面控制点、三角点、导线点等；当检查确认所有标志完好时，进行检测，检测成果在限差以内时，采用初测成果；只恢复补设个别标志时，应进行联测。当恢复或补设的标志较多，或检测成果超出限差时，必须进行重测并重新平差。

（3）桥位高程控制测量。

① 应对初测的水准点进行检查，丢失或损坏及水准点的位置距桥位太远或太近时，应恢复、补测或迁移水准点。

② 新设置的水准点和原有水准点应进行联测及检测。初测水准点高程如有错误，必须经过不少于两次往返观测，方能更正。

（4）桥位地形图测量。地形图的范围应能满足桥梁孔径、桥头引道、调治防护构造物设计和施工场地布置的需要。初测地形图或原有地形图不能满足要求及地形、地物有明显变化的，应进行补测。

（5）桥轴线纵断面测量。桥轴线（包括桥头引道）无论位置变动与否，都应按初测桥轴纵断面测量的规定重新进行测量。

（6）桥轴线横断面测量。桥轴线（包括桥头引道）的横断面测量，应按横断面测量的规定进行测量。桥跨范围内应逐墩（台）测量横断面。

（7）大型调治构造物应实地放桩，测绘纵横断面。

9. 隧道勘测

1）一般要求

定测是根据批准的初步设计及审核意见，在初测基础上进一步核对、落实、深化，确定洞口（包括辅助坑道口）位置及隧道中线。并进行下列工作，为施工图提供资料。

2）隧道洞顶及连接线路线定测

隧道洞顶路线及其连接线的放线和中桩测量，除应符合放线和中桩测量有关规定外，还应满足下列要求。

（1）上、下行分离的隧道连接线，应测至分离式路基与整体式路基汇合处以外 50 m；当为较长的分离式路基时，则每幅路基测至一个平曲线以外。

（2）洞顶路线中线桩，除公里桩、转点桩、平曲线要素桩、地形加桩、地质加桩外，可少设加桩。在洞口附近，应按地形、地质情况适当加密，桩距为 5~10 m。

3）横断面测量

（1）洞身地段一般可不实测横断面，当洞顶或洞身外侧覆盖层较薄或穿越地质不良地段时，应实测横断面。

（2）洞口地段，中线加桩均应施测其横断面。

（3）连接线横断面测量同路线测量要求。

4）洞外控制测量

（1）中、长、特长隧道，必须进行平面控制测量。

（2）贯通面上的极限误差及误差值分配。

隧道内相向施工中线的贯通极限误差应不大于表 13-8 的规定。

表 13-8 贯通极限误差

| 类别 | 两开挖洞口间长度/m | 贯通极限误差/mm |
|---|---|---|
| 横向 | <3 000 | 150 |
| 横向 | 3 000~6 000 | 200 |
| 横向 | >6 000 | 300 |
| 高程 | 不限 | 70 |

由洞外设置洞口投点桩时，测量误差和洞内支导线放样测量误差引起在贯通面产生的中误差应不大于表 13-9 的规定。

表 13-9 贯通中误差

| 测量部位 | 两开挖洞口间长度/m | | | 高程中误差/mm |
|---|---|---|---|---|
| | <3 000 | 3 000~6 000 | >6 000 | |
| | 贯通中误差/m | | | |
| 洞外 | 45 | 60 | 90 | 25 |
| 洞内 | 60 | 80 | 120 | 25 |
| 全部隧道 | 75 | 100 | 150 | 35 |

(3) 在定测阶段应作平面贯通控制测量，并预计横向贯通中误差是否符合规定。

① 各洞口应设置三个平面控制点，以便于施工时放样。隧道洞口投点应纳入控制网内，当条件受限制时，可采用插点形式与控制网联系。洞口投点位置的选定应便于引测进洞且不影响施工。

② 位于直线上的短隧道可于洞门前后各设一个平面控制点，其间距不宜小于 200 m。

(4) 贯通平面控制测量的一般规定如下。

① 贯通平面控制测量，除地形简单的短隧道外，应在洞顶路线定测及纵面设计完成后进行。

② 控制网的选点，应结合隧道平面线形及施工时放样洞口（包括辅助坑道口）投点的需要布设；结合地形、地物，力求图形简单坚强；在确保精度的前提下，充分考虑观测条件，测站稳固，交通方便等因素。

③ 采用插点方式与主网联系时，选点应考虑洞口投点能组成较佳的插网图形。

④ 特长隧道及长隧道预先应作贯通测量设计。应先在地形图上选点，用几种网形作比较，并估算其贯通误差，经实地校核落实后，选用合理图形。

⑤ 平面贯通测量应采用独立网控制，且用网的一条边与路线控制点联测，并作为控制网的数据起算边。

⑥ 控制网的数据运算及平差计算的基准平面，宜采用隧道纵面设计标高的平均高程面。

(5) 隧道平面控制测量可采用 GPS 测量、三角测量、三边测量、导线测量等方法，其测量等级及技术要求应符合控制测量的相关规定并应满足贯通误差的要求。

5) 隧道高程控制测量

(1) 应对初测高程控制点进行检测，其高差不符值在规定限差以内时，采用初测成果；

超出限差应不少于两次观测,并取各测次算术平均值为测段高差。

(2) 不同长度隧道的高程测量等级与要求应符合高程控制测量的有关规定。

(3) 原水准点位置设置不当时,应改移或增设。在隧道洞口附近(包括辅助坑道口),应各设 1~2 个水准点,两点之间的高差,以水准仪一次置镜即可联测为宜。

6) 隧道地形测量

(1) 初测地形图应进行现场核对,地形图的范围应能满足地质调绘和其他设计需要;地形、地物发生变化或地形图范围不足时应进行补测。

(2) 按最终确定的洞门位置测绘洞口地形图,比例尺为 1:500,其范围一般为前后左右各宽 60~100 m;当有引桥、改沟(防护)等工程处理措施时,应根据设计需要扩大测绘范围。

10. 路线交叉勘测与调查

1) 一般要求

定测前应认真研究批准的初步设计文件、设计基础资料及审查提出的改进意见和有关初步设计原则、规范、规定等资料。并对有关资料如地质勘探等进行核实和补充。

2) 互通式立体交叉

互通式立体交叉的匝道和连接线,应在实地放桩,中桩间距:直线段为 10~20 m,曲线段为 5~10 m,并符合水准测量和横断面测量的规定。

互通式立体交叉范围内应设置施工放样控制桩,控制桩设置的数量应视互通式立体交叉的规模、形式而定,保证在施工放样时不必加密测站,或在布置匝道的象限内各设置一个。测量精度与坐标系统应与路线导线相一致。

3) 分离式立体交叉

① 应核查被交叉公路提高等级的计划及交叉处的地区发展规划、路面宽度、路面结构及各层厚度,地形、地物、排水等情况。

② 主线上跨被交叉公路,当不改建被交叉公路时,可只测量交叉点的位置、交叉角度、交叉点高程;当需改建被交叉公路时,被交公路的路线勘测,应按相应等级公路进行勘测与调查,测量长度应满足设计要求。

③ 分离式立体交叉范围内需设置排水设施或改移水渠时,应确定改移位置,测量纵、横断面;当地形图不能满足设计要求时,应补测地形图。

4) 平面交叉

① 根据定测路线与原有道路交叉的位置,实地测量交叉点桩号、交叉角度、被交叉路中线及水准测量和横断面测量,被交叉道路的测量长度应满足被交叉道路平、纵面设计的要求。被交叉公路中桩间距,环式交叉为 5~10 m,分道转弯式交叉按路线中线测量要求,加铺转角式交叉为 10 m。

② 公路与铁路平面交叉,应测量交叉处的桩号、交叉角度、铁路轨道的内外侧轨顶高程、路基宽度及铁路路线纵坡坡度;调查并拟定铁路道口看守的位置,照明、通信、信号等设施,以及线路接入的方式和位置。

**11. 沿线设施勘测与调查**

根据公路等级和批复的初步设计,进一步核查确定沿线设施的总体布局、项目、内容、形式等,并对实施方案进行有关的勘测与调查。调查沿线安全设施的位置、类型、起讫桩号或长度。

**12. 环境保护勘测与调查**

① 应按批准的《环境影响评价报告》和初步设计及其审查意见,进一步补充核实,确定环保措施和工程方案。

② 声屏障及为防止水土流失而设计的结构工程等都应实地放桩,并测量纵、横断面等,以满足施工图设计的需要。线外涵洞、水闸等也应实地调查,并测量纵、横断面等。

③ 调查沿线需绿化地段起讫桩号及绿化种类、方法与内容,取土坑、弃土堆的位置、范围与面积,土地复垦工程量及绿化面积。

**13. 其他勘测与调查**

1)沿线筑路材料

① 初步设计的料场应逐一核查,并进一步补充调查,不遗漏有价值的料场。

② 对所有调查的料场应从材料品质、储量、运距、开采条件等方面进行全面的经济技术比较,根据材料需要量,最后确定采用料场。

③ 对大型料场应进行必要的勘探与试验。

2)改移公路、辅道、支线或连接线

应按相应等级公路实地钉桩,进行中线、水准、横断面以及桥涵、路基、路面、排水和其他工程的勘测与调查。

3)占地勘测与调查

① 沿线土地应测绘用地图,结合设计需要提供永久性占地和临时占地数量。图中应标出中线、桩号、各类土地(如水、旱地、菜园、鱼塘、果园等)的分界线、用地宽度、使用人或单位。

② 应调查各类土地常种作物和近 3 年平均产量,调查统计独立果树和价值较高的树木的株数、直径、数量及产量。

4)拆迁建筑物以及砍树、挖根、除草等的调查

① 拆迁建筑物应调查其位置、范围尺寸、结构类型(房屋应注明层数)。

② 需拆迁的建筑设施,如管道、电力和电信设施,应调查所属单位及位置和拆迁影响长度,调查线杆或塔架的类型、编号和数量及管道架设高度或埋置深度等。与重要管线、铁路、水利等工程及文物古迹等重要设施发生干扰引起的拆迁工程,应与其主管部门协商,落实处理方案和工程措施。

③ 调查沿线伐树、挖根、除草的路段长度,并结合工程设计的需要确定工程数量。

④ 对初测临时工程调查进行补充、核实。

⑤ 预算资料调查,应在初测调查的基础上进行补充调查和核实。

14. 工程地质勘察

定测时工程地质调查在利用初勘和初步设计资料的基础上补充，详细查明采用方案沿线的水文地质及工程地质条件，为路线布设和编制施工图设计提供完整的可靠的工程地质资料。

沿线工程地质勘察以《公路工程地质勘察规程》为主要依据。

15. 内业工作

① 随外业工作进程逐日复核、检查外业记录资料，如有遗漏或错误应及时纠正或弥补；对于从有关部门收集的资料，应根据设计的需要，检查、分析其是否齐全、可靠、适用、正确。

② 随外业工作进程及时进行路线设计和局部方案的研究、优化工作，并根据路线总体设计进行路基、路面、桥涵、立体交叉等内容的方案研究和优化，同时综合检验路线设计和各专业设计的协调。

③ 对地形复杂的路段、不良地质地段、大型桥隧、立体交叉等必须进行现场核对。

16. 定测阶段应完成和提交的成果

1）验收汇报资料
① 说明书
② 路线平纵面缩图
③ 主要经济技术指标表
④ 其他图表及附件
2）路线
① 路线平面图
② 路线纵断面图
③ 直线、曲线及转角表
④ 量角记录簿
⑤ 放线记录簿
⑥ 中桩记录簿
⑦ 水平记录簿、水准点表、闭合差图
⑧ 路线固定记录及固定表
⑨ 平面设计图（高等级公路用）
3）路基、路面及地质材料
① 路基标准横断面图
② 特殊路基设计图
③ 路基设计表
④ 路基土石方数量计算表
⑤ 路面结构图
⑥ 路基横断面图及记录
⑦ 路基、路面情况调查记录、弯沉测量记录、原有道路翻浆地段调查记录
⑧ 公路工程地质调查记录、泥沼调查记录、路线外取土坑调查记录

⑨ 筑路材料料场记录、筑路材料料场表
⑩ 采取土样记录、各种土工材料试验记录等
4) 桥梁、涵洞、隧道
① 大中桥桥位平面图
② 大中桥桥型布置图
③ 水文分析计算资料
④ 过水路面设计图
⑤ 隧道设计图
⑥ 大中桥测量记录
⑦ 小桥涵原始资料记录
⑧ 原有中小桥构筑物调查记录
⑨ 原有涵洞调查记录
⑩ 水文、气象、地质、地震调查资料
5) 路线交叉及其他工程
① 互通式立体交叉平面图
② 分离式立体交叉平面图
③ 跨线桥桥型布置图
④ 通道布置图
⑤ 平面交叉布置图
⑥ 通道调查记录及协议
6) 经济调查
① 占用土地青苗补偿及砍树调查记录
② 各种拆迁调查记录
③ 材料来源及单价调查记录
④ 运输方式及单价调查记录
⑤ 占地、拆迁补偿费率调查记录
⑥ 施工资料调查记录

## 13.2 航测技术与 GPS

### 13.2.1 概述

公路建设是对原始地面及周围环境的适应与改造过程，因此各种地形资料是公路设计的必备基础。在传统的公路勘察设计中，要获取这些基础资料首先是通过工程技术人员的现场测绘才可获取，测量工作量大、时间长，资料的误差也大。随着科学技术的发展和计算机的应用，航测遥感、GIS 信息处理、GPS 全球定位系统等高新技术，已广泛运用于公路选线、路基工程地质勘察、设计及公路运营管理。目前我国已建成和在建的高速公路几乎全部都或多或少地应用了航测技术，从采用航测相片、航测地形图定线到采用数字地面模型采集平、

纵、横资料一步步向前推进。随着科学技术的飞速发展；不同学科的相互渗透和补充是科技发展的总趋势，高新技术在公路设计中的应用将越来越广泛，必将成为公路设计中的重要组成部分。因此公路专业人员有必要了解和掌握这方面的基础知识。

### 13.2.2 遥感技术

遥感（remote sencing，RS）意为遥远的感知，它是指从远距离高空以至外层空间的平台上，应用电磁波遥感传感器从远处空间利用可见光、红外线、微波等介质，通过摄影、电磁波扫描等方法获取地物信息的新兴探测技术。目前已发展有数十种高性能传感器，卫星、飞机等多种遥感平台在全空间展布，并全天候多时相地对地球进行探测，地面解像分辨率从几百米至几米，扫描波段有数十至几百个，为探测地物提供了从宏观到细部的丰富资料。而微波雷达探测技术更可以不受天气的影响获得高清晰度的遥感图像，从而可以获得全面的地面图像信息。

遥感技术及其所提供的遥感资料，具有图像影像逼真，遥感信息量丰富和资料获取迅速等特点，它不受地形、交通等自然条件的种种限制，对地质构造研究、区域地质调查、水文地质研究、环境动态监测，地震调查及地貌第四纪地质的研究等开辟了新的研究途径。应用遥感技术进行公路路线选线、勘察、不良地质现象调查，已成为公路工程勘察中重要的先进技术方法之一。

应用遥感图像处理技术并结合 GPS 对处理对象的三维定位和 GIS 综合信息处理技术，可以快速处理编制各种比例尺的遥感图和工程地质解译图，指导选线勘察及设计工作。遥感技术应用于公路勘察设计，主要是一种辅助性的地质勘察技术手段，可以应用于公路勘察设计的各个阶段。现阶段在公路勘察设计方面的应用主要表现为以下几点。

（1）查明地质条件。

利用遥感影像，配合地面地质调查，可以判定区域地质条件、地形、地貌、岩性、构造等和不良地质现象等资料，大幅减小野外工作量，节省野外勘察成本。

（2）为公路选线提供资料。

在公路可行性研究阶段，利用 TM 卫星影像或 SPOT 影像，可以判释大区域地质构造及地层岩性，推荐适宜路线布局的合适走廊带，为公路方案的选择与优化提供宏观地质依据。避开容易因工程建设而造成的多种不良地质现象发生地段，从而积极降低工程造价和路线运行维护成本。

（3）为路线构造物设计提供帮助。

利用路线走廊带大比例尺航空摄影相片，可以判释出绝大部分物理地质现象，如崩塌、滑坡、泥石流等自然灾害的位置、规模，并能对相应的地质灾害提出相应的治理办法的建议。可以为工程构造物的位置、形式等提出建议。

另外，通过 RS、GPS、GIS 一体化技术的综合处理，将遥感图像叠加于三维地形模型之上，形成真实地形环境模拟，实时飞行，给人以亲临现场的感觉，也为设计人员提供了在屏幕上观察分析公路工程环境的方便条件，更体现出遥感技术在公路路线方案比选中的重要作用。

## 13.2.3 数字摄影测量

数字摄影测量（digital photogrammetric system，DPS）是航空摄影测量进入数字化时代后的一项最新高科技成果，是摄影测量领域发展的必然方向，它是通过计算机对数字图像的自动理解替代人工对立体影像的观测来完成常规摄影测量的全部工作，并以数字化成果代替矢量化产品供用户使用。

数字摄影测量通过数字化扫描使航摄像对的光学物理图像转化成计算机中以像元的单位储存的数字灰度信息，其后对这些数字灰度值利用模糊数学原理进行影像匹配、模式识别等数字影像处理，并按空中三角测量的基本原理进行坐标间的转换和定位计算，即可获得各像元点所代表的地面点的三维空间信息，从而建立测区数字地面模型，即 DTM。在此基础上可高质量地输出各种影像图、地形线画图或其他相关合成图等。因此可以认为，数字摄影测量是从数字化的摄影像对中提取相关对象的几何与物理信息并以数字方法表达测绘成果的摄影测量学分支，它包含了物理影像的数字化、数字影像处理、数字地面描述和计算机辅助制图 4 大基本内容。

数字摄影测量最终是以计算机视觉代替人眼的光学立体观测，因而其工作设备只是计算机及相应的外部设备。与常规航空摄影测量设备相比，数字摄影测量工作站的硬件配置是非常简洁的，它免除了复杂昂贵的光学部件，通常只由图像扫描仪、计算机工作站和图形图像输出设备构成，并由网络构件构成系统。

数字摄影测量与常规航空摄影测量的主要区别在于：它处理的原始信息不仅是普通光学相片，而更主要的是数字化影像，包括地面或航空摄影影像和航天遥感影像；其获取的成果不仅是一般线画图，更主要的是数字地面模型及其他数字化产品。由于它基于计算机对数字地面信息的理解、分析与数学表达，因而其作业过程便赋予了更多的自动化内容。现阶段已成熟的数字摄影测量系统除对地物的量测处理外，其他航测内业工序、地面数据采集及机助制图等均能自动完成，因而较常规航测仪器具有更高自动化程度和更高的工作效率。数字摄影测量与常规航空摄影测量相比，另一突出的优势是其具有丰富的数字影像处理功能，包括正射影像图、地面景观图、动态透视图等大量的可视化设计过程和设计成果。

以公路设计的角度而言，设计人员需要设计走廊带内的有关政治、经济、文化、交通、地形地貌、水文、地质等方面的信息或数据作为设计的参考依据，而地形地貌因子又是其中最为复杂多变的因素之一，并且其数字化及以数学方法在计算机中对地形地貌进行描述实际上也是公路勘察设计过程中的一个最难于实施的环节。而数字摄影测量则以其基本自动化的数据生产和数据处理模式为这一要求提供了可靠保障。

另外，数字摄影测量获取的数值成果可直接进入 GIS 系统，在公路设计尤其是可行性研究过程和道路优化设计过程中结合 GIS，可以使得设计人员方便地查阅和综合分析公路建设走廊带内的有关政治、经济、文化、交通等方面的多种信息，从而更进一步拓展设计参数，丰富优化目标，使"设计"这一思维过程变得更为量化，其结论更为科学合理。

数字摄影测量在公路测设中的应用主要体现在以下几个方面。

（1）自动化的航测作业过程。

数字摄影测量系统处理的是数字影像，采用数学方法处理地形表面，其成果也为数字化产品，因而其作业过程完全是计算机化的，具有极高的自动化程度和工作效率，能大大加快公路勘察设计前期的基础测绘工作和地面数据采集工作，形成规模化的地面数据生产能力。

（2）数字测绘产品。

数字测绘产品包括地面数据和大比例尺三维数字地形图。大规模地提供各种类型并满足公路设计度要求的 DTM 数据；快速生成各种大比例尺三维数字地图。地面数据用于 CAD 系统建立数字地面模型，而三维数字地形图既有对地形信息的空间位置描述，又有对地物属性的分类表示，在为 CAD 提供高精度的地面数据的同时，又为公路平面设计与制图提供电子化作业基础，大大提高后续设计工作效率。

（3）正射影像地形图。

正射影像地形图的基础背景是真实的地面影像，是一种带等高线的影像地图，既有地形的高程表示，又有真实的全要素实景影像，因而比常规地形图更直观生动和内容丰富，因此更适合于道路定线作业，用于路线平面选线、野外勘察、经济调查等具有常规地形图不可比拟的优势。其他经透视旋转等视觉变换后的影像图形均可用于区域地形地理分析和辅助定线设计等。

（4）数字影像景观。

可从任意视点位置和视线方向产生静态和动态地形景观影像和地面漫游动画，其真实的地表影像信息具有更强的现势性、真实性和可靠性，使设计人员能更真切地了解实地地貌特征。另外通过与设计模型的叠加，产生工程建设后的地面立体综合景观，为设计质量控制、公路美化和环境设计提供客观依据和直观效果。

## 13.2.4 GPS 全球定位系统

GPS 全球定位系统是英文 navigation satellite timing and ranging/global positining system 的字头缩写词 NAVSTAR/GPS 的简称。它的含义是：导航卫星授时与测距/全球定位系统，通常简称 GPS 系统。

GPS 全球定位系统是美国继阿波罗登月计划和航天飞机计划之后的第三项庞大的空间计划，原计划用于军事、船舶、飞行器的精密定位和导航，从 20 世纪 80 年代研制、发展和应用至今，其民用使用价值和科学价值已引起了世界各国的密切关注，并对人类活动起到了积极的作用。它可以从根本上解决人类在地球上的导航和定位问题，满足各种不同用户的需求。目前已在军事、地球科学研究、交通、测绘和各种工程建设领域得到了广泛、系统的开发和应用；在测绘领域，其实用技术已经渗透到大地测量、地壳形变监测、工程测量等各个层面，该系统具有的高精度、全天候、无需点间通视和远距离测量的特点，使其野外测量工作效率和成果质量得到了根本的提高。

GPS 全球定位系统是由卫星系统、地面控制系统和用户系统组成的。24 颗 GPS 卫星均匀分布在全球天空，使每一时刻在地球上任意地点均能观测到至少 4 颗以上的 GPS 卫星，每颗 GPS 卫星均以 19.0 cm 和 24.4 cm 两个波段发送数码信号，其内容包括时间、卫星位置、轨道参数等。因此，对于导航系统而言，当一台 GPS 接收机观测到 4 颗 GPS 卫星时即可计算出接收机在地球上的位置，如果使用的是美国军方精密码（P 码），这种导航实时单点定位的精度可达到 10 m 以内，而使用民用粗码时（C/A 码），其精度则下降至 60 m 左右。

显然，这两种单点定位的方式均不能满足工程测量的要求。在测绘应用中，通常采用的是 GPS 载波相位测量，由于载波相位测量精度可达至其波长的 1/100 以上，即约 0.2 mm 以下，因此采用 GPS 载波相位观测法确定两测点间的距离的相对精度通常能达至 $10^{-6} \sim 10^{-7}$ 数量级，具有极高的测量精度和极高的测量工作效率，因此目前已广泛地在公路勘察设计中得到应用，尤其是在高等级公路测设应用中起到了不可替代的作用。

GPS 全球定位系统在公路勘察设计中主要应用在以下几个方面。

(1) 建立高等级基础地面控制网。

GPS 在公路测设中，可以代替传统的测量仪器应用于基础控制测量，建立高等级地面控制网（路线控制网、大型桥梁网、隧道网、构造物独立网等）和一级导线，具有速度快、工效高、精度好的特点，近几年已大规模地应用于公路测设中的初测、定测和航空摄影测量野外相片控制测量，可提供厘米级的定位精度，不受天气、通视条件和测距的限制。

(2) 路线勘察。

手持式 GPS 具有重量轻、便于携带及能进行快速定位的特点，已开始应用于复杂地形公路路线勘察，可实时动态地提供 10 m 级的平面和高程三维定位精度。

(3) GPS–RTK。

GPS 在公路测设中的重要应用是将 GPS–RTK 技术即实时动态 GPS 测量技术应用于中桩、构造物放样，可高效、快速提供路线桩位，大大减少外业时间，缩短设计周期。

GPS–RTK 的工作原理是：由基站通过数据链实时将其载波观测量及站坐标信息一同传送给流动站，流动站接收 GPS 卫星的载波相位与来自基站的载波相位组成相位差分观测值，进行实时处理，能实时解算出厘米级的平面定位结果和 510 cm 中误差的高程拟合值。

GPS–RTK 能即时提供测点的三维坐标，观测时间几秒，测量精度厘米级。GPS–RTK 由一台基站 GPS 接收机和一台或多台流动站 GPS 接收机构成一作业单位，基站固定不动，发射其接收的卫星载波信号；流动站独立作业，实时解算待测点坐标。不要求流动站与基站之间或流动站与流动站之间的通视，但要求流动站能接收基站的电台信号和一定数量的卫星信号。因此，在平坦无遮挡（如建筑物、树木）地区，流动站工作进度的快慢主要取决于交通便利程度。

采用 GPS–RTK 技术还能进行快速的地面碎部测量，高精度地获取路线走廊带或重点工程区域的地面数据，建立数字地面模型和绘制大比例尺实测地形图。

# 第14章 公路设计 CAD 系统及数字地面模型

## 14.1 概述

公路工程设计文件是安排建设项目、控制投资、编制招标文件、组织施工和竣工验收的重要依据。设计必须贯彻勤俭建国和因地制宜、就地取材的原则；结合我国经济、技术条件，吸取国内外先进经验，积极采取新技术、新材料、新设备、新工艺；节约用地、重视环境保护，注意与农田水利及其他建设工程的协调和综合利用，使设计的工程建设项目取得经济、社会和环境的综合效益。设计文件的编制，必须贯彻国家有关方针政策，按照基本建设程序和有关标准、规范，精心设计，保证设计文件的质量。

## 14.2 公路路线计算机辅助设计 CAD 系统

计算机辅助设计（computer aided design，CAD），是近年来工程技术领域中发展最迅速、最引人注目的高技术之一。它将计算机迅速、准确地处理信息的特点与人类的创造性思维相结合，为现代设计提供了理想手段。一个完备的 CAD 软件系统，由科学计算、图形系统、数据库三方面组成。

近年来，公路路线 CAD 设计系统的软件开发得到了很大的发展，目前主要设计软件类型有：路线大师设计软件，纬地路线设计软件，EICAD 路线设计软件，海德路线设计软件等。

利用计算机 CAD 系统辅助设计进行路线设计，在数字地形模型支持下，借助数学方法，由计算机初定平面位置，利用计算机辅助设计，在计算机上通过人机对话对设计方案进行修改；通过不断地人机交互作用，进行优化设计，根据计算机选择的最优方案和地形数字模型提供的地形资料完成整个路线平面、纵断面和横断面设计，以获得切合实际的最优方案，在设计完成时可以利用绘图机输出各设计阶段所需的相应的图纸。

### 14.2.1 CAD 系统组成

CAD 系统由软件系统和硬件系统组成。
1）软件系统
CAD 软件系统由数据库、图形系统、科学计算三部分组成。
（1）数据库：是一个通用性的、综合性的以及减少数据重复存储的"数据集合"。它按照信息的自然联系来构成数据，即把数据本身和实体之间的描述都存入数据库，用各种方法来对数据进行各种组合，以满足各种需要，使设计所需得数据便于提取，新的数据便于补充。它的内容包括设计原始资料、设计标准与规范数据、中间结果、最终结果等。

(2) 图形系统：包括几何构型、绘制工程设计图、绘制各种函数曲线、绘制各种数据表格、在图形显示装置上进行图形变换以及分析和模拟等。图形系统是 CAD 技术的基础。

(3) 科学计算包括通用的数学函数和计算程序，以及在设计中所包括的常规设计和优化设计等，即 CAD 的应用软件包。是实现工程设计、计算、分析、绘图等具体专用功能的程序，是 CAD 技术应用于工程实践的保证。

2) 硬件系统

CAD 硬件系统由计算机、显示器、打印机及绘图机 4 大部分组成。

计算机进行数据的处理，其处理的结果由显示器进行显示，供设计者判断、修改，最后由绘图机输出所需的图形，由打印机输出数据处理的结果。

## 14.2.2 CAD 技术在工程上应用

20 世纪 80 年代中期，国内高等院校和生产单位在计算机辅助公路路线方面开展研究，开发和引进了一些辅助设计系统，该系统软件由数字地面模型子系统，路线平、纵优化子系统、路线设计子系统，立体交叉口设计子系统，公路中、小桥涵设计子系统，公路工程造价分析子系统六大专业设计子系统组成。该系统覆盖了地形数据采集—建立数据地面模型—人机交互地进行路线平、纵、横设计，线形优化设计和人工构造物的设计—图和表屏幕编辑，并最终完成图纸的绘制以及工程造价分析等成套 CAD 技术。这些技术一经推出，得到了推广，取得了显著的工程效益。

## 14.2.3 公路路线 CAD 功能和特点

公路路线 CAD 软件系统一般包含以下 6 个模块。
(1) 野外线路平面测量和高程测量数据的录入、编辑和存储模块。
(2) 平面设计、纵断面设计及横断面设计数据的录入、编辑和存储模块。
(3) 根据路线平面设计，绘制路线平面图。
(4) 根据路线纵断面设计，绘制路线纵断面图。
(5) 根据路线横断面设计，绘制路线横断面图。
(6) 路基相关设计图表的绘制。

## 14.2.4 公路路线 CAD 组成系统

1) 公路 CAD 系统总体结构

公路 CAD 系统总体结构如图 14-1 所示。

2) 数据采集

公路路线设计必须依靠大量的地面信息和地形数据。数据的采集可采用的方法如图 14-2 所示。

(1) 用现代化的手段航空摄影测量建立数字地面模型，该方法快速、自动化水平高，但采用专摄航片，需委托航测部门按数据采集的要求订立合同，这种专摄航片受到时间、费用等因素的限制，除非对重点工程项目，在目前条件下对一般公路建设项目工程尚难于推广。

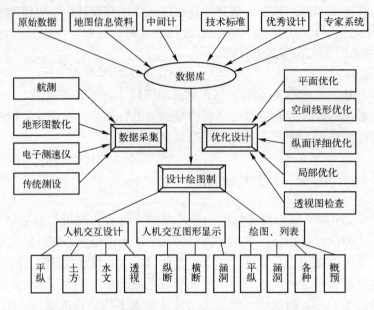

图 14-1　道路路线 CAD 模块化程序系统示意图

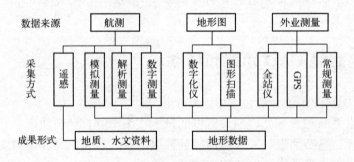

图 14-2　数据采集方法分类

（2）用全站仪或红外线测距仪地面实测的方法，直接建立三维的数字地面模型。该方法在工程上普遍采用。

（3）用传统的经纬仪、水准仪和小平板实测。

## 14.2.5　路线优化设计

要使公路计算机辅助设计系统具备经济效益和获得质量较高的设计方案，必须包含有优化技术。在进行优化设计时，应根据不同设计阶段，有不同的重点要求，建立一个从粗到细逐级优化的思路。还应注意到多种复杂因素的干扰，在优化设计过程中，可不断发挥人机交互作用，以获得切合实际的最优方案。表 14-1 为公路 CAD 系统的人机分工。从确定路线最优方案的角度出发，进行路线最优化设计的方法可分为两类：

第一类：对于平面或纵断面各种比较方案，快速准确地完成路线设计，并计算出各方案的总费用和各项比较指标，由设计者根据自己的经验选出最佳方案。

**表 14-1　公路 CAD 系统的人机分工**

| 子　系　统 | 人 | 机 |
|---|---|---|
| 平面 | 1. 导线位置的确定；<br>2. 平曲线设计参数；<br>3. 平面设计中各细部的修改；<br>4. 规范检查 | 1. 平曲线计算或验算；<br>2. 桩号自动生成及逐桩坐标计算；<br>3. 规范数据查询；<br>4. 平面图显示与绘图 |
| 纵断面 | 1. "拉坡"及竖曲线半径确定；<br>2. 控制高程检查；<br>3. 修改纵断面图 | 1. 竖曲线要素计算及逐桩设计标高计算；<br>2. 工程量估算；<br>3. 控制高程验算；<br>4. 规范数据查询；<br>5. 纵断面图显示与绘图 |
| 横断面 | 1. 横断面形式及各部分参数确定；<br>2. 检查设计横端面；<br>3. 特殊断面设计；<br>4. 旧路结构利用设计 | 1. 横断面自动设计；<br>2. 土石方数量计算；<br>3. 防护结构标准图检索；<br>4. 规范数据查询；<br>5. 旧路结构利用数量计算；<br>6. 横断面图显示与绘图 |

第二类：根据路线的初始方案，利用最优化理论的数字方案，利用最优化理论的数字方法，由计算机寻找最优设计方案。即输入一个可行方案，通过数字迭代方法来完成最优方案的求解。

在可行性分析阶段，适宜于采用在宽带范围内路线走向方案的优化。利用研制的计算机程序系统，设计人员可就对路线可行区域的各种因素作出定量评价。这些定量评价值可以按点、线或面列成费用值表，然后建立地面费用模型。计算机将可行区分成连接的网络结点，自动生成所有的路线走向方案，计算出通过各连接结点方案的费用总和，采用动态规划法优选出路线方案。

在初步设计阶段，宜采用在平面或空间一定范围内移线以改善设计方案的优化技术。在可行性分析阶段以经优选出合理的最佳路线带（走廊），并通过工程师的经验选定合适的转折点和曲线要素（也可在计算机上以人机对话的方式进行），然后在窄带范围内实现小距离移线（在小范围内移动转折点或改变曲线半径等）以获取最优方案，在优化平面方案时，也必须平纵优化交叉多次进行。在计算机容量和速度容许时，除采用造价或工程量作为目标函数外，尚可选择另一个如运营费用作为第二个目标函数。

在技术设计阶段，宜采用多个目标函数的公路纵断面优化程序系统。在技术设计阶段，应集中注意力把纵断面最佳方案优选出来。一个好的路线方案，除土石方和造价较小外，还必须考虑运输经济、行程时间、线形质量（包括行驶安全和舒适）等指标，研究沿线随线形变化的行车速度和燃料消耗等，建立具备若干个目标函数的优化程序。此外，还可建立对局部路段、个别平曲线或竖曲线（包括半径改变和缓和曲线段改变）优化技术程序，以便在技术设计与施工图编制时视需要随时采用。

对已完成的公路路线技术设计运用连续绘制的透视图（或动态透视图）进行评价，如发现有不符合安全行驶和景观环境要求的路段，进行切实改进，提高设计质量。

在公路路线辅助设计的软件系统中如能按各个不同设计阶段纳入如上的优化技术内

容，可以有把握地使设计方案的土石方、小桥涵、挡土墙、道路用地等工程费用降低10%左右，并可提高公路线形质量，明显降低营运费用，达到路线的安全、舒适和良好景观。

### 14.2.6 计算机辅助设计、绘图和制表

现代计算机辅助设计一般具备在荧光屏上显示并通过人机对话对设计方案进行修改；通过不断地人机交互作用，以获得切合实际的最优方案，在设计完成时可以利用绘图机输出各设计阶段所需的相应的图纸，并由打印机输出工程量和概预算等设计资料。

道路路线 CAD 模块化程序系统如图 14-1 所示，由四个部分组成，即包括数据采集、优化技术以及设计和绘制图表三个子系统及一个数据库。系统采用模块技术，各自系统及子系统内的各个程序都成为单独的模块。在系统使用时，运用菜单技术，通过数据库，采用数据通讯的方式，有机地将各模块联系起来，在此数据库起到了桥梁的作用。这种模块化了的程序系统，不仅节省了有限的计算机内存空间，而且还增添了系统的灵活性，即可以不断地把新模块增添到系统内，加强系统功能。

## 14.3 数字地面模型

### 14.3.1 数字地形模型及在公路设计中应用

利用计算机进行公路设计，就要让计算机认识地形图和处理地形资料，为此必须用数字的方式来表示地形。数字地形模型（DTM）就是将地形按照某种数字模型对已知平面坐标的地形点进行高程计算，是一个表示地形特征的、空间分布的、有许许多多有规则或无规则的数字阵列，也就是将地形表面用密集的三维地形点坐标（$X$，$Y$，$Z$）组成。对于呈带状的公路来说，需要的是公路左右一定范围内的地形资料，它所对应的数字地形模型，则为带状数字模型。有了数字地形模型，就可以采用一种数学内插方法，把这种地形信息拟合成一个表面，以便在公路设计时根据已知点的坐标计算出它的高程来，利用航测图像形成的不同比例的数字地面模型可分别进行公路的方案比选、初步设计和技术设计。

数字地面模型不同于地形图、地形立体模型等直观地表示地形的方法，而是以抽象的数字阵列表示地貌起伏、地表形态的。虽然数字地面模型是一种不直观的、抽象的地表形态表示，人眼不能观察，但这种形态对计算机的处理很有利，计算机可以从中直接、快捷、准确地识别，进行数据处理，提供出方便的地形数据，以实现各项作业的自动化。

由于采用了数字地形模型，设计人员几乎只要根据地形图资料而不必进行极为艰苦的外业测量，或者只需要做一些必要的外业资料调查，便能既保证精度也能高效地完成各个阶段的设计工作。如果配有计算机绘图设备，同时还可绘出包括平、纵、横三方面的设计图纸，甚至公路透视图。图 14-3 所示框图，说明了数字地形模型的应用。

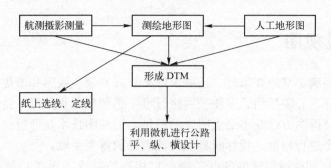

图 14-3　数字地形模型应用

## 14.3.2　地形模型种类

1）方格网式数字地形模型

这种形式的模型，只要将工程用地的一定范围划分成相等大小的方格或长方格，按一定次序读取网格点的高程即可。作为公路设计用的带状方格网数字地形模型，常可根据地形类别的变化，在不同区段选用不同的方格大小，以提高它的使用精度。

这种数字地形模型的优点是只需要储存网格点的高程值而无需储存平面坐标值，内插和检索简单，节省计算机时，采集数据方便，选点不依赖于经验。缺点则是地形变化大的地方精度较低，因为这时常常漏掉了地形的真正变化点。

2）三角网式数字地形模型

这种数字地形模型，由所有三角形顶点的三维坐标组成，并把每个三角形看成是由三顶点高程构成的一个平面，因而划分三角网时，应尽量使三角形的周边以内所有等高线都呈直线，而且相互平行，间距相等。

这种数字地形模型虽然要储存各三角形顶点的三维坐标，但为了达到同样的使用精度，其网点数可以远小于方格网数字地形模型所需要的网点数，因而能节省很多的计算机内存。如果是采用数字化仪等自动坐标输入装置，获取原始数据亦颇为方便，只是要求操作者应有一定的工作经验，以免取点不当，降低计算精度。此外，为了有效地查询，还应将所有三角形按一定规律编号排列起来。

## 14.3.3　数字地形模型数据点获取

（1）从现有地形图上获取。

从现有的地形图上获取是对现有的地形图进行数字化。除了可以人工读取数据外，目前最常用的是手扶跟踪式的坐标读取装置图形数字化仪。

（2）利用自动记录的测距仪（或全站仪）在野外实测，获取原始数据。

（3）摄影测量方法可以利用带有自动记录设备的立体测量仪，对立体模型进行断面扫描或勾绘等高线，将坐标记录在纸带或磁带上。

## 14.4 公路透视图

现代公路除要能满足交通要求外，还要求行车舒适安全、线形和谐优美，与环境相互融合；乘客的视觉良好，心旷神怡，即使长途旅行也不感到疲劳和厌倦，良好的公路线形应该在行车安全和乘客舒适两方面获得最大限度的满足。透视图技术是评价公路线形质量的主要手段之一，也是当今进行招标、投标时显现设计效果的重要手段。

某一点（视点）和被视物体的各点（物点）相连的射线（视线）与画面产生一系列交点，连接这些交点所产生的被视物体的图像即该物体的透视图与画面垂直的视线称为视轴，视轴与画面的交点称为主点，视线与物体的交点称为物点，视线与画面的交点称为迹点。生成透视图的算法流程如图 11-4 所示，首先应计算道路各点的大地坐标，接着要确定视点、视轴及视轴坐标系，这样也就确定了透视图的基本参数，然后确定透视断面和透视物点，最后进行坐标计算转换，经过消隐等手段绘制出透视图。

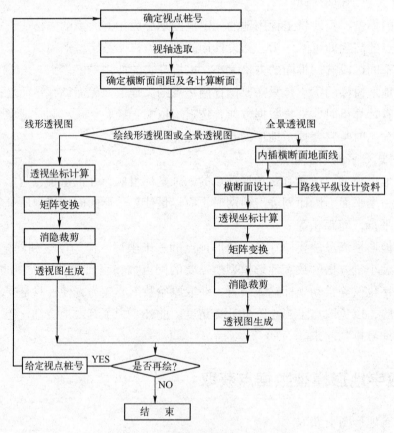

图 14-4　公路路线透视图算法流程

透视图的运行设计，通过设计者设置有关透视参数，然后显示或输出透视图的模型，也可以直接在计算机屏幕上观看动态透视图。通过透视图的检查，对道路平面、纵断面、横断面设计进行分析，对线形存在的问题，进行修改，然后再绘出透视图进行分析研究，直至满意为止。

# 参 考 文 献

[1]　中华人民共和国行业标准．公路工程技术标准（JTG B01—2003）．北京：人民交通出版社，2004．
[2]　中华人民共和国行业标准．城镇道路工程技术标准（2007年9月征求意见稿）．北京，2007．
[3]　中华人民共和国行业标准．公路路线设计规范（JTG D20—2006）．北京：人民交通出版社，2006．
[4]　中华人民共和国行业标准．公路勘测规范（JTG C10—2007）．北京：人民交通出版社，2007．
[5]　中华人民共和国行业标准．公路勘测细则（JTG/T C10—2007）．北京：人民交通出版社，2007．
[6]　中华人民共和国行业标准．公路全球定位系统（GPS）测量规范（JTJ/T 066—98）．北京：人民交通出版社，1998．
[7]　中华人民共和国行业标准．公路环境保护设计规范（JTG B04—2010）．北京：人民交通出版社，2010．
[8]　中华人民共和国行业标准．公路桥梁设计通用规范（JTG D60—2004）．北京：人民交通出版社，2004．
[9]　孙家驷．道路勘测设计．3版．北京：人民交通出版社，2012．
[10]　吴瑞麟，沈建武．道路规划与勘测设计．广州：华南理工大学出版社，2002．
[11]　周亦唐，张维全，李松青．道路勘测设计．重庆：重庆大学出版社，2002．
[12]　张雨化．道路勘测设计．北京：人民交通出版社，1997．
[13]　于书翰．道路工程．武汉：武汉理工大学出版社，2000．
[14]　张金水．道路勘测设计．2版．上海：同济大学出版社，2008．
[15]　庄海涛．公路线形设计概要．南京：东南大学出版社，1993．
[16]　裴玉龙．道路勘测设计．哈尔滨：哈尔滨工业大学出版社，2005．
[17]　王文锐，秦建平．公路工程实用测量技术．北京：人民交通出版社，1998．
[18]　蒋承楷．道路勘测设计．北京：人民交通出版社，1996．
[19]　孙家驷，吴国雄，朱晓兵．道路立交枢纽设计．成都：电子科技大学出版社，1996．
[20]　雒应，许娅娅．公路测设新技术．北京：人民交通出版社，2006．
[21]　尤晓晖．现代道路勘测设计．2版．北京：北京交通大学出版社，2010．
[22]　尤晓晖．公路工程．北京：北京交通大学出版社，2008．
[23]　尤晓晖．现代道路路基路面工程．3版．北京：北京交通大学出版社，2009．
[24]　李泽民．城市道路广场规划与设计．北京：中国建筑工业出版社，1988．
[25]　于秀文．中外汽车维修数据手册．北京：机械工业出版社，1998．
[26]　陈胜营．公路设计指南．北京：人民交通出版社，2000．
[27]　陈明杰．公路测设方法．北京：人民交通出版社，1990．
[28]　王治明．公路快速测设．北京：人民交通出版社，1999．
[29]　常欢阁．简明道路路线设计与测设手册．北京：人民交通出版社，1997．
[30]　王伯惠．道路立交工程．北京：人民交通出版社，2000．
[31]　唐杰军．高速公路简介．北京：人民交通出版社，2003．
[32]　高速公路丛书编委会．高速公路立交工程．北京：人民交通出版社，2001．
[33]　北京市市政设计院．城市道路设计手册．北京：中国建筑工业出版社，1985．

[34] 聂让．全站仪与高等级公路测量．北京：人民交通出版社，1997．

[35] 大塚胜美，木仓正美．公路线形设计．沈华春，译．北京：人民交通出版社，1981．

[36] 日本道路公团．日本高速公路设计要领．西安：陕西旅游出版社，1991．

[37] 美国各州公路与运输工作者协会．公路与城市道路几何设计．西安：西北工业大学出版社，1988．

[38] 洛伦茨．公路线形与环境设计．尹家骅，译．北京：人民交通出版社，1984．

[39] 尤晓暐．道路工程概论．2版．北京：人民交通出版社，2008．

[40] 刘朝晖，张映雪．公路线形与环境设计．北京：人民交通出版社，2002．

[41] 杨少伟．公路勘测设计．2版．北京：人民交通出版社，2004．

[42] 高冬光．桥位勘测设计．北京：人民交通出版社，2008．